독학사 2단계

영어영문학과

중급영어

시대에듀

INTRO
머리말

학위를 얻는 데 시간과 장소는 더 이상 제약이 되지 않습니다. 대입 전형을 거치지 않아도 '학점은행제'를 통해 학사학위를 취득할 수 있기 때문입니다. 그중 독학학위제도는 고등학교 졸업자이거나 이와 동등 이상의 학력을 가지고 있는 사람들에게 효율적인 학점 인정 및 학사학위 취득의 기회를 줍니다.

학습을 통한 개인의 자아실현 도구이자 자신의 실력을 인정받을 수 있는 스펙인 독학사는 짧은 기간 안에 학사학위를 취득할 수 있는 지름길로써 많은 수험생들의 선택을 받고 있습니다.

이 책은 독학사 시험을 준비하는 수험생들이 단기간에 효과적인 학습을 할 수 있도록 다음과 같이 구성하였습니다.

01 단원 개요
핵심이론을 학습하기에 앞서 각 단원에서 파악해야 할 중점과 학습목표를 정리하여 수록하였습니다.

02 핵심이론
시험에 출제될 수 있는 내용을 '핵심이론'으로 수록하였으며, 이론 안의 '더 알아두기' 등을 통해 내용 이해에 부족함이 없도록 하였습니다.
※ 본문 159~163쪽, 295~303쪽의 내용(제2편 제11장 화법)은 2025년부터 평가영역에서 제외되었으므로, 학습 시 참고하시기 바랍니다.

03 실전예상문제
해당 출제영역에 맞는 핵심포인트를 분석하여 구성한 '실전예상문제'를 수록하였습니다.

04 추록
2025년 시험부터 적용되는 개정 평가영역에 따라 시험을 대비할 수 있도록 관련 내용을 '추록'으로 수록하였습니다.

05 최종모의고사
최신 출제유형을 반영한 '최종모의고사(2회분)'를 통해 자신의 실력을 점검해 볼 수 있도록 하였습니다.

중급영어는 독학사 학위취득을 위한 전공기초과정 과목 중 하나이자, 나아가 전공심화과정과 학위취득 종합시험 과목 중 하나인 고급영어의 토대가 되는 과목입니다. 중급영어는 어휘, 문법, 독해 분야로 구성되어 있습니다. 사실 이 세 가지 분야는 영어영문학과 전공 공부를 위한 필수적인 읽기 및 쓰기 능력과 밀접한 관련이 있습니다. 따라서 분야별 핵심내용을 정확하게 이해하고 자신에게 적합한 학습법을 찾아 준비하시길 추천합니다. 이 과정에서 여러분들만의 보람과 흥미를 맛볼 수 있으리라 확신합니다. 중급영어를 여러분의 것으로 만드는 그 날까지 초심 잃지 마시고 최선을 다해 주시길 바랍니다.

편저자 드림

독학학위제 소개

BDES
Bachelor's Degree Examination for Self-Education

독학학위제란?

「독학에 의한 학위취득에 관한 법률」에 의거하여 국가에서 시행하는 시험에 합격한 사람에게 학사학위를 수여하는 제도

- 고등학교 졸업 이상의 학력을 가진 사람이면 누구나 응시 가능
- 대학교를 다니지 않아도 스스로 공부해서 학위취득 가능
- 일과 학습의 병행이 가능하여 시간과 비용 최소화
- 언제, 어디서나 학습이 가능한 평생학습시대의 자아실현을 위한 제도
- 학위취득시험은 4개의 과정(교양, 전공기초, 전공심화, 학위취득 종합시험)으로 이루어져 있으며, 각 과정별 시험을 모두 거쳐 학위취득 종합시험에 합격하면 학사학위 취득

독학학위제 전공 분야 (11개 전공)

국어국문학 · 영어영문학 · 심리학 · 경영학 · 컴퓨터공학 · 간호학
법학 · 행정학 · 가정학 · 유아교육학 · 정보통신학

※ 유아교육학 및 정보통신학 전공 : 3, 4과정만 개설
  (정보통신학의 경우 3과정은 2025년까지, 4과정은 2026년까지만 응시 가능하며, 이후 폐지)
※ 간호학 전공 : 4과정만 개설
※ 중어중문학, 수학, 농학 전공 : 폐지 전공으로 기존에 해당 전공 학적 보유자에 한하여 2025년까지 응시 가능

※ 시대에듀는 현재 4개 학과(심리학과, 경영학과, 컴퓨터공학과, 간호학과) 개설 완료
※ 2개 학과(국어국문학과, 영어영문학과) 개설 진행 중

INFORMATION

독학학위제 시험안내

과정별 응시자격

단계	과정	응시자격	과정(과목) 시험 면제 요건
1	교양	고등학교 졸업 이상 학력 소지자	• 대학(교)에서 각 학년 수료 및 일정 학점 취득 • 학점은행제 일정 학점 인정 • 국가기술자격법에 따른 자격 취득 • 교육부령에 따른 각종 시험 합격 • 면제지정기관 이수 등
2	전공기초		
3	전공심화		
4	학위취득	• 1~3과정 합격 및 면제 • 대학에서 동일 전공으로 3년 이상 수료 (3년제의 경우 졸업) 또는 105학점 이상 취득 • 학점은행제 동일 전공 105학점 이상 인정 (전공 28학점 포함) ➡ 22.1.1. 시행 • 외국에서 15년 이상의 학교교육과정 수료	없음(반드시 응시)

응시방법 및 응시료

- 접수방법 : 온라인으로만 가능
- 제출서류 : 응시자격 증빙서류 등 자세한 내용은 홈페이지 참조
- 응시료 : 20,700원

독학학위제 시험 범위

- 시험 과목별 평가영역 범위에서 대학 전공자에게 요구되는 수준으로 출제
- 시험 범위 및 예시문항은 독학학위제 홈페이지(bdes.nile.or.kr) ➡ 학습정보 ➡ 과목별 평가영역에서 확인

문항 수 및 배점

과정	일반 과목			예외 과목		
	객관식	주관식	합계	객관식	주관식	합계
교양, 전공기초 (1~2과정)	40문항×2.5점 =100점	—	40문항 100점	25문항×4점 =100점	—	25문항 100점
전공심화, 학위취득 (3~4과정)	24문항×2.5점 =60점	4문항×10점 =40점	28문항 100점	15문항×4점 =60점	5문항×8점 =40점	20문항 100점

※ 2017년도부터 교양과정 인정시험 및 전공기초과정 인정시험은 객관식 문항으로만 출제

합격 기준

■ 1~3과정(교양, 전공기초, 전공심화) 시험

단계	과정	합격 기준	유의 사항
1	교양	매 과목 60점 이상 득점을 합격으로 하고, 과목 합격 인정(합격 여부만 결정)	5과목 합격
2	전공기초		6과목 이상 합격
3	전공심화		

■ 4과정(학위취득) 시험 : 총점 합격제 또는 과목별 합격제 선택

구분	합격 기준	유의 사항
총점 합격제	• 총점(600점)의 60% 이상 득점(360점) • 과목 낙제 없음	• 6과목 모두 신규 응시 • 기존 합격 과목 불인정
과목별 합격제	• 매 과목 100점 만점으로 하여 전 과목(교양 2, 전공 4) 60점 이상 득점	• 기존 합격 과목 재응시 불가 • 1과목이라도 60점 미만 득점하면 불합격

시험 일정

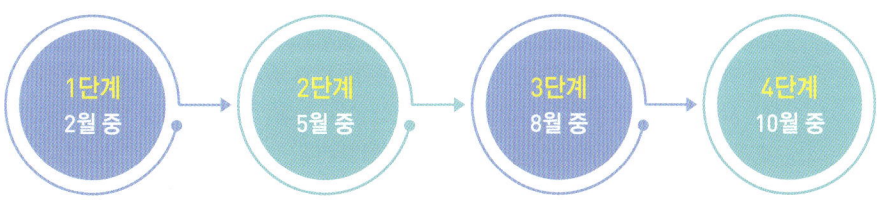

■ 영어영문학과 2단계 시험 과목 및 시간표

구분(교시별)	시간	시험 과목명
1교시	09:00~10:40(100분)	영어학개론, 영국문학개관
2교시	11:10~12:50(100분)	중급영어, 19세기 영미소설
중식 12:50~13:40(50분)		
3교시	14:00~15:40(100분)	영미희곡Ⅰ, 영어음성학
4교시	16:10~17:50(100분)	영문법, 19세기 영미시

※ 시험 일정 및 세부사항은 반드시 독학학위제 홈페이지(bdes.nile.or.kr)를 통해 확인하시기 바랍니다.
※ 시대에듀에서 개설되었거나 개설 예정인 과목은 빨간색으로 표시하였습니다.

STUDY PLAN

독학학위제 단계별 학습법

1단계 | 평가영역에 기반을 둔 이론 공부!

독학학위제에서 발표한 평가영역에 기반을 두어 효율적으로 이론을 공부해야 합니다. 각 장별로 정리된 '핵심이론'을 통해 핵심적인 개념을 파악합니다. 모든 내용을 다 암기하는 것이 아니라, 포괄적으로 이해한 후 핵심내용을 파악하여 이 부분을 확실히 알고 넘어가야 합니다.

2단계 | 시험 경향 및 문제 유형 파악!

독학사 시험 문제는 지금까지 출제된 유형에서 크게 벗어나지 않는 범위에서 비슷한 유형으로 줄곧 출제되고 있습니다. 본서에 수록된 이론을 충실히 학습한 후 '실전예상문제'를 풀어 보면서 문제의 유형과 출제의도를 파악하는 데 집중하도록 합니다. 교재에 수록된 문제는 시험 유형의 가장 핵심적인 부분이 반영된 문항들이므로 실제 시험에서 어떠한 유형이 출제되는지에 대한 감을 잡을 수 있을 것입니다.

3단계 | '실전예상문제'를 통한 효과적인 대비!

독학사 시험 문제는 비슷한 유형들이 반복되어 출제되므로, 다양한 문제를 풀어 보는 것이 필수적입니다. 각 단원의 끝에 수록된 '실전예상문제'를 통해 단원별 내용을 제대로 학습하였는지 꼼꼼하게 확인하고, 실력을 점검합니다. 이때 부족한 부분은 따로 체크해 두고, 복습할 때 중점적으로 공부하는 것도 좋은 학습 전략입니다.

4단계 | 복습을 통한 학습 마무리!

이론 공부를 하면서, 혹은 문제를 풀어 보면서 헷갈리고 이해하기 어려운 부분은 따로 체크해 두는 것이 좋습니다. 중요 개념은 반복학습을 통해 놓치지 않고 확실하게 익히고 넘어가야 합니다. 마무리 단계에서는 '최종모의고사'를 통해 실전연습을 할 수 있도록 합니다.

COMMENT

합격수기

> 저는 학사편입 제도를 이용하기 위해 2~4단계를 순차로 응시했고 한 번에 합격했습니다.
> 아슬아슬한 점수라서 부끄럽지만 독학사는 자료가 부족해서 부족하나마 후기를 쓰는 것이 도움이 될까 하여 제 합격전략을 정리하여 알려드립니다.

#1. 교재와 전공서적을 가까이에!

학사학위 취득은 본래 4년을 기본으로 합니다. 독학사는 이를 1년으로 단축하는 것을 목표로 하는 시험이라 실제 시험도 변별력을 높이는 몇 문제를 제외한다면 기본이 되는 중요한 이론 위주로 출제됩니다. 시대에듀의 독학사 시리즈 역시 이에 맞추어 중요한 내용이 일목요연하게 압축·정리되어 있습니다. 빠르게 훑어보기 좋지만 내가 목표로 한 전공에 대해 자세히 알고 싶다면 전공서적과 함께 공부하는 것이 좋습니다. 교재와 전공서적을 함께 보면서 교재에 전공서적 내용을 정리하여 단권화하면 시험이 임박했을 때 교재 한 권으로도 자신 있게 시험을 치를 수 있습니다.

#2. 시간확인은 필수!

쉬운 문제는 금방 넘어가지만 지문이 길거나 어렵고 헷갈리는 문제도 있고, OMR 카드에 마킹까지 해야 하니 실제로 주어진 시간은 더 짧습니다. 1번에 어려운 문제가 있다고 해서 시간을 많이 허비하면 쉽게 풀 수 있는 마지막 문제들을 놓칠 수 있습니다. 문제 푸는 속도도 느려지니 집중력도 떨어집니다. 그래서 어차피 배점은 같으니 아는 문제를 최대한 많이 맞히는 것을 목표로 했습니다.
① 어려운 문제는 빠르게 넘기면서 문제를 끝까지 다 풀고 ② 확실한 답부터 우선 마킹한 후 ③ 다시 시험지로 돌아가 건너뛴 문제들을 다시 풀었습니다. 확실히 시간을 재고 문제를 많이 풀어 봐야 실전에 도움이 되는 것 같습니다.

#3. 문제풀이의 반복!

여느 시험과 마찬가지로 문제는 많이 풀어 볼수록 좋습니다. 이론을 공부한 후 실전예상문제를 풀다 보니 부족한 부분이 어딘지 확인할 수 있었고, 공부한 이론이 시험에 어떤 식으로 출제될지 예상할 수 있었습니다. 그렇게 부족한 부분을 보충해가며 문제 유형을 파악하면 이론을 복습할 때도 어떤 부분을 중점적으로 암기해야 할지 알 수 있습니다. 이론 공부가 어느 정도 마무리되었을 때 시계를 준비하고 최종모의고사를 풀었습니다. 실제 시험시간을 생각하면서 예행연습을 하니 시험 당일에는 덜 긴장할 수 있었습니다.

학위취득을 위해 오늘도 열심히 학습하시는 동지 여러분에게도 합격의 영광이 있으시길 기원하면서 이만 줄입니다.

PREVIEW
이 책의 구성과 특징

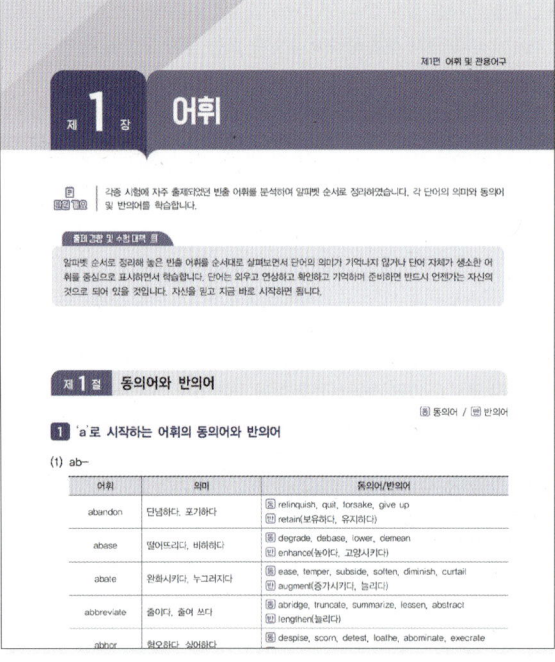

01 단원 개요

핵심이론을 학습하기에 앞서 각 단원에서 파악해야 할 중점과 학습목표를 확인해 보세요.

02 핵심이론

평가영역을 바탕으로 꼼꼼하게 정리된 '핵심이론'을 통해 꼭 알아야 하는 내용을 명확히 파악해 보세요.

※ 본문 159~163쪽, 295~303쪽의 내용 (제2편 제11장 화법)은 2025년부터 평가영역에서 제외되었으므로, 학습 시 참고하시기 바랍니다.

03 실전예상문제

'핵심이론'에서 공부한 내용을 바탕으로 '실전예상문제'를 풀어 보면서 문제를 해결하는 능력을 길러 보세요.

04 추록

개정 평가영역을 분석하여 반영한 '추록'을 통해 추가된 내용을 학습해 보세요.

05 최종모의고사

'최종모의고사'를 실제 시험처럼 시간을 정해 놓고 풀어 보면서 최종점검을 해 보세요.

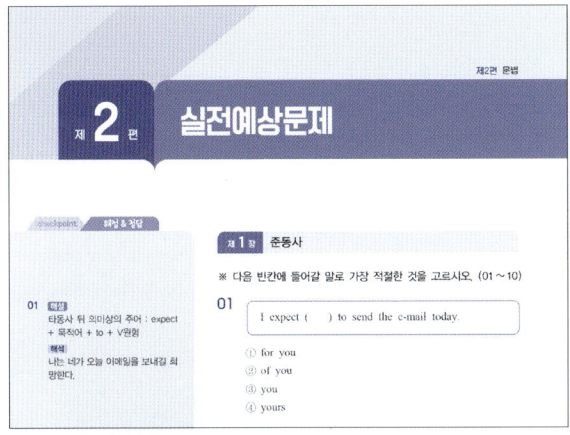

CONTENTS
목차

핵심이론 + 실전예상문제

제1편
어휘 및 관용어구

제1장 어휘	003
제2장 관용어	042
실전예상문제	058

제2편
문법

제1장 준동사	081
제2장 부정사	085
제3장 동명사	092
제4장 분사	099
제5장 수 일치	104
제6장 관계사	110
제7장 시제	118
제8장 태와 법	126
제9장 문장 형식과 동사 유형	137
제10장 특수구문	148
제11장 화법	159
실전예상문제	164

제3편
독해

| 제1장 목적 · 분위기 · 심경 · 어조 찾기 | 307 |
| 제2장 주제 · 요지 · 제목 찾기 | 309 |

제3장 요약문 완성	311
제4장 내용 일치/불일치	312
제5장 지칭 추론	313
제6장 연결사 추론	314
제7장 무관한 문장 찾기	315
제8장 순서배열 및 문단 삽입	316
제9장 빈칸 추론(Ⅰ)_단어	318
제10장 빈칸 추론(Ⅱ)_구, 절, 문장	319
실전예상문제	320

추록(2025년 시험부터 추가되는 내용)

추록 Ⅰ 제1편 어휘 및 관용어구	425
추록 Ⅱ 제2편 문법 (1)	452
추록 Ⅲ 제2편 문법 (2)	497
추록 Ⅳ 제3편 독해 (1)	509
추록 Ⅴ 제3편 독해 (2)	518

최종모의고사

최종모의고사 제1회	539
최종모의고사 제2회	553
최종모의고사 제1회 정답 및 해설	568
최종모의고사 제2회 정답 및 해설	576

당신이 저지를 수 있는 가장 큰 실수는 실수를 할까 두려워하는 것이다.

– 앨버트 하버드 –

합격으로 가는 가장 똑똑한 선택 SD에듀!

제 1 편

어휘 및 관용어구

제1장 어휘
제2장 관용어
실전예상문제

합격을 꿰뚫는 학습 가이드

제1편 어휘 및 관용어구

필자가 가르쳤던 그리고 가르치고 있는 많은 학생들에게서 자주 들어왔던 어휘와 관련된 몇 가지 공통된 질문을 전하면서 본 편의 이야기를 시작하고자 합니다. '단어, 어떻게 공부해야 하나요?', '암기가 최선인가요?', '왜 외웠던 단어들은 필요할 때 기억이 나질 않지요?' 이러한 질문들에 대한 필자의 답변은 '단어를 공부하는 특별한 방법은 없습니다.', '암기보다 좋은 방법이 있다면 알려주세요.', '외웠던 단어를 반복해서 보았나요?'입니다. '영단어 부수기, 정복하기, 삼키기' 등 자극적인 말들로 마치 단어 학습의 왕도가 있는 것처럼 단어 학습의 비법(?)을 소개하고 있는 글이나 광고는 우리 주변에서 어렵지 않게 볼 수 있습니다.

필자는 단어 학습에 대해 '단어는 외우고 연상하고 확인하고 기억하며 공부하면 됩니다.'라고 말하고 싶습니다. 걱정하지 말고 단어를 이렇게 공부해 봅시다!

첫째, 단어는 여러 번 쓰고 보고 읽으면서 외우려고 마음먹어야 합니다.

둘째, 3일, 7일, 15일 후 외웠던 단어들을 연상하며 머리에 떠오르지 않는 단어들은 찾아보고 확인하며 다시 기억합니다. 3-7-15를 잊지 마세요!

셋째, 이후 외웠던 단어를 틈틈이 반복해서 연상하며 기억합니다.

이렇게 한다면 반드시 기억 속에 남아있는 단어의 수가 점점 늘어날 것입니다.

자격증・공무원・금융/보험・면허증・언어/외국어・검정고시/독학사・기업체/취업
이 시대의 모든 합격! SD에듀에서 합격하세요!
www.youtube.com → SD에듀 → 구독

제1편 어휘 및 관용어구

제 1 장 어휘

단원 개요 | 각종 시험에 자주 출제되었던 빈출 어휘를 분석하여 알파벳 순서로 정리하였습니다. 각 단어의 의미와 동의어 및 반의어를 학습합니다.

출제 경향 및 수험 대책

알파벳 순서로 정리해 놓은 빈출 어휘를 순서대로 살펴보면서 단어의 의미가 기억나지 않거나 단어 자체가 생소한 어휘를 중심으로 표시하면서 학습합니다. 단어는 외우고 연상하고 확인하고 기억하며 준비하면 반드시 언젠가는 자신의 것으로 되어 있을 것입니다. 자신을 믿고 지금 바로 시작하면 됩니다.

제 1 절 동의어와 반의어

동 동의어 / 반 반의어

1 'a'로 시작하는 어휘의 동의어와 반의어

(1) ab-

어휘	의미	동의어/반의어
abandon	단념하다, 포기하다	동 relinquish, quit, forsake, give up 반 retain(보유하다, 유지하다)
abase	떨어뜨리다, 비하하다	동 degrade, debase, lower, demean 반 enhance(높이다, 고양시키다)
abate	완화시키다, 누그러지다	동 ease, temper, subside, soften, diminish, curtail 반 augment(증가시키다, 늘리다)
abbreviate	줄이다, 줄여 쓰다	동 abridge, truncate, summarize, lessen, abstract 반 lengthen(늘리다)
abhor	혐오하다, 싫어하다	동 despise, scorn, detest, loathe, abominate, execrate 반 admire(존중하다)
abolish	폐지하다, 없애다	동 obliterate, scrap, repeal, terminate, eradicate, abrogate 반 establish(세우다, 설립하다)
abort	1)중단하다, 2)유산하다	동 suspend, cease, discontinue, halt 반 continue(계속하다), give birth to(출산하다)
abridge	요약(단축)하다	동 condense, compress, abbreviate 반 amplify, lengthen(증폭시키다, 늘리다)

어휘	의미	동의어/반의어
absolve	1)용서하다, 2)면제하다	동 forgive, exempt, condone, exonerate 반 impose, charge(부과하다)
absurd	불합리한, 황당한	동 unreasonable, irrational, nonsensical, preposterous 반 reasonable, rational, sensible(합리적인)
abundant	풍부한, 많은	동 sufficient, affluent, ample, myriad, exuberant 반 insufficient, deficient, lacking, short(부족한)

(2) ac-

어휘	의미	동의어/반의어
accede	동의하다, 응하다	동 assent, agree, consent, subscribe 반 reject, refuse, decline(거절하다)
accentuate	강조하다, 분명하게 하다	동 emphasize, stress, highlight 반 obscure, obfuscate(애매하게 하다)
accidental	우연한, 돌발적인	동 unexpected, unintended, incidental, unplanned 반 inevitable, necessary, intended(필연적인, 불가피한)
acclaim	환호하다, 갈채하다	동 praise, compliment, applaud, extol, exalt 반 blame, criticize, condemn, vituperate(비난하다, 헐뜯다)
account for	1)차지하다, 2)설명하다	동 occupy, explain, illustrate n. account 회계, 계좌, 보고 / accountant 회계사, 경리
accretion	증가, 성장	동 increase, augmentation, increment 반 decrement, decrease(감소)
accrue	발생하다, 생기다	동 happen 반 disappear, vanish(사라지다)
accumulate	축적하다, 모으다	동 amass, raise, gather, collect, get together 반 consume, waste(쓰다, 소비하다, 낭비하다)
accuse	1)비난하다, 2)고소하다	동 blame, condemn, indict, sue 반 admire, praise, commend(칭찬하다)
acknowledge	인정하다, 확인하다	동 accept, admit, grant 반 deny, disapprove, ignore, disregard(부정하다, 무시하다)
acquire	습득하다, 얻다	동 obtain, get 반 inherit[물려받다(유전되다)], lose(잃다, 사라지다)
acquit	무죄로 하다	동 exonerate, release / behave, conduct(행동하다) 반 convict, criminalize, prosecute(유죄를 선고하다, 기소하다)

(3) ad- ~ ag-

어휘	의미	동의어/반의어
address	1)연설하다, 이야기하다, 2)해결하다	동 make a speech, orate, settle 반 unresolve, unsettle, pend(미결로 두다, 미루다)
adhere	1)고수하다, 2)달라붙다	동 stick, attach 반 abandon(포기하다), detach(분리하다, 떼다)
adjourn	휴회하다	동 take a recess 반 advance, continue, maintain, go on(이어서 하다)
adjacent	인접한	동 contiguous, adjoining 반 distant, remote(먼, 멀리 떨어진)
adjust	조정되다, 적응하다, 조절하다	동 put in order, adapt, regulate 반 maladjusted(순응하지 못한, 조절이 안 되는)
administer	관리하다, 실시하다, 운영하다	동 manage, conduct, operate 반 mismanage(관리를 못하다) n. admission 입학, 인정(= entrance, access)
admonish	훈계하다, 경고하다	동 scold, chide, sermonize 반 commend(칭찬하다)
adolescence	청소년기, 사춘기	동 puberty
adorn	장식하다, 꾸미다	동 decorate, embellish 반 disfigure(외관을 손상시키다)
adroit	능숙한, 교묘한	동 skillful, prudent, adept, shrewd, tactful 반 immature, inexperience(미숙한)
advent	출현, 도래, 등장	동 appearance, emergence, arrival 반 disappearance(사라짐)
adversity	역경, 재난	동 misfortune, disaster, setback, distress, calamity 반 fortune, luck(행운)
adversely	반대로	동 inversely 반 smoothly, favorably(순조롭게, 호의적으로)
advisory	자문, 권고	동 consultation, advice 반 abuse(악용, 욕설)
affection	애정, 애착	동 compassion, affinity 반 hatred, enmity(증오, 혐오)
affiliation	소속, 관계	동 association 반 dissociation, separation(분리)
affluent	부유한, 풍부한	동 well off 반 insufficient, deficient, short(부족한)
affront	모욕하다, 모욕, 조롱	동 insult, contempt 반 praise, commend(칭찬하다)
aftermath	결과, 여파	동 outcome, result 반 initiative(개시)

어휘	의미	동의어/반의어
aggravate	악화시키다, 심화시키다	동 exacerbate, deteriorate, worsen 반 alleviate(완화시키다)
aggregate	모으다	동 accumulate, collect 반 scatter(흩어지다, 뿌리다)
agitate	선동하다, 흥분시키다	동 instigate, incite 반 appease, soothe(달래다, 진정시키다)
agonize	몹시 괴로워하다	동 be in torment, be tortured 반 rejoice(기뻐하다)

(4) ai- ~ ap-

어휘	의미	동의어/반의어
ailing	병든, 병약한	동 sick, weak, ill 반 strong, robust, sturdy(튼튼한, 강건한)
alienate	1)멀리하다, 2)양도하다	동 split, sever, detach, dissociate, transfer 반 associate(가까이하다, 관련시키다)
alike	똑같이, 비슷한	동 similar, equivalent, comparable 반 unlike, dissimilar(다른, 닮지 않은)
alleviate	완화하다, 경감하다	동 reduce, relieve, lessen, appease, soothe, mitigate 반 exacerbate, deteriorate, worsen(악화시키다)
allocate	할당하다, 배분하다	동 allot, grant, share, distribute 반 reserve(보유하다)
allure	유혹하다	동 tempt, fascinate 반 alienate(멀리하다)
alter	변경하다, 바꾸다	동 revise, transform, convert, rectify 반 preserve, maintain(유지하다, 지키다)
altruistic	이타적인	동 unselfish, charitable 반 selfish(이기적인)
ambience	분위기, 환경	동 atmosphere
ambiguous	모호한	동 vague, obscure 반 definite, clear(명확한)
ample	충분한, 풍부한	동 abundant, plentiful, sufficient 반 deficient(부족한)
analyze	분석하다, 분해하다	동 resolve, decompose, disassemble 반 assemble(조립하다)
anarchy	무정부 상태, 무질서, 혼란	동 disorder, chaos 반 stability(안정)
anecdote	일화	동 episode, story, tale
anesthesia	마취, 무감각증	
annihilate	파괴하다, 전멸시키다	동 abolish, abrogate 반 establish(세우다)

어휘	의미	동의어/반의어
anonymous	익명의	동 pseudonymous, cryptonymous 반 named(이름의) *unanimous 만장일치의 / synonymous 동의어의 / antonymous 반의어의
antagonist	적대자, 저항자	동 resistant, opponent, enemy 반 supporter(지지자, 찬성자)
anticipate	기대하다, 예상하다	동 expect, forecast 반 (be) disappointed, discouraged, despair
appal	소름끼치게 하다	동 terrify, dismay, awe 반 ease(편하게 하다)
apparatus	기구, 장치, 조직	동 equipment, instrument, implement
apparel	옷, 복장	동 clothing, attire, garment
apparent	분명한, 명확한	동 obvious, clear 반 indistinct, obscure, ambiguous(불분명한, 희미한)
appeal	호소, 간청, 호소하다	동 urge, request
applaud	환호하다	동 praise, commend, acclaim 반 censure, criticize(비난하다)
apposite	적합한	동 suitable, pertinent, relevant, appropriate 반 unsuitable(적합하지 않은)
appraise	평가하다	동 estimate, assess, assay, evaluate
appreciate	1)감사하다, 2)알아주다	동 thank, recognize
apprehend	1)이해하다, 2)붙잡다, 3)염려하다	동 understand, arrest, worry
approve	승인하다, 인정하다	동 acknowledge, admit, permit 반 disapprove(반대하다)
approximately	대략적으로	동 about, roughly, around 반 exactly, accurately, precisely(정확하게)
apt	1)적절한, 2)~하는 경향이 있는	동 proper, inclined, tend 반 improper, inadequate(부적절한)
aptitude	적성, 소질	동 talent, quality

(5) ar- ~ aw-

어휘	의미	동의어/반의어
arbitrary	임의의, 변덕스러운	동 capricious, whimsical, erratic 반 discreet, prudent(신중한, 분별 있는)
arbitrate	중재하다	동 mediate, intervene, intercede 반 agitate(선동하다, 부추기다)
ardent	열렬한, 열심인	동 avid, fervent, enthusiastic 반 frustrated, downhearted(낙담한, 기운 없는)
arduous	1)힘든, 2)근면한, 끈기 있는	동 laborious, strenuous 반 easy(쉬운), lazy(게으른)

arid	불모의, 건조한	동 barren, sterile, dry 반 fertile(비옥한)
array	정렬시키다	동 arrange 반 clutter(어질러 놓다)
arrogant	거만한, 오만한	동 haughty, insolent, overbearing 반 humble(겸손한)
ascertain	확인하다, 알아내다	동 determine, find 반 conceal, hide, veil(감추다, 숨기다)
ascribe	~의 탓으로 돌리다	동 attribute, assign, impute 반 admit(인정하다)
aspire	열망하다	동 desire, aim, crave 반 despair(절망하다), renounce, relinquish(포기하다, 그만두다, 절망하다)
assign	부여하다, 할당하다	동 grant, allocate
assimilate	동화하다	동 incorporate, absorb 반 segregate(분리하다, 격리하다)
associate	관련시키다, 연상하다	동 connect, remind 반 dissociate(분리시키다)
assure	확신시키다	동 convince 반 distrust, discredit(의심하다)
attain	성취하다	동 achieve, fulfill, accomplish
attentive	주의 깊은, 세심한	동 careful, conscientious, scrupulous 반 imprudent, hasty(경솔한)
audible	들리는, 들을 수 있는	동 be heard 반 inaudible, unheard(들을 수 없는, 들리지 않는)
augment	증강하다	동 enhance, buildup, reinforce 반 weaken(약화시키다)
authentic	진정한, 진짜의, 믿을만한	동 real, true, genuine, reliable 반 virtual, imaginary(가상의)
autonomous	자치권이 있는, 자율의	동 independent, voluntary 반 autocratic(독재의, 전제의)
aware	알고 있는, 인식하고 있는	동 recognized, perceived 반 unaware, ignored(모르는)

2 'b'로 시작하는 어휘의 동의어와 반의어

어휘	의미	동의어/반의어
ban	금지하다	동 forbid, prohibit 반 permit(허가하다)
bankrupt	파산한	동 insolvent, broke 반 successful(성공한)
bargain	거래하다, 흥정하다	동 deal, sell, trade
befall	일어나다, 생기다	동 happen, occur
beget	얻다, 낳다, 초래하다	동 produce, generate, bring about 반 lose(잃다)
behold	보다	동 see, look, observe, glance
belittle	과소평가하다, 경시하다	동 depreciate, underestimate, diminish 반 admire(존중하다), magnify(확대하다)
belligerent	호전적인	동 martial, contending, brave 반 cowardy(비겁한, 비열한)
benediction	기도, 축복	동 grace, blessing 반 malediction(저주, 악담)
benefactor	자선가, 후원자	동 patron, supporter, sponsor, contributor 반 malefactor(악인, 죄인)
benevolent	자비로운	동 beneficent, benign, charitable, mercy, philanthropic 반 cruel, brutal, vicious, savage(잔인한)
besiege	포위하다	동 beset, beleaguer 반 escape, avoid(탈출하다, 벗어나다)
biased	편견을 가진, 치우친	동 prejudiced, distorted 반 balanced(균형 잡힌)
bizarre	이상한	동 strange, grotesque 반 commonplace, ordinary(평범한)
blatant	명백한, 뻔한	동 clear, obvious 반 unclear, vague, uncertain(애매한)
blemish	결점, 흠	동 defect, mark 반 perfection, flawless(완벽)
block	막다, 방해하다	동 obstruct, hinder, disturb, interrupt 반 release, unbind(풀어주다)
boost	지지하다	동 bolster, support 반 disregard, ostracize(외면하다, 배척하다)
bounteous	풍부한	동 generous, bountiful 반 stingy, niggardly(인색한)
breach	위반	동 violation, infringement, invasion 반 observance, compliance(준수)

어휘	의미	동의어/반의어
breakdown	붕괴, 고장	동 collapse, trouble 반 normalcy(정상)
breakthrough	돌파, 큰 발전	동 advancement, development, evolution, progression 반 retreat, regression, setback(후퇴, 퇴보, 실패, 좌절)
brevity	간결함	동 limpidity, simplicity 반 complexity, intricacy(복잡함)
brink	가장자리, 테두리	동 brim, edge 반 center, hub(중심)
brittle	부서지기 쉬운	동 fragile, vulnerable, feeble 반 solid, tight(단단한)
bully	괴롭히다	동 torment, torture, harass, bother 반 assist, support(돕다)

3 'c'로 시작하는 어휘의 동의어와 반의어

어휘	의미	동의어/반의어
canonical	규범적인	동 authorized, standard, norm 반 nonstandard(비표준적인)
circumscribe	선을 긋다, 한정하다	동 confine, restrict, limit, delimitate 반 dilate(넓히다)
circumspect	신중한	동 cautious, careful, considerate, discreet 반 hasty, audacious(경솔한, 무례한)
coalition	연합, 제휴	동 alliance, union, league, federation
coerce	강제로 ~하게 하다	동 compel, force, oblige, constrain 반 volunteer(자원하다, 자발적으로 하다)
coincide	일치하다, 동시에 일어나다	동 concur, accord, correspond 반 differ(다르다)
collaborate	협업하다	동 cooperate, coact, concert 반 disturb(방해하다)
collide	충돌하다, 일치하지 않다	동 conflict, disagree, clash 반 agree(일치하다)
collude	공모하다	동 conspire, connive, scheme
commonplace	흔한, 평범한	동 stereotyped, banal, stale 반 fresh(신선한, 새로운)
compatible	양립할 수 있는, 조화되는	동 congenial, congruous, harmonious 반 incompatible(양립할 수 없는)
compensate	보상하다	동 repay, reimburse, make amends for 반 damage(손해를 입히다)

compliment	칭찬, 찬사	동 commend, praise, hail 반 belittle(비난)
comprehend	이해하다	동 grasp, understand, apprehend, catch 반 misunderstand, misapprehend(오해하다)
concede	1)인정하다, 2)양보하다	동 admit, allow, grant, confess 반 dispute(반박하다)
concur	동의하다, 일치하다	동 agree, consent, accord, coincide, correspond 반 disagree(동의하지 않다, 일치하지 않다)
confine	한정하다	동 restrict, restrain, circumscribe, enclose 반 relieve, liberate(풀다, 자유롭게 하다)
congregate	모이다, 집합시키다	동 collect, convoke, convene, rally 반 disperse(흩어지게 하다)
consecutive	연속적인	동 successive, continuous, sequent, continuative 반 intermitted, discontinued(간헐적인, 중단된)
consensus	일치	동 accordance, concurrence, correspondence 반 disagreement, discordance(불일치)
consign	맡기다, 넘겨주다, 신뢰하다	동 commit, commend, entrust, confide, hand over 반 distrust(불신하다)
consolidate	합병하다, 강화하다	동 unify, reinforce, merge 반 sever(분리하다, 절단하다)
construe	해석하다, 미루어 짐작하다	동 interpret, explain, explicate, decipher
contagious	전염성의	동 infectious, catching, communicable 반 noninfectious(비전염성의)
contingent	~을 조건으로 하는, ~에 달려 있는	동 likely, incidental, accidental 반 certain(확실한)
convivial	유쾌한, 즐거운	동 delightful, pleasant, cheerful, jolly 반 grave(우울한, 슬픈)
coordinate	조정하다, 조율하다	동 harmonize, integrate, accommodate, attune
copious	많은, 풍부한	동 plentiful, abundant, ample, exuberant 반 meager(부족한, 빈약한)
considerate	사려 깊은, 배려하는	동 sensitive, delicate, thoughtful, meticulous 반 impetuous, hasty(경솔한)
considerable	상당한	동 great, large, immense, ample, sizable 반 diminutive(작은, 미소한)
contravene	반대하다, 모순되다, 위반하다	동 violate, breach, infringe 반 observe(준수하다)
controversial	논쟁의	동 debatable, disputable, questionable 반 incontrovertible(논쟁의 여지가 없는, 명백한)
counteract	반대로 행동하다	동 opposite, contrary, converse 반 synergize(~을 도와 보강하다)

어휘	의미	동의어/반의어
counterfeit	가짜의, 위조의, 위조품	동 bogus, fake, phony, spurious 반 genuine(진짜의)

4 'd'로 시작하는 어휘의 동의어와 반의어

어휘	의미	동의어/반의어
decipher	해독하다	동 decode, break, crack, decrypt 반 encode(암호화하다)
decompose	분해하다, 분석하다	동 analyze, resolve, dissect, anatomize 반 combine(결합하다)
decoy	유인하다	동 lure, allure, entice, seduce, coax, cajole
degenerate	퇴화하다, 퇴보하다	동 deteriorate, worsen, retrograde, retrogress 반 improve(개선하다, 향상시키다)
delegate	대표로 파견하다	동 representative, deputy, agent, surrogate
deliberate	고의적인	동 intentional, planned, systematic 반 accidental, casual, unexpected(우발적인)
delude	속이다	동 deceive, trick, beguile, hoax, dupe 반 entrust, confide(신뢰하다)
demeanor	행실, 태도	동 behavior, conduct, manner
demolish	파괴하다	동 destroy, ruin, wreck, devastate 반 build(세우다)
demonstrate	예증하다, 설명하다	동 prove, attest, verify 반 suppose, guess(추측하다)
denounce	비난하다	동 condemn, reproach, blame, criticize 반 admire, applaud(존중하다, 찬사를 보내다)
depict	묘사하다	동 describe, delineate, portray, render
deplete	고갈시키다, 지치게 하다	동 exhaust, lessen, diminish, drain 반 overflow(풍부하다)
depreciate	가치가 떨어지다, 경시하다	동 debase, lower 반 enhance(고양시키다)
derelict	유기된, 버려진, 태만한	동 abandoned, remiss, neglectful, negligent 반 faithful(충실한)
desist	그만두다, 중지하다	동 cease, halt, quit 반 continue(계속하다)
desolate	황폐한	동 deserted, barren, uninhabited 반 fertile(비옥한)
detach	분리시키다	동 separate, disconnect, disjoin, dissociate, disunite 반 attach(붙이다)

detrimental	해로운	동 harmful, baneful, noxious, mischievous 반 beneficial(이로운)
digress	본론에서 벗어나다	동 swerve, deviate, diverge, depart 반 proceed(진행하다)
dilute	약하게 하다, 희석시키다	동 thin, weaken, lessen, attenuate 반 thicken(진하게 하다, 두껍게 하다)
disband	해산하다	동 disperse, separate, dismiss, dissolve 반 congregate(모으다)
discard	버리다, 포기하다	동 abandon, forsake, give up, throw away 반 adopt(받아들이다)
discreet	신중한, 조심스러운	동 prudent, cautious, careful, circumspect 반 rash, hasty(경솔한)
discrete	분리된, 별개의	동 separate, distinct, different 반 attached(붙여진)
discrepancy	차이, 불일치	동 difference, disagreement, dissimilarity, unlikeness 반 accordance, agreement(일치)
discriminate	구별하다, 차별하다	동 distinguish, differentiate, segregate 반 equalize(평등하게 하다)
disinterested	공정한, 객관적인	동 objective, fair, impartial, unbiased, neutral 반 uneven, subjective(불공정한, 주관적인)
dispense	분배하다	동 distribute, share, allot, give out 반 concentrate(집중시키다)
dispose	1)배열하다, 2)버리다	동 arrange, place, post, remove 반 mess, clutter(어질러놓다)
distort	왜곡하다	동 contort, deform, disfigure, misshape, warp 반 comprehend(이해하다)
distract	산만하게 하다	동 confuse, disturb, clutter 반 focus(집중하다)
distress	고통, 고민, 재난	동 anxiety, calamity, anguish, agony, affliction 반 stability, peace(안정, 평온)
diverse	다양한	동 various, manifold, sundry 반 identical(동일한)
divulge	누설하다	동 reveal, disclose, expose, debunk, unveil, leak 반 keep(지키다)

5 'e'로 시작하는 어휘의 동의어와 반의어

어휘	의미	동의어/반의어
embark	시작하다, 투자하다	동 begin, enter into, set out 반 terminate(끝내다)
embody	구체화하다	동 materialize, incarnate, externalize 반 outline(윤곽을 그리다)
empower	권한을 주다	동 authorize, entitle, license 반 exclude(배제하다)
enact	제정하다	동 legislate, constitute, institute 반 abrogate(폐지하다, 무효화하다)
encounter	우연히 만나다	동 run into, come across, meet by chance
endanger	위태롭게 하다	동 imperil, risk, jeopardize, hazard 반 protect(보호하다)
endemic	풍토병의	동 native, aboriginal, indigenous 반 pandemic(유행병의)
engrave	새기다, 조각하다	동 carve, inscribe, imprint, incise 반 erase(지우다)
engross	몰두시키다	동 absorb, immerse, captivate 반 distract(산만하게 하다)
enroll	등록시키다	동 register, enter, join, enlist 반 secede(탈퇴하다)
ensure	책임지다, 보장하다	동 secure, guarantee, assure, confirm 반 evade(회피하다)
entangle	엉키게 하다, 복잡하게 하다	동 tangle, complicate, entrap, embroil 반 unravel(풀다)
entreat	간청하다	동 implore, beg, appeal, beseech
ephemeral	일시적인	동 transitory, transient, momentary 반 perpetual(영원한)
epidemic	유행병의	동 widespread, pandemic, omnipresent, predominant 반 endemic(풍토병의)
eccentric	기괴한, 이상한	동 strange, peculiar, odd, queer, idiosyncratic 반 typical(전형적인)
efface	지우다, 말살하다	동 erase, delete, obliterate, wipe out 반 revive(되살리다)
elaborate	정교한	동 exquisite, ornate, detailed, delicate 반 simple(단순한)
eligible	적임의, 자격이 있는	동 competent, fit, suitable, qualified 반 ineligible(자격이 없는)
elucidate	명료하게 설명하다	동 clarify, illuminate, illustrate 반 confuse(혼란스럽게 하다)

emancipate	해방시키다	동 release, free, liberate 반 enslave, confine(노예로 삼다, 구속하다)
eminent	탁월한	동 outstanding, famous, distinguished 반 common(평범한)
enumerate	열거하다	동 recount, recite, rehearse
eradicate	근절하다	동 extirpate, exterminate, annihilate 반 establish(세우다)
erode	침식하다	동 gnaw, corrode, abrade
erupt	폭발하다	동 explode, burst, squirt
evacuate	대피시키다	동 withdraw, remove, empty
evaporate	증발하다, 사라지다	동 vaporize, vanish, disappear 반 emerge(나타나다)
evoke	유발하다	동 elicit, educe
evolve	진화하다	동 develop, grow, unfold 반 degenerate(퇴화하다)
exempt	면제하다	동 discharge, absolve, excuse 반 charge, impose(부과하다)
exhale	내쉬다, 발산하다	동 breathe out, emit, blow, puff 반 inhale(흡입하다)
exorbitant	과도한	동 excessive, extravagant, inordinate 반 adequate(적당한)
exotic	이국적인	동 alien, foreign, extrinsic 반 folkish(민속적인)
expel	추방하다	동 banish, deport, exile 반 admit(인정하다)
explicit	명백한	동 definite, distinct, clear, evident 반 unclear(흐릿한)

6 'f'로 시작하는 어휘의 동의어와 반의어

어휘	의미	동의어/반의어
facilitate	촉진하다	동 expedite, promote, accelerate 반 delay, defer(늦추다)
fallacious	그릇된, 잘못된	동 misleading, delusive, perverted, false 반 correct(옳은)
fallout	낙진, 영향	동 aftermath, result, effect, impact 반 cause, reason(원인)
far-fetched	터무니없는	동 improbable, impossible, rare, implausible 반 valid, appropriate(타당한)
feasible	실현 가능한	동 practicable, possible, available, reasonable, viable 반 impracticable(실현 불가능한)
felicitous	적절한	동 proper, suitable, appropriate, fit 반 inappropriate(부적절한)
fervent	열렬한	동 ardent, enthusiastic, passionate 반 lethargic(무기력한)
finite	한정된, 유한한	동 limited, restricted, confined 반 infinite(무한한)
fiscal	국고의, 재정의	동 monetary, financial, commercial, economic
flagrant	극악한	동 diabolic, violent, notorious, fierce, ferocious 반 gentle, meek(선한, 착한)
forge	위조하다	동 counterfeit, fake, fabricate, falsify
formidable	끔찍한, 두려운	동 dreadful, awesome, scary, fearful, terrifying
fortify	요새화하다, 강화하다	동 attack, strengthen, consolidate, solidify 반 weaken(약화시키다)
foster	조장하다, 양육하다	동 promote, bring up, increase, rear 반 disturb(방해하다)
fragment	조각, 파편	동 chip, debris, pieces 반 total(전체)
frigid	가혹한, 매우 추운, 무관심한(냉담한)	동 freezing, chilly, indifference 반 generous, tolerant, indulgent(관대한)
frugal	검소한	동 thrifty, humble, saving 반 luxurious, expensive(사치스러운)
frustrate	좌절시키다	동 thwart, setback, discourage 반 expect, anticipate(기대하다)

7 'g'로 시작하는 어휘의 동의어와 반의어

어휘	의미	동의어/반의어
garner	모으다	동 collect, preserve, amass 반 spend(쓰다)
generalize	일반화하다	동 popularize, universalize, summarize, synthesize, epitomize 반 embody, detail(상세하게 하다)
generic	일반적인, 총칭적인	동 ordinary, common, universal, general 반 specific(특정한)
genetic	유전의	동 hereditary, inherited, ancestral, innate, intrinsic 반 acquired, learned(후천적인)
genial	온화한	동 amiable, friendly, mild, kind, tender, cordial 반 apathetic, chilly, indifferent(무관심한, 냉담한)
germinate	싹트다, 감정이 생기다	동 sprout, bud, flush, arise, happen 반 wilt(시들다)
glossy	윤이 나는	동 polished, shiny, sleek, silky
gloomy	우울한	동 depressed, melancholy, blue, disappointed, negative 반 delightful, joyous(즐거운)
gorgeous	화려한, 멋진	동 attractive, magnificent, grand, spectacular 반 plain, modest(평범한)
gratify	기쁘게 하다, 충족시키다	동 amuse, entertain, satisfy, delight 반 grieve(슬프게 하다)
grudge	1)원한, 2)인색하게 굴다	동 animosity, antipathy, enmity, hostility 반 hospitality(호의)
gruesome	무시무시한	동 awful, creepy, horrifying, horrible, scary, dreadful

8 'h'로 시작하는 어휘의 동의어와 반의어

어휘	의미	동의어/반의어
habitat	서식지	동 territory, nest
habitation	거주지	동 home, house, residence, accommodation, dwelling
hallucination	환각, 망상	동 illusion, fantasy, delusion 반 disillusion(환멸)
hamper	방해하다	동 obstruct, interrupt, hinder, disturb
haphazard	우연의	동 accidental, coincident, random, casual, inadvertent 반 inevitable(필연적인)
harass	괴롭히다	동 bother, bully, torture
harness	1)이용하다, 2)마구(馬具)	동 utilize, control

어휘	의미	동의어/반의어
haughty	건방진	동 arrogant, conceited, pretentious, insolent, impertinent 반 polite(예의바른)
hazardous	위험한, 모험적인	동 risky, dangerous, adventurous, precarious 반 safe, secure(안전한)
hazy	흐릿한	동 misty, faint, dim, vague 반 vivid(선명한)
hedonism	쾌락주의	동 dissipation, epicurism
hibernate	겨울잠 자다	동 retire, dormant
hierarchy	위계질서, 계급제도	동 class, ranking, grade
hilarious	즐거운	동 cheerful, festive, jolly, joyous, jubilant 반 sorrowful(슬픈)
hoax	속이다	동 deceive, dupe, trick, cheat
hospitality	환대, 접대	동 welcome, entertainment, reception 반 inhospitality(냉대, 박대)
hubris	오만, 자기과신	동 arrogance, haughtiness, insolence 반 humility(겸손)
humane	인정 있는	동 moral, kind, honest, peaceful, generous 반 inhumane(비인도적인)
humid	습한	동 damp, wet, moist 반 droughty, dry(건조한)
hybrid	잡종, 복합, 혼합	동 mixture, blend, combination, composite, mongrel 반 purity(순종, 순수)

9 'i'로 시작하는 어휘의 동의어와 반의어

어휘	의미	동의어/반의어
illegible	읽기 어려운	동 indecipherable, unreadable 반 legible(읽기 쉬운)
illicit	불법의	동 forbidden, illegal, illegitimate, unlawful 반 legitimate(합법적인)
illiterate	문맹의	동 ignorant, unlearned, uneducated, unlettered 반 literate(읽고 쓸 줄 아는)
immature	미숙한	동 undeveloped, callow, unripe 반 mature(성숙한, 능숙한)
immortal	불멸의, 죽지 않는	동 everlasting, eternal, endless, imperishable 반 mortal(죽음의, 치명적인)
immune	면제된, 면역의	동 exempt, free, released, absolved 반 susceptible(감염되기 쉬운)

단어	뜻	동의어/반의어
impartial	공평한	동 fair, just, unbiased, equitable 반 partial(불공평한)
impotent	무력한, 허약한	동 helpless, weak, powerless, feeble 반 potent(유력한, 강력한)
improper	부적절한	동 inappropriate, unsuitable, undue 반 proper(적절한)
improvise	즉석으로 하다	동 extemporize, ad-lib
imprudent	경솔한	동 impudent, inadvertent, indiscreet, rash, careless, heedless 반 considerate(신중한)
inanimate	생명 없는, 무생물의	동 lifeless, dead, deceased, extinct 반 animate(살아있는)
inarticulate	불분명한	동 obscure, vague, unclear, indistinct 반 articulate(정확하게 발음된)
incessant	끊임없는	동 continual, ceaseless, perpetual 반 intermittent(간헐적인)
inclement	험악한, 혹독한	동 rigorous, severe, harsh, merciless 반 clement(관대한, 온화한)
incompatible	양립할 수 없는	동 inconsistent, opposite, contrary, incongruent 반 compatible(양립할 수 있는)
incompetent	무능력한	동 incapable, impotent, ineligible, disqualified 반 competent(유능한)
incongruous	일치하지 않는	동 inconsistent, dissonant, inappropriate 반 congruous(일치하는)
incredible	믿을 수 없는	동 unbelievable, inconceivable 반 credible(믿을 수 있는)
incredulous	의심하는 듯한	동 suspicious, dubious, skeptical 반 credulous(속기 쉬운, 잘 믿는)
indignant	분개한, 성난	동 angry, mad, irate, provoked 반 gratified(기뻐하는)
inert	활동하지 않는, 느린	동 inactive, slow, tardy 반 active(활동적인)
infamous	악명 높은	동 notorious, atrocious, flagrant 반 famous, renowned(유명한)
innumerable	셀 수 없는, 무수한	동 countless, numberless, myriad, infinite 반 countable(셀 수 있는, 유한한)
insolvent	파산한	동 bankrupt, destitute, indigent 반 solvent(지급 능력이 있는, 녹이는)
intangible	무형의	동 impalpable, invisible, insensible 반 tangible(유형의)

integrate	통합하다	동 complete, incorporate a. integral 완전한(= entire, complete, whole, total) n. integrity 성실, 정직(= honesty, sincerity, uprightness)
invaluable	귀중한	동 priceless, precious, costly, inestimable 반 worthless(가치 없는)
invariable	불변의	동 unchangeable, constant, uniform 반 variable(가변의)
invincible	정복할 수 없는	동 unconquerable, insurmountable 반 vincible(정복할 수 있는)
irrational	비이성적인	동 unreasonable, absurd, illogical, insane 반 rational(이성적인)
irresistible	저항할 수 없는, 매력적인	동 overwhelming, uncontrollable, fascinating 반 resistant(저항하는)
irrevocable	취소할 수 없는, 돌이킬 수 없는	동 irreversible, unchangeable 반 revocable(취소할 수 있는, 돌이킬 수 있는)
illuminate	비추다, 설명하다, 계몽하다	동 lighten, explain, edify
imminent	긴박한, 절박한	동 impending, urgent, pressing 반 relaxed, easygoing(느긋한)
impact	영향을 주다	동 influence, strike, hit
impair	손상시키다	동 damage, harm, hurt, injure, spoil 반 improve(개선시키다)
impassioned	감동적인, 열의에 찬	동 stirring, moving, touching, fervent 반 impassive(감정이 없는)
impede	방해하다	동 hinder, block, hamper, obstruct
implement	1) 실행하다, 2) 도구	동 fulfill, perform, carry out, tool, gadget
implicit	함축(암시)적인	동 unexpressed, unspoken, unuttered 반 explicit(명시적인)
impoverish	가난하게 하다	동 pauperize, deplete, exhaust 반 enrich(부유하게 하다)
impromptu	즉흥적인	동 improvised, offhand
impute	~의 탓으로 돌리다	동 attribute, accredit, ascribe, assign
indigenous	토착, 고유, 원산의	동 native, inherent, inborn, aboriginal 반 foreign(외국의)
induce	설득하여 ~하게 하다, 귀납하다	동 persuade, draw
infringe	위반하다, 어기다, 침해하다	동 violate, trespass, contravene, infract 반 keep, protect(지키다)
ingenious	재능이 있는, 영리한	동 clever, bright, inventive, creative, originative
ingenuous	솔직한, 순진한	동 frank, naive, unaffected 반 fake(거짓의)
ingredient	성분, 요소	동 component, element, factor, constituent

어휘	의미	동의어/반의어
inhibit	금지하다	동 prohibit, forbid, ban, enjoin 반 allow(허가하다)
innovate	혁신하다, 도입하다	동 reform, renovate, introduce
innuendo	암시, 풍자	동 insinuation, implication, suggestion
inoculate	접종하다	동 vaccinate, protect, prevent n. innoculation 예방접종
inspect	검사하다, 조사하다	동 scrutinize, screen, canvass
inspire	격려하다, 영감을 주다	동 stimulate, encourage, incite, stir up n. inspiration 영감 / *perspiration 노력, 땀
instigate	부추기다, 선동하다	동 provoke, abet, incite, agitate 반 appease, salve(진정시키다)
intimate	친근한	동 close, familiar, friendly 반 unfriendly, distant(거리가 있는)
intimidate	위협하다, 협박하다	동 frighten, terrify, scare, menace 반 protect(보호하다)
intoxicate	취하게 하다, 도취시키다	동 inebriate, poison, exhilarate 반 sober(술이 깨다, 취하지 않은)
intricate	복잡한	동 entangled, complicated, complex, involved 반 simple(단순한)
intrigue	음모를 꾸미다	동 conspire, maneuver, plot
irrigate	물을 대다, 관개하다	동 water

10 'j ~ l'로 시작하는 어휘의 동의어와 반의어

(1) j-

어휘	의미	동의어/반의어
jealousy	질투	동 enviousness
jeopardize	위태롭게 하다	동 endanger, intimidate, threaten n. jeopardy 위험(= risk)
jubilant	환호하는	동 rejoicing, delighted, joyful
judicious	현명한	동 sensible, wise, prudent
junction	합류점, 교차점	동 joint, intersection, juncture, nexus
judge	판단하다, 판결하다	동 decide, arbitrate n. judgment 재판, 판결, 판단(= ruling, finding, decision)
jurisdiction	사법권	동 authority
juvenile	소년, 소녀, 미숙한	동 immature, young
justify	정당화하다	동 advocate, validate, verify

(2) k-

어휘	의미	동의어/반의어
keen	날카로운, 예리한	동 sharp, cutting, sensitive
kidnap	납치하다, 유괴하다	동 abduct
kinetic	활동적인	동 active 반 inactive(비활동적인)
kinship	혈족관계, 친족관계	동 relationship
knot	매듭, 인연, 매듭을 짓다	동 unite, join, relate
knowingly	고의로	동 intentionally, purposely, deliberately 반 accidentally(우연히)
knowledgeable	박식한	동 erudition, professional, experienced, intelligent, savvy 반 ignorant, illiterate(무식한)

(3) l-

어휘	의미	동의어/반의어
laborious	힘든, 공들인	동 tough, painful, diligent, hardworking 반 easy(쉬운)
lament	한탄하다, 슬퍼하다	동 mourn, grieve, moan, deplore a. lamentable 유감스러운(= deplorable, regrettable) ↔ gratified(기뻐하는)
landmark	이정표	동 milestone, mete
lavish	풍부한, 사치스러운	동 profuse, abundant, luxurious 반 insufficient, lacking(부족한)
legislate	법률을 제정하다	동 enact, establish, make laws
latent	잠재적인	동 potential, prospective, competent
legacy	유산	동 bequest, heritage, abortion
legible	읽기 쉬운	동 readable, decipherable 반 illegible(읽기 어려운)
legitimate	합법적인	동 lawful, legal, accepted, approved, licensed 반 illegal(불법의)
lengthy	장황한	동 redundant, verbose, prolix 반 brief(명료한)
lethal	치명적인	동 deadly, fatal, devastating, dangerous
lethargic	무기력한, 나른한	동 indolent, lazy, inactive, sluggish, weary 반 energetic(활기찬)
liken	비유하다	동 analogy, compare 반 contrast(대조하다)
livid	격노한	동 furious, violent, resentful, indignant 반 calm, quiet(침착한)

어휘	의미	동의어/반의어
lofty	숭고한, 원대한	동 sublime, noble, spiritual, soaring 반 shallow(천박한)
longing	갈망하는	동 craving, eager, yearning, aspiring
longevity	장수, 수명	동 durability, long life, lifespan
lucid	투명한, 명쾌한	동 clear, perspicuous, outright, explicit 반 obscure(모호한)
lukewarm	미지근한, 무관심한	동 unconcerned, indifferent 반 active, interested(적극적인, 관심 있는)
luminous	빛나는	동 bright, brilliant, shining, radiant, glittering

11 'm ~ n'으로 시작하는 어휘의 동의어와 반의어

(1) m-

어휘	의미	동의어/반의어
magnitude	크기, 중요성	동 extent, scale, size, importance, significance
malady	(만성적인) 병, (사회적인) 병폐	동 illness, disease, sickness, ailment
malice	악의	동 malevolence, spite, grudge, animosity
malign	유해한	동 slander, traduce, libel, carp 반 beneficial(이로운)
mandatory	의무적인	동 obligatory, necessary, forced, required, imperative 반 arbitrary(임의적인)
maneuver	1)책략, 술책, 2)조종하다	동 trick, scheme, steer
manifest	1)명백한, 2)입증하다	동 apparent, obvious, uncover, specify, prove
manipulate	조작하다	동 manage, wield, handle
many-sided	다재다능한	동 versatile, all-round
marginal	가장자리의, 중요하지 않은	동 edge, corner, border, insignificant
martial	호전적인, 전쟁의	동 belligerent 반 civil(시민의, 예의바른)
maxim	격언, 격률	동 axiom, adage, dictum, proverb
mediate	조정(중재)하다	동 arbitrate, control, coordinate, intervene, intercede
meditation	명상, 숙고	동 reflection, speculation, deliberation, consideration
menial	비천한	동 abject, humble 반 noble(고귀한)
merge	합병하다	동 combine, incorporate, unite, integrate *M&A(merger&acquisition) 인수합병
meticulous	세심한	동 careful, cautious, elaborate, precise 반 careless(경솔한)

어휘	의미	동의어/반의어
misdemeanor	경범죄, 비행	동 delinquency, misconduct, misbehavior
misgiving	걱정, 불안	동 anxiety, apprehension, fear 반 relief(안심)
mishap	불행, 불운	동 misfortune, unluckiness, adversity, mischance 반 fortune(행운)
mitigate	완화시키다	동 ease, relieve, lessen, moderate, weaken, soothe 반 worsen(악화되다, 악화시키다)
mock	조롱하다	동 ridicule, sneer, scoff, tease
modify	수정하다, 변경하다	동 alter, change, revise, transform
momentous	중요한	동 important, critical, crucial, major, serious significant 반 futile, trivial(시시한, 사소한)
momentum	추진력	동 energy, power, strength
monitor	감시하다	동 supervise, scrutinize, inspect, oversee
monotonous	단조로운, 지루한	동 tedious, boring, dull 반 dynamic, dramatic(역동적인, 극적인)
monumental	기념비적인	동 huge, giant, massive, enormous, outstanding
mortgage	융자, 주택담보대출	동 loan, lend
mortify	굴욕감을 주다	동 embarrass, degrade, denigrate, humiliate 반 admire(존중하다)
motif	주제	동 theme, subject, topic
mundane	평범한, 세속적인	동 earthly, secular, worldly
municipal	시의, 자치 도시의	동 local, communal, state
mutable	변하기 쉬운	동 capricious, changeable, erratic, variable, volatile, whimsical 반 stable(안정적인)
mutation	돌연변이, 변화	동 transformation
mutual	상호 간의, 공통의	동 reciprocal, correlative, shared, common 반 unilateral(일방적인)

(2) n-

어휘	의미	동의어/반의어
naive	순진한, 믿기 쉬운	동 innocent, ingenuous, unaffected, credulous
nascent	초기의	동 early, beginning, initial, incipient 반 terminal(말기의)
negligent	부주의한	동 careless, loafing, reckless, remiss 반 careful(주의 깊은)
niggardly	인색한	동 stingy, parsimonious
nomadic	유목민의, 방랑하는	동 migratory, roving, wandering, vagrant
nominal	명목상의	동 marginal
nostalgia	향수	동 homesickness

어휘	의미	동의어/반의어
notorious	악명 높은	동 egregious, infamous, flagrant, wicked
novelty	새로움, 참신함	동 innovation
novice	초심자	동 apprentice, beginner, newcomer 반 experienced(경력자)
noxious	유해한	동 harmful, poisonous, hazardous, toxic 반 nontoxic(무해한)
nuisance	성가심	동 scourge, trouble
nullify	무효로 하다	동 abolish, annul, revoke, retract, veto 반 validate(유효하게 하다)
nurture	양육하다	동 foster, grow, rear

12 'o'로 시작하는 어휘의 동의어와 반의어

어휘	의미	동의어/반의어
oblige	~에게 강요하다	동 compel, force, coerce, constrain 반 entrust(위임하다, 맡기다)
oblique	비스듬한, 기울어진	동 inclined, slanting, sloping, tilting 반 straight(곧게 뻗은)
obliterate	삭제하다, (흔적을) 지우다	동 erase, delete, eliminate, obviate, wipe out 반 engrave(새기다, 명심하다)
oblivion	망각, 잊힌 상태	동 unawareness, forgetfulness, disregard 반 awakening, precaution(경각)
obsolete	사라진, 구식의	동 outmoded, unfashionable, moldy 반 current(최근의)
obstinate	완고한, 고집 센	동 stubborn, tenacious, persistent, willful 반 pliable(말을 잘 듣는)
ominous	불길한	동 foreboding, unfortunate, portentous, sinister 반 auspicious(길조의)
onerous	성가신, 부담스러운	동 annoying, bothersome, burdensome, pesky
opaque	불투명한	동 murky, smoggy, impermeable 반 transparent(투명한)
optimistic	낙관적인	동 positive, upbeat, rosy, promising 반 pessimistic(비관적인)
opulent	부유한, 풍부한	동 abundant, sufficient, affluent, ample 반 lacking(부족한)
ostensible	표면상의, 명백한	동 seeming, apparent, specious 반 obscure(모호한)

어휘	의미	동의어/반의어
ostentatious	과시하는, 허세 부리는	동 showy, boastful, pretentious 반 unostentatious(검소한)
overall	전반적인	동 whole, integral, generic, general 반 partial(부분적인)
overdue	기한이 지난, 늦은	동 late, belated, tardy
overlap	겹치다	동 overlie, pile up
overlook	내려다보다, 간과하다, 용서하다	동 command, neglect, ignore, forgive
override	유린하다	동 trample, repeal, nullify, overrule
overt	뚜렷한, 명시적인	동 apparent, obvious, distinct, definite, explicit 반 implicit(암시적인)
overwhelm	압도하다	동 crush, conquer, overcome, overpower
outdo	~을 능가하다	동 surpass, exceed, excel, outweigh
outlive	~보다 오래 살다	동 survive, outlast, outstand, outwear
outrageous	매우 잔인한, 모욕적인	동 extreme, excessive, intolerable 반 normal(일반적인)
outright	솔직한, 분명한	동 obvious, unrestricted, outspoken, unreserved, direct
outweigh	~보다 중요하다	동 overweigh, exceed, surpass, outshine

13 'p ~ q'로 시작하는 어휘의 동의어와 반의어

(1) p-

어휘	의미	동의어/반의어
painstaking	애쓰는, 노력하는	동 assiduous, industrious, diligent 반 indolent, lazy, idle(나태한)
palpable	명백한	동 obvious, clear 반 ambiguous(모호한)
paradigm	모범, 예	동 model, archetype, example, pattern
paradox	역설	동 contradiction, enigma, dilemma, incongruity
paralysis	마비, 불구	동 disablement, cripple, numbness, prostration
paramount	최고의, 주된	동 chief, supreme, dominant, prime, premium
paraphrase	바꾸어 쓰다	동 restate, translate, rephrase
parsimonious	인색한	동 stingy, economical 반 extravagant(낭비하는)
partial	부분적인, 치우친	동 fragmentary, biased, prejudiced 반 impartial(균형 잡힌)
pathetic	측은한, 감동적인	동 pitiful, moving, touching

perennial	일 년 내내, 영원히 지속되는	동 durable, constant, perpetual, everlasting 반 temporary(일시적인)
pernicious	해로운, 치명적인	동 noxious, harmful, baneful, poisonous 반 innocuous(무해한, 악의 없는)
perpetrate	(나쁜 짓을) 저지르다	동 commit, execute, effectuate
pertain	속하다, 관련하다	동 belong, appertain, concern n. pertinence 적절, 타당성(= relevance) a. pertinent 적절한, 관련된(= related)
pinnacle	첨탑, 정상	동 spire, acme
plagiarism	표절	동 copied, imitation
plausible	그럴듯한, 말주변이 좋은	동 possible, likely, potential
precarious	불안정한	동 unstable, unsteady 반 stable(안정된)
precipitate	1)촉진시키다, 2)침전물	동 hasten, hurry, quicken 반 delay(지연시키다)
preclude	차단하다	동 prevent, avert, deter, obviate
predecessor	전임자, 선배	동 forerunner, herald, foregoer 반 successor(후임자)
predicament	곤경, 궁지	동 plight, hardship, difficulty, impasse
predilection	애호, 편애	동 preference, liking, fondness
predispose	~하기 쉽다, ~할 경향이 있다	동 incline, dispose n. predisposition 경향, 성질
predominate	우세하다	동 excel, surpass, exceed, outdo
prehistoric	선사시대의	동 ancient, antique, primitive
premature	시기상조의, 미숙한	동 untimely, hasty, underdeveloped 반 timely(시기적절한)
premise	전제, 가정하다	동 assumption, presumption, presupposition 반 conclude(결론 내다)
premonition	예감, 전조	동 foreboding, omen, sign
prescribe	1)지시하다, 2)처방하다	동 order, direct, ordain, enjoin
prevail	우세하다, 유행하다	동 overcome, triumph, spread
procrastinate	지체하다	동 delay, dally, linger, tarry
profane	불경스러운, 모독하다	동 impious, ungodly, desecrate 반 worship(숭배하다)
proficient	능숙한	동 skillful, expert, dexterous, competent 반 inexperienced(미숙한)
prolific	다산의, 다작의	동 productive, fertile, abundant, plentiful 반 unproductive(비생산적인)
prolong	연장하다	동 lengthen, elongate, extend 반 shorten(줄이다)

어휘	의미	동의어/반의어
prominent	탁월한, 눈에 띄는	동 outstanding, noticeable, remarkable, salient
propel	추진하다	동 thrust, drive, impel, push 반 halt(멈추다)
propensity	성질, 성향	동 disposition, inclination, penchant
proportional	비례하는	동 comparable, symmetrical, commensurate 반 disproportional(반비례하는)
proscribe	금지하다, 배척하다	동 forbid, inhibit, ban 반 permit(허가하다)
prosecute	기소하다	동 indict, arraign, charge, sue
prospective	유망한, 가망이 있는	동 promising, anticipated, expected 반 desperate(절망적인)
prosper	번영하다	동 succeed, flourish, thrive, progress 반 fail(망하다, 실패하다)
pseudonym	필명	동 alias

(2) q-

어휘	의미	동의어/반의어
quandary	난처한	동 predicament
quarantine	격리, 검역소, 격리하다	동 seclude, cloister
quarter	분기, 1/4	
queer	이상한, 괴상한, 별난	동 strange, unique, rare, weird, unusual
quote	인용하다	동 cite

14 'r'로 시작하는 어휘의 동의어와 반의어

어휘	의미	동의어/반의어
ramification	가지, 분파, 결과	동 basin, hollow, branch, fraction, consequence
rational	합리적인	동 reasonable, sound, practical, logical 반 irrational(비합리적인)
ravage	파괴하다	동 devastate, ruin, smash, demolish 반 erect(세우다)
realm	영역	동 sphere, kingdom, zone, arena, empire
rebuke	비난하다	동 reproach, admonish, reprove, reprimand, criticize 반 applaud(칭찬하다)
reciprocal	상호적인	동 mutual, complementary, correlative 반 one-side(일방적인)

단어	뜻	유의어/반의어
reconcile	조정하다, 중재하다	동 harmonize, mediate, coordinate, conciliate 반 instigate(부추기다)
rectify	수정하다, 고치다	동 correct, revise, reform, repair, renovate
recur	되풀이되다, 되돌아가다	동 repeat, return, relapse, revert
redundant	불필요한, 과잉의	동 surplus, superfluous, excessive, extra 반 vital(필수적인)
refine	순화하다, 정제하다	동 purify, polish, perfect, smooth 반 contaminate(오염시키다)
refute	반박하다	동 confute, disprove, controvert, impugn 반 agree(찬성하다)
rehabilitate	복구시키다, 재건하다	동 reinstate, reform, restore, rebuild 반 destroy(파괴하다)
reimburse	변상하다	동 repay, refund, compensate, indemnify
reinforce	보강(강화)하다	동 strengthen, energize, fortify 반 weaken(약화시키다)
reiterate	반복하다	동 repeat, restate, recapitulate
rigorous	엄격한, 혹독한	동 strict, rigid, stringent, harsh, relentless 반 merciful(자비로운)
roam	배회하다	동 wander, drift, stroll, rove, traipse
robust	건장한, 건강한	동 strong, sturdy, healthy, vigorous, forceful 반 feeble(허약한)
rudimentary	초보적인, 기본적인	동 elementary, fundamental, primary, essential
ruminate	숙고하다, 반추하다	동 ponder, reflect, review
ruthless	무자비한	동 merciless, unsympathetic, heartless, cruel 반 charitable(자비로운)
relinquish	[1) 포기하다, 단념하다, 2) 양도하다	동 yield, abandon, surrender, forsake 반 prop(지탱하다)
reluctant	꺼려하는	동 hesitant, unwilling, loath, antagonistic 반 active(능동적인)
reminiscent	연상시키게 하는	동 mind, remindful, recall, evocative 반 impromptu, instantaneous(즉흥적인, 생각나는 대로)
remorse	양심의 가책, 회한	동 regret, repentance, contrition, penance
renounce	포기하다, 버리다, 연을 끊다	동 abandon, repudiate, desert 반 maintain, keep
renowned	유명한	동 famous, distinguished, prominent, notable 반 unknown(알려져 있지 않은)
remnant	나머지	동 reset, bit, particle
repeal	폐지하다	동 revoke, cancel, abolish, annul
repel	쫓아버리다	동 repulse, disgust, rebuff, reject

어휘	의미	동의어/반의어
reprimand	꾸짖다	동 scold, reproach, reprove, berate 반 praise(칭찬하다)
resentment	분개, 분노	동 anger, fury, indignation, rage
restrict	제한하다	동 circumscribe, restrain, limit, confine
retaliate	복수하다	동 revenge, repay, avenge, requite
retrieve	되찾다, 복구하다, 구해내다	동 recover, redeem, rescue, reclaim

15 's'로 시작하는 어휘의 동의어와 반의어

어휘	의미	동의어/반의어
salient	두드러진, 눈에 띄는	동 prominent, marked, renowned, remarkable 반 indistinctive, discreet(눈에 띄지 않는)
salvage	구조하다, 구출하다, 회복하다	동 rescue, release, restore, recover 반 trapped(갇히다)
sanction	승인하다, 승인	동 approve, accept, confirm, approve, permit 반 disapprove(승인하지 않다)
sanitary	위생의, 위생적인	동 hygienic, sterile, antiseptic, salutary, healthful 반 insanitary(비위생의)
seclude	격리하다	동 isolate, sequester, separate, quarantine 반 unbind(풀어주다)
secular	세속적인	동 mundane, worldly, earthly, material 반 sacred(신성한)
sedentary	앉아 있는	동 inactive 반 migratory(옮기는)
seduce	유혹하다	동 mislead, tempt, lure, decoy, entice
segregate	분리하다, 차별하다	동 isolate, discriminate, separate 반 congregate(모으다), integrate(통합하다, 차별하지 않다)
scrupulous	1)양심적인, 2)세심한, 꼼꼼한, 주의 깊은	동 conscientious, strict, thorough, wary, upright 반 unconscientious(비양심적인)
scrutinize	면밀하게 조사하다	동 probe, investigate, overhaul, inspect, anatomize
setback	좌절, 실패, 방해	동 adversity, misfortune, failure, retardation 반 success(성공)
simulate	~인 체하다, 가장하다	동 feign, imitate, counterfeit, forge, falsify, fabricate 반 practice(실행하다)
sinister	불길한, 회의적인	동 ominous, gloomy, unlucky, pessimistic 반 fortunate(운 좋은)
skeptical	회의적인, 의심 많은	동 incredulous, suspicious, doubtful, dubious 반 confident(신뢰하는)

slander	비방하다	동 abuse, insult, swear, curse, misuse 반 esteem, respect(존중하다)
slovenly	단정하지 못한	동 untidy, sloppy, disheveled 반 tidy(단정한)
sluggish	게으른	동 languid, weary, lethargic, tired, idle, dull 반 diligent(부지런한)
smug	잘난체하는, 자기만족하는	동 conceited, proud, pompous, complacent 반 humble(겸손한)
sober	진지한, 술 취하지 않은	동 austere, serious, grand, grave, stern, solemn 반 lightweight(진지하지 않은)
sojourn	체류하다, 묵다	동 lodge, stay, visit, stop over
solicitous	애쓰는, 걱정하는	동 concerned, anxious, worried 반 uncareful(근심 없는)
solvent	1)용해되는, 2)지급 능력이 있는	동 dissolve, creditworthy 반 insolvent(파산한, 지급 불능의)
sophisticated	세련된, 정교한	동 elaborate, cultivated, refined, stylish 반 simple(간단한)
speculative	이론적인, 불확실한	동 reflective, risky, theoretical, precarious 반 practical(실용적인)
split	쪼개다, 분열하다	동 breach, divide, tear, crack, burst 반 combine(합치다)
sporadic	간헐적인, 산발적인	동 intermittent, rare, irregular, occasional, uneven 반 constant(지속적인)
spurious	가짜의	동 counterfeit, fake, bogus, phony 반 genuine(진짜의)
squalid	불결한	동 filthy, putrid, mucky, dirty 반 holy, sacred(신성한)
squeeze	짜내다, 압착하다	동 compress, hug, cram, condense, wring
staggering	경이로운, 비틀거리는	동 surprising, astonishing, astounding, shake
standstill	정지, 멈춤	동 halt, stop, stand, pause, cessation 반 progress(진행)
stereotype	고정관념, 정형화하다	동 image
stingy	인색한	동 parsimonious, frugal, thrifty
stringent	엄격한	동 rigorous, strict, stern, rigid 반 loose(느슨한)
stumble	비틀거리다	동 stagger, reel
submerge	가라앉다	동 sink, subside, dip, plunge 반 emerge, float(떠오르다)
subordinate	종속의	동 subject, subsidiary, dependent, secondary
subscribe	구독하다, 서명하다, 기부하다	동 sign, chip in

어휘	의미	동의어/반의어
subsequent	잇따르는, 후행하는	동 later, following, consequent, succeeding 반 antecedent(선행하는)
subside	가라앉다, 침전하다	동 submerge, sink
substantiate	증명하다, 구체화하다	동 confirm, corroborate, justify
subtract	빼다	동 deduct, reduce, diminish, abate 반 add(더하다)
suffocate	질식시키다	동 choke, smother, stifle
supplement	보완하다	동 complement, replenish
susceptible	~하기 쉬운	동 liable, subject, sensitive, vulnerable 반 immune(~에 영향을 받지 않는, 면역의)
succulent	1) 수분이 많은, 2) 흥미진진한	동 juicy, watery, luscious, interesting 반 dry(마른, 건조한)
superb	화려한, 장엄한	동 majestic, excellent, magnificent, splendid, gorgeous
superfluous	여분의, 불필요한	동 unnecessary, surplus, excessive, spare 반 deficient(부족한)
supernatural	초자연적인, 불가사의한	동 mysterious, miraculous, inexplicable
supersede	~로 대체하다	동 replace, displace, substitute, supplant
supervise	감독하다	동 manage, administer, oversee 반 overlook(간과하다)
surpass	능가하다, 초월하다	동 excel, exceed, transcend, outdo
swamp	늪, 궁지에 빠뜨리다, 뒤덮다	동 marsh, bog, soak, overwhelm, immerse, engulf
sway	흔들리다, 흔들다	동 fluctuate, shake, swing, wave
swindle	사취하다	동 defraud, cheat, exploit, deceive, mislead

16 't'로 시작하는 어휘의 동의어와 반의어

어휘	의미	동의어/반의어
tacit	암묵적인	동 implied, implicit, unvoiced 동 explicit(명시적인)
taciturn	말수가 적은	동 mute, tranquil, reticent, placid 동 talkative(수다스러운)
tactful	재치 있는	동 diplomatic, thoughtful, skillful, adroit, politic 반 tactless(무뚝뚝한, 재치 없는)
tactile	촉각의	동 tactual, touch, haptic
tamper	간섭하다	동 interfere, meddle, intervene
tarnish	흐리게 하다, 손상시키다	동 blacken, taint, damage, injure
tease	괴롭히다	동 bully, harass, bother, torture

temporal	시간의, 세속적인, 일시적인	동 mundane, worldly, temporary, momentary
tenable	유지할 수 있는	동 defensible, viable
tenacious	완강한, 집요한	동 stubborn, opinionated, intractable, dogged, obstinate 반 flexible(유연한)
tenure	보유, 종신 재직권	동 possession
therapeutic	치료의	동 remedial
thorough	철저한	동 complete, entire, exhaustive
throng	군중, 다수	동 crowd, mob, troop, swarm
thwart	방해하다	동 block, curb, prohibit, halt, interrupt
timid	겁 많은, 소심한	동 afraid, shy, unsure, cowardly 반 bold, daring(대담한) *bald 대머리의, 닳아버린
tractable	다루기 쉬운	동 controllable, yielding, obedient, docile 반 unwieldy, unmanageable(다루기 어려운)
traumatic	외상성의, 충격적인	동 injured, wounded, shocking
treaty	조약, 협정	동 agreement, contract, pact, deal
tremendous	엄청난, 거대한, 굉장한	동 enormous, massive, excessive, extraordinary
trepidation	두려움	동 dread, fright, fear, horror, panic
tribunal	법정, 법원	동 judicatory, trial, case
tranquil	조용한	동 calm, quiet, peaceful, placid 반 agitated(동요하는)
transaction	처리, 취급, 거래	동 affair, dealings, action, negotiation
transcend	넘다, 초월하다	동 surpass, exceed, excel, overshadow
transcribe	필기하다, 옮겨 쓰다	동 copy, translate, render, represent
transgress	넘다, 벗어나다, 위반하다	동 violate, contravene, breach, defy, infringe 반 observe(준수하다)
transient	일시적인	동 temporary, transitory, momentary 반 permanent(영구적인)
transition	전이, 변천, 과도기	동 change, alteration, transformation, conversion
transmit	발송하다, 옮기다	동 send, transfer, transport, remit 반 receive(수신하다)
traverse	통과하다	동 cross, pass, transverse 반 block(막다)
trespass	침해하다	동 invade, intrude, infringe, encroach, offend 반 keep(지키다)
turbulent	사나운, 동요하는	동 uncontrolled, disorderly, furious, destructive, raging 반 still, quiet(잔잔한)
turmoil	소동, 혼란	동 agitation, uproar, tumult, unrest 반 tranquility, calmness(평온)

어휘	의미	동의어/반의어
tyranny	폭정, 횡포	동 dictatorship, oppression, authoritarianism, autocracy 반 democracy(민주주의)

17 'u'로 시작하는 어휘의 동의어와 반의어

어휘	의미	동의어/반의어
ubiquitous	어디에나 있는	동 omnipresent, widespread, universal, prevalent
ulterior	이면의	동 hidden
ultimate	궁극적인, 근본적인	동 conclusive, eventual, fundamental
usher	안내하다	동 guide, notice
unarmed	비무장의	동 weaponless, unarmored, demilitarized 반 armed(무장한)
unattended	방치된, 단독의	동 disregarded, alone, solitary 반 attended(관심 받는)
unconditional	무조건적인, 절대적인	동 absolute, unrestricted 반 conditional(조건적인)
undo	1)풀다, 해결하다, 2)망치다	동 unfasten, open, untie, spoil
undue	부적당한, 과도한, 기한이 되지 않은	동 improper, excessive, inapt
uneven	불규칙한, 평평하지 않은, 홀수의	동 inconsistent, asymmetric, odd, rugged 반 even(평평한, 짝수의)
unfold	펴다, 펼치다	동 spread, open, expand, extend 반 fold(덮다)
unload	짐을 내리다	동 discharge, unburden, unship, unlade 반 load(짐을 싣다)
unprecedented	전례 없는	동 unexampled, new, unique
unquenchable	억누를 수 없는	동 insatiable, rapacious, avaricious, covetous
unscrupulous	비양심적인	동 unprincipled, conscienceless 반 scrupulous(양심적인)
unseemly	부적당한, 어울리지 않는	동 improper, unbecoming, indecent
unwholesome	건강에 해로운, 유해한	동 harmful, unhealthy, hurtful, detrimental 반 conducive(도움이 되는)
underestimate	과소평가하다	동 depreciate, undervalue, devaluate 반 overestimate(과대평가하다)
underlying	기본적인	동 basic, fundamental, essential, elemental
undermine	토대를 침식하다, 손상시키다	동 slander, libel, defame, malign
undertake	맡다, 책임지다, 보증하다	동 guarantee, commence

어휘	의미	동의어/반의어
uppermost	최고의	동 supreme, superb, superlative, topnotch 반 lowermost(최하의)
uprising	반란, 폭동	동 rebellion, revolt, insurrection
uproar	소란, 소동	동 commotion, turmoil, chaos, jumble
uproot	뿌리째 뽑다, 근절하다	동 eradicate, exterminate, extirpate, annihilate

18 'v ~ z'로 시작하는 어휘의 동의어와 반의어

(1) v-

어휘	의미	동의어/반의어
valid	타당한	동 legal, solid, proper, relevant 반 invalid(타당하지 않은) v. validate 정당성을 입증하다(= sanction, approve, admit, verify)
vanquish	격파하다, 정복하다	동 beat, defeat, crush, conquer, oust
varnish	니스를 바르다	동 polish
vehement	격렬한, 격정적인	동 intense, passionate, enthusiastic, earnest
verbose	장황한	동 lengthy, talkative, wordy
verdict	평결, 판정, 판단	동 decision, sentence, judgment, adjudication
versatile	다재다능한	동 omnipotent, all-around
vex	짜증나게 하다	동 annoy, irritate, displease
vicarious	대리의, 대행의	동 deputy, represent, agent
vicinity	근처, 주변	동 proximity, environs, neighborhood
void	무효의, 공허감	동 abolish, annul, repeal, abrogate 반 valid(타당한)
volatile	휘발성의, 불안정한	동 unstable, unpredictable, whimsical, changeable 반 stable(안정적인)
volition	결단, 의지, 의욕	동 will, resolution, determination
vulgar	저속한, 상스러운	동 coarse, impolite, uncivilized, unmannerly 반 polite(예의바른)
vulnerable	취약한, ~하기 쉬운	동 susceptible, feeble, dependent, sensitive

(2) w-

어휘	의미	동의어/반의어
waive	포기하다, 미루다	동 abandon, renounce, withhold, suspend
wary	경계하는, 조심하는	동 alert, careful, cautious, attentive

어휘	의미	동의어/반의어
weary	피곤한, 지친	동 tired, exhausted, dull, worn
willful	고의적인, 고집 센	동 intentional, stubborn, perverse, headstrong 반 accidental, unexpected(우연한, 돌발적인)
wither	시들다, 쇠퇴하다	동 decline, weaken, disappear, wane 반 prosper, flourish(번영하다, 번성하다)
withdraw	철수하다, 인출하다	동 cancel, scrap, retreat, retract
wretched	비참한, 불행한	동 depressed, tragic, desperate, pitiful

(3) z-

어휘	의미	동의어/반의어
zealous	열심인, 열성적인	동 active, burning, intense, eager, ambitious
zest	열정, 흥미	동 eagerness, heartiness
zone	지역, 지구	동 area, region, province

제 2 절 파생어

(1) 어근 'serve'가 포함된 어휘

'keep'을 의미하는 라틴어인 servare에서 유래함

- reserve 남겨두다, 보류하다 → n. reservation 예약
- preserve 지키다, 보존하다 → n. preservation 보존
- conserve 보존하다 → n. conservation 보존

(2) 어근 'scribe'가 포함된 어휘 중요 ★★

'write'를 의미하는 라틴어인 scribere에서 유래함

- ascribe ~의 탓으로 돌리다 → n. ascription (to) 원인이 있다고 여김
- circumscribe 제한하다 → n. circumscription 제한
- describe 설명, 묘사하다 → n. description 묘사, 설명
- inscribe 새기다 → n. inscription 적힌 것, 비문, 글귀
- prescribe 규정하다, 처방하다 → n. prescription 처방, 규정
- subscribe 구독하다, 가입하다 → n. subscription 구독, 가입
- transcribe 옮겨 적다 → n. transcription 전사, 필기

(3) 어근 'ante'가 포함된 어휘

'before'를 의미하는 라틴어인 ante에서 유래함

- antecedent 선행의
- anteriority 앞의
- antedate ~보다 선행하다
- anticipate 예상하다

(4) 어근 'spire'가 포함된 어휘

'breathe'를 의미하는 라틴어인 spirare에서 유래함

- aspire 열망하다 → n. aspiration 열망
- conspire 공모하다 → n. conspiration 공모, 모의, 협력
- inspire 영감을 주다 → n. inspiration 영감
- perspire 땀 흘리다 → n. perspiration 땀, 노력

(5) 어근 'mono'가 포함된 어휘

'one'을 의미하는 라틴어인 mono에서 유래함

- monotonous 단조로운
- monologue 독백
- monogamy 일부일처제
- monopoly 독점 / oligopoly 과점 → monopoly and oligopoly 독과점

(6) 어근 'voke'가 포함된 어휘

'to call'을 의미하는 라틴어인 vocare에서 유래함

- convoke 소집하다
- evoke 환기시키다
- invoke 적용하다, 언급하다
- provoke 유발하다, 도발하다
- revoke 철회하다, 취소하다

(7) 어근 'cred/credit'이 포함된 어휘 중요 ★★
'believe'를 의미하는 라틴어인 credere에서 유래함

- accredit ~한 것으로 믿다, 간주하다
- credulous 잘 속는 ↔ incredulous 믿지 않는, 의심하는
- incredible 믿을 수 없는 ↔ credible 믿을 만한
- discredit 불신, 불명예 ↔ credit 신용, 명성, 학점

(8) 어근 'pathy'가 포함된 어휘
'feeling'을 의미하는 라틴어인 pathos에서 유래함

- antipathy(= dyspathy) 반감
- apathy 무관심
- empathy 감정이입
- sympathy 공감, 동정

(9) 어근 'trans'가 포함된 어휘
'across'를 의미하는 라틴어인 trans에서 유래함

- transport 수송하다
- transfer 옮기다
- transportation 대중교통
- transform 변형하다
- transmit 전송하다
- transcend 초월하다
- transgender 성 전환자

(10) 어근 'rupt'가 포함된 어휘
'to break'를 의미하는 라틴어인 rumpere에서 유래함

- erupt 폭발하다
- abrupt 갑작스러운
- rupture 파열
- corrupt 타락한
- disrupt 분열시키다
- interrupt 방해하다
- bankrupt 파산한

(11) 어근 'cret'이 포함된 어휘

'grow'를 의미하는 라틴어인 creatura에서 유래함

- concrete 구체적인, 구체화하다
- discrete 분리된
- secrete 비밀의, 비밀로 하다

(12) 어근 'clude'가 포함된 어휘 [중요] ★★★

'to shut'을 의미하는 라틴어인 claudere에서 유래함

- conclude 결론 내리다 → n. conclusion 결론 / a. conclusive 단호한, 결정적인
- exclude 배제하다 → n. exclusion 배제 / a. exclusive 배타적인, 유일한, 한정된
- include 포함하다 → n. inclusion 포함 / a. inclusive 포괄적인
- preclude 못하게 하다 → n. preclusion 배제, 방해 / a. preclusive 방해하는
- seclude 은둔하다, 고립시키다 → n. seclusion 은퇴, 은둔 / a. seclusive 은둔적인

(13) 어근 'press'가 포함된 어휘

'to press'를 의미하는 라틴어인 presser에서 유래함

- compressive 압축하는, 압축의 → v. compress 압축하다
- depressive 우울한 → v. depress 우울하게 하다
- expressive 표현력이 있는 → v. express 표현하다
- impressive 인상적인 → v. impress 인상을 주다

(14) 어근 'scend'가 포함된 어휘

'climb'을 의미하는 라틴어인 scandere에서 유래함

- ascend 오르다, 올라가다 ↔ descend 내려가다
- transcend 초월하다

(15) 어근 'dic(t)'가 포함된 어휘

'to say'를 의미하는 라틴어인 dicere에서 유래함

- abdicate 퇴위하다, 떠나겠다고 말하다
- benediction 축복
- dictate 명령하다, 받아쓰다
- dictum 격언, 경구
- indicate 나타내다
- indict 기소하다
- malediction 저주
- predict 예견하다
- verdict 평결

(16) 어근 'vert/vers/verge'가 포함된 어휘

'to turn'을 의미하는 라틴어인 vertere에서 유래함

- avert 피하다
- extrovert 외향적인 ↔ introvert 내향적인
- reverse 뒤바뀌다
- diverge 나누어지다

(17) 어근 'later'가 포함된 어휘

'belonging to the side'를 의미하는 라틴어인 lateralis에서 유래함

- collateral 부수적인
- equilateral 등변형
- lateral 옆의
- multilateral 다자간의
- quadrilateral 사변형
- trilateral 삼자간의
- unilateral 일방적인

(18) 어근 'arch'가 포함된 어휘

'ruler'를 의미하는 라틴어인 arkhos에서 유래함

- anarchy 무정부상태
- hierarchy 서열
- matriarch 가모장(어머니 통치자)
- monarchy 군주제
- oligarchy 과두정치
- patriarchy 가장

(19) 어근 'nounce'가 포함된 어휘

'messanger'를 의미하는 라틴어인 nuntius에서 유래함

- announce 발표하다
- denounce 비난하다
- renounce 포기하다
- pronounce(= enunciate) 발음하다, 명확히 말하다

(20) 어근 'ced/cede'가 포함된 어휘 중요 ★★★

'to go'를 의미하는 라틴어인 cedere에서 유래함

- antecede 선행하다 → n. antecedent(s) 선례, 선행사, 선조(= ancestors)
- exceed 넘어서다 → n. excess 초과 / a. exceeding 대단한, 과도한
- precede 선행하다 → n. precedent 선례 / precedence 앞섬, 선행, 우선권
- proceed 진행하다 → n. process 과정 / procedure 절차 / proceeding(s) 순서, 회보
- recede 물러나다 → n. recession 침체, 불경기 / recess 휴식, 휴가
- succeed 성공하다 → n. success 성공 / succession 연속 / successor 후임자
  → a. successful 성공한 / successive · succeeding 연속적인
  → v. succeed in + 동사ing 성공하다 / succeed + to + 동사원형 계승하다

제 2 장 관용어

제1절에서는 숙어표현, 제2절에서는 관용표현에 대해 알아봅니다.

출제 경향 및 수험 대책

알파벳 순서로 정리해 놓은 빈출 숙어를 순서대로 살펴보면서 숙어의 의미가 기억나지 않거나 숙어 자체가 생소한 경우를 중심으로 해당 표현을 표시하면서 학습합니다.
숙어가 갖는 고유한 의미는 숙어를 구성하는 개별 단어의 의미 결합으로 이해되지 않는 경우가 많으므로 반드시 영어 표현과 의미를 하나의 세트로 학습합니다.
숙어 역시 단어와 마찬가지로 외우고 연상하고 확인하고 기억하며 공부하면 반드시 언젠가는 여러분들의 것으로 되어 있을 것입니다. 여러분 자신을 믿고 지금 바로 시작하면 됩니다.

제1절 숙어표현

1 [a]

표현	의미
abide by	지키다, 따르다(= be faithful to, obey)
abound with (in)	풍부하다(= be plentiful in, be rich in)
above all	무엇보다도
account for	설명하다(= explain)
add up to	합계 ~이 되다(= amount to)
all at once	갑자기(= all of a sudden, on a sudden, suddenly)
all but	거의, 대체로(= almost)
answer for	책임지다(= be responsible for, be in charge of)
anything but	결코 ~이 아닌 *nothing but 단지(= only)
apart(aside) from	~ 이외에도(= except for, in addition to)
apply for	신청하다 *apply to 적용되다
as for	~에 관해서
as a rule	대체로(= usually, on the whole)

표현	의미
at all costs	어떤 일이 있어도
at least	적어도(= not less than, at any rate)
at length	드디어, 상세하게(= at last, in detail)
at odds with	~와 불화관계인(= on bad terms with)
at once	즉시
at random	마구잡이로
at the mercy of	~에 좌우되어
at the risk of	~의 위험을 무릅쓰고
at times	가끔, 때때로
attribute A to B	A를 B의 탓으로 돌리다(= ascribe A to B)

2 [b]

표현	의미
be absorbed in	~에 몰두하다(= be engrossed in)
be anxious for	갈망하다(= be eager for) *be anxious about 걱정하다
be apt to	~할 것 같다(= be likely to, be liable to)
be at a loss	당황해서(= at one's wits end)
be bound for	~로 향하다 *be bound to 반드시 ~하다
be capable of	~할 능력이 있다(= be able to)
be composed of	~로 구성되다
be concerned about	~을 걱정하다 *be concerned with ~을 다루다
be forced to	~할 수밖에 없다(= be obliged to, be compelled to)
be in the way	~에 방해되다
be inclined to	~하는 경향이 있다(= tend to, be disposed to)
be well off	부유하다(= be rich) *be badly(worse) off 궁핍하다(= be poor)
behind the times	시대에 뒤떨어진(= old-fashioned)
beside oneself	제정신이 아닌
between you and me	우리끼리 얘긴데
break away	달아나다
break into	침입하다
break out	발생하다, 터지다

표현	의미
break up	헤어지다(= disperse, scatter, split up)
bring about	일으키다
bring home to	~을 절실히 느끼게 하다
bring up	키우다(= raise, rear)
by all means	어떤 일이 있어도
by degrees	점차적으로(= gradually)
by leaps and bounds	급속도로
by means of	~에 의해
by no means	결코 ~이 아닌
by turns	교대로(= one after the other, alternately)
by virtue of	~의 결과로(= because of, as a result of)

3 [c]

표현	의미
call for	요구하다(= demand, require) *call off 취소하다(= cancel)
care for	돌보다(= look after)
catch up with	~을 따라잡다
come across	우연히 만나다(= meet by chance, meet by accident)
come by	얻다
come down with	병에 걸리다
come up to	~에 이르다
come up with	~을 생각해내다(= think of)
compare A to B	A를 B에 비유(비교)하다
consist in	~에 있다
consist of	~로 구성되다
cope with	대처하다
count for nothing	거의 중요하지 않다(= be of no importance)
count in	끼워주다
correspond to(with)	~에 일치하다
cut in	방해하다, 끼어들다

4 [d] ~ [e]

표현	의미
deal with	다루다, 취급하다
depend on	의지하다(= count on, rest on, rely on, fall back on, be dependent of)
devote oneself to	~에 몰두하다
dispense with	~을 없애다
dispose of	~을 처분하다
distinguish A from B	A와 B를 구별하다(= tell A from B)
do away with	~을 폐지하다(= get rid of, abolish)
do without	~ 없이 지내다
drop in	방문하다
dwell on	곰곰이 생각하다(= think over, ponder on)
end in	결국 ~로 끝나다(= result in)

5 [f]

표현	의미
fall short of	부족한, 미달하다(= fail to reach)
familiar to + 사람	잘 알려진 *familiar with + 사람, 사물 잘 아는
far from	결코 ~이 아닌
feel for	동정하다
find fault with	흠잡다
follow suit	선례를 따르다
for a song	헐값으로
for fear of	~을 두려워해서
for good	영원히(= forever)
for want of	~이 부족하여
for nothing(free)	공짜로, 헛되이(= without payment, in vain)
for short	요약해서, 줄여서
for the time being	당분간
for the sake of	~을 위해서
free of(from)	~이 없는

6 [g]

표현	의미
get along with	~와 사이좋게 지내다
get at	도달하다, 이해하다(= reach, understand)
get away	도망치다, 떠나다(= escape, leave)
get down to	착수하다
get in touch with	~와 연락하다(= communicate with)
get over	극복하다(= recover from, overcome, tide over)
get rid of	~을 제거하다(= eliminate, discard, become free of)
get the better of	이기다(= defeat, beat, vanquish)
get through	끝마치다(= finish)
give away	주다, 분배하다, 폭로하다(= distribute, disclose)
give birth to	낳다, 야기하다(= bear, give rise to, produce)
give in	제출하다, 굴복하다(= hand in, surrender, yield)
give off	발산하다
give rise to	일으키다, 초래하다(= bring about, cause)
go over	반복하다, 자세히 조사하다(= repeat, look at carefully)
go through	경험하다(= experience, suffer)

7 [h]

표현	의미
hand down	(후세에) 전하다
hand in	제출하다(= give in, submit)
hand over	넘겨주다
have a crush on	홀딱 반하다
have an eye for	~에 안목이 있다
have to do with	~와 관계가 있다(= have a connection with)
help oneself to	실컷 먹다, 마음껏 먹다
hit on	우연히 생각나다
hold back	참다, 억제하다(= restrain oneself)
hold good	유효하다(= remain valid, be effective)
hold on to	~에 매달리다
hold off	유보하다, 연기하다(= delay, postpone)
hold out	제공하다, 저항하다, 버티다(= offer, resist, last)
hold up	지지하다, 강탈하다(= support, rob)

8 [i] ~ [k]

표현	의미
ill at ease	불안한, 불편한
in accordance with	~에 따라서
in advance	미리, 사전에
in behalf of	~을 위하여(= for the benefit of) *on behalf of ~을 대신하여
in charge of	~을 책임지는
in favor of	~에 찬성하여, ~에게 유리한(= approving of, in support of)
in force	효력이 발생하여, 시행하여(= in effect, effective)
in honor of	~을 기념하여
in line with	~와 일치하여(= in agreement with, in accordance with)
in no case	결코 ~이 아닌(= never)
in no time	즉시
in proportion to	~에 비례하여(= according to, relative to)
in place of	~ 대신에(= instead of)
in pursuit of	~을 추구하여
in regard to	~에 관하여(= with regard to, in respect to)
in return for	~의 보답으로
in season	제철의 *out of season 제철이 아닌
in spite of	~에도 불구하고(= in the face of, despite, nevertheless)
in the long run	결국에는
in terms of	~의 관점에서
in turn	차례로
in vain	헛되이, 쓸모없이(= without success)
in view of	~을 고려해서(= considering)
in vogue	유행하는(= fashionable, popular)
inquire into	조사하다
inside out	안과 밖이 뒤집어진 *upside down 거꾸로
just about	거의(= almost)
keep after	계속 잔소리하다
keep an eye on	지키다, 감시하다
keep away from	~에 가까이 가지 않다
keep from	~을 삼가다(= refrain from)
keep in mind	명심하다, 기억하다(= remember)

표현	의미
keep off	가까이 오지 못하게 하다(= avert)
keep up with	유행을 따르다[= keep abreast with (of)]
know A from B	A와 B를 구별하다[= tell(distinguish) A from B]

9 [l] ~ [n]

표현	의미
lay off	해고하다
lay out	배열하다, 배치하다(= arrange)
lead to	~을 초래하다
learn by heart	암기하다, 외우다(= memorize)
leave behind	잊고 오다
leave off	중지하다, 멈추다
leave out	생략하다
let alone	~은 말할 것도 없이(= not to speak of, to say nothing of, not to say anything of)
let on	누설하다(= reveal)
little(no) better than	~나 다름없는(= almost the same as)
little short of	거의
live beyond one's means	분수에 맞지 않게 살다
live it up	흥청망청 즐기다
live up to	만족시키다(= satisfy, meet)
look back on	회상하다, 회고하다(= view in retrospect)
look down on	얕보다, 깔보다(= make light of) *make much of 중요시하다
look forward to -Ving	학수고대하다
look up to	존경하다
look on	방관하다
look over	검토하다(= examine, inspect)
lose one's temper(head)	화를 내다, 이성을 잃다(= get very angry)
make a difference	중요하다, 의미가 있다(= matter, be significant)
make a face	얼굴을 찡그리다(= frown)
make a fool of	~을 조롱하다(= make fun of)
make allowance(s) for	참작하다(= take into consideration)
make amends for	보상하다(= compensate for)
make believe	~인 체하다(= pretend)
make ends meet	수입과 지출을 맞추다

표현	의미
make out	이해하다, 작성하다(= understand, draw up)
make over	양도하다, 바꾸다(= change, renovate)
make room for	자리를 마련하다
make sure	확인하다, 확실하게 하다(= ascertain)
make up	화장하다, 성공하다, 꾸며내다
make up for	보충하다
make up one's mind	결심하다
make use of	이용하다
more often than not	자주, 대개, 일반적으로
more or less	거의, 대략(= almost, approximately)
make the best of	(어려운 상황 속에서) ~을 최대한 활용하다(= make the most of)
next to none	최고의(= the best)
none other than	다름 아닌 바로(= no one else but)
none the less	그럼에도 불구하고(= nevertheless)
nothing but	단지, ~에 불과한
now and then	때때로, 가끔(= sometimes, from time to time)

10 [o] ~ [p]

표현	의미
of late	최근에
off the record	비공식의, 비공개의(= unofficially)
on account of	~ 때문에(= owing to, due to, because of)
on behalf of	~을 대신해서, 대표해서
on and off	때때로
on end	계속하여
on no account	결코 ~이 아닌
on purpose	고의로
on the contrary	반대로
on the grounds that	~의 이유로
on the level	정직한, 솔직한(= honest, sincere)
on the line	위태로운(= at risk)
on the other hand	다른 한편으로는
on the point of -Ving	막 ~하려고 하는
on the whole	대체로

once and for all	확실하게
out of breath	숨이 차서
out of order	고장 난
out of place	불편한
out of question	불가능한
pay off	지불하다, 보상받다, 갚다(= pay in full)
persist in	고집하다, 주장하다
play down	경시하다, 가볍게 여기다(= make little of)
play up to	아첨하다(= flatter)
point out	지적하다
be possessed of	소유하다 *be possessed with 사로잡혀 있다
prevail on	설득하다
provide for	대비하다, 부양하다
pull off	잘 해내다
pull one's leg	늘리다, 속이다(= fool, play a trick on)
pull over	차를 길가로 붙이다
put ~ into practice	실행하다
put off	미루다, 연기하다
put on	입다
put out	끄다
put up with	~을 참다(= endure)

11 [r] ~ [s]

표현	의미
rain cats and dogs	비가 억수로 쏟아지다
read between the lines	숨은 뜻을 읽다
regardless of	~에 상관없이, ~와는 무관하게(= irrespective of)
reflect on	~에 대해 숙고하다(= think deeply about)
replace A with B	A를 B로 바꾸다
result from + 원인	~이 원인이 되다 *result in + 결과 ~를 초래하다
root out	근절하다
rule out	배제하다(= exclude)
run across	우연히 만나다(= run into)

표현	의미
run out of	다 써버리다, 다 떨어지다(= exhaust, use up)
run short of	~이 부족하다(= be lack in)
second to none	최고의
see about	~에 대해 알아보다(= find out about, inquire about)
see into	조사하다
see through	꿰뚫어보다, 간파하다(= recognize the truth)
set about	시작하다(= go about, begin)
set forth	설명하다
set in	시작되다
set up	설립하다
settle down	정착하다
shed light on	실마리를 주다(= cast light on)
show off	뽐내다, 자랑하다
so far	지금까지
stand for	~을 나타내다 *stand up for 옹호하다, 편들다
stand out	눈에 띄다
stick to	~에 충실하다, 지키다, 고수하다
stir up	(분란 등을) 일으키다(= get ~ into trouble)
substitute A for B	B를 A로 대체하다
succeed in -Ving	성공하다
succeed to V원형	계승하다
sum up	요약하다

12 [t] ~ [z]

표현	의미
take account for	~을 고려하다
take advantage of + 사람	속이다 *take advantage for + 사물 ~을 이용하다
take after	~을 닮다
take charge of	~을 맡다
take A for B	A를 B로 잘못 알다
take ~ into account	고려하다(= allow for)
take off	이륙하다, 벗다
take part in	참여하다(= participate in, join)

take the place of	대신하다	
take turns ~ing	교대로 ~하다	
tell ~ apart	구별하다(= distinguish between)	
ten to one	십중팔구	
think highly (much) of	높이 평가하다	
think nothing of	아무렇지 않게 여기다	
think over	곰곰이 생각하다	
to the contrary	~와는 반대로	
true of	~에 적용되는	
try on	신어(입어) 보다	
turn down	거절하다(= refuse, reject)	
turn in	제출하다(= hand in, submit)	
turn on	켜다 *turn off 끄다	
turn out	~로 입증되다(= prove)	
up to date	최근의, 최신의(= modern) *out of date 구식의(= old-fashioned)	
use up	다 써버리다	
wait for	기다리다	
wait on	시중들다	
wear out	지치게 하다, 닳아 없어지게 하다(= fatigue)	
with respect to	~의 관점에서	
zealous for	~을 열망하는	

제 2 절 관용표현

1 중요 문장

표현	의미
things look to advantage	돋보이다 예) Things look to advantage at a distance. 떨어져서 보면 돋보인다.
make a clean breast of	다 털어놓다 예) Make a clean breast of your mistakes. 너의 잘못을 다 털어놓아라.
have it out	결판을 내다, 털어놓고 이야기하다 예) Let's have it out. 우리 털어놓고 이야기하자.
touch on the raw	아픈 곳을 찌르다 예) He touched her on the raw. 그는 그녀의 아픈 곳을 찔렀다.
add fuel to the flames	불에 기름 붓는 격이다 예) It adds fuel to the flames. 그것은 불에 기름 붓는 격이다.
It's an ill wind that blows nobody good.	손해 보는 사람이 있으면 득 보는 사람도 있다.
worth one's salt	자기 몫을 하다 예) He is worth his salt. 그는 자기 몫을 한다.
two doors away	두 집 건너 예) He lives two doors away. 그는 두 집 건너 산다.
Fools rush in where angels fear to tread.	하룻강아지 범 무서운 줄 모른다.
There is always a way out.	하늘이 무너져도 솟아날 구멍이 있다.
oyster of a man	과묵한 사람 예) He is an oyster of a man. 그는 과묵한 사람이다.
back number	시대에 뒤떨어진 예) He is a back number. 그는 시대에 뒤떨어진 사람이다.
Even Homer sometimes nods.	원숭이도 나무에서 떨어질 때가 있다.
sink or swim	망하건 흥하건 예) We are determined to do it, sink or swim. 망하건 흥하건, 우리는 그것을 하기로 결심했다.
Neither A nor B	A도 B도 아니다 예) Neither he nor you are wrong. 그나 너나 잘못이 아니다.
☆ cannot help -Ving	~하지 않을 수 없다(= cannot but V원형) 예) I cannot help speaking the truth. 나는 진실을 말하지 않을 수 없다.
☆ never A without -Ving	A 할 때마다 ~ 한다(= never A but 주어 + 동사 + 목적어) 예) We never meet without making a noise. 우리는 만날 때마다 소란을 피운다.
cannot be too ~	아무리 ~해도 지나치지 않다 예) That cannot be said too often. 그것은 아무리 자주 말해도 지나치지 않다.

no better than	거의 ~나 다름없는(= as good as) 예) A man is no better than a scholar. 그 사람은 거의 학자나 다름없다.
not better than	~ 이하이다, ~보다 좋지 않다 예) The current situation is not better than the previous one. 현 상황은 이전 상황보다 좋지 않다.
Who knows ~?	누가 알겠는가?(아무도 모른다) 예) Who knows what it will become? 이것이 어찌 될지 누가 알겠는가?
☆ 시간 + have passed + since + 주어 + 과거동사	~한 지 ~째이다. 예) Eight years have passed since he earned a doctoral degree(= It is eight years since he earned a doctoral degree). 그가 박사학위를 취득한 지 8년째이다.
☆ not A until B	B하고 나서야 A했다 예) People do not know the value of health until they lose it(= It is not until people lose health that they know the value of it). 사람들은 건강을 잃고 나서야 건강의 가치를 안다.
every other day	하루 건너 예) He goes to the library every other day. 그는 하루 건너 도서관에 간다.
What with A and what with B	한편으론 A 다른 한편으론 B 예) What with the entrance exam and what with its anxiety, I cancel the travel. 한편으론 입학시험 다른 한편으론 그것의 걱정으로, 나는 그 여행을 취소했다.
☆ lest + 주어 + should + V원형	~하지 않기 위해서 예) They study hard lest they should fail(= They study hard so that they may not fail / They study hard for fear that they should fail). 그들은 실패하지 않기 위해 열심히 공부한다.
as(so) far as	~하는 한 예) As far as I know, he is an excellent linguist. 내가 아는 한 그는 뛰어난 언어학자이다.
☆ not so much A as B	A라기보다는 B 예) We are not so much scientists as inventors. 우리는 과학자라기보다는 발명가이다.
senior to	~보다 손위다 예) He is five years senior to me. 그는 나보다 다섯 살 손위다.
all the better for A	A 때문에 오히려 더 ~하다 예) I like her all the better for her faults. 그녀의 결점 때문에 나는 오히려 그녀가 더 좋다.
like so many ~	마치 ~처럼 예) I have worked like so many cows. 나는 마치 소처럼 일해 왔다.
provided (that) ~	만일 ~라면 예) You will never do such a thing provided that you are an honest man. 네가 만일 정직한 사람이라면 그런 일은 결코 하지 않을 것이다.

☆ 형용사 + as + 주어 + be동사	비록 ~일지라도(= though + 주어 + 동사) 예 Poor as you are, you look like happy(= Though you are poor, you are happy). 비록 가난하지만, 너는 행복해 보인다.
Be + 주어 + ever so ~	아무리 ~할지라도 예 Be a man ever so old, a man can learn. 아무리 나이가 들어도 사람은 배울 수 있다.
☆ should + have + PP	~했어야 했는데 하지 않아 유감이다. 예 You should have kept a promise. 네가 약속을 지켰어야 했는데 지키지 않아 유감이다.
☆ may well + V원형	~하는 것은 당연하다(~할 만하다) 예 She may well get angry with him. 그녀가 그에게 화를 내는 것도 당연하다.
used to + V원형	~하곤 했다. 예 There used to be a lake here. 예전에 여기에 호수가 하나 있었다.
be used to -Ving(명사)	~에 익숙하다 예 I am used to speaking in public. 나는 사람들 앞에서 이야기하는 데 익숙하다.
☆ prevent(stop, keep, prohibit) A from ~ing	A가 ~하는 것을 금하다 예 Heavy snow prevented us from getting to the place on time. 폭설 때문에 우리는 제시간에 그 장소에 도착하지 못했다.
much more	하물며 ~는 더 잘한다. 예 He can speak Spanish, much more Korean. 그는 스페인어를 할 수 있다. 하물며 한국어는 더 잘한다.

2 기억할 만한 구어체 표현

표현	의미
Give my best regards to her.	그녀에게 안부 전해주세요.
I am a stranger here myself.	저도 이곳은 처음입니다.
He has an air of importance.	그는 잘난 척한다.
We are through for today.	오늘 일은 끝났어요.
This suit goes with you.	이 옷은 당신에게 잘 어울려요.
He has a lot of nerve.	그는 배짱이 좋다.
He is everybody's friend.	그는 팔방미인이다.
The line is busy.	통화 중입니다.
Hold the line, please.	끊지 말고 기다려주세요.
Please, don't hang up.	끊지 마세요.
It is raining cats and dogs.	비가 억수로 내린다.
There is no room for doubt.	의심할 여지가 없어요.

Mind you own business.	남의 일에 참견 마세요.
He is the last man to tell a lie.	그는 거짓말 할 사람이 아니다.
He worked his way through college.	그는 아르바이트를 해서 대학을 나왔다.
You are putting the cart before the horse.	본말을 전도하고 있어요.
I leave it to you.	그것을 당신에게 맡깁니다.
He made a mountain out of a molehill.	그는 침소봉대하여 말했다.
It was a flash in the pan.	그것은 용두사미였다.
The game ended in a tie.	그 경기는 무승부로 끝났다.
This leaves nothing to be desired.	이것은 더할 나위 없이 좋다.
He says one thing and means another.	그는 말과 행동이 다르다.
Leave well enough alone.	긁어 부스럼 만들지 마세요.
He is cut out for the job.	그가 그 일에 적임자입니다.
We have consecutive holidays this month.	이번 달에는 연휴가 있다.
Would you like some coffee?	커피 좀 드시죠?

3 속담 표현

표현	의미
A bad workman always blames his tools.	솜씨 없는 일꾼 연장 탓만 한다.
A burnt child dreads the fire.	불에 덴 아이는 불을 무서워한다.
A drowning man will catch at a straw.	물에 빠진 사람은 지푸라기라도 붙잡으려 한다.
A friend in need is a friend indeed.	어려울 때 도와주는 친구가 진정한 친구다.
After a storm comes a calm.	폭풍 뒤에는 고요함이 온다[고진감래(苦盡甘來)].
All is not gold that glitters.	반짝인다고 모두 다 금은 아니다.
All work and no play makes Jack a dull boy.	공부만 시키고 놀리지 않으면 바보가 된다.
A rolling stone gathers no moss.	구르는 돌에는 이끼가 끼지 않는다.
Beauty is but skin-deep.	외모로 사람을 판단하지 마라.
Better late than never.	안 하는 것보다 늦더라도 하는 게 낫다.
Birds of a feather flock together.	깃이 같은 새는 무리를 짓는다[유유상종(類類相從)].
Every Jack has his Jill.	누구나 제각기 짝이 있다.
First come, first served.	선착순
Heaven helps those who help themselves.	하늘은 스스로 돕는 자를 돕는다.
Honesty is the best policy.	정직이 최선의 방책이다.
Ill news travels fast.	나쁜 소식은 빨리 퍼진다.
It is no use crying over spilt milk.	이미 지나간 일은 후회해도 소용없다.

It never rains but it pours.	불행은 겹친다.
Let sleeping dogs lie.	긁어 부스럼 만들지 마라.
Look the stable after the horse is stolen.	소 잃고 외양간 고친다.
Look before you leap.	돌다리도 두드려 보고 건너라.
Make hay while the sun shines(= Strike while the iron is hot).	기회를 놓치지 마라.
Many a little makes a mickle.	티끌 모아 태산
Necessity is the mother of invention.	필요는 발명의 어머니
Never put off till tomorrow what you can do today.	오늘 할 수 있는 일을 내일로 미루지 마라.
No news is good news.	무소식이 희소식이다.
Nothing venture, nothing gain.	모험 없이는 얻는 것도 없다.
Out of sight, out of mind.	눈에서 멀어지면 마음에서도 멀어진다.
Rome was not built in a day.	로마는 하루아침에 지어진 것이 아니다.
Slow and steady wins the race.	천천히 그리고 꾸준히 하면 반드시 성공한다.
So many men, so many minds.	각양각색
The early bird catches the worm.	일찍 일어나는 새가 벌레를 잡는다.
The pen is mightier than the sword.	문은 무보다 강하다.
There is no rule but has some exceptions.	예외 없는 규칙은 없다.
There is no smoke without fire.	아니 땐 굴뚝에 연기 날까.
Time and tide waits for no man.	세월은 사람을 기다려 주지 않는다.
Time flies like an arrow.	세월은 참 빨리 지나간다.
Too many cooks spoil the broth.	사공이 많으면 배가 산으로 간다.
Walls have ears.	낮말은 새가 듣고 밤말은 쥐가 듣는다(말조심해야 한다).
What is done cannot be undone.	일단 이루어진 것은 되돌릴 수 없다.
When you are in Rome, do as the Romans do.	로마에 가면 로마법을 따르라.
Where there is a will, there is a way.	뜻이 있는 곳에 길이 있다.

제1편 실전예상문제

제1장 어휘

※ 밑줄 친 단어와 그 뜻이 가장 가까운 것은? (01 ~ 10)

01

Consumers are asked to <u>abstain</u> from spending as many goods are in short supply.

① refrain
② pervade
③ abolish
④ contradict

02

I hope you are not going to <u>abandon</u> your project.

① relinquish
② abase
③ delay
④ abbreviate

---

checkpoint 해설 & 정답

01 해설
① 금지하다, 삼가다
② 만연하다, 널리 퍼지다
③ 폐지하다
④ 모순되다

해석
많은 제품의 공급이 부족하므로 소비자들에게 소비를 자제해달라고 요청했다.

02 해설
① 포기하다
② 비하하다
③ 늦추다
④ 축약하다

해석
나는 네가 너의 계획을 포기하지 않기를 희망해.

정답 01 ① 02 ①

03

The poem was composed by an <u>anonymous</u> author.

① aseptic
② famous
③ mature
④ unknown

04

Giving money to help the Red Cross is a <u>benevolent</u> act.

① belated
② circumspect
③ charitable
④ congenial

05

The government <u>conceded</u> defeat as soon as the election results were known.

① conciliated
② admitted
③ concurred
④ operated

---

03 해설
④ 알려져 있지 않은, 익명의
① 방부성의, 무균의
② 유명한
③ 성숙한

해석
그 시는 <u>익명의</u> 작가가 썼다.

04 해설
③ 자비로운
① 늦은
② 신중한
④ 서로의 마음이 맞는, 친절한

해석
적십자를 돕기 위해 돈을 기부하는 것은 <u>자비로운</u> 행동이다.

05 해설
② 인정하다
① 달래다
③ 동의하다
④ 실행하다

해석
선거 결과가 알려지자마자 그 정부는 패배를 <u>인정했다</u>.

정답 03 ④ 04 ③ 05 ②

checkpoint 해설 & 정답

06 해설
③ 연속, 계속되는
① 보수적인
② 다양한
④ 파괴된

해석
5일 연속 비가 계속 내리고 있는 중이다.

07 해설
② 부주의한
① 이용 불가능한
③ 미세한, 근소한
④ 양립할 수 없는

해석
불행하게도 나는 그녀가 있을 때, 그녀의 실패에 대해 부주의한 언급을 했다.

08 해설
① 현실적인, 세속적인
② 변하기 쉬운
③ 초기의
④ 즉석의

해석
그는 특히 일일 주식 시장 평가 같은 현실적인 문제들에만 관심을 가졌다.

정답 06 ③ 07 ② 08 ①

06
It has been raining for five <u>consecutive</u> days.

① conservative
② diverse
③ successive
④ demolished

07
Unfortunately, I made an <u>inadvertent</u> remark about her failure while she was present.

① unavailable
② careless
③ imperceptible
④ incompatible

08
He was concerned only with <u>mundane</u> matters, especially the daily stock market quotations.

① worldly
② mutable
③ nascent
④ impromptu

09 The child's misdemeanor was never taken seriously by his parents.

① apprehension
② mishap
③ malady
④ wrongdoing

10 The different parts of the cotton plant are utilized in the manufacture of innumerable commodity.

① ubiquitous
② hostile
③ numerous
④ insolvent

※ 밑줄 친 단어와 그 뜻이 가장 먼 것은? (11 ~ 20)

11 Tobacco is one of the indigenous plants which the early explorers found in this country.

① aboriginal
② inductive
③ native
④ endemic

12 해설

① 강화하다
②·③·④ 위협하다

해석
집단보다 개인을 중시하고 이웃을 위협하는 모든 것은 악이라 부른다.

12

Everything that elevates an individual above the herd and intimidates the neighbor is called evil.

① intensifies
② frightens
③ terrifies
④ bullies

13 해설

③ 인색한
①·②·④ 분명한

해석
두 집단 사이에는 분명한 긴장이 있었다.

13

There was a palpable tension between the two groups.

① apparent
② obvious
③ parsimonious
④ noticeable

14 해설

③ 무효로 하다
①·②·④ 능가하다

해석
그 선수는 이전 기록을 능가했다.

14

The runner outdid the previous record.

① exceeded
② surpassed
③ overrode
④ excelled

정답 12 ① 13 ③ 14 ③

15

Thanks to its perennial popularity, the zoo grew constantly.

① durable
② constant
③ perpetual
④ mandatory

16

Someone entirely proficient in both languages can do simultaneous translation.

① skillful
② profane
③ dexterous
④ competent

17

He was told he would have to relinquish most of his property to his former wife.

① yield
② transfer
③ reimburse
④ devolve

---

15 해설
④ 의무적인
①·②·③ 지속적인

해석
지속적인 인기 덕분에 동물원은 계속 발전했다.

16 해설
② 불경스러운
①·③·④ 능숙한

해석
두 언어 모두 완벽하게 능숙한 사람이 동시통역을 할 수 있다.

17 해설
③ 변상하다
①·②·④ 양도하다

해석
그는 대부분의 재산을 이전 부인에게 양도해야 한다는 말을 들었다.

정답 15 ④ 16 ② 17 ③

18
해설
① 입증하다
②·③·④ 가라앉다

해석
적의 공격을 피하기 위해 잠수함은 바다 속으로 가라앉았다.

19
해설
④ 억누를 수 없는
① 전례 없는
② 유일한
③ 새로운

해석
1929년 중반에 시작되었던 경기 침체는 미국의 전례 없는 재앙이었다.

20
해설
② 해로운
①·③·④ 근본적인

해석
현재 경기 침체의 근본적인 원인 중 하나는 2020년에 회사들이 쌓아놓은 빚더미이다.

정답 18 ① 19 ④ 20 ②

18
The submarine <u>subsided</u> into the ocean in order to escape enemy attack.

① substantiated
② submerged
③ sank
④ dipped

19
The depression that started in mid-1929 was an <u>unprecedented</u> catastrophe for the United States.

① unexampled
② unique
③ new
④ unquenchable

20
One of the <u>underlying</u> causes of the present recession is the burden of debt that companies accumulated in the 2020.

① fundamental
② detrimental
③ essential
④ elemental

※ 빈칸에 들어갈 말로 가장 알맞은 것은? (21~30)

21

Letters of (　) were sent to the families of the victims.

① antipathy
② apathy
③ sympathy
④ dyspathy

22

You must follow the rules as (　) by the school.

① ascribed
② inscribed
③ transcribed
④ prescribed

23

Genius is 99% (　) and 1% inspiration.

① conspiration
② respiration
③ perspiration
④ aspiration

---

21 해설
③ 공감, 동정
① 반감
② 무관심
④ 반감

해석
공감(동정)의 편지들이 희생자 가족들에게 보내졌다.

22 해설
④ 규정된
① 탓으로 돌려진
② 새겨진
③ 옮겨 적은

해석
여러분은 학교에 의해 규정된 규칙들을 준수해야 합니다.

23 해설
③ 노력, 땀
① 공모, 모의
② 호흡
④ 열망

해석
천재는 99%의 노력과 1%의 영감으로 이루어진다.

정답   21 ③   22 ④   23 ③

24

해설
① 연상시키는
② 사람에게 사물을 연상시키는
   (reminding + 사람 + of + 사물)
③ 퇴보하는
④ 비난하는

해석
그 장식은 시의 예술 문화 센터를 연상시켰다.

24

The decoration was (　) of a municipal arts-and-leisure center.

① reminiscent
② reminding
③ retrogressive
④ renouncing

25

해설
① 잘 믿는, 잘 속는
② 믿을 만한
③ 믿을 수 없는
④ 의심하는

해석
확신 없이 무언가를 쉽게 믿는 사람을 잘 믿는(속는) 사람이라고 한다.

25

It is said that people who believe things easily without having to be convinced are (　).

① credulous
② credible
③ incredible
④ incredulous

26

해설
② 익명의
① 반의어의
③ 만장일치의
④ 동의어의

해석
그 베스트셀러 소설은 익명의 작가가 쓴 것이었다.

26

The best-selling novel was written by a(n) (　) author.

① antonymous
② pseudonymous
③ unanimous
④ synonymous

정답 24 ① 25 ① 26 ②

27

It is natural to (　　) injustice and oppression in our society.

① denounce
② announce
③ renounce
④ pronounce

28

He believes that unemployment is socially (　　).

① divided
② dividable
③ divisive
④ divisible

29

The global (　　) is expected to continue through much of next year.

① recess
② process
③ excess
④ recession

27 해설
① 비난하다
② 발표하다
③ 포기하다
④ 발음하다

해석
우리 사회의 불공정과 억압을 비난하는 것은 자연스러운 일이다.

28 해설
③ 분열을 초래하는, 논쟁의 여지가 되는
① 나누어진
②·④ 나눌 수 있는

해석
그는 실업은 사회적으로 논쟁의 여지가 된다고 믿는다.

29 해설
④ 침체, 불경기
① 휴식, 휴가
② 과정
③ 초과

해석
세계적인 침체(불경기) 현상은 앞으로 수년 동안 계속될 것으로 예상된다.

정답 27 ① 28 ③ 29 ④

30 해설
② 배타적인, 한정된
① 은둔적인
③ 포괄적인
④ 단호한, 결정적인

해석
몇몇 사람들은 통제 불능의 경제 성장과 환경 안정성은 상호 배타적이라고 생각한다.

정답 30 ②

30

Some people think that uncontrolled economic growth and environmental stability are mutually (　　).

① seclusive
② exclusive
③ inclusive
④ conclusive

제 2 장 관용어

※ 빈칸에 들어갈 가장 적절한 표현은? (01 ~ 10)

01

He has tried all kinds of medicines to get (   ) of that disease.

① over
② the better
③ rid
④ hold

01 해설
③ get rid of 없애다
② get the better of 이기다
④ get hold of 붙잡다

해석
그는 그 병을 없애기 위해 모든 종류의 약을 먹어보고 있다.

02

The success of the meeting depends (   ) whether the audience is cooperative or not.

① with
② on
③ from
④ in

02 해설
depend on 의지하다, 달려있다

해석
그 모임의 성공은 청중의 협조 여부에 달려있다.

03

His jump fell five inches (   ) of the world records.

① back
② long
③ tall
④ short

03 해설
fall short of ~에 미치지 못하다

해석
그의 점프는 세계 기록에 5인치 부족했다.

정답 01 ③ 02 ② 03 ④

checkpoint 해설 & 정답

04 해설
find fault with 흠잡다

해석
나는 당신이 지금까지 해왔던 어떤 일에도 결코 흠잡고 있지 않았다.

05 해설
- be well off 부유하다
- be badly off 궁핍하다

해석
그의 친척들은 과거 한때 부유했으나, 지금은 궁핍하다.

06 해설
break out 갑자기 발생하다(터지다)

해석
극장에서 화재가 갑자기 발생하자, 사람들은 갈피를 잡지 못하고 사방으로 뛰었다.

정답 04 ① 05 ① 06 ②

04

I have never found (　) with anything you have ever done.

① fault
② mistake
③ flatter
④ good

05

His relatives were once well (　), but they are badly (　) now.

① off
② up
③ down
④ of

06

When the fire (　) out in the movie theater, the people lost their heads and ran in all directions.

① brought
② broke
③ dropped
④ called

07

Time passes quickly when you are ( ) in seeing an interesting drama.

① anxious
② concerned
③ absorbed
④ composed

08

The company is on the verge of bankruptcy, and thousands of jobs are ( ).

① at stake
② at random
③ at times
④ at all costs

09

- The suit you were wearing is almost ( ).
- We were completely ( ) after long journey.

① waited on
② worn out
③ used up
④ turned down

checkpoint 해설 & 정답

10 해설
① 제출하다, 잠자리에 들다
② 거절하다
③ 신어보다
④ 입증되다

해석
• 그는 사장에게 사직서를 제출했다.
• 그는 어제 자정쯤에 잠자리에 들었다.

11 해설
answer for 책임지다
③ 책임지다
① 지키다
② ~ 탓으로 돌리다
④ 이외에도

해석
그들의 감독은 팀의 부진한 경기력에 책임을 져야 한다.

12 해설
hold good 유효하다
② 유효하다
① 연기하다
③ 의지하다
④ 이기다

해석
우리가 4년 전에 했던 계약은 여전히 유효하다.

정답 10 ① 11 ③ 12 ②

10
• He (　) his resignation to the boss.
• He (　) around midnight yesterday.

① turned in
② turned down
③ tried on
④ turned out

※ 밑줄 친 숙어와 그 뜻이 가장 가까운 것은? (11 ~ 20)

11
Their coach must <u>answer for</u> the team's poor performance.

① be faithful to
② ascribe to
③ be responsible for
④ apart from

12
The contract we signed 4 years ago still <u>holds good</u>.

① holds off
② remain valid
③ count on
④ vanquish

72 제1편 어휘 및 관용어구

13

> Please give all the money away to them. If not so, they will give away your secret.

① distribute
② bring about
③ deal with
④ disclose

14

> The ridiculous regulations should have been done away with years ago.

① come up with
② revealed
③ looked over
④ abolished

15

> There will be no school tomorrow on account of a holiday.

① on behalf of
② owing to
③ in accordance with
④ in return for

checkpoint 해설 & 정답

16 해설
take after 닮다
① 닮다
② 돌보다
③ 확실하게 하다
④ 회상하다

해석
만일 당신이 누군가를 닮았다면, 그것은 당신이 어떤 면에서는 그들처럼 보인다는 것을 의미한다.

16
If you take after someone, it means that you seem to be like them in some way.

① resemble
② care for
③ ascertain
④ view in retrospect

17 해설
come across 우연히 보다
③ 우연히 보다
① 끼워주다
② 동정하다
④ 경험하다

해석
다락방을 청소하다가 할아버지의 유품 몇 개를 우연히 보았다.

17
In cleaning out the attic, I came across a few remembrances of my grandfather's.

① counted in
② felt for
③ met by chance
④ went through

18 해설
make allowances for 감안하다
① 감안하다
② 가장하다
③ 설명하다
④ 암기하다

해석
당신은 이 업무에서는 그의 미숙함을 감안해야 합니다.

18
You have to make allowances for his inexperience in this task.

① take into consideration of
② make believe
③ set forth
④ learn by heart

정답 16 ① 17 ③ 18 ①

19

There is no reason why I can't live it up from time to time.

① pay off
② live up to
③ enjoy life
④ make over

20

Don't believe what they are saying when you meet them. They are pulling your leg.

① pulling off
② fooling
③ wearing out
④ leaving off

※ 빈칸에 들어갈 가장 적절한 표현은? (21 ~ 25)

21

He is forced to accept any of it (   ) he (   ) make bad matters worse.

① so that - may
② for fear that - should not
③ that - may not
④ lest - should

checkpoint 해설 & 정답

22 해설
'시간 + have passed + since + 주어 + 과거동사' ~한 지 ~째이다.

해석
그들은 서로를 사랑한 지 16년째이다.

23 해설
what with A and what with B 한편으론 A, 다른 한편으론 B 때문에
① ~을 위하여
② ~와 일치하여
④ ~이 없는

해석
한편으론 바람, 다른 한편으론 비로 인해 우리의 여행은 취소되었다.

24 해설
not A until B(= It was not until B that A) B하고 나서야 비로소 A했다.

해석
어제가 되어서야 비로소 그녀가 말했던 것을 깨달았다.

정답   22 ③   23 ③   24 ①

22

Sixteen years ( ) since they loved each other.

① pass
② passed
③ have passed
④ had passed

23

( ) the wind and ( ) the rain, our travel was canceled.

① in behalf of
② in line with
③ what with
④ free from

24

I did not realize what she said until yesterday.
= It was ( ) yesterday ( ) I realized what she said.

① not until – that
② not – until
③ until – after
④ not – after

25

> Though you feel confident in your academic skills, you have to continue to make an effort.
> = (　　) you feel in your academic skills, you have to continue to make an effort.

① Although confident
② Despite confidence
③ Confident as
④ Confidence though

※ 주어진 문장을 우리말로 번역할 때, 가장 적절하지 <u>않은</u> 것은? (26 ~ 30)

26 ① Things look to advantage at a distance. : 떨어져서 보면 돋보인다.
② It's an ill wind that blows nobody good. : 손해 보는 사람이 있으면 득 보는 사람도 있다.
③ He lives two doors away. : 그는 두 집 건너 산다.
④ Let's have it out. : 이것을 제거합시다.

27 ① A rolling stone gathers no moss. : 구르는 돌에는 이끼가 끼지 않는다.
② A burnt child dreads the fire. : 불에 덴 아이는 불을 무서워한다.
③ Many a little makes a mickle. : 시작이 반이다.
④ It never rains but it pours. : 불행은 겹친다.

checkpoint 해설 & 정답

28 해설
He is the last man to tell a lie. 그는 거짓말 할 사람이 아니다.

29 해설
He is cut out for the job. 그는 그 일에 적임자이다.

30 해설
A friend in need is a friend indeed. 어려울 때 도와주는 친구가 진정한 친구다.

정답 28 ① 29 ② 30 ①

28
① He is the last man to tell a lie. : 그는 거짓말 할 최후의 사람이다.
② It's raining cats and dogs. : 비가 억수로 내린다.
③ He has an air of importance. : 그는 잘난 척한다.
④ We are through for today. : 오늘 일은 끝났어요.

29
① The game end in a tie. : 그 경기는 무승부로 끝났다.
② He is cut out for the job. : 그는 그 일에서 해임되었다.
③ We have consecutive holidays this month. : 이번 달에는 연휴가 있다.
④ He says one thing and means another. : 그는 말과 행동이 다르다.

30
① A friend in need is a friend indeed. : 필요에 의한 친구가 진정한 친구다.
② Heaven helps those who help themselves. : 하늘은 스스로 돕는 자를 돕는다.
③ Make hay while the sun shines. : 기회를 놓치지 마라.
④ Slow and steady wins the race. : 천천히 그리고 꾸준히 하면 반드시 성공한다.

합격으로 가는 가장 똑똑한 선택, SD에듀!

제 2 편

문법

www.sdedu.co.kr

제1장 준동사
제2장 부정사
제3장 동명사
제4장 분사
제5장 수 일치
제6장 관계사
제7장 시제
제8장 태와 법
제9장 문장 형식과 동사 유형
제10장 특수구문
제11장 화법
실전예상문제

합격을 꿰뚫는
학습 가이드

제 2 편 문법

우리는 주변에서 이런 말들을 심심치 않게 듣곤 합니다. '열심히 문법 공부해서 문법 점수는 좋은데 막상 영어로 말해야 할 때, 왜 한 문장도 말하기가 어렵지?', '문법 공부 필요한 건가?', '문법 공부할 시간에 단어 하나라도 더 외우는 게 낫지.' 필자 역시 이러한 말들이 전혀 근거 없는 자조 섞인 말이라고는 생각하지 않습니다. 이러한 의견과 생각들은 문법의 실용성 문제에서 비롯된 것이기 때문입니다. 그러나 문법은 제대로 공부해 두면 두고두고 영어의 여러 분야에서 활용할 수 있는 실용성이 매우 뛰어난 영어 지식입니다. 말하기뿐 아니라 읽기와 쓰기 영역에서도 문법의 역할은 절대 적입니다. 문법의 실용성을 짧은 시간의 학습과 결과만으로 판단하지 않길 부탁드립니다. 말하기를 포함하여 영어를 잘 구사할 수 있는 기본 바탕을 마련하고 싶다면 조급해 말고 차근차근 문법 공부를 시작하길 추천합니다. 문법을 제대로 학습하고 내 것으로 만든다면 말하기, 읽기, 쓰기 능력은 덤으로 오는 선물과 같다는 사실을 알게 될 것입니다. 문법보다 실용적인 영어 지식은 없습니다. 더 늦기 전에 오늘부터 당장 시작해봅시다.

제2편 **문법**

제 1 장 준동사

단원개요

준동사는 본래 동사였으나 형태가 'to + V원형, V + ing, V완료형(V의 pp)'으로 변화하여 문장에서 명사, 형용사, 부사의 역할을 하는 비정형 동사를 말합니다. 비정형 동사란 어형의 변화가 없고 시제와 서법이 표시되지 않는 동사를 가리킵니다. 준동사에는 부정사, 동명사, 분사가 있습니다. 이 장에서는 시험에 자주 출제되는 핵심 내용을 중심으로 살펴봅니다.

출제 경향 및 수험 대책

준동사는 독학사 시험을 포함한 여러 국가시험에서 매우 자주 출제되는 내용입니다. 준동사의 시제 형태와 의미상의 주어의 정확한 쓰임을 확인하는 문항이 주로 출제되고 있습니다.
첫째, 준동사의 개념을 정확하게 이해하고 준동사의 세 가지 문법적 특징을 다양한 예문을 통해 학습합니다.
둘째, 특히 준동사 시제의 경우 문장 바꿔 쓰기 연습을 통해 시제 표현의 미묘한 차이를 정확하게 이해합니다.
셋째, 무엇보다 문장을 직접 많이 써 보면서 해당 내용을 학습하길 바랍니다.

1 준동사의 문법적 특징

준동사는 문장에서 명사, 형용사, 부사의 역할을 하면서 동사의 의미를 갖는 동사에 준하는 역할을 한다. 따라서 준동사 역시 다음과 같이 동사의 주요한 특징을 갖는다.

- 부정어와 함께 사용될 수 있다.
- 시제를 갖는다. 다만 단순과 완료라는 두 가지 시제만 있다.
- 주어를 가질 수 있다. 이를 의미상의 주어라 한다.

2 부정(not, never)

준동사를 부정할 때, 부정어 not, never는 준동사 바로 앞에 사용한다.

[예]
- He promised not to give up this test(그는 이 시험을 포기하지 않기로 약속했다).
- Not exercising is bad for our health(운동하지 않는 것은 건강에 해롭다).
- I remained silent, not knowing what to do(나는 무엇을 할지 모른 채 조용히 있었다).

3 단순과 완료

(1) 단순시제 중요 ★★★

주절의 동사 시제와 준동사의 시제가 동일할 때 사용하는 시제

예
- He seems to be happy.
  → It seems that he is happy(그는 행복한 것 같다).
- They are satisfied with helping the poor.
  → They are satisfied that they help the poor(그들은 가난한 이들을 도운 것에 만족한다).
- Completing his homework, he went outside to play.
  → As he completed his homework, he went outside to play(과제를 마쳤기 때문에, 그는 놀러 나갔다).

(2) 완료시제 중요 ★★★

주절의 동사 시제와 준동사의 시제가 일치하지 않을 때 사용하는 시제. 준동사는 홀로 과거의 일을 표현할 수 없기 때문에 주절의 동사가 가리키는 시간보다 이전에 일어난 일을 표현할 때, 'have(has) + pp' 형태를 사용한다.

예
- He seems to have been happy.
  → It seems that he was happy(그는 행복했던 것 같다).
- They are satisfied with having helped the poor.
  → They are satisfied with that they helped the poor(그들은 가난한 이들을 도왔던 것에 만족한다).
- Having completed his homework, he went outside to play.
  → As he had completed his homework, he went outside to play(과제를 마쳤었기 때문에, 그는 놀러 나갔다).

> **예제**
>
> 다음 문장을 유사한 의미의 다른 문장으로 바꾸어 쓸 때, 빈칸에 들어갈 적절한 단어를 쓰시오.
>
> ① He expected to succeed.
>   → He expected that (   ).
> ② He expected me to have succeeded.
>   → He expected that (   ) (   ) (   ).
> ③ It seems that they misunderstood me.
>   → They seem (   ) (   ) (   ) me.
> ④ It seemed that he had been sick.
>   → He seemed (   ) (   ) (   ) sick.
> ⑤ As I did not know what to do, I asked for his advice.
>   → (   ) (   ) what to do, I asked for his advice.
> ⑥ As I did not know what to do, I ask for his advice.
>   → (   ) (   ) (   ) what to do, I ask for his advice.
>
> **정답** ① he succeeded, ② I had succeeded, ③ to have misunderstood, ④ to have been, ⑤ Not knowing,
>   ⑥ Not having known

4 의미상의 주어

본 문장의 주어와 준동사의 주어가 일치하지 않을 때, 사용하는 주어를 말한다.

(1) 본 문장의 주어와 준동사의 주어가 일치할 때, 의미상의 주어는 사용하지 않는다.

  [예]
  - I want to live in the Jeju Island(나는 제주도에 살길 원한다).
  - I enjoy singing rock and roll(나는 로큰롤을 즐겨 부른다).
  - I can answer the questions, reading the class PPT(나는 수업자료(PPT)를 읽었기 때문에 그 질문에 답변할 수 있다).

(2) 의미상의 주어로 인칭대명사를 타동사 뒤에 사용할 때, 인칭대명사의 목적격 형태를 사용한다. **중요** ★★

  [예]
  - I want him to live in the Jeju Island(나는 그가 제주도에 살길 원한다).
  - I enjoy them singing rock and roll(나는 그들이 로큰롤 부르는 것을 즐긴다).

(3) 부정사의 경우, 의미상의 주어가 형용사 또는 명사 뒤에 위치할 때, 전치사 'for' 또는 'of'와 인칭대명사의 목적격을 함께 사용한다. 단, 사람의 성질, 성향을 나타내는 형용사(kind, nice, wise, careless, foolish, rude, stupid 등)가 사용될 때, 의미상의 주어는 전치사 'of + 목적격'의 형태로 사용한다. 중요 ★★

[예]
- It is time for you to study(공부할 때이다).
- It is a good habit for him to eat fresh vegetables(그가 신선한 야채를 먹는 것은 좋은 습관이다).
- It is kind of you to collaborate with them(당신이 그들과 협업하는 것을 보니 당신은 친절하다).

> **예제**
>
> 다음 빈칸에 들어갈 적절한 단어를 쓰시오.
>
> ① It was the rule (　) men and women to sit apart in the past.
> ② It is honest (　) you to tell us the truth.
> ③ It is necessary (　) him to eat fresh food.
> ④ I stepped aside (　) the woman to pass.
>
> **정답** ① for, ② of, ③ for, ④ for

제 2 장 부정사

 단원 개요

준동사 중 하나인 부정사는 'to + V원형' 형태로 사용되며 문장에서 명사, 형용사, 부사의 역할을 합니다. 그 쓰임이 다양한 만큼 부정사는 필수 문법 중 하나입니다. 이 장에서는 시험에 자주 출제되는 핵심 내용을 중심으로 살펴봅니다.

출제 경향 및 수험 대책

부정사는 활용도가 매우 높은 문법으로서 수험생 여러분들이 반드시 정복해야 하는 내용입니다.
첫째, 부정사는 준동사 중 하나라는 점에서 앞 절에서 학습했던 준동사의 세 가지 문법적 특징을 기억하며 함께 학습합니다(부정어와 함께 사용, 단순, 완료시제, 의미상의 주어!).
둘째, 부정사의 명사, 형용사, 부사의 역할을 정확하게 이해합니다.
셋째, 가주어·진주어 구문, 가목적어·진목적어 구문, be + to용법, 원형부정사, 관용표현을 다양한 예문을 통해 꼼꼼하게 학습합니다.
넷째, 무엇보다 문장을 직접 여러 번 써보면서 연습하세요!

기억합시다! 부정사는 준동사 중 하나입니다.
• 부정사는 단순, 완료 시제가 있습니다.
• 부정어는 부정사 앞에 옵니다.
• 부정사는 의미상의 주어가 있습니다.

1 명사

'to + V원형' 또는 '의문사 + to부정사' 형태로 사용되며 부정사가 문장에서 주어, 목적어, 보어, 가주어·진주어, 가목적어·진목적어의 역할을 한다.

(1) 주어

예) To be successful does not mean to get you happy(성공한다는 것이 당신을 행복해지게 한다는 것을 의미하진 않는다).

(2) 목적어

예) He likes to listen to music(그는 음악 듣는 것을 좋아한다).

(3) 보어

예) My goal is to complete this task(나의 목표는 이 일을 완수하는 것이다).

(4) 가주어 · 진주어

예 It is difficult to know oneself(자신을 안다는 것은 어려운 일이다).

(5) 가목적어 · 진목적어

예 I make it a rule to take a walk every morning(나는 매일 아침 산책하는 것을 습관으로 한다).

(6) 의문사 + to부정사

예
- They explained to me how to use the device(그들은 내게 이 장치를 사용하는 방법을 설명했다).
- I want to know where to go(나는 어디로 가야 할지 알고 싶다).

2 형용사

'to + V원형' 또는 'be + to부정사' 형태로 사용되며 부정사가 문장에서 명사를 수식하거나 보어의 역할을 한다.

(1) 명사 수식

예
- He is not a person to break his promise(그는 약속을 어길 사람이 아니다).
- I bought a magazine to read on the plane(나는 비행기에서 읽을 잡지를 샀다).
- He has no house to live in(그는 살 집이 없다).
- There is no time to feel depressed(우울할 시간이 없다).

(2) be + to 용법

의무, 예정, 가능, 운명, 의도의 의미를 갖는다.

예
- You are to start at once(의무 : 너는 즉시 출발해야 한다).
- We are to have an examination tomorrow(예정 : 우리는 내일 시험을 볼 예정이다).
- No one is to be seen(가능 : 아무도 볼 수 없다).
- They were to fall in love with each other(운명 : 그들은 서로 사랑에 빠질 운명이었다).
- You must trust me if you are to live with me(의도 : 나와 함께 살고자 한다면 나에게 믿음을 주어야 한다).

3 부사

동사, 형용사, 부사나 문장을 수식하며 부정사가 문장에서 목적, 이유, 양보, 원인, 조건, 결과, 정도의 의미를 갖는다.

(1) 목적

예
- He raised his right hand to ask a question.
  → He raised his right hand in order to(so as to) ask a question(그는 질문에 답하기 위해서 오른손을 들었다).
- We work to live, not live to work(우리는 살기 위해서 일하는 것이지, 일하기 위해 사는 것은 아니다).

(2) 부정 목적표현('~하지 않기 위해서')

예 We work hard not to fail(우리는 실패하지 않기 위해 열심히 노력한다).
 = We work hard in order not to(so as not to) fail.
 = We work hard for fear of failing.
 = We work hard so that we may not fail.
 = We work hard in order that we may not fail.
 = We work hard lest we should fail.
 = We work hard for fear (that) we should fail.
 = We work hard in case we should fail.

(3) 이유

예 He is a lucky person to live without any troubles(그가 어떤 문제없이 산다니 그는 운이 좋은 사람이다).

(4) 양보

예 To do his best, he could not complete it
 → Though he did his best, he could not complete it(최선을 다했을지라도, 그는 이것을 끝낼 수 없었다).

(5) 원인

예 He was happy to see his children again(그는 아이들을 다시 만나게 되어 행복했다).

(6) 조건

예 To get a promotion, I would be happy(승진할 수 있다면 행복할텐데).

(7) 결과

예
- He tried to solve the problem only to fail(그는 이 문제를 해결하려고 노력했지만 결국 실패했다).
- The diplomat left his country, never to return(그 외교관은 자신의 나라를 떠나 다시는 돌아오지 않았다).

(8) 정도

예 He was rich enough to buy all of which he wanted(그는 원했던 모든 것을 살 정도로 충분히 부유했다).

(9) 관용표현

① too + 형용사/부사 + to + 동사원형('~해서 ~할 수 없다')
  → so + 형용사/부사 + that + 주어 + can't(couldn't) + 동사원형
② too + 형용사/부사 + not + to + 동사원형('~해서 ~할 수 있다')
  → so + 형용사/부사 + that + 주어 + can(could) + 동사원형
③ to be frank with you('솔직히 말해서')
④ to make matters better('금상첨화로')
⑤ to make matters worse('설상가상으로')
⑥ to be sure('확실하게')
⑦ to begin with('무엇보다도')
⑧ strange to say('이상한 이야기지만')
⑨ not to speak of('~은 말할 것도 없이')
  = to say nothing of
  = not to say anything of
  = let alone
  = not to mention

> **예제**
>
> 다음 문장을 유사한 의미의 문장으로 바꾸어 쓸 때, 빈칸에 적절한 단어를 쓰시오.
>
> ① To make up for the loss is difficult.
>   → It (　) (　) (　) make up for the loss.
> ② He tried hard so as not to make his mother disappointed.
>   → He tried hard (　) he (　) make his mother disappointed.
> ③ He was fast enough to win the race.
>   → He was (　) fast (　) he could win the race.
> ④ I can speak German not to speak of English.
>   → I can speak German (　) (　) (　) (　) English.
>
> **정답** ① is difficult to, ② lest, should, ③ so, that, ④ to say nothing of

4 원형부정사 : 지각동사, 사역동사, 특수구문

(1) 지각동사(feel, hear, see, watch, notice, listen to)가 사용된 문장의 목적보어는 원형부정사를 사용한다.

예
- I saw the child lie on the beach(나는 해변에 누워있는 그 아이를 보았다).
- We watched the birds fly over the sky(우리는 하늘에서 날고 있는 그 새들을 보았다).
- They listened to their children sing a song(그들은 아이들이 노래 부르는 것을 들었다).

(2) 사역동사(make, have, let)가 사용된 문장의 목적보어는 원형부정사를 사용한다.

예
- The police had me repeat the words(경찰관은 내가 그 말을 반복하도록 했다).
- The music made me fall asleep(그 음악은 나를 잠들게 했다).

> **더 알아두기**
>
> help와 get이 사역동사로 사용될 경우 목적보어는 원형부정사 또는 부정사를 사용한다.
> 예
> - I helped you (to) do the work(나는 네가 그 일을 하도록 했다).
> - He got them to transfer their attention elsewhere(그는 그들의 관심을 다른 곳으로 돌리도록 했다).
>
> 지각동사와 사역동사가 사용된 문장을 수동태로 바꾸어 쓸 때, 목적보어는 부정사를 사용한다.
> 예
> - We watched the birds fly to the sky(우리는 그 새들이 하늘에서 나는 것을 보았다).
>   → The birds were watched to fly to the sky.
> - The music made me fall asleep(그 음악은 나를 잠들게 만들었다).
>   → I was made to fall asleep by the music.

(3) 특수구문 및 관용표현

① 주절 안에 do동사가 사용될 경우 보어 역할을 하는 to는 일반적으로 생략한다.

예
- All that we should do is do our best.
- What I do next is close the window.

② except('~을 제외하고') 뒤에는 원형부정사를 사용한다.

예 There was little I could do except wait.

③ 관용표현

  ㉠ do nothing but + 동사원형('~하기만 한다')
  ㉡ would rather + 동사원형(A) than + 동사원형(B)('B 하느니 차라리 A 하겠다')
     = may as well + 동사원형(A) as + 동사원형(B)
  ㉢ cannot but + 동사원형('~하지 않을 수 없다')
     = cannot help(choose) but + 동사원형
  ㉣ had better + 동사원형('~하는 편이 낫다')
  ㉤ may well + 동사원형('~하는 것은 당연하다')

> **예제**
>
> **다음 중 알맞은 것을 고르시오.**
>
> ① All you have to do is (to pay, pay) me what you owe me.
> ② I felt cold water (to fall, fall) on my shoulder.
> ③ The baby does nothing but (to cry, cry).
> ④ She had him (to cook, cook) food.
> ⑤ I will get him (to finish, finish) the project in a week.
> ⑥ I would rather (to starve, starve) than (to steal, steal).
> ⑦ I can do everything around the house except (to raise, raise) children.
> ⑧ I had my clothes (wash, to wash, washed) by him.
> ⑨ You had better (not to believe, not believe) all they say.
> ⑩ He expects us (to finish, finish) the work tomorrow.
>
> **정답** ① pay, ② fall, ③ cry, ④ cook, ⑤ to finish, ⑥ starve, steal, ⑦ raise, ⑧ washed, ⑨ not believe, ⑩ to finish

제 3 장 동명사

단원개요

준동사 중 하나인 동명사는 'V + ing' 형태로 사용되며 문장에서 명사의 역할을 합니다. 동명사 역시 부정사와 마찬가지로 그 쓰임이 다양한 만큼 동명사는 필수 문법 중 하나입니다. 동명사의 주요 내용을 중심으로 살펴봅니다.

출제 경향 및 수험 대책

동명사는 활용도가 높은 문법으로서 수험생 여러분들이 반드시 정복해야 하는 내용 중 하나입니다.
첫째, 동명사는 준동사 중 하나라는 점에서 앞 단원에서 학습했던 준동사의 세 가지 문법적 특징을 기억하며 함께 학습합니다(부정어와 함께 사용, 단순, 완료시제, 의미상의 주어!).
둘째, 동명사의 관용적 표현의 형태와 의미를 정확하게 학습합니다.
셋째, 동명사만을 목적어로 취하는 동사, 시제, 능동, 수동형 동명사의 사용 환경을 정확하게 학습합니다.
넷째, 무엇보다 문장을 직접 여러 번 써보면서 연습하세요!

기억합시다! 동명사는 준동사 중 하나입니다.
- 동명사는 단순, 완료 시제가 있습니다.
- 부정어는 동명사 앞에 옵니다.
- 동명사는 의미상의 주어가 있습니다.

1 명사

주어, 목적어(동사의 목적어 또는 전치사의 목적어), 보어 역할을 한다.

(1) 주어

- Looking after the children requires a lot of patience(아이들을 돌보는 일은 많은 인내를 요구한다).
- Asking a question is not a shame(질문하는 것은 부끄러운 일이 아니다).

(2) 동사의 목적어

- He enjoys climbing mountains(그는 등산하는 것을 즐긴다).
- He finished washing the dishes(그는 설거지하는 것을 끝냈다).

(3) 전치사의 목적어

예
- I am looking forward to seeing my family over the holiday(나는 연휴 동안 가족을 보기를 학수고대하고 있다).
- Are you interested in working for us(우리와 함께 일하는 것에 관심 있나요)?
- I am planning on starting my own business(나는 내 사업을 시작할 계획을 하고 있다).
- I object to accepting his proposal(나는 그의 제안을 수용하는 것에 반대한다).

(4) 보어

예
- Our plan is completing this project until December(우리 계획은 12월까지 이 업무를 완수하는 것이다).
- Marriage is requiring you to make endless efforts(결혼은 당신에게 무한의 노력을 기울이는 것을 요구하는 일이다).

2 단순형과 완료형 / 능동형과 수동형

(1) 단순 동명사(Ving)의 능동형과 완료형

① 단순 능동형(Ving)

예 He is proud of loving the princess.
→ He is proud that he loves the princess(그는 그 공주를 사랑한 것을 자랑스러워한다).

② 단순 수동형(being + pp)

예 I don't like being asked to make a speech.
→ I don't like that I am asked to make a speech(나는 연설을 요청받는 것을 좋아하지 않는다).

(2) 완료 동명사(having + pp)의 능동형과 완료형

① 완료 능동형(having + pp)

예 He is proud of having loved the princess.
→ He is proud that he loved the princess(그는 그 공주를 사랑했던 것을 자랑스러워한다).

② 완료 수동형(having been + pp)

예 I don't like having been asked to make a speech.
→ I don't like that I was asked to make a speech(나는 연설을 요청받았던 것을 좋아하지 않는다).

3 주요 동사 정리

(1) 동명사만을 목적어로 취하는 동사 중요 ★★

> 'megarfepdks' → '메가팹트크스'로 기억하자!
> mind, miss, enjoy, give up, go on, avoid, admit, resist, recall, repent, finish, fancy, escape, postpone, put off, practice, deny, keep (on), consider, quit, stop, suggest

[예]
- I finished doing my homework(나는 과제하는 것을 끝냈다).
- John enjoys yachting(존은 요트타는 것을 즐긴다).
- They suggested keeping it a secret(그들은 이것을 비밀로 지키자고 제안했다).
- I recall asking her question(나는 그녀에게 질문한 것을 회상한다).
- He avoided being punished(그는 벌 받는 것을 피했다).

(2) 부정사만을 목적어로 취하는 동사

> want, wish, expect, hope, would like, plan, pretend, promise, agree, decide, learn, help, fail, offer, refuse, advise, convince

[예]
- I decided to write this essay(나는 이 에세이를 쓰기로 결심했다).
- My friend hopes to pass this exam within this year(내 친구는 올해 안에 이 시험에 합격하기를 희망한다).
- He failed to accomplish what he promised(그는 약속했던 것을 이루는 것에 실패했다).

(3) 동명사와 부정사를 모두 목적어로 취하는 동사

> attempt, begin, continue, decline, endure, hate, intend, like, love, prefer, propose, start, try, forget, remember

① 의미 차이가 없는 경우(like, continue, start, intend)

[예]
- I like to swim.
  → I like swimming(나는 수영하는 것을 좋아한다).
- He continued to read the book.
  → He continued reading the book(그는 그 책 읽는 것을 계속했다).

② 의미 차이가 있는 경우(remember, forget, stop, regret)

[예]
- I remember to give him a call(그에게 전화할 것을 기억한다).
- I remember giving him a call(그에게 전화했던 것을 기억한다).

[예]
- I forgot to take pictures of my product(내 작품 사진 찍을 것을 잊었다).
- I forgot taking pictures of my product(내 작품 사진 찍었던 것을 잊었다).

[예]
- They stop to talk about this problem(그들은 이 문제에 대해 이야기하기 위해 멈췄다).
- They stop talking about this problem(그들은 이 문제에 대해 이야기하는 것을 멈췄다).

[예]
- I regret to tell you this news(너에게 이 소식을 말하게 되어 유감이다).
- I regret telling you this news(너에게 이 소식을 말했던 것이 유감이다).

(4) 주요 5형식 동사

> advise, allow, enable, cause, force, permit, recommend, trigger

[예]
- The employer does not allow employees to smoke in the office(그 고용주는 직원들에게 사무실에서 흡연하는 것을 금지한다).
- Natural disaster forced us to escape from our house(자연재해는 우리가 집에서 탈출하는 것을 강요했다).
- Someone recommends me to drink sparkling water(누군가가 내게 탄산수를 마시라고 추천한다).
- A brand and logo triggers a company to connect with its consumers(브랜드와 로고는 회사와 고객들을 이어준다).

더 알아두기

다음 동사의 주어가 사물일 때, 동명사 또는 부정사가 해당 동사의 목적어 자리에 올 경우, 의미는 수동의 의미를 갖지만 동명사는 능동형, 부정사는 수동형을 사용한다.

> need, want, require + Ving(또는 to + be + pp)

[예]
- The rose needs (wants, requires) watering.
- The rose needs (wants, requires) to be watered.

▶ 문법적으로 잘못된 표현
[예] The rose needs (wants, requires) being watered(= to water, watered, water).

4 관용적 표현

(1) '~하지 않을 수 없다'

cannot help -Ving

= cannot (choose, help) but V원형

= have no choice but to + V원형

예 I cannot help feeling sorry for her(나는 그녀에게 미안한 마음이 들지 않을 수 없다).

(2) '~해도 소용없다'

It is no use -Ving

= It is of no use to + V원형

예 It is no use you arguing with her(그녀와 논쟁해도 소용없다).

(3) '~하는 것은 불가능하다'

There is no -Ving

= It is impossible to + V원형

예 There is no accounting for his prolonged absence(그의 오랜 결석을 설명하는 것은 불가능하다).

(4) '~하는 것은 말할 필요가 없다'

It goes without saying that ~

= It is needless to say that ~

예 It goes without saying that an airplane is much faster than KTX(비행기가 KTX보다 훨씬 빠르다는 것은 말할 필요가 없다).

(5) '~하면, ~한다'

not(never) ~ without -Ving

= whenever 주어 + 동사, 주어 + 동사

예 It never rains without pouring(퍼붓지 않고서는 비가 내리지 않는다, 비가 올 때마다 퍼붓는다).
  → Whenever it rains, it pours.
  → It never rains, but it pours.

(6) 'A가 -Ving하는 것을 금하다'

keep(stop, prevent, hinder) A from -Ving

예 The Corona virus keeps people from interacting with each other(코로나 바이러스는 사람들이 상호작용하는 것을 막고 있다).

(7) '~할 가치가 있다'

be worth -Ving

= be worthy of -Ving

= be worthwhile to + V원형

예 His suggestion is worth taking into account(그의 제안은 고려할 만한 가치가 있다).

(8) '~하는 것을 습관으로 하다'

make a point of -Ving

= make it a rule to + V원형

예 I make a point of drinking coffee every morning(나는 매일 아침 커피 마시는 것을 습관으로 한다).

(9) '내가 손수 한'

of one's own -Ving

= pp + by oneself

예 His economic problems are those of his own making(그의 경제적 문제들은 그가 손수 한 것들이다).

(10) '막 ~하려고 하다'

be on the point(verge, edge) of -Ving

= be about to + V원형

예 I was just on the point of calling you(나는 막 너에게 연락하려고 했다).

(11) '~하자마자'

on -Ving

= as soon as 주어 + 동사

= when 주어 + 동사

예 On being in agreement with this matter, they come to everyday life(이 문제에 합의를 하자마자 그들은 일상으로 돌아갔다).

(12) '결코 ~하지 않다'

be far from -Ving

= be never

예 This work is far from being satisfactory(이 일은 결코 만족스럽지 않다).

(13) '~하고 싶다'

feel like -Ving

= feel inclined to + V원형

예) I feel like living with freedom and comfort(나는 자유롭고 편안하게 살고 싶다).

(14) '~하기를 무척 기대하다'

look forward to -Ving

예) We look forward to finishing this test(우리는 이 시험을 끝내기를 무척 기대한다).

(15) 거의 ~할 뻔하다

come(go) near (to) -Ving

예) My car came near (to) crashing into this fence(내 차가 거의 난간에 충돌할 뻔했다).

(16) '~하는 게 어때?'

What do you say to -Ving

= Let's + V원형

= Why don't you + V원형

예) What do you say to sharing this car(이 차를 공유하는 게 어떤가요)?

예제

다음 빈칸에 주어진 표현 중 가장 알맞은 것을 고르시오.

① I remember (to see, seeing) him before.
② I object to (buy, buying) the used car.
③ He refused (apologizing, to apologize).
④ Our flower bed needs (weeding, to weed).
⑤ There is no completely (understanding, to understand) the other's mind.
⑥ He came near to (fall, falling) into the lake.
⑦ This building is of his own (making, to make).
⑧ We decided not (investing, to invest) much money in this plan.
⑨ (Be, Being) alone without (feel, feeling) alone is one of the greatest experiences.
⑩ They prefer being in a house to (going, go) out.

정답 ① seeing, ② buying, ③ to apologize, ④ weeding, ⑤ understanding, ⑥ falling, ⑦ making, ⑧ to invest, ⑨ Being, feeling, ⑩ going

제2편 **문법**

제 4 장 분사

단원 개요

준동사 중 하나인 분사는 'Ving(현재분사) 또는 V의 pp(과거분사)' 형태로 사용되며 문장에서 형용사 역할을 합니다. 분사에는 현재분사와 과거분사가 있는데, 현재분사는 능동의 의미를 갖고 과거분사는 수동의 의미를 갖습니다. 특히 현재분사와 과거분사가 각각 사용되는 환경에 익숙해지는 일이 분사 학습에서 가장 중요한 부분입니다.

출제 경향 및 수험 대책

분사 역시 문장에서 활용도가 매우 높은 문법으로서 수험생 여러분들이 반드시 정복해야 하는 내용입니다.
첫째, 분사는 준동사 중 하나라는 점에서 앞 단원에서 학습했던 준동사의 세 가지 문법적 특징을 기억하며 함께 학습합니다(부정어와 함께 사용, 단순, 완료시제, 의미상의 주어!).
둘째, 분사와 동명사의 차이를 이해하고 현재분사와 과거분사의 사용 환경을 정확하게 알아둡니다.
셋째, 관계사 문장에서 사용되는 분사의 쓰임과 그 형태를 정확하게 이해합니다.
넷째, 분사구문을 다양한 예문을 통해 꼼꼼하게 학습합니다.
다섯째, 무엇보다 문장을 직접 여러 번 써보면서 연습하세요!

기억합시다! 분사는 준동사 중 하나입니다.
• 분사는 단순, 완료 시제가 있습니다.
• 부정어는 분사 앞에 옵니다.
• 분사는 의미상의 주어가 있습니다.

1 분사와 동명사란?

분사는 문장에서 형용사 역할을 하므로 명사를 수식하거나 문장에서 보어의 역할을 한다. 한편 동명사는 문장에서 명사 역할을 하므로 주어와 목적어 역할을 한다.

분사	
명사수식	보어
a sleeping baby	a baby who is sleeping
a driving man	a man who is driving
an angled bracket	a bracket which was angled
a broken computer	a computer which was broken

동명사		
주어	동사의 목적어	전치사의 목적어
Loving you is my life.	He enjoys playing the guitar.	He objects to writing it.
Knowing is power.	He admits making a mistake.	He is good at swimming.

2 명사수식

(1) 관계사 구문에서 사용된 현재분사와 과거분사 중요 ★★★

[예]
- The girl wearing an exotic hat is my sister.
  → The girl who is wearing an exotic hat is my sister(이국적인 모자를 쓰고 있는 그 소녀는 나의 여동생이다).
- A boy named James sat quietly by the fireside.
  → A boy who was named James sat quietly by the fireside(James라는 이름의 한 소년은 난로 옆에 조용히 앉았다).
- Men living in this village like to share their food.
  → Men who are living in this village like to share their food(이 마을에 살고 있는 사람들은 그들의 음식을 나누는 것을 좋아한다).
- The woman driving that car is my fiance.
  → The woman who is driving that car is my fiance(그 차를 운전하고 있는 그 여자는 나의 약혼녀이다).

(2) 명사를 수식해 명사구를 만드는 분사

[예]
- The man shouted at the barking puppy(그는 짖고 있는 강아지에게 소리쳤다).
- Spoken language is often different from written language(구어(口語)는 문어(文語)와는 종종 다르다).
- A wounded soldier managed to walk to the hospital(한 부상당한 군인은 가까스로 병원까지 걸어왔다).
- A rolling stone gathers no moss(구르는 돌에는 이끼가 끼지 않는다).

3 보어

(1) 주격 보어(2형식)

[예]
- He left unnoticed(그는 알리지 않고 떠났다).
- This movie looks interesting(그 영화는 재미있어 보인다).
- The city looks devastated(그 도시는 황폐화된 것처럼 보인다).
- He appeared satisfied with the result(그는 그 결과에 만족하는 것 같다).
- The door remained locked for a long time(그 문은 오랫동안 닫혀 있었다).
- He kept watching in the same direction(그는 같은 방향을 계속 보고 있다).
- She stood leaning against the tree(그녀는 나무에 기대어 서 있었다).

(2) 목적격 보어(5형식) 중요 ★★

[예]
- He had her car repaired.
  → She had him repair her car(그는 그녀의 차가 수리되게 했다).
- The professor felt himself touched on his shoulder(그 교수는 그의 어깨가 만져지는 느낌을 받았다).
- I felt someone touching my shoulder(나는 누군가가 내 어깨를 만지고 있다는 것을 느꼈다).
- I watched a few albatrosses crossing the ocean(나는 몇 마리의 알바트로스가 대양을 횡단하고 있는 것을 보았다).
- I kept him reading the whole paragraph(나는 그에게 단락 전체를 계속 읽게 했다).
- I see him running with his dog every night(나는 그가 매일 밤 그의 강아지와 뛰고 있는 것을 본다).

4 분사구문

(1) 분사구문 개념과 특징 중요 ★★★

분사를 이용하여 부사절을 부사구로 바꾸어 쓴 문장을 분사구문이라 한다.
분사구문을 만들 때, 꼭 기억해야 할 점을 알아보자.
① 분사구문으로 전환 시, being 또는 having been은 생략 가능함
② 부정어(not 또는 never)는 분사 앞에 위치함
③ 시제가 일치하지 않을 때(부사절 시제 ≠ 주절 시제), 완료분사(having + pp)를 사용함

(2) 분사구문 만들기

① 부사절의 주어와 주절의 주어가 일치할 경우

접속사 + 주어(A) + 동사 + (목적어), 주어(A) + 동사 + (목적어)
→ (접속사와 주어(A) 생략) 동사원형 + ing + (목적어), 주어(A) + 동사 + (목적어)

예 When I was young, I wanted to become President.
  → (Being) Young, I wanted to become President(나는 어렸을 때, 대통령이 되고 싶었다).

㉠ 때
  예 While I walked along the lake park, I ran into my old friend.
    → Walking along the lake, I ran into my old friend(나는 호수공원을 따라 걷다가 옛 친구를 우연히 만났다).

㉡ 이유
  예 As I had no more work to do, I took a rest.
    → Having no more work to do, I took a rest(나는 할 일이 없었기 때문에, 쉬었다).

㉢ 조건
  예 If you do not give it up, you will ultimately achieve it.
    → Not giving it up, you will ultimately achieve it(네가 이것을 포기하지 않는다면 너는 결국 이것을 해낼 것이다).

㉣ 동시동작
  예 He read the newspaper and he sat on a sofa.
    → He read the newspaper, sitting on a sofa(그는 소파에 앉아 신문을 읽었다).

㉤ 완료분사
  예 As I had received e-mail from her, I sent a reply.
    → Having received e-mail from her, I sent a reply(내가 그녀로부터 이메일을 받았었기 때문에, 나는 그녀에게 답신을 보냈다).

② 부사절의 주어와 주절의 주어가 일치하지 않을 경우

예
- As it had rained all night, the road was muddy.
  → It having rained all night, the road was muddy(밤새도록 비가 내렸었기 때문에, 길이 질퍽거렸다).
- As he was rich, they envied him.
  → His (being) rich, they envied him(그가 부유해서 그들은 그를 부러워했다).
- As the weather is not sunny, we cannot go sightseeing.
  → The weather not (being) sunny, we cannot go sightseeing(날씨가 화창하지 않아서 우리는 구경하러 갈 수 없다).

5 관용표현 및 특수구문

(1) 관용표현 : 무인칭 독립 분사구문

> Generally speaking('일반적으로 말해서'), Frankly speaking('솔직히 말해서'), Strictly speaking ('엄격히 말해서'), Judging from('~로 판단하건대'), Taking all things into consideration('모든 것을 고려하면'), provided that('~한다면')

(2) 부대상황의 'with' 중요 ★★★

① with + 목적어 + 분사(Ving 또는 pp) 구조로 사용되며 '~한 채로'란 의미를 갖는다. 이 구문에서는 분사의 적절한 형태를 결정하는 일이 가장 중요하다. 목적어와 분사를 주어와 동사 관계로 생각하고 만일 목적어가 분사를 직접 행하는 경우라면(능동) 현재분사(Ving)를, 목적어가 분사를 당하는 경우라면(수동) 과거분사(pp)를 사용한다.

② 목적어와 분사 관계가 능동일 경우
   예 It is a fresh morning with little wind blowing(바람이 거의 불지 않는 상쾌한 아침이다).

③ 목적어와 분사 관계가 수동일 경우
   예 He sat on the chair with his arms folded(그는 팔짱을 낀 채, 의자에 앉아있었다).

(3) -Ving as it does 구문

'as it does'는 분사구문의 의미를 강조하기 위해 사용된 구문으로서 '저렇게'로 해석한다.
예 Standing as it does on the mountain, the observatory gives us panoramic view(산에 저렇게 서 있으므로, 그 관측소는 우리에게 탁 트인 시야를 제공한다).

예제

다음 중 알맞은 것을 고르시오.

① All you have to do is (to pay, pay) me what you owe me.
② I felt cold water (to fall, fall) on my shoulder.
③ The baby does nothing but (to cry, cry).
④ She had him (to cook, cook) food.
⑤ I will get him (to finish, finish) the project in a week.
⑥ I would rather (to starve, starve) than (to steal, steal).
⑦ I can do everything around the house except (to raise, raise) children.
⑧ I had my clothes (wash, to wash, washed) by him.
⑨ You had better (not to believe, not believe) all they say.
⑩ He expects us (to finish, finish) the work tomorrow.

정답 ① pay, ② fall, ③ cry, ④ cook, ⑤ to finish, ⑥ starve, steal, ⑦ raise, ⑧ washed, ⑨ not believe, ⑩ to finish

제2편 **문법**

제 5 장 수 일치

단원개요

주어와 동사의 수를 일치시키는 부분은 얼핏 보면 쉬운 개념으로 보이지만 자세히 살펴보면 결코 쉬운 내용이 아니라는 점을 알 수 있습니다. 그 이유는 여러 문장에서 사용되는 주어 표현이 다양하고 각 표현의 문법적 특징을 정확하게 알고 있어야 해결 가능한 문제가 대부분이기 때문입니다. 해당 단원에서는 여러 국가시험에서 자주 출제되고 있는 핵심 내용을 중심으로 다양한 주어 표현의 문법적 특징을 자세하게 살펴봅니다.

출제 경향 및 수험 대책

주어와 동사 수의 일치 문제 역시 문장의 정확한 쓰임을 확인할 수 있는 개념이라는 점에서 수험생 여러분들이 자세하게 학습해야 하는 부분입니다.
첫째, 주어로 사용되는 다양한 명사(집합, 군집명사, 학문명, 질병명, 시간, 금액, 거리 표현)의 문법적 특징을 정확하게 학습하고 해당 표현이 문장에서 사용되었을 때, 문장에서 그것의 수를 정확하게 판단합니다.
둘째, 주어가 부분사, 수량형용사, 양화사 표현과 함께 사용될 때, 주어의 수를 정확하게 판단합니다.
셋째, 상관접속사 구문, 부정사, 동명사, 또는 기타 구문이 주어로 사용될 때, 각 경우에서 주어의 수를 정확하게 판단합니다.
넷째, 학습한 개념을 여러 예문을 통해 반복해서 익히고 문법적 특징을 기억합니다.

1 특정 명사 표현이 주어일 때

(1) **집합명사**(the United States, the Philippines, the United Nations) → **단수취급**

[예]
- The United States is big(미국은 크다).
- The Philippines consists of more than 7,000 islands(필리핀은 7,000개 이상의 섬들로 이루어져 있다).
- The United Nations has its headquarters in New York(유엔은 뉴욕에 본부를 두고 있다).

(2) **군집명사**(the police, Cattle, Fish, the Korean, the English, the Chinese, the old, the rich, the poor) → **복수취급**

[예]
- The police have been called(경찰관들이 연락을 받게 되었다).
- Cattle are domestic animals(소들은 가축이다).
- Fish live under water(물고기들은 물 아래에서 산다).

(3) 학문명(physics, mathematics, politics, statistics) → 단수취급

예
- Physics is easy for him(물리학은 그에게 쉽다).
- Mathematics is a difficult subject(수학은 어려운 과목이다).

(4) 질병명(diabetes, measles, mumps, rabies, rickets, shingles) → 단수취급

예
- Diabetes is an illness(당뇨는 질병이다).
- Rabies is an infectious and often fatal disease(광견병은 전염성이 있고 종종 치명적인 질병이다).

(5) 시간, 금액, 거리(eight hours, ten dollars, five thousand miles) → 단수취급

예
- Fifty minutes is the maximum length of time allowed for the exam(5분이 그 시험에 허용된 최대 시간이다).
- Twenty dollars is an unreasonable price for the necklace(20달러는 그 목걸이에 대해 비합리적인 가격이다).
- Eight hours of sleep is enough(8시간의 수면은 충분하다).

(6) 산수표현(two and two, five times five) → 단수취급

예
- Two and two is four(2 더하기 2는 4이다).
- Five times five is twenty five(5 곱하기 5는 25이다).
- 312 × 0.5 + 100 is 227,275,256(312 곱하기 0.5 더하기 100은 227,275,256이다).

(7) 언어표현(English, Chinese, Spanish, Portuguese) → 단수취급

예
- Portuguese is somewhat similar to Spanish(포르투갈어는 스페인어와 어느 정도 비슷하다).
- English is spoken in many countries(영어는 많은 나라에서 사용된다).

2 부분사, 수량형용사, 양화사 표현이 주어로 사용될 때

(1) Every, Each + 명사 → 단수취급 / Everybody → 단수취급

   예
   - Every man, woman, and child needs love(모든 남성, 여성, 아이는 사랑이 필요하다).
   - Each book and magazine is listed in the references(각각의 책과 잡지가 참고문헌에 나열되어 있다).

(2) One of, Each of, Every one of + 복수명사 → 단수취급

   예
   - One of my books is on this shelf(나의 책 중 한 권이 선반 위에 있다).
   - Each of my books is on the desk(각각의 나의 책들이 책상 위에 있다).
   - Every one of my books is here(각각의 나의 책들이 여기에 있다).

(3) Some of the + 복수명사 → 복수취급 / Some of the + 단수명사 → 단수취급

   예
   - Some of the books are good(몇 권의 책들은 좋다).
   - Some of the book is good(그 책의 몇몇은 좋다).

(4) 부분사

   ① Most of + 단수명사 → 단수취급 / Most of + 복수명사 → 복수취급

      예
      - Most of the movie is funny(그 영화의 대부분은 재미있다).
      - Most of the assignments are easy(대부분의 과제들은 쉽다).

   ② 분수표현 of + the 단수명사 → 단수취급 / 분수표현 of + the 복수명사 → 복수취급

      예
      - Two-thirds of the money is mine(그 돈 중 3분의 2는 나의 것이다).
      - Two-thirds of the boys are my classmates(그 소년들 중 3분의 2는 나의 학급 친구들이다).

   ③ 백분율(%) of + the 단수명사 → 단수취급

      예
      - Seventy percent of the earth is covered by water(지구의 70퍼센트는 물로 덮여 있다).
      - One percent of the earth's water is drinkable(지구의 수분 중 1퍼센트는 먹을 수 있는 것이다).

   ④ The number of + 복수명사 → 단수취급 / A number of + 복수명사 → 복수취급

      예
      - The number of employees is ten thousand(직원들의 수는 10,000명이다).
      - A number of students are present today(많은 학생들이 오늘 참석했다).

⑤ All of + the 복수명사·단수명사 → 복수·단수취급 / All 복수명사 → 복수취급
  [예]
  - All of the pictures are attached to the wall(모든 사진들이 벽에 붙어있다).
  - All of the picture is attached to the wall(모든 사진이 벽에 붙어있다).
  - All pictures are attached to the wall(모든 사진들이 벽에 붙어있다).

  > **더 알아두기**
  >
  > 주어가 'none of' 표현과 함께 사용될 때, 'None of + 의 단수명사 → 단수취급, None of + the 복수명사 → 복수취급' 한다. 다만 격식체 영어 표현에서는 두 표현 모두 단수 취급을 하지만 비격식체 영어 표현에서 'None of + the 복수명사' 표현은 복수취급하는 경우가 있다.
  > [예]
  > - None of the boys is here(그 소년들 중 아무도 여기에 없다).
  > - None of the boys are here(그 소년들 중 아무도 여기에 없다).

3 상관접속사, 부정사, 동명사 표현, 기타 구문이 주어로 사용될 때

(1) Not only A but also B → B를 주어로 취급

  [예]
  - Not only you but also he is safe(당신뿐 아니라 그도 안전하다).
  - Not only they but also I am dependable(그들뿐 아니라 나도 의존적일 수 있다).

(2) B as well as A → B를 주어로 취급

  [예]
  - He as well as they is brave(그들뿐 아니라 그도 용감하다).
  - Bananas as well as juice are delicious(주스뿐 아니라 바나나도 맛있다).

(3) Either A or B → B를 주어로 취급

  [예]
  - Either Tom or Jane is responsible for this problem(Tom이나 Jane이 이 문제에 책임이 있다).
  - Either you or he has to stay here after nine o'clock(당신이나 그는 9시 이후에 여기에 머물러야 한다).

(4) Neither A nor B → B를 주어로 취급
  예
  - Neither you nor he is wrong(당신이나 그 모두 잘못하지 않았다).
  - Neither these solutions nor that idea is effective(이러한 해결책이나 그 생각은 모두 효과적이지 않다).

(5) Neither of the 복수명사 → 단수 또는 복수취급
  예
  - Neither of the mechanics repair(s) cars well(기술공 중 어느 누구도 자동차 수리를 잘하지 못한다).
  - Neither of the cards is (or are) mine(그 카드 중 어떤 것도 나의 것이 아니다).

(6) 주어가 'and'로 연결된 경우
  ① 동일 개념으로 사용된 경우 → 단수취급
   예
   - Bread and butter is given to the students(버터를 바른 빵이 학생들에게 지급되었다).
   - Slow and steady wins the race(천천히 그리고 꾸준히 하면 경주에서 승리한다).
   - The politician and artist is present at this conference(정치가이자 예술가가 이 회의에 참석했다).
  ② 동일 개념으로 사용되지 않은 경우 → 복수취급
   예
   - Bread and butter have risen in price(빵과 버터의 가격이 오르고 있다).
   - The politician and the artist are present at this conference(그 정치가와 그 예술가는 이 회의에 참석했다).

(7) 부정사 또는 동명사가 주어로 사용될 때 → 단수취급
  예
  - To be successful does not mean to get riches(성공한다는 것이 부자가 되는 것을 의미하진 않는다).
  - To think over what to do first and what to do later is necessary(무엇을 먼저 할지 그리고 무엇을 나중에 할지를 심사숙고하는 것은 필수적이다).
  - Being alone without feeling alone is one of the greatest experiences of life(혼자라 느끼지 않고 홀로 있는 것은 인생에서 가장 위대한 경험 중 하나이다).
  - Traveling by car is a good way to see the country(차를 타고 여행하는 것은 그 지역을 보는 좋은 방법이다).

(8) 관계사 what이 이끄는 절이 주어로 사용될 때 → 단수취급

예

- What surprised me was her attitude(나를 놀라게 했던 것은 그녀의 태도였다).
- What we never forget is do our best to everything(우리가 결코 잊지 말아야 하는 것은 모든 일에 최선을 다하는 것이다).

(9) 종속접속사 that이 이끄는 절이 주어로 사용될 때 → 단수취급

예

- That he likes his new job is clear(그가 자신의 새로운 직장을 좋아하는 것은 분명하다).
- That the planets revolve around the sun is now well-known fact(행성이 태양 주위를 돈다는 것은 이젠 잘 알려진 사실이다).

(10) There is/are + 단수명사/복수명사

예

- There are a lot of problems in the world(세상에는 많은 문제들이 있다).
- There has been a line in front of that theater every night for the past two weeks(지난 2주 동안 매일 밤마다 그 극장 앞에는 줄이 늘어서 있었다).

예제

다음 중 알맞은 것을 고르시오.

① The subjects you will be studying in this course (is, are) listed in the syllabus.
② Almost every professor and student (approves, approve) him as the new president.
③ Each girl and boy (has, have) to do a English project.
④ Some of the fruit in this bowl (is, are) fresh.
⑤ Half of the students (is, are) from Asian countries.
⑥ The number of the students (is, are) important to decide the direction of class.
⑦ Every one of the students (is, are) required to take the final test.
⑧ There (is, are) more women than men in this office.
⑨ The United States (has, have) a population of around 300 million.
⑩ Twenty dollars (is, are) a reasonable price this product.
⑪ Nations (is, are) groups of people who share a common identity.
⑫ The United Nations (is, are) an international organization.
⑬ Kilometers (is, are) measures of distance.
⑭ Ten kilometers (is, are) too far for to walk.
⑮ Trigger and intrude (is, are) verbs.

정답 ① are, ② approve, ③ has, ④ is, ⑤ are, ⑥ is, ⑦ is, ⑧ are, ⑨ has, ⑩ is, ⑪ are, ⑫ is, ⑬ is, ⑭ are, ⑮ are

제2편 **문법**

제 6 장 관계사

단원 개요

관계사는 두 문장을 이어주는 접속사의 역할을 하는 동시에 관계사가 이끄는 문장에서 각각 명사, 형용사, 부사 역할을 합니다. 관계사에는 문장에서 주어, 목적어 역할을 하는 관계대명사, 선행사인 명사를 수식하는 형용사 기능을 하는 관계형용사, 장소, 이유, 시간 등의 의미를 전달하는 관계부사, 그리고 복합관계대명사와 복합관계부사가 있습니다. 사실 관계사는 문법에서도 중요한 내용이지만 특히, 독해에서 문장의 정확한 해석을 위해서는 반드시 그 쓰임을 정확하게 알아야 하는 필수 내용이기도 합니다. 따라서 본 장을 통해 관계사에 대한 중요 개념과 다양한 실전 예제를 통해 관계사의 정확한 쓰임을 이해해보도록 합니다.

출제 경향 및 수험 대책

첫째, 관계사의 기능과 종류를 정확하게 학습합니다. 특히, 관계사와 접속사의 차이를 정확하게 구분합니다.
둘째, 관계대명사의 생략 경우, 관계대명사 'what'과 'that'의 특징을 이해합니다.
셋째, 관계부사의 특징과 종류 그리고 관계부사와 전치사+관계대명사 구문 간의 연관성을 이해합니다.
넷째, 복합관계사에 대한 특징을 정리합니다.
마지막으로 학습한 개념을 여러 예문을 통해 반복해서 익히고 문법적 특징을 기억합니다.

1 관계사 기능 및 종류

(1) 관계사

두 개의 문장을 이어주면서 관계사가 이끄는 문장에서 관계사가 주어, 목적어, 보어의 역할을 하는 연결어

① 관계사 'who'가 두 문장을 이어주면서 관계사절 'who has just come in'에서 주어 역할
   The tall man is my uncle. + He has just come in.
   → The tall man who has just come in is my uncle(조금 전에 막 들어온 키 큰 남자는 나의 삼촌이다).

② 관계사 'that'은 두 문장을 이어주면서 관계사절 'that he was born in.'에서 전치사 in의 목적어 역할
   This is the old house. + He was born in the house.
   → This is the old house that he was born in(이곳은 그가 태어났던 옛집이다).

> **더 알아두기**
>
> **관계사와 접속사의 차이**
> 1. 접속사는 두 문장을 이어주는 역할만 한다.
> 2. 접속사는 문장에서 대명사 혹은 부사의 역할을 하지 못한다.
>   예) The tall man is my uncle. + He has just come in.
>   접속사를 사용해 연결하면 → The tall man is my uncle and he has just come in.
>   예) This is the old house. + He was born in the house.
>   접속사를 사용해 연결하면 → This is the old house and he was born in the house.

(2) 관계사 종류

관계대명사, 관계부사, 복합관계대명사, 복합관계부사, 유사관계대명사, 관계형용사

① **관계대명사** : who, which, that, what
② **관계부사** : when, where, why, how, that
③ **복합관계대명사** : whoever, whatever, whichever, whosever
④ **복합관계부사** : whenever, wherever, however
⑤ **유사관계대명사** : as, than, but

구분	관계대명사		관계부사			
선행사 / 격	사람	사물	시간	장소	이유	방법
주격	who/that	which/that	when/that	where/that	why/that	how/that
소유격	whose	whose				
목적격	who/whom/that 생략	which/that 생략				

구분	복합관계사			
종류 / 격	복합관계대명사	종류 / 의미	복합관계부사	
주격	whoever/whichever/whatever	시간	whenever = no matter when	
소유격	Whosever whichever/whatever	장소	wherever = no matter where	
목적격	whomever/whichever/whatever	양보	however = no matter how	

(3) 한정적 사용과 계속적 사용

① **한정적(제한적) 사용**

관계사가 선행사만을 수식하여 관계사 구문의 의미가 선행사로 그 범위가 한정 또는 제한되는 경우

예)
- He had two children who are very intelligent(그는 매우 똑똑한 두 아이가 있다).
- The farmer who is poor is honest(가난한 그 농부는 정직하다).
- I met a boy who told me the news(내게 그 소식을 전해주었던 한 소년을 만났다).

② 계속적 사용

관계사 앞에 콤마(,)가 사용되며 선행하는 문장 전체를 관계사의 선행사로 간주하여 관계사 구문의 의미가 문장에 따라 첨가, 이유, 역접, 양보 등의 의미를 갖게 되는 경우(단, 관계사 that과 what은 계속적 용법으로 사용되지 않는다)

[예]
- He had two children, who are very intelligent.
  → He had two children, and they are very intelligent(그는 두 아이가 있는데, 그 아이들은 매우 똑똑하다).
- The farmer, who is poor, is honest.
  → The farmer, although he is poor, is honest(그 농부는 비록 가난하지만 정직하다).
- I met a boy, who told me the news.
  → I met a boy, and he told me the news.(나는 한 소년을 만났는데, 그 소년이 내게 그 소식을 전해주었다).

2 관계대명사

(1) 주격 관계대명사

관계사가 문장에서 주어의 역할을 할 때

[예]
- He had three children who became superstar(그는 슈퍼스타가 된 세 명의 아이들이 있다).
- He has a dog which barks furiously(그는 사납게 짖는 강아지를 가지고 있다).
- The man that called yesterday wants to buy this car(어제 연락했던 그 남자는 이 자동차를 사고 싶어한다).

(2) 목적격 관계대명사

관계사가 문장에서 목적어 역할을 할 때, 관계사는 생략 가능함

[예]
- The boy (who(m)/that) you met is my brother(당신이 만났던 그 소년은 나의 동생이다).
- Every person (who(m)/that) you met has a story(당신이 만났던 모든 사람은 사연을 가지고 있다).
- I have some problems (which/that) I need to solve(나는 해결해야 할 몇 가지의 문제를 가지고 있다).

(3) 소유격 관계대명사

관계사가 문장에서 주어를 수식할 때

예
- That's the man whose money was stolen(저 사람이 돈을 도난당한 그 사람이다).
- The book whose cover is torn is his(겉표지가 찢어진 그 책은 그의 것이다).
- The mountain whose top is covered with rocks is in Taiwan(정상이 돌로 덮여있는 그 산은 대만에 있다).

(4) 관계대명사 'what'과 'that'

① what
  ㉠ 선행사(the thing)를 포함하는 관계대명사로서 선행사와 함께 사용될 수 없다.
    예 *This is the thing what I am interested in. (×)
       → This is what I am interested in(이것은 내가 관심 있는 것이다). (○)
  ㉡ 문장에서 주로 주어 또는 목적어로 사용되며 '~하는 것' 또는 '~하는 것을'으로 해석한다.
    예
    - What surprised me was her cold attitude(나를 놀라게 했던 것은 그녀의 냉정한 태도였다).
    - I was really surprised at what she said(나는 그녀가 말했던 것에 정말 놀랐었다).
  ㉢ 특수구문
    ⓐ what one is : 사람의 상태 또는 인격
       예 He is not what he was(그는 과거의 그가 아니다).
    ⓑ what is called : '말하자면, 소위, 이른바'
       = what you call
       예 He is what you call a superhero(그는 소위 슈퍼 영웅이다).
    ⓒ A is to B what C is to D : A와 B에 대한 관계는 C와 D에 대한 관계와 같다.
       예 Love is to the mind what food is to the body(사랑과 정신에 대한 관계는 음식과 신체에 대한 관계와 같다).
    ⓓ what is better(=to make matters better, '금상첨화')
       what is worse(=to make matters worse '설상가상')

② that
  ㉠ 선행사가 최상급 표현, 서수표현, every + 명사, the only, all이 올 때 사용한다.
    예
    - This is the fastest car that I have ever seen(이 자동차는 내가 이제껏 봤던 차 중에서 가장 빠르다).
    - It is the first step that we should follow.(이것은 우리가 따라야 할 첫 번째 단계이다).
  ㉡ 의문사 다음에 사용한다.
    예 Who that has common sense can do such an behavior(상식이 있는 사람이라면 그런 행동을 할 수 있을까)?

ⓒ 전치사 + that 표현은 사용하지 않는다.
　　예 *The town in that I grew up is very large. (×)
　　　→ The town in which I grew up is very large(내가 자랐던 그 마을은 매우 크다). (○)
ⓔ 계속적 용법에서 사용하지 않는다.
　　예 *Mr. Han, that I met yesterday, teaches English. (×)
　　　→ Mr. Han, who(m) I met yesterday, teaches English(내가 어제 만났던 한씨는 영어를 가르친다). (○)
ⓜ 관계대명사뿐 아니라 관계부사로도 사용된다.
　　예 He finished this task on this day that I arrived(그는 내가 도착했던 날에 이 일을 끝냈다).

(5) 관계대명사의 생략

① 목적격 관계대명사

예
- The man (who(m)) I saw was Mr. Han(내가 봤던 그 남자는 한씨였다).
- The book (which) we read last night was very good(우리가 어제 밤에 읽었던 그 책은 매우 재미있었다).

② 주격 관계대명사 + be동사
　ⓐ 특히, be동사 뒤에 위치하는 분사의 정확한 형태를 구별해야 한다.
　ⓑ 일반적으로 과거분사(pp) 뒤에는 목적어(명사)가 위치하지 않는 반면 현재분사(Ving) 뒤에는 목적어(명사)가 위치한다.

예
- Rice (which is) grown in many countries is a staple food.
  → Rice grown in many countries is a staple food(많은 나라에서 재배되는 쌀은 주요 음식이다).
- I live in town (which is) situated in a valley.
  → I live in town situated in a valley(나는 계곡 속에 자리 잡은 마을에 산다).
- The man (who is) giving her a present is from Spain.
  → The man giving her a present is from Spain(그녀에게 선물을 주고 있는 그 남자는 스페인 출신이다).
- Seoul, (which is) the capital of Korea, is a dynamic city.
  → Seoul, the capital of Korea, is a dynamic city(한국의 수도, 서울은 역동적인 도시이다).

3 관계부사(= 전치사 + 관계대명사)

(1) 시간

> 예
> - February 2 is the day when I was born(2월 2일은 내가 태어난 날이다).
>   → February 2 is the day. + I was born in February 2.
>   → February 2 is the day in which I was born. (관계부사 = 전치사 + 관계대명사)
> - February 27 is the day when she was born(2월 27일은 그녀가 태어난 날이다).
>   → February 27 is the day. + She was born in February 27.
>   → February 27 is the day in which she was born. (관계부사 = 전치사 + 관계대명사)

(2) 장소

> 예
> - It is the cafeteria where we ate lunch(이곳은 우리가 점심을 먹었던 식당이다).
>   → It is the cafeteria. + We ate lunch at the cafeteria.
>   → It is the cafeteria at which we ate lunch. (관계부사 = 전치사 + 관계대명사)
> - That is the house where he lived(이곳은 그가 살았던 집이다).
>   → That is the house. + He lived in the house.
>   → That is the house in which he lived. (관계부사 = 전치사 +관계대명사)

(3) 이유

> 예
> - The reason why we eliminate carbon in atmosphere is to protect our environment(우리가 대기에서 탄소를 제거하려는 이유는 우리의 환경을 지키기 위함이다).
>   → The reason is to protect our environment. + We eliminate carbon in atmosphere for the reason.
>   → The reason for which we eliminate carbon in atmosphere is to protect our environment.
> - I don't know the reason why the country invaded Tehran(나는 그 나라가 테헤란을 침략했던 이유를 모른다).
>   → I don't know the reason. + The country invaded Tehran for the reason.
>   → I don't know for which the country invaded Tehran.

(4) 방법

> 예 Let's do it how you can do(네가 할 수 있는 방법으로 이것을 하자).
>   → Let's do it. + You can do in the way.
>   → Let's do it the way that you can do.
>   → Let's do it the way in which you can do.
>   *Let's do it the way how you can do. (×)

4 복합관계대명사

(1) 주어

예 Whatever I choose will make you feel good.
→ Anything that I choose will make you feel good(내가 선택하는 어떠한 것이든 너를 기분 좋게 할 것이다).

(2) 전치사의 목적어

예 I really want to speak to whoever is in charge of this matter.
→ I really want to speak to anyone who is in charge of this matter(나는 이 문제에 책임이 있는 사람이라면 누구와도 정말 이야기해보고 싶다).

(3) 동사의 목적어

예 Choose whichever you like.
→ Choose anything which you like(네가 좋아하는 어떤 것이든 선택해).

5 복합관계부사

예
- Whoever comes, they will be welcome.
  → No matter who comes, they will be welcome(누가 오든 간에, 그들은 환영할 것이다).
- You may go whenever you want to go.
  → You may go at any time when you want to go(네가 가고 싶을 때마다 언제라도 가도 된다).
- I will be there for you wherever you go.
  → I will be there for you no matter where you go(나는 네가 가는 곳이면 어디든지 간에 너를 위해 그곳에 있을 것이다).
- However cold it is, I will go to meet you.
  → No matter how cold it is, I will go to meet you(아무리 추워도 나는 너를 만나러 갈 것이다).

6 유사관계대명사

as, but, than이 이끄는 문장이 불완전할 경우(문장에서 주어 또는 목적어가 없을 때) 이를 관계사와 유사한 기능을 한다는 점에서 유사관계사라 한다.

(1) as

선행사에 such, the same, as가 사용될 때, 뒤에 위치하는 as를 관계사로 간주한다.

예 I have the same trouble as you have. (목적어가 없는 경우)
   (나는 당신이 가진 것과 같은 문제가 있다.)

(2) but

that ~ not의 의미로서 '~을 제외하고'의 의미로 해석한다.

예 There is no rule but has some exceptions. (주어가 없는 경우)
   → There is no rule that has not some exceptions(예외 없는 규칙은 없다).

(3) than

비교급 구문에서 than이 이끄는 문장이 불완전할 경우 유사관계사로 간주한다.

예 The next game will be more exciting than can be imagined(다음 경기는 상상되는 것보다 더 흥미로울 것이다).

예제

다음 중 알맞은 것을 고르시오.

① The man (who, whose) wallet was stolen called the police.
② The building (which, where) he lives is very old.
③ The elevator is out of order, (that, which) is too bad.
④ The ideas (presenting, presented) in this book are astonishing.
⑤ There is an old legend (telling, told) among people in my country.
⑥ I will never forget the day (when, on which) I met you on.
⑦ This is the best movie (which, that) I have ever seen.
⑧ I will follow you (where, wherever) you may go.
⑨ All (which, how, that) glitters is not gold.
⑩ I gave him (that, what) money I had.
⑪ (Who, Whoever) wishes to succeed must work hard.
⑫ I have no house (which, in which) to live.
⑬ He is the only friend (who, that) I have.
⑭ We live on the earth, (that, which, where) is like a ball.
⑮ The man (who, whom, with whom) I am staying is a doctor.

정답 ① whose, ② where, ③ which, ④ presented, ⑤ told, ⑥ when, ⑦ that, ⑧ wherever, ⑨ that, ⑩ what, ⑪ whoever, ⑫ in which, ⑬ that, ⑭ which, ⑮ with whom

제 7 장 시제

📄 **단원 개요**

시제란 문장에서 언급하는 일 또는 사건이 발생한 시점을 동사 형태를 변화시켜 묘사하는 것을 말합니다. 시제 쓰임에 대한 이해는 문장 속 사건의 전, 후 관계를 정확하게 이해하고 문단 속 사건 전개의 흐름을 명확하게 이해하여 글의 세부적 내용을 정확하게 이해하는 데 필수적입니다. 시제에는 12가지 유형의 시제 표현이 존재하지만 본 장에서는 시험에서 자주 출제되는 시제 표현을 중심으로 학습합니다.

출제 경향 및 수험 대책

자주 출제되는 내용을 중심으로 준비합니다.
첫째, 기본 3시제(현재, 과거, 미래)와 진행시제의 형태와 문법적 특징을 학습합니다.
둘째, 진행형 불가 동사의 종류와 특징을 학습합니다.
셋째, 완료 3시제의 형태와 문법적 특징을 학습합니다.
넷째, 시제일치 예외(부사절 시제의 특징, 왕래발착동사, 제안/주장 동사) 경우를 학습합니다.
마지막으로 학습한 개념을 여러 예문을 통해 반복해서 익히고 문법적 특징을 기억합니다.

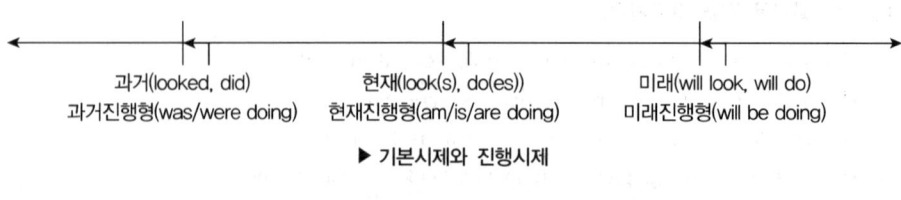
▶ 기본시제와 진행시제

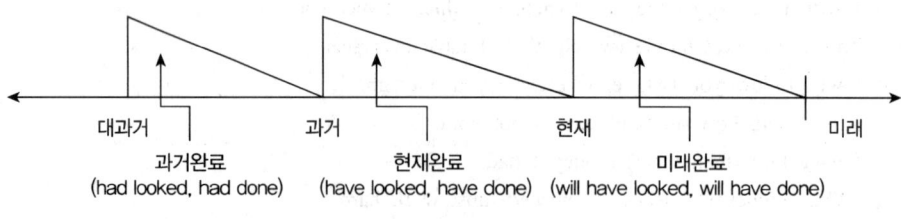
▶ 완료시제

1 기본 3시제와 진행시제

(1) 현재와 현재진행

① 현재의 사실 또는 진술

[예]
- He likes to read weekly magazine(그는 주간 잡지 읽는 것을 좋아한다).

- They discuss this agenda in order to fins out the best solution(그들은 최선의 해결책을 찾기 위해 이 안건에 대해 논의한다).

② 현재의 습관

   [예]
   - I get up at eight every morning(나는 매일 아침 8시에 일어난다).
   - I always eat bread for breakfast(나는 아침으로 항상 빵을 먹는다).
   - He washes his hair every other day or so(그는 이틀에 한 번 정도 머리를 감는다).

③ 진리 및 보편적 사실

   [예]
   - Water consists of hydrogen and oxygen(물은 수소와 산소로 구성된다).
   - The average person breathes 21,600 times a day(일반인은 하루에 21,600번 호흡한다).
   - The sun rises in the east(태양은 동쪽에서 뜬다).

④ 현재진행(am/is/are + Ving)

   과거에 시작한 일이 해당 사건을 말하는 시점에도 진행되고 있을 때 사용한다. 단, 주어의 일시적 움직임을 묘사한다.

   [예]
   - The students are sitting at their desks(그 학생들은 그들의 책상에 앉아있는 중이다).
   - He is trying to concentrate(그는 집중하려고 애쓰고 있는 중이다).
   - I am still waiting for a reply(나는 여전히 응답을 기다리는 중이다).

(2) 과거와 과거진행

① 과거의 사실 및 경험

   yesterday, last + 명사, ago, 특정 과거시점(일자, 연도, 요일 등 가령, 2022년) 등과 함께 사용 → 해당 표현이 사용된 문장에서는 현재완료 또는 과거완료는 사용이 불가하다.

   [예]
   - I walked to school yesterday(나는 어제 학교에 걸어갔다).
   - I bought a new car three months ago(나는 3개월 전에 새 차를 샀다).
   - I did not hear the thunder during the storm last night(나는 어젯밤 태풍이 부는 동안 천둥소리를 듣지 않았다).

② 과거의 습관

   [예]
   - I used to go walking with my dog(나는 나의 강아지와 함께 걷곤 했다).
   - He ran a lot when he was a boy(그는 소년이었을 때 많이 뛰었다).
   - We would meet at a park and walk together(우리는 공원에서 만나 함께 걸었다).

③ 역사적 사실

[예]
- The 2003 invasion of Iraq was the first stage of the Iraq War(2003 이라크 침공은 이라크 전쟁의 첫 단계였다).
- The September 11 attacks were a series of terrorist attacks(9월 11일 공격은 일련의 테러 공격이었다).
- Squid game was released worldwide on September 17, 2021(오징어 게임은 2021년 9월 17일에 전 세계에 발표되었다).

④ 과거진행(was/were + Ving)

과거에 시작되어 과거 특정 시점에서 종료된 행동의 일시적 움직임을 묘사할 때 사용한다. 또한 두 사건 사이의 시간 차이를 묘사할 때 사용한다.

[예]
- I was walking down the street when it began to rain(내가 길을 따라 걷고 있던 중에 비가 내리기 시작했다).
  ※ walking down이 먼저 일어난 일이고 began to rain이 이후에 일어난 일이다.
- She was standing under a tree when it began to rain(그녀가 나무 아래에서 서 있던 중에 비가 내리기 시작했다).
- At ten o'clock last night, I was studying(어젯밤 10시에는 내가 공부하던 중이었다).

(3) 미래와 미래진행

① 단순미래

[예]
- It will be sunny tomorrow according to the weather report(일기예보에 따르면 내일은 화창할 것이다).
- He will be glad to hear the news(그가 이 소식을 들으면 기뻐할 것이다).
- A : Why did you buy this paint?(왜 이 페인트를 샀어요?)
  B : I'm going to paint my living room tomorrow(내일 거실을 칠할 계획이에요).

② 의지미래

[예]
- I will walk home if I miss the bus(버스를 놓치면 난 집에 걸어가려고 해).
- Dinner's almost ready. I will set the table(저녁 식사가 이미 준비되었다. 내가 밥상을 차릴게).
- Don't worry about the spilled coffee. I will clean it up(엎지른 커피는 걱정 마. 내가 치울게).

> **더 알아두기**
>
> **will과 be going to의 차이점**
> will과 be going to 모두 미래의 일을 묘사하는데 두 표현 사이에는 의미 차이가 있다.
> 하나, will은 미래의 일에 대한 주어의 의지를 전달할 때 사용한다.
> 둘, be going to는 말하는 시점 이전부터 주어가 계획했던 이전 계획을 전달할 때 사용한다.
> 예
> - The light bulb is burned out. I will change a new one(그 전구가 수명을 다했다. 내가 새 전구로 바꿀 거야).
> - I don't like my job. I'm going to quit when I get back from vacation(나는 그 일을 좋아하지 않아. 휴가에서 돌아오는 대로 일을 그만둘 계획이야).

③ **미래진행(will be + Ving)**

미래 특정 시점에 있을 행동의 일시적인 움직임을 묘사할 때 사용한다.

단, 시간부사 표현과 함께 사용되지 않을 때, 혹은 미래시간을 확인할 수 없을 때, 미래진행시제와 단순미래시제는 유사한 의미로 사용된다.

예 I will begin to study at seven. You will come at eight. I will be studying when you come (나는 7시에 공부를 시작할 거야. 넌 8시에 올 것이다. 네가 올 때, 나는 공부하고 있는 중일 것이다).

㉠ Don't worry. He will be coming soon(걱정 마. 그는 곧 올 것이다).
㉡ Don't worry. He will come soon(걱정 마. 그는 곧 올 것이다).
→ 문장 ㉠(미래진행)과 ㉡(단순미래)에서 사용된 시제 표현은 다르지만 문장에 시간의 부사 표현 또는 미래시간을 확인할 수 있는 표현이 없으므로 두 시제는 같은 의미로 해석된다.

2 진행형 불가 동사

※ '소유인지감필존'으로 기억하자! → 소유, 유사, 인지, 지각, 감정, 필요, 존재동사

① **소유동사** : belong, possess, own
② **유사동사** : seem, look like, resemble
③ **인지동사** : know, believe, doubt, recognize, remember, suppose, understand, agree, disagree, mean, promise
④ **지각동사** : hear, sound
⑤ **감정동사** : like, appreciate, care about, please, prefer, dislike, fear, hate, mind, amaze, surprise
⑥ **필요동사** : need, desire, want, wish
⑦ **존재동사** : exist, matter

> **더 알아두기**
>
> **진행형과 비진행형 모두 가능한 동사**
> 아래 동사는 진행형 불가 동사에 해당되지만 진행형과 비진행형으로 모두 사용이 가능하다.
>
> > look, appear, think, feel, have, see, taste, smell, love, be
>
> 하나, 진행형으로 사용될 때, 행동의 일시적인 움직임을 묘사한다.
> 둘, 비진행형으로 사용될 때, 행동의 상태를 묘사한다.
>
> 예
> - I have a bicycle(나는 자전거를 가지고 있다). <소유상태>
> - I am having a good time(나는 좋은 시간을 보내고 있다). <일시적 상황>
> - I think that he is a good teacher(나는 그가 좋은 선생님이라 생각한다). <상태>
> - I am thinking about my family right now(지금 당장 내 가족에 대해 생각하고 있어). <일시적 상황>
> - He appears to be tired(그는 피곤해 보인다). <상태>
> - He is appearing on a TV show today(그가 오늘 TV쇼에 출연한다). <일시적 상황>

3 완료시제

(1) 현재완료[have/has + 과거분사(V의 pp)]

현재완료는 과거에 시작된 일이 현재를 기준으로 완료 또는 계속되는 상태를 묘사하거나 현재까지의 경험 또는 현재에 미치는 결과를 묘사할 때 사용한다.

① 완료

예
- He has stopped smoking(그는 담배 피우는 것을 그만두었다).
- I have finished reading the book(나는 그 책을 읽는 것을 마쳤다).

② 계속

for, since + 기간 표현과 함께 사용

예
- I have been in this city since last year(나는 작년부터 이 도시에서 살고 있다).
- I have known her since I taught her(그녀를 가르친 이후로 나는 그녀를 알고 있다).
- Several COVID-19 vaccines have been distributed in various countries since last year(작년부터 여러 코로나 백신이 다양한 나라에 분배되고 있다).

③ 경험

ever, never, yet, still과 함께 사용

예
- Have you ever seen snow?(눈을 본 적이 있나요?)
- I have been to Jeju island(나는 제주도에 가본 적이 있다).

④ 결과

예
- He has lost his wallet(그는 지갑을 잃어버렸다).
  → 그래서 지금은 지갑이 없다.
- She has gone to the airport(그녀는 공항에 갔다).
  → 그래서 그녀는 지금 이곳에 없다.

(2) 과거완료[had + 과거분사(V의 pp)]

보편적으로 과거완료는 시간의 차이가 존재하는 두 가지 사건을 언급할 때 사용한다.

예
- He had left before I got there(내가 그곳에 도착하기 전에 그는 떠나버렸다).
- She said that she had lost her keys(그녀는 열쇠를 잃어버렸다고 말했다).
- The teacher had already given a quiz when I got to class(내가 교실에 도착했을 때, 그 선생님은 이미 퀴즈를 보았다).

(3) 미래완료[will have + 과거분사(V의 pp)]

어떤 일이 미래 특정 시점에 완료될 때 사용한다.

예
- By the time I see you again, I will have graduated(내가 너를 다시 볼 때, 나는 졸업해 있을 거야).
- I will have become a teacher by the time we live together(우리가 함께 살 때, 나는 선생님이 되어 있을 거야).
- By next month, they will have completed to write the book(다음 달쯤, 그들은 그 책 집필을 완료할 것이다).

4 시제일치 예외

(1) 시간과 조건의 부사절 특징

① 현재시제를 사용하지만 미래 의미를 담는다.
   ※ 의미는 미래를 나타내지만 형태는 현재시제를 사용한다는 점을 기억한다.

예
- I will be happy when you come to me(네가 나에게 올 때 나는 행복할 것이다).
- I will tell him about it when he comes here(그가 여기에 올 때, 나는 이것에 대해 그에게 말할 것이다).

- Give me a call if you need any help(도움이 필요하면 내게 연락 줘).

② 과거 시제를 사용하지만 과거 완료 의미를 담는다.

[예]
- I had left before she came(그녀가 오기 전에 나는 떠났었다).
- When I got there, she had already left(내가 그곳에 갔을 때, 그녀는 이미 떠났었다).
- By the time he arrived, she had already left(그가 도착할 때쯤, 그녀는 이미 떠났었다).

(2) 왕래 발착 동사

> come, arrive, depart, go, leave, meet, start, return

※ 미래 의미를 나타내지만 형태는 현재시제를 사용한다는 점을 기억한다.

[예]
- The KTX leaves for Busan tomorrow morning(그 KTX는 내일 아침 부산으로 출발한다).
- They arrive at this airport tomorrow(그들은 내일 이 공항에 도착한다).

(3) 제안/주장 동사 중요 ★★★

※ '제주명소요결동의'로 기억하자! 일명, '제주도의 명소는 요결동의다!'를 반복하자.
  → 제안, 주장, 명령, 소망, 요구, 결정, 동의 동사
  → 주절(제안/주장동사) + 종속절[that + 주어 + (should) + 동사원형]

① 제안 : suggest, propose
② 주장 : insist, persist
③ 명령 : order, command
④ 소망 : wish, intend
⑤ 요구 : require, ask, demand
⑥ 결정 : decide, determine
⑦ 동의 : agree, move

[예]
- They demanded that the money (should) be used for purchasing library books(그들은 그 돈은 도서관 서적을 구매하는 데 사용되어야 한다고 요구했다).
- Media proposed that trolls (should) be held accountable for their behavior(매체는 가해자들은 그들의 행동에 대한 책임을 져야 한다고 주장했다).

※ 단, suggest는 '암시하다'로 해석될 때, insist는 '과거의 사실을 주장하다'로 해석될 때, 주절의 시제와 종속절의 시제를 일치시켜야 한다.

[예] He insisted that his car was stolen two weeks ago(그는 자신의 차량이 2주 전에 도난당했다고 주장했다).

예제

다음 중 알맞은 것을 고르시오.

① By the time I finished it, I (have done, will have done) several verb exercises.
② This isn't my notebook. It (belongs, is belonging) to her.
③ They (were arguing, are arguing) about it when I walked into the room.
④ She (studied, has studied) English for less than a year.
⑤ I discovered that I (have left, had left) my wallet at home.
⑥ Yesterday at a meeting, I (had seen, saw) her.
⑦ A : Are there any volunteers?, B : I (will, am going to) do it!
⑧ By the time you get back, I (will take, will have taken) care of everything.
⑨ After I (will graduate, graduate), I am going to return to my hometown.
⑩ He always (eat, will eat) breakfast before he goes to class.
⑪ When I got there, he (is, was) sleeping.
⑫ She (finished, has finished) three novels since the beginning of this semester.
⑬ I (came, have come) here just two weeks ago.
⑭ My friends will meet me when I (arrive, will arrive) at this station.
⑮ Why did you (writing, write) a children's book?

정답 ① will have done, ② belongs, ③ were arguing, ④ has studied, ⑤ had left, ⑥ saw, ⑦ will, ⑧ will have taken, ⑨ graduate, ⑩ eat, ⑪ was, ⑫ has finished, ⑬ came, ⑭ arrive, ⑮ write

제2편 문법

제 8 장 태와 법

단원개요

본 장에서는 문장의 두 가지 형태인 능동태와 수동태, 그리고 가정법에 관한 주요 내용을 다룹니다. 태는 문장이 내는 목소리로서, 문장에서 서술 초점이 주어에 맞추어져 있을 때를 능동태, 그리고 목적어에 맞추어져 있을 때를 수동태라 합니다. 법은 문장을 서술하는 분위기로서 주로 문법에서는 가정법을 가리킵니다. 이 장에서는 두 가지 개념의 주요 내용을 각각 1절과 2절에서 살펴봅니다.

출제 경향 및 수험 대책

자주 출제되는 내용을 중심으로 준비합니다.
첫째, 3, 4, 5형식 문장, 명령문, 기타 구문의 수동태를 학습합니다.
둘째, 사역동사와 지각동사가 사용된 5형식 수동태의 특징을 학습합니다.
셋째, by 이외의 전치사를 사용하는 수동태를 학습합니다.
넷째, 가정법의 4가지 시제 형태에 대해 학습합니다.
다섯째, If 생략 및 가정법 대용 표현을 학습합니다.
마지막으로 학습한 개념을 여러 예문을 통해 반복해서 익히고 문법적 특징을 기억합니다.

제 1 절 형식에 따른 수동태 특징

1 문장 유형에 따른 수동태

능동태 문장을 수동태 문장으로 바꾸려면 능동태 문장에서 목적어가 있어야 한다. 따라서, 영어에서 수동태로 바꿀 수 있는 문장은 3, 4, 5형식으로 한정된다.

(1) 3형식(주어 + 동사 + 목적어) 중요 ★

수동태로 전환하는 방법

[예]
- Everyone respects him(모든 이는 그를 존중한다).
  → He is respected by everyone(그는 모든 이에게 존경을 받는다).

- He wrote this letter(그는 이 편지를 썼었다).
  → This letter was written by him(이 편지는 그에 의해 쓰여졌다).
- Two horses are pulling the wagon(두 마리 말이 그 마차를 끌고 있다).
  → The wagon is being pulled by two horses(그 마차는 두 마리 말에 의해 끌려지고 있다).
- I did not write that note(나는 그 쪽지를 쓰지 않았다).
  → That note was not written by me(그 쪽지는 나에 의해 쓰여지지 않았다).

(2) 4형식(주어 + 동사 + 간접목적어 + 직접목적어) 중요 ★★
4형식의 경우, 목적어가 두 개이므로 두 개의 수동태 문장으로 바꿀 수 있다.

① 간접목적어가 주어

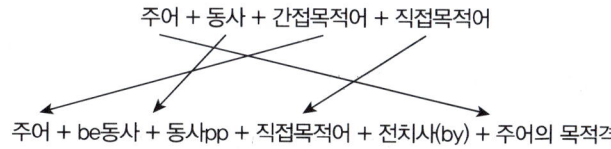

② 직접목적어가 주어

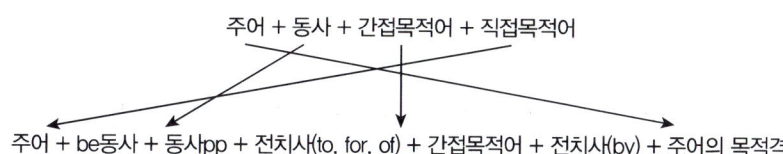

③ 직접목적어가 주어로 사용될 때, 간접목적어 앞에 전치사를 사용하는 동사
  ㉠ 전치사 to를 사용하는 동사 : give, lend, pay, offer, show, tell, teach, sell, send
  ㉡ 전치사 for를 사용하는 동사 : buy, choose, cook, build, find, bring, make
  ㉢ 전치사 of를 사용하는 동사 : ask, require

  예
  - He gave me a watch(그는 내게 시계를 주었다).
    → 간접목적어가 주어 : I was given a watch by him.
    → 직접목적어가 주어 : A watch was given to me by him.
  - They did not offer the boy books(그들은 그 소년에게 책을 제공하지 않았다).
    → 간접목적어가 주어 : The boy was not offered books by them.
    → 직접목적어가 주어 : Books were not offered to the boy by them.

> **더 알아두기**
>
> **4형식 문장이지만 하나의 수동태로만 전환이 가능한 동사**
> 직접목적어를 수동태의 주어로만 사용할 수 있는 동사
>
> make, sell, write, send, sing, pass, cook
>
> 예
> - He wrote her a cover letter(그는 그녀에게 자기소개서를 썼다).
>   → A cover letter was written to her by him.
> - He sings me a song(그는 내게 노래를 불렀다).
>   → A song is sung for(to) me by him.

(3) 5형식(주어 + 동사 + 목적어 + 목적보어) 중요 ★★★

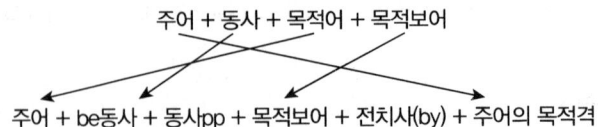

예
- His bravery made him a hero(그의 용기는 그를 영웅으로 만들었다).
  → He was made a hero by his bravery.
- They elected him a chairman(그들은 그를 의장으로 선출했다).
  → He was elected a chairman by them.

① **사역동사의 수동태** : make(단, have와 let은 수동태에서 사용되지 않는 동사이다)
   사역동사가 사용된 5형식 문장을 수동태로 전환 시 목적보어 앞에 부정사 to를 사용한다.
   예 They made him clean this room(그들은 그에게 이 방을 청소하라고 시켰다).
      → He was made to clean this room by them.

② **지각동사(hear, feel, watch, see)의 수동태**
   지각동사가 사용된 5형식 문장을 수동태로 전환 시 목적보어 앞에 부정사 to를 사용한다.
   단, 목적보어가 현재분사(Ving)일 경우 수동태로 전환 시 그대로 사용한다.
   예
   - I hear the birds sing(나는 새들이 지저귀는 소리를 듣는다).
     → The birds are heard to sing by me.
   - They heard a baby murmuring(그들은 아기가 옹알이하는 소리를 들었다).
     → A baby was heard murmuring by them.

(4) 명령문 수동태

① **동사 + 목적어**
  → Let + 목적어 + be동사 + 동사pp

② **Don't + 동사 + 목적어**
  → Don't + let + 목적어 + be동사 + 동사pp

[예]
- Arrange your documents on the desk(책상 위에 있는 서류들을 정리하세요).
  → Let your documents be arranged on the desk.
- Don't speed up your car(차 속도를 높이지 마세요).
  → Don't let your car be sped up.

(5) 조동사 수동태

주어 + 조동사 + 동사 + 목적어

주어 + 조동사 + be동사 + 동사pp + 전치사(by) + 주어의 목적격

[예]
- You must keep meat in a refrigerator(당신은 고기를 냉장고에 저장해야 한다).
  → Meat must be kept in a refrigerator by you.
- He had better return this book to the library(그는 이 책을 도서관에 반납하는 편이 낫다).
  → This book had better be returned to the library.
- You are supposed to send your cover letter(당신은 자기소개서를 보내야 한다).
  → Your cover letter is supposed to be sent by you.

2 by 이외의 전치사를 사용하는 경우

(1) about

- be concerned about ~에 대해 걱정하다
- be excited about ~에 대해 흥분하다
- be worried about ~에 대해 걱정하다

(2) with

- be acquainted with ~와 친하다
- be associated with ~와 연관되어 있다
- be cluttered with ~로 어질러져 있다
- be crowded with ~로 붐비다
- be done with ~로 끝내다
- be filled with ~로 가득차다
- be pleased with ~로 기쁘다
- be finished with ~로 마치다
- be satisfied with ~로 만족하다
- be covered with ~로 덮여있다

(3) of

- be composed of ~로 구성되다
- be made of(from) ~로 만들어지다
- be tired of ~로 피곤하다

(4) for

- be known for ~로 유명하다
- be prepared for ~할 준비되다
- be qualified for ~할 자격을 갖추다

(5) from

- be exhausted from ~로 지치다
- be gone from ~로부터 사라지다
- be protected from ~로부터 보호받다

(6) to

> - be accustomed to ~에 익숙하다
> - be addicted to ~에 중독되다
> - be committed to ~에 빠져들다
> - be connected to ~에 연결되다
> - be dedicated to ~에 전념하다
> - be devoted to ~에 헌신하다
> - be engaged to ~에 몰입하다
> - be exposed to ~에 노출되다
> - be married to(with) ~와 결혼하다
> - be opposed to ~에 반대하다

[예]
- She is known for creating high-quality toys(그녀는 고품질의 장난감을 제작하는 것으로 유명하다).
- He was pleased with the response(그는 그 응답에 기뻐했다).
- They were disappointed with many disastrous events(그들은 많은 처참한 사건에 실망했다).
- My car is equipped with an air-conditioning and a sun roof(내 자동차는 에어컨과 선루프가 장착되어 있다).

3 기타구문

(1) have(get) + 목적어 + V의 pp : '~을 당하다'

[예]
- I had my hat blown off by the wind(내 모자가 바람에 날아갔다).
- I had my watch stolen(내 시계를 도난당했다).

(2) get + V의 pp

[예]
- I stopped working because I got tired(피곤했기 때문에 나는 일하는 것을 멈췄다).
- We can leave as soon as you get packed(네가 짐을 싸면 우리는 떠날 수 있다).

(3) 종속접속사 that절이 목적어인 경우

수동태로 전환 시 목적어가 긴 경우(that절이 목적어) 가주어 It을 사용하여 that절을 후치시킨다.
주어 + 동사(think, believe, guess) + that절
→ It(가주어) + be동사 + 동사pp + that절

예) He believes that we are sure to live together(그는 우리는 틀림없이 함께 살 것이라고 믿는다).
→ It is believed that we are sure to live together.

> **예제**
>
> 다음 중 알맞은 것을 고르시오.
> ① Did you get (invite, invited) to the party?
> ② The students were (helping, helped) by the clear explanation.
> ③ These books have to (return, be returned) to the library by tomorrow.
> ④ Gold was (discovering, discovered) in California in 1848.
> ⑤ Chocolate is made (by, with, from) the seeds of roasted cocoa beans.
> ⑥ The class was divided (by, into) two sections.
> ⑦ They offered me a job at a local bank. → I (am, was) offered a job at a local bank.
> ⑧ He looked down on me. → I was looked down (on, on by) him.
> ⑨ Rice is (grew, grown) in India.
> ⑩ The new highway (will be completed, is completed) sometime next month.
> ⑪ This game (is televising, is being televised) all over the world.
> ⑫ He gave me an apple. → An apple was given (to, by) me by him.
> ⑬ My aunt made this rug. → This rug (was made, is made) by my aunt.
> ⑭ Someone has made a mistake. → A mistake (has made, has been made) by someone.
> ⑮ Find this solution at once. → Let this solution (found, be found) at once.
>
> **정답** ① invited, ② helped, ③ be returned, ④ discovered, ⑤ from, ⑥ into, ⑦ was, ⑧ on by, ⑨ grown, ⑩ will be completed, ⑪ is being televised, ⑫ to, ⑬ was made, ⑭ has been made, ⑮ be found

제 2 절 직설법과 가정법

직설법은 현재 시점에서 사실을 언급하는 표현법이고 가정법은 현재 또는 과거 사실의 반대를 가정하는 표현법이다.

1 가정법 현재

현재의 불확실한 일이나 미래에 대한 가정 또는 상상을 표현
If + 주어 + V의 현재형 ~, 주어 + will(shall, can, may) + V원형 ~

예
- If I find out the answer, I will let you know(내가 해답을 찾는다면 너에게 알려줄게).
- If it snows, the roads will be closed(눈이 내린다면 길은 폐쇄될 것이다).

2 가정법 과거 중요 ★★

현재 사실에 반대되는 상황을 표현
If + 주어 + V의 과거형 ~, 주어 + would(should, could, might) + V원형 ~

예
- If he were here right now, he would help me(만일 그가 지금 당장 여기에 있다면, 그는 나를 도울 것이다).
  직설법 → As he is not here right now, he can not help me.
- If I were you, I would accept their invitation(만일 내가 너였다면, 나는 그들의 초대를 수용했을 것이다).
  직설법 → As I am not you, I can not accept their invitation.

(1) I wish + 가정법 과거

현재에 이루지 못한 소망을 표현

예 I wish I were the winner of the game(내가 그 경기의 승자가 되길 희망했지).
직설법 → I am sorry that I am not the winner of the game.

(2) as if + 가정법 과거 : '마치 ~인 것처럼 하나 사실은 그렇지 않다'

예 He talks as if he knew everything about the project(그는 마치 그 계획에 대한 모든 것을 알고 있는 것처럼 말한다).
직설법 → In fact, he does not know everything about the project.

(3) It is time + that + 가정법 과거 : '~할 때이다'

예 It is time that we understood each other(우리는 서로를 이해할 때이다).

(4) If it were not for ~ : '만일 ~이 없다면'

= But for ~
= Without ~

예 If it were not for water, we could not live(물이 없다면, 우리는 살 수 없다).
→ But for water, we could not live.
→ Without water, we could not live.

3 가정법 과거완료 ★★★

과거 사실에 반대되는 상황을 표현
If + 주어 + had + V의 pp ~, 주어 + would(should, could, might) + have + V의 pp ~

예)
- If you had told me about the problem, I would have helped you(만일 네가 그 문제에 대해 내게 말했었다면, 내가 너를 도왔을 텐데).
  직설법 → As you did not tell me about the problem, I could not help you.
- If they had studied, they would have passed the exam(만일 그들이 공부했었다면, 그들은 그 시험에 합격했었을 텐데).
  직설법 → As they did not study, they could not pass the exam.

(1) I wish + 가정법 과거완료

과거에 이루지 못한 소망을 표현

예) I wish I had married you(내가 그 경기의 승자가 되길 희망했지).
직설법 → I am sorry that I did not marry you.

(2) as if + 가정법 과거완료 : '마치 ~였던 것처럼 하나 사실은 그렇지 않다'

예) He talks as if he had known everything about the project(그는 마치 그 계획에 대한 모든 것을 알고 있었던 것처럼 말한다).
직설법 → In fact, he has not known everything about the project.

(3) If it had not been for ~ : '만일 ~이 없(었)다면'

= But for ~
= Without ~

예) If it had not been for water, we could not have lived(물이 없었다면, 우리는 살 수 없었을 텐데).
→ But for water, we could not have lived.
→ Without water, we could not have lived.

4 가정법 미래

미래의 실현이 불가능한 가정 또는 상상을 표현
If + 주어 + should(were to, would) + V원형 ~, 주어 + will(would) + V원형

예)
- If I would finish this task, I would be happy(만일 내가 이 일을 끝마친다면, 나는 행복할 텐데).
- If it should snow tomorrow, what will(would) you do(만일 내일 눈이 내린다면, 너는 뭘 할 거니)?

- If I were to show you the secret, we would believe each other(만일 내가 너에게 그 비밀을 보여준다면, 우리는 서로를 믿을 거야).

5 혼합가정

조건절 → 가정법 과거완료 / 주절 → 가정법 과거
과거 사실의 반대를 가정하지만, 그 내용이 현재까지 영향을 줄 수 있을 때 사용하는 표현
If + 주어 + had + V의 pp ~, 주어 + would(should, could, might) + V원형

예 If it had not snowed last night, the road would not be frozen this morning(만일 어젯밤에 눈이 오지 않았다면, 오늘 아침 그 길은 얼지 않았을 텐데).
직설법 → As it snowed last night, the road is frozen this morning.

6 접속사 If 생략

가정법 구문에서 접속사 If를 생략할 경우, 조건절은 도치 구문으로 작성한다. 도치 구문을 사용하는 이유는 접속사가 생략되었으므로 도치 구문으로 해당 문장이 조건절임을 표시하기 위함이다.

예
- If we were in the other place, we would understand each other(만일 우리가 상대의 입장에 있었다면, 우리는 서로를 이해했을 것이다).
  → Were we in the other place, I would understand each other.
- If we had been in the other place, we would have understood each other(만일 우리가 상대의 입장에 있더라면, 우리는 서로를 이해했을 텐데).
  → Had we been in the other place, we would have understood each other.

7 가정법 대용표현

(1) Otherwise 중요 ★★★

선행하는 문장을 받아 조건절을 대신하는 표현('만일 ~하지 않았다면')
특히, otherwise는 시험에 자주 출제될 뿐 아니라 정확한 문장 해석에 필수적인 부분이라는 점에서 그 쓰임과 의미를 정확하게 알아두자.

(2) Unless = If ~ not

(3) Suppose(Supposing) that = (What will(would) happen) if

(4) Provided(Provide) (that) = if and only if

> 예

- He missed the bus; otherwise, he could have arrived at the class on time(그는 버스를 놓쳤다. 그렇지 않았다면, 그는 정각에 교실에 도착할 수 있었을 텐데).
  → He missed the bus; if he had not missed the bus, he could have arrived at the class on time.
- Unless you pay me the money, I will go bankrupt(만일 네가 나에게 그 돈을 주지 않는다면, 나는 파산할 것이다).
  → If you do not pay me the money, I will go bankrupt.
- Suppose (that) I were to leave, would you miss me?(만일 내가 떠난다면, 너는 나를 그리워할까?)
- She believed in me, provided (that) she shared this feeling with me(그녀가 나와 함께 이 감정을 공유했다면, 그녀는 나를 믿을 거야).

📋 예제

다음 중 알맞은 것을 고르시오.

① If English (was, were) my native language, I would not be a student in this class.
② If the weather (has been, had been) warm, we would have eaten outdoors.
③ I would have gone with you if I (had, had had) enough time.
④ If I were you, I (will, would) tell her the truth as soon as possible.
⑤ I wish you (go, had gone) there with me that day.
⑥ (Was, Were) it not for your help, I would fail.
⑦ He spoke Spanish as if he (was, were) a Spanish.
⑧ (If, Unless) there were your consideration, I would not overcome this situation.
⑨ If your report is true, I (would, will) employ you.
⑩ Had it not (had, been) for water, we could not have lived.

정답 ① were, ② had been, ③ had had, ④ would, ⑤ had gone, ⑥ were, ⑦ were, ⑧ unless, ⑨ will, ⑩ been

제 9 장 문장 형식과 동사 유형

단원개요

영어에서 문장의 형식을 결정하는 요소는 바로 동사입니다. 동사에는 자동사와 타동사가 있습니다. 자동사는 1형식에서 사용되는 완전자동사와 2형식에서 사용되는 불완전자동사로 구분됩니다. 타동사는 3형식과 4형식에서 사용되는 완전타동사와 5형식에서 사용되는 불완전타동사로 구분됩니다. 이 장에서는 각 형식에서 중요한 동사의 유형과 그 특징을 살펴봅니다.

출제 경향 및 수험 대책

첫째, 규칙, 불규칙, 상태, 자동사 그리고 타동사를 이해합니다.
둘째, 각 문장에서 중요한 동사의 종류와 특징을 학습합니다.
셋째, 구동사를 포함한 각종 동사의 유형을 학습합니다.
마지막으로 학습한 개념을 여러 예문을 통해 반복해서 익히고 문법적 특징을 기억합니다.

제 1 절 동사 구분과 동사 유형

1 동사 구분 : 3단 변화

(1) 규칙과 불규칙동사

동사 원형에 -ed를 붙여 과거형과 과거분사형(pp)을 만드는 동사를 규칙동사, 이에 해당하지 않는 동사는 모두 불규칙동사라 한다.

① 규칙동사

현재-과거-과거분사

- talk-talked-talked
- work-worked-worked
- follow-followed-followed

② 불규칙동사

㉠ ABB유형

- have-had-had
- make-made-made
- come-came-come
- become-became-become
- send-sent-sent
- spend-spent-spent
- keep-kept-kept
- leave-left-left

- get-got-got
- sit-sat-sat
- stand-stood-stood
- lend-lent-lent
- bend-bent-bent
- build-built-built
- meet-met-met
- creep-crept-crept
- sweep-swept-swept
- mean-meant-meant
- shoot-shot-shot

ⓛ ABC유형

- do-did-done
- go-went-gone
- lie-lay-lain
- run-ran-run
- draw-drew-drawn
- eat-ate-eaten
- give-gave-given
- grow-grew-grown
- know-knew-known
- fall-fell-fallen
- see-saw-seen
- take-took-taken
- shake-shook-shaken
- break-broke-broken
- bear-bore-born
- swear-swore-sworn
- tear-tore-torn
- wear-wore-worn
- choose-chose-chosen
- speak-spoke-spoken
- steal-stole-stolen
- begin-began-begun
- sing-sang-sung
- drink-drank-drunken
- ring-rang-rung
- swim-swam-swum
- drive-drove-driven
- rise-rose-risen
- ride-rode-ridden
- strive-strove-striven
- write-wrote-written
- arise-arose-arisen

ⓒ AAA유형

- let-let-let
- bet-bet-bet
- cast-cast-cast
- cost-cost-cost
- burst-burst-burst
- fit-fit-fit
- hurt-hurt-hurt
- knit-knit-knit
- set-set-set
- shut-shut-shut
- split-split-split
- put-put-put
- upset-upset-upset
- spread-spread-spread
- rid-rid-rid

2 동사 유형

(1) 상태동사

상태동사는 동사 본래 의미가 진행의 의미를 담고 있다는 점에서 진행형으로 사용하는 것이 불필요하고 불가능하다.

① **마음의 상태를 나타내는 동사**

> forget, love, hope, understand, suppose, like, dislike, know, prefer

예) I forget to call you(내가 너에게 연락할 것을 잊었다).
　　*I am forgetting to call you. (×)

② **지각동사**

> see, hear, feel, smell, sound

예) I saw the train coming to us(나는 그 기차가 우리에게 오고 있는 것을 보았다).
　　*I was seeing the train coming to us. (×) → 진행형 불가

③ **소유 및 유사 동사**

> be, have, belong to, consist of, cost, own, possess, resemble

예) Water consists of hydrogen and oxygen(물은 수소와 산소로 구성된다).
　　*Water is consisting of hydrogen and oxygen. (×) → 진행형 불가

! 더 알아두기

상태동사가 진행형으로 사용이 가능한 경우

1. 동사 think가 that절을 목적어로 취하면 진행형에 사용될 수 없지만, think가 전치사 of, about, over 등과 함께 사용되면 진행형으로 사용이 가능하다.
   예) I was thinking about changing my mind(나는 마음을 바꾸는 것에 대해 고민하고 있던 중이었다). (○)
   　　*I was thinking that our priority is important. (×)
2. 구동사 look at과 listen to는 지각동사 see와 hear와는 다르게 진행형이 가능하다.
   예)
   - Someone is looking at my car(누군가가 내 차를 보고 있는 중이다).
   - He is listening to the radio(그는 라디오를 듣고 있는 중이다).
3. 동사 have가 '시간을 보내다' 또는 '음식을 먹다' 등의 의미로 사용될 경우 진행형이 가능하다.
   예)
   - I and my brothers are having a wonderful time to go sightseeing(나와 동생은 구경하면서 멋진 시간을 보내고 있는 중이다).
   - She is having dinner at this restaurant(그녀는 이 식당에서 저녁을 먹고 있는 중이다).

(2) 자동사와 타동사로 모두 사용이 가능한 동사

> open, burn, draw, eat, walk, run, fail

[예]
- The window opened(창문이 열려있다). → 자동사
- We opened the window(우리는 창문을 열었다). → 타동사
- Those cars burned(그 자동차들이 탔다). → 자동사
- The fire burned those cars(불이 그 자동차들을 태웠다). → 타동사
- They are eating(그들은 식사하고 있는 중이다). → 자동사
- They are eating dinner(그들은 저녁을 먹고 있는 중이다). → 타동사

더 알아두기

run, fail → 자동사와 타동사로 사용될 때, 의미가 다르다.
1. 동사 run이 자동사로 사용될 때, '달리다'의 해석이 가능하다.
   동사 run이 타동사로 사용될 때, '운영하다'의 해석이 가능하다.
   [예]
   - The athletes ran away(그 선수들은 달려갔다). → 자동사
   - My parents ran car business(부모님은 자동차 사업을 운영하셨다). → 타동사
2. 동사 fail이 자동사로 사용될 때, '실패하다'의 해석이 가능하다.
   동사 fail이 타동사로 사용될 때, '실망시키다'의 해석이 가능하다.
   [예]
   - The students failed on this test(그 학생들은 이 시험에서 실패했다). → 자동사
   - He thought he failed his family(그는 가족을 실망시켰다고 생각했다). → 타동사

(3) 구동사(자동사 + 전치사 = 타동사) 중요 ★★

① A로 시작하는 구동사

- arrive at 도착하다
- apply for 지원하다
- apply to 적용되다
- appeal to 호소하다
- account for 설명하다(책임지다, 차지하다)
- approve of 인정하다
- apologize for 사과하다
- ask for 요청하다
- attend to 집중하다, 돌보다
- attend at 참석하다

② B로 시작하는 구동사

- break into 침입하다
- burst into 폭발하다, 갑자기 시작하다
- belong to 속하다
- beware of 주의하다
- benefit from 이익을 얻다

③ C로 시작하는 구동사

- care for 돌보다
- consent to 찬성하다
- conform to 순응하다
- compete with 경쟁하다
- comply with 따르다
- consist with 일치하다
- cooperate with 협력하다
- consist in 존재하다
- confide in 믿다
- consist of 구성하다
- come by 얻다
- come across 우연히 만나다
- come about 일어나다
- correspond to 일치하다
- correspond with 서신을 교환하다
- come up to 이르다
- come up with 생각해내다
- count on 의지하다

④ D로 시작하는 구동사

- deal in 판매하다
- deal with 다루다
- depend on 의존하다
- dwell on 곰곰이 생각하다
- drop in 우연히 방문하다
- differ from 다르다
- dispense with 처분하다
- dispose of 없애다

⑤ 기타 구동사

- engage in 종사하다
- fall back on 의지하다
- fall in with 잘 어울리다
- fall for 속다
- graduate from 졸업하다
- go through 경험하다
- get through 끝내
- lead to 이르다
- look for 찾다
- reply to 응답하다
- resort to 의지하다
- refrain from 삼가다
- result in 결과를 초래하다
- result from ~이 원인이 되다
- rely on 의지하다
- rid A of B A에게서 B를 제거하다
- rob A of B A에게서 B를 빼앗다
- rule out 배제하다

- look into 조사하다
- look back on 회상하다
- look over 간과하다
- look on 방관하다
- look down on 무시하다
- object to 반대하다
- pay for 지불하다
- pertain to 적절하다
- participate in 참석하다
- put off 연기하다(미루다)
- put on 입다
- put out 끄다
- put to use 이용하다
- put up with 참다
- refer to 언급하다
- run across(into) 우연히 만나다
- run after 뒤쫓다
- run out 떨어지다
- sick of 싫증이 나다
- stand for 나타내다
- succeed in + Ving 성공하다
- succeed to + V원형 계승하다
- suffer from 고생하다
- sum up 요약하다
- turn in 제출하다
- turn down 거절하다
- turn out 입증되다
- wait for 기다리다
- wait on : 시중들다

제2절 자동사와 타동사 그리고 문장 형식

1 자동사(1, 2형식)

목적어를 취하지 않는 동사로서, 1형식(주어 + 완전자동사), 2형식(주어 + 불완전자동사 + 보어)에서 사용되며 수동태(be + pp)로 전환이 불가하다. 1형식에서는 완전자동사가, 2형식에서는 불완전자동사가 사용된다. 완전자동사는 보어가 필요 없는 반면, 불완전자동사는 형용사 또는 명사를 보어로 취한다.

(1) 완전자동사(1형식)

> ache, run, run, happen, occur, worsen, rise, dance, lie, sleep, wait, care, arrive, depart, disappear, hesitate, pause, rain, snow, collapse, sigh, yawn

예
- The roof collapsed(그 지붕이 무너졌다).
- He sighed and yawned(그는 한숨을 쉬면서 하품을 했다).
- Everyone was waiting, but he did not care(모든 사람이 기다리고 있는 중이었지만 그는 관심이 없었다).

(2) 불완전자동사(2형식)

> be, seem, become, get, look, feel, sound, appear, stand, fall, keep, go, turn, grow, remain, come, stay, prove

[예]
- It is getting dark(점점 어두워지고 있다).
- You seem so happy(당신 꽤 행복해 보이는 것 같다).
- These bananas look tasty(이 바나나들은 맛이 좋아 보인다).
- He became a professor(그는 교수가 되었다).
- The service remains unchanged(그 서비스는 바뀌지 않은 채 그대로이다).
- The bread went rotten(그 빵은 썩었다).
- She turned 28 last year(그녀는 작년에 28세가 되었다.)

더 알아두기

타동사로 착각하기 쉬운 자동사

자동사 + 전치사는 타동사의 역할을 할 수 있으므로 해당 표현 뒤에는 목적어가 위치한다.

> graduate from, refer to, sympathize with, experiment with, add to, complain about, allude to, reply to, operate on

[예]
- She graduated from the university in 2000(그녀는 2000년에 그 대학교를 졸업했다).
- They complained about the clerk's rude attitude(그들은 그 점원의 무례한 태도에 불평했다).

2 타동사(3, 4, 5형식)

목적어를 취하는 동사로서 3형식(주어 + 완전타동사 + 목적어), 4형식(주어 + 완전타동사 + 간접목적어 + 직접목적어), 5형식(주어 + 불완전타동사 + 목적어 + 목적보어)에서 사용되며 수동태(be + pp)로 전환이 가능하다. 타동사에는 완전타동사와 불완전타동사가 있다. 완전타동사는 3형식과 4형식 문장에서 사용되며 불완전타동사는 목적보어가 필요한 5형식 문장에서 사용된다.

(1) 3형식 동사(주어 + 완전타동사 + 목적어)

① 완전타동사 중요 ★★★

> approach, discuss, marry, attend, address, inhabit, mention, reach, enter, resemble, await
> → 절대 전치사와 함께 사용할 수 없다.
> *approach to (×), discuss about (×), marry with (×), attend at (×), address to (×), inhabit in (×), mention about (×), reach to (×), enter into (×), resemble with (×), await for (×)

[예]
- This is how I approached it(이것이 제가 접근했던 방법입니다).
- They discussed the environmental destruction(그들은 환경파괴에 대해 논의했다).
- He wanted to marry her(그는 그녀와 결혼하길 원했다).
- The child resembles his father(그 아이는 그의 아빠를 닮았다).
- Before you enter a place, you should sanitize your hands(장소에 들어가기 전에는 손을 소독해야 합니다).

(2) 4형식 동사로 착각하기 쉬운 3형식 동사

> explain, confess, suggest, propose, introduce, announce, describe, provide, supply, furnish

[예]
- He explained the rules of the game(그는 그 게임의 규칙을 설명했다). (○)

  *He explained me the rules of the game. (×)

  → He explained the rules of the game to me(그는 그 게임의 규칙을 나에게 설명했다).(○)
- He confessed his mind(그는 진심을 고백했다). (○)

  *He confessed her his mind. (×)

  → He confessed his mind to her(그는 그녀에게 자신의 마음을 고백했다). (○)
- This institution provided many people with valuable information(이 기관은 많은 이들에게 가치 있는 정보를 제공했다). (○)

  *This institution provided many people valuable information. (×)

(3) 4형식 동사(주어 + 완전타동사 + 간접목적어 + 직접목적어)

4형식 동사는 '누구(일반적으로 사람 : 간접목적어)에게 무엇을(사물, 대상 : 직접목적어) ~한다'의 의미를 갖는다.

> hand, offer, give, sell, teach, buy, make, bring, find, choose, order, save, call, order, ask

예
- She hand me the file(그녀가 내게 그 파일을 건넸다).
- He offered her a gift(그는 그녀에게 선물을 주었다).
- They gave this school their books(그들은 이 학교에 그들의 책을 주었다).
- I'll send you a reply(너에게 답변을 보낼 것이다).

① 4형식 → 3형식으로 바꾸어 쓰기

4형식 문장에서 간접목적어와 직접목적어의 위치를 바꾸고 간접목적어 앞에 전치사를 사용하여 4형식 문장을 3형식 문장으로 바꾸어 쓸 수 있다. 즉, [주어 + 동사 + 간접목적어 + 직접목적어] → [주어 + 동사 + 직접목적어 + 전치사(to, for, of) + 간접목적어]의 형태가 된다.

㉠ 전치사 to를 사용하는 동사

> send, give, pay, offer, show, tell, write, lend, hand 등

예 He sent me the package. → He sent the package to me(그는 내게 그 소포를 보냈다).

㉡ 전치사 for를 사용하는 동사

> make, buy, choose, play, cook, find 등

예 He bought his son a best-selling minicar. → He bought a best-selling minicar for his son(그는 아들에게 가장 잘 팔리는 미니카를 사주었다).

더 알아두기

ask가 사용된 4형식 문장을 3형식으로 바꾸는 경우

4형식 문장에서 동사 ask의 직접목적어로 favor나 question이 올 경우, 3형식 문장으로 바꾸어 쓸 때, 간접목적어 앞에 전치사 of를 사용한다.

예 I'd like to ask you a favor(너에게 부탁을 하고 싶어).
→ I'd like to ask a favor of you.

(4) 5형식 동사(주어 + 불완전타동사 + 목적어 + 목적보어)

5형식 문장에서 기억해야 할 내용은 목적보어로 사용되는 동사의 형태이다. 문장에서 사용된 동사의 종류가 목적보어의 형태를 결정하므로 반드시 주요 동사를 유형별로 학습한다.

① 사역동사

> make, have, let

목적보어로 동사를 사용할 때, 목적보어는 원형부정사 또는 과거분사 형태로 사용한다. 단, 준 사역동사 help가 사용될 때, 목적보어는 to부정사(또는 원형부정사) 또는 과거분사 형태를 사용한다.

⊙ 목적어-목적보어가 능동의 관계일 때, 원형부정사를 사용
  예 He made his son clean the room(그는 아들에게 방을 치우라고 했다).
ⓒ 목적어-목적보어가 수동의 관계일 때, 과거분사를 사용
  예 He had his watch repaired (by someone)(그는 자신의 시계를 수리하라고 시켰다).

② 지각동사

> feel, hear, watch, see, listen to

목적보어로 동사를 사용할 때, 목적보어는 원형부정사(또는 현재분사) 또는 과거분사 형태로 사용한다.

예
- I heard the rain fall (or falling) on the roof of my car(자동차 지붕 위로 비가 떨어지는 소리를 들었다).
- I felt myself touched on the right arm(오른팔에 무언가가 닿는 느낌을 받았다).

③ 목적보어로 to부정사를 취하는 동사 중요 ★★

> allow, enable, cause, prompt, encourage, force, forbid, compel, advise, expect, want, ask, require, order, tell, urge, persuade, get, remind

예
- The professor allowed him to leave early(교수는 그가 일찍 떠나는 것을 허락했다).
- He encouraged me to take lessons(그는 내가 수업을 듣도록 격려했다).
- She reminded me not to forget to take the book(그녀는 내가 그 책을 가져오는 것을 잊지 않도록 상기시켰다).

④ 기타동사
  ⊙ 목적어를 목적보어라고 ~하다

> choose, appoint, call, name
> → 일반적으로, 목적보어는 명사 형태로 사용된다.

  예 He called his friend an angel(그는 자신의 친구를 천사라고 불렀다).
  ⓒ 목적어를 목적보어 하게 ~하다

> keep, leave, drive, make
> → 일반적으로, 목적보어는 명사 또는 형용사 형태로 사용된다.

  예 The news drives us anxious(그 소식은 우리를 걱정스럽게 한다).

ⓒ 목적어를 목적보어라고 간주하다, 믿다, 생각하다

> find, make, consider, regard, think, believe
> → 일반적으로, 목적보어는 명사 또는 형용사 형태로 사용된다. 특히, 위 동사가 쓰인 5형식 문장에서는 가목적어 진목적어 구문이 자주 사용되니 기억하도록 한다.
> [주어 + 동사 + 가목적어(it) + 목적보어 + 진목적어(to부정사구 또는 that절)]

[예]
- They think it difficult to pass this exam(그들은 이 시험에 합격하는 것이 어렵다고 생각한다).
- Americans consider it reasonable for political boss to help minorities.(미국인들은 정치 대부가 소수인종을 도와준 것을 합리적이라 여긴다).

📋 예제

다음 중 알맞은 것을 고르시오.

① I forbid you (playing, to play) in the playground.
② He advised me (buy, to buy, buying) a new apartment.
③ I saw my friend (to run, running) down the street.
④ I had my car (to repair, repair, repaired).
⑤ He appeared (satisfy, satisfied) with the result.
⑥ He kept me (to wait, wait, waiting) long.
⑦ She graduated (at, for, from) law school in 2022.
⑧ The butter went (rot, rotting, rotten).
⑨ She chose (become, to become, becoming) a teacher.
⑩ The house belonged (for, at, to) my family.
⑪ The problems resulted (in, from, with) errors in the past.
⑫ She found lessons (bored, boring).
⑬ He made a beautiful dress (to, for, of) me.
⑭ He will explain the contract (to, for, of) you.
⑮ A new logo prompts people (accept, to accept, accepting) a new brand image.

정답 ① to play, ② to buy, ③ running, ④ repaired, ⑤ satisfied, ⑥ waiting, ⑦ from, ⑧ rotten, ⑨ to become, ⑩ to, ⑪ from, ⑫ boring, ⑬ for, ⑭ to, ⑮ to accept

제10장 특수구문

제2편 문법

단원 개요

본 장에서는 문장의 의미를 강조하거나 새로운 방식으로 표현하고자 할 때 기본적인 문장 구조와 규칙에 변화를 주는 특수구문에 대해 알아봅니다. 특수구문에는 강조, 도치, 생략, 부정구문, 그리고 비교구문이 있습니다. 강조란 문장의 특정 부분을 두드러지게 하기 위해 기본 어순에 변화를 주는 것을 말합니다. 도치는 문장의 기본 어순을 바꾸어서 질문을 하거나 강조를 나타내는 역할을 합니다. 생략은 문장에서 반복되는 표현 및 내용을 삭제함으로써 경제적으로 말하거나 특별한 의미를 전달할 수 있습니다. 이 장에서는 특수구문의 핵심 내용을 중심으로 살펴봅니다.

출제 경향 및 수험 대책

첫째, 강조 구문의 종류(삽입, 반복, 강조어, 최상급 + possible, 분열문에 의한 강조)와 각 환경에서의 중요한 특징을 학습합니다.
둘째, 의문문, 부정어, 부사(구), if 생략, 목적어 도치에 대해 학습합니다.
셋째, 반복되는 표현과 관사 생략에서 핵심 내용을 학습합니다.
넷째, not 이외의 부정 표현, 비정형동사의 부정, 접사 부정에 대해 학습합니다.
다섯째, 원급 비교, 우등/열등 비교, 라틴어 비교, 주요 비교구문, 최상급 비교에 대해 학습합니다.
마지막으로 학습한 개념을 여러 예문을 통해 반복해서 익히고 문법적 특징을 기억합니다.

제1절 강조 구문

1 삽입에 의한 강조

(1) do 삽입(강조의 do)

조동사 do를 본동사 앞에 삽입하여 문장에서 동사구의 의미를 강조한다.

예
- I want a new computer.
  → I do want a new computer(나는 새 컴퓨터를 정말 원해).
- Come if you can.
  → Do come if you can(올 수 있으면 꼭 와).

(2) 재귀대명사 삽입

재귀대명사를 주어 바로 뒤에 삽입하면 주어를 강조할 수 있다.

예 He focused on evaluating the grade. → He himself focused on evaluating the grade(그는 성적 평가에 집중했다).

2 반복 및 부사(구)에 의한 강조

(1) 특정 표현의 반복 및 부사구 사용
문장의 특정 표현을 반복해서 사용하여 그것을 강조할 수 있다.
[예]
- It's far, far too expensive(이것은 너무나 비싸다).
- She is very, very stubborn(그녀는 너무너무 고집스럽다).

(2) 의문문에서 ever, on earth, in the world와 같은 부사 표현을 사용하여 강조할 수 있다.
[예] Why on earth didn't you come to the meeting(너는 도대체 왜 그 모임에 오지 않았니)?

(3) 부정문에서 at all, a bit, by any means, whatsoever, in the least도 부정의미를 강조할 수 있다.
[예]
- I didn't do anything unreasonable at all(나는 비합리적인 그 어떤 것도 하지 않았다).
- He is not a gentleman by any means(그는 결코 신사가 아니다).
- I'm not in the least interested in their offer(나는 그들의 제안에 아예 관심이 없다).

(4) 최상급과 possible을 함께 사용
최상급 표현에 possible을 함께 사용하여 최상급의 의미를 강조할 수 있다.
[예] The car was running at the highest speed possible(그 자동차는 그 이상은 더 낼 수 없는 속도로 질주하고 있었다).

3 분열문에 의한 강조 중요 ★★

It ~ that 강조용법으로 더 잘 알려진 문장은 본래 분열문이라 한다. 분열문이란 문장에서 강조하고 싶은 성분, 즉 목적어 또는 부사(구)를 it + be 동사 사이에 위치시켜 해당 표현을 강조하는 문장을 말한다. 특히 분열문에서 사용되는 that은 접속사가 아니라 관계사란 점을 기억한다.
[예]
- They need more time(그들은 더 많은 시간이 필요하다). (목적어 'more time'을 강조)
  → 분열문 : It is more time that they need(그들이 필요로 하는 것은 바로 더 많은 시간이다).
- He traveled in Jeju island by car(그는 차를 타고 제주도를 여행했다). (전치사 in의 목적어 'Jeju island'를 강조)
  → 분열문 : It was Jeju island that he traveled in by car(그가 차를 타고 여행했던 곳은 바로 제주도였다).
- You are to blame for the accident(너는 그 사고에 대해 비난 받아야 한다). (주어 'you'를 강조)
  → 분열문 : It is you that (who) are to blame for the accident(그 사고에 대해 비난 받아야 할 사람은 바로 당신이다).

제 2 절 도치 구문

영어 문장의 기본 어순은 '주어 + 동사 + 목적어'로서 모든 문장의 맨 앞자리는 주어, 즉 명사로 시작한다. 그런데 주어 자리에 명사가 아닌 형용사, 부사, 부정부사 또는 부사구 등이 올 때, 이는 기본 어순에 맞지 않는 형태가 된다. 따라서 주어가 아닌 문장의 다른 성분이 주어 자리에 사용되면 이러한 문장은 기본 어순을 따르는 문장과는 다르다는 점을 알리기 위해 문장 성분의 위치를 바꾸어 구조적 변화를 준다. 이것을 바로 도치 구문이라 한다.

1 의문문, 부정어, 부사 도치

(1) 의문문을 위한 도치

주어 + 본동사 + 목적어
→ 조동사(Do, Does, Have, Should 등) + 주어 + 본동사 + 목적어?

[예]
- Tom doesn't like sandwiches(Tom은 샌드위치를 좋아하지 않는다).
  → Doesn't Tom like sandwiches?(Tom이 샌드위치를 좋아하지 않나요?)
- You have been a professor for seven years(당신은 7년 동안 교수였다).
  → Have you been a professor for seven years?(당신은 7년 동안 교수였나요?)
- The children should go to bed until 10 o'clock(그 아이들은 10시까지 자야 한다).
  → Should the children go to bed until 10 o'clock?(그 아이들은 10시까지 자야 하나요?)

(2) 부정에 의한 도치

문장에서 not, never, hardly, scarcely, seldom, rarely, barely, little, few, no 등의 부정어 의미를 강조하기 위해 부정어를 문장 맨 앞에 위치시키면 주어와 동사의 위치를 바꾼다.

[예]
- He will never make that mistake again. (부정어 never의 도치)
  → Never will he make that mistake again(결코 두 번 다시 그는 그 실수를 하지 않을 것이다).
- She had hardly understood her partner's circumstances. (부정부사 hardly의 도치)
  → Hardly had she understood her partner's circumstances(좀처럼 그녀는 연인의 상황을 이해하지 않았다).
- He did not say a word all day long. (부정어와 목적어의 도치)
  → Not a word did he say all day long(하루 종일 그는 어떠한 말도 하지 않았다).

(3) 부사(구)에 의한 도치

부사 또는 부사구를 문두에 위치시켜 해당 부사 표현의 의미를 강조한다.
① 자동사가 사용된 문장을 도치할 경우 do, does, did를 사용하지 않고 본동사를 그대로 사용한다.

[예]
- Wild flowers bloomed here and there over the grass.
  → Here and there over the grass bloomed wild flowers(잔디 여기저기에 야생화들이 피었다).
- The success of our plan depends on this.
  → On this depends the success of our plan(우리 계획의 성공은 이것에 달려있다).

② 반복 어구에 대한 부정과 긍정의 동의

[예]
- She loves travel, and her husband loves travel, too.
  → She loves travel, and so does her husband(그녀는 여행을 좋아하고 그녀의 남편도 여행을 좋아한다).
- You are not wrong, and he is not wrong, either.
  → You are not wrong, and nor is he(당신은 잘못된 것이 아니고 그 역시 잘못된 것이 아니다).

③ 부사구의 도치

[예] He was not able to understand his partner's love until years afterwards.
→ Not until years afterwards was he able to understand his partner's love(수년 후에야 비로소 그는 연인의 사랑을 이해할 수 있었다).

(4) 접속사 if 생략에 의한 도치 중요 ★★

가정법에서 접속사 if를 생략하면 주어와 동사가 도치된다. 다만 이는 의문문이 아니라 조건의 의미를 갖는다.

[예]
- If it were not for his sacrifice, his family would not have a normal life(만일 그의 희생이 없었다면 그의 가족은 평범한 일상을 보내지 못했을 것이다).
  → Were it not for his sacrifices, his family would not have a normal life.
- If they should ask the question, what would you say?(만일 그들이 그 질문을 한다면 당신은 무엇을 말할 것인가요?)
  → Should they ask the question, what would you say?

(5) 목적어 이동에 의한 도치

목적어의 내용을 강조하기 위해 목적어를 문두에 위치시킨다. 단, 목적어를 문장 맨 앞에 위치시킬 때, 주어와 동사의 위치를 바꾸지 않는다. 이는 목적어는 명사로 이루어져 있고, 주어 위치에 올 수 있는 품사 역시 명사이므로 주어와 동사의 위치를 바꾸지 않는 것이다.

[예]
- We are going to climb the mountain(우리는 그 산을 오를 계획이다).
  → The mountain we are going to climb.
- He never eat lemons, but he eats oranges(그는 결코 레몬을 먹지 않지만, 오렌지는 먹는다).
  → Lemons he never eat, but oranges he eats.

- I would not trust what she is saying(나는 그녀가 말하는 것을 믿지 않으려 한다).
  → What she is saying I would not trust.

제3절 생략

문장의 반복되는 부분이나 특정 부분을 의미 해석 시 어려움이 없는 정도에서 삭제할 수 있다. 이를 통해 문장의 길이도 줄일 수 있고 문장 요소 간 의미 연결을 보다 긴밀하게 함으로써 이해에 도움을 줄 수 있다.

(1) 반복 표현의 생략

① 부사절에서 as, though, if, when, while 등의 접속사가 사용될 때, 문장에서 반복되는 주어 + be동사는 생략할 수 있다.

예
- The report was very critical although (it was) fair(그 보고서는 매우 공평했지만 매우 비판적이었다).
- Whether (she is) right or wrong, the woman usually wins the argument(옳든 옳지 않든 간에 그녀는 일반적으로 논쟁에서 이긴다).
- He eats a lot when he is hungry(배가 고플 때 그는 과식한다).
  → He eats a lot when hungry.

② 등위절에서 반복 표현의 생략

예
- He came in and he sat down(그가 들어와서 앉았다).
  → He came in and sat down.
- To some life is pleasure but to others life is hardship(누군가에게 삶은 즐거움이지만 다른 이에게 삶은 고통이다).
  → To some life is pleasure but to others (life is) hardship.
- He washes his shirts and he irons them, too(그는 셔츠를 세탁하고 다림질 또한 한다).
  → He washes his shirts and irons them.

(2) 관용적 생략

일상적인 인사말, 격언, 공공 포스터, 표지판 등에서 정보 전달에 필수적인 내용만 사용하는 경우가 많으므로 생략을 빈번하게 사용한다.

① 인사말

예 (I wish you a) Good morning(좋은 아침입니다).

② 칭찬
    예 (It is) Well done!(잘 했어요!)
③ 표지판
    예
    • No Parking (is allowed here)(주차금지).
    • No Smoking (is allowed here)(흡연금지).
    • No Children Under 5 (is allowed here)(5세 이하 어린이 금지).
④ 격언
    예
    • (If you take) no pains, (you will get) no gains(고통 없인 얻는 것도 없다).
    • (If there are) So many men, (there are) so many minds(각양각색).

(3) 관사의 생략 중요 ★★
교통, 통신 수단, 시간, 호칭 표현, 사물의 고유 용도를 나타낼 때, 관사를 생략할 수 있다.
① 교통이나 통신 수단
    예
    • They arrived at this island by train(그들은 기차를 타고 이 섬에 도착했다).
    • You can always communicate with me by e-mail(당신은 언제라도 나와 이메일로 소통할 수 있다).
② 시간
    예 I often travelled by night(나는 종종 밤에 여행을 한다).
③ 호칭 표현
    예
    • President Moon will visit China next month(문 대통령은 다음 달에 중국을 방문할 것이다).
    • Professor Han is my best mentor(한 교수는 나의 최고의 멘토이다).
④ 사물의 고유한 용도
    예
    • I was at school when the earthquake broke out(지진이 발생했을 때 나는 학교에 있었다).
    • They wanted to go to sea(그들은 바다를 가기를 원했다).
    • The family are at table(가족은 테이블에 있다).

제 4 절 부정 구문

(1) not 이외의 부정 표현

① 대명사 : no one, none, nobody, nothing, neither (of)
② 한정사 : no, few, little
③ 부사 : never, nowhere, hardly, scarcely, rarely, barely, seldom
④ 접속사 : neither A nor B

[예]
- No one overcame this hardship(아무도 이 역경을 극복하지 못했다).
- Few students answered this question(이 질문에 답변했던 학생은 거의 없었다).
- I can hardly focus on this task because of the noise(소음 때문에 나는 좀처럼 이 일에 집중하지 못했다).
- Neither you nor I am able to stop smoking(너뿐 아니라 나도 담배 피우는 것을 그만 둘 수 없다).

(2) 비정형동사의 부정

부정사, 분사, 동명사와 같은 비정형동사와 부정어가 결합하여 사용될 수 있다.

① 부정사 부정
　　[예] He told her not to give up this test.
② 분사 부정
　　[예] Not knowing what to do, I waited for his advice.
③ 동명사 부정
　　[예] I remembered not being invited by anyone.

(3) 접사부정

단어 내에서 접사에 의해 부정의 의미를 표현할 수 있다.

① un-

> unwise, uncommon, uncomfortable, unacceptable, uinfair, unkind, unintelligent, unbalanced, unhappy, unfamiliar, unreal, unpopular, unjust, unprepared, unsafe, unready

[예]
- The offer was unacceptable at all(그 제안은 결코 수용할 수 없었다).
- He is not unhappy(그는 불행하지 않다).

② in-

> irresponsible, irrelevant, improvident, illegible, illegitimate, imprudent, impossible, improper, inept, indecent, insufficient, inefficient, incapable

③ dis-

> discover, discolor, dishonor, dismember, disestablish, dispossess, disunite, disregard, disable, discontent, disquiet, disagreeable, disinterested, disqualified, disaffection, disbelief, distrust, disorder, disbenefit

※ 단, distort(왜곡하다), dissolve(녹이다) 등에서의 dis-는 부정과 무관하게 본래 어근의 의미를 갖는다.

④ non-

> nonabstract, nonacademic, noncommercial, nonhuman, nonquantitative, nonracial, nonscientific, nonadmission, nonacceptance, nonanimal, nonanswer, nonbelief, noneducation, nonfarmer, nonmainstream, nonschool, nonscientist, noncommitment

제 5 절 비교구문

1 원급 비교

(1) 긍정['A는 B만큼 형용사(또는 부사)하다']

→ A + as + 형용사(또는 부사)원급 + as + B

예 He is as sociable as his brother(그는 동생만큼이나 사교적이다).

(2) 부정['A는 B만큼 형용사(또는 부사)하지 않다']

→ A + not + as + 형용사(또는 부사)원급 + as + B

예 He is not as sociable as his brother(그는 동생만큼 사교적이진 않다).

(3) 최상급의미('A는 세상에서 가장 형용사하다')

→ A + as + 형용사(또는 부사)원급 + as + any명사 + 전치사구(가령, in the world)

예 He is as intelligent as any man in the world(그는 세상에서 가장 지적이다).

2 우등, 열등 비교

(1) 우등비교('A는 B보다 비교급하다')

→ A + 비교급 + than + B

[예]
- Water is heavier than oil(물은 기름보다 무겁다).
- He is more diligent than his brother(그는 동생보다 부지런하다).

(2) 열등비교['A는 B보다 덜 형용사(또는 부사)하다']

→ A + less + 형용사(또는 부사) 원급 + than + B
= A + not as 형용사(또는 부사) 원급 + as + B

[예] This watch is less expensive than that one(이 시계는 그 시계보다 덜 비싸다).
= This watch is not as expensive as that one(이 시계는 그 시계만큼 비싸지는 않다).

3 라틴어 비교 [중요]★

어미가 -or인 형용사의 비교급은 접속사 than 대신 전치사 to를 사용한다.
→ superior, inferior, senior, junior

[예]
- Our program is superior to their one(우리 프로그램은 그들의 것보다 우수하다).
- He is eighteen years senior to her(그는 그녀보다 18살 위다).

4 주요 비교 구문

(1) 'A는 두 개 중 더 비교급하다'

→ A + the + 비교급 + of the two

[예] He is the more forgetful of the two men(그는 두 명 중 더 잘 잊어버린다).

(2) 'A는 ~ 때문에 도리어 더 비교급하다'

→ A + all the 비교급 + for(because)

[예] They like him all the better for his mistakes(그들은 그의 실수 때문에 도리어 그를 더 좋아한다).

(3) '~하면 할수록 더욱 ~하다'

→ the + 비교급 + 주어 + 동사, the + 비교급 + 주어 + 동사

예 The more one gets, the more one wants(많이 가질수록 더 많이 원한다).

(4) 부정어 + 비교급 표현 1

① no more than = only('단지')
② no less than = as many(much) as('~만큼 ~한')
③ not more than = at most('기껏해야')
④ not less than = at least('적어도')

(5) 부정어 + 비교급 표현 2

① '~만큼 ~한'
  → no less + 형용사(또는 부사)원급 + than
   = as + 형용사(또는 부사)원급 + as
  예 He is no less powerful than his brother(그는 동생보다 힘이 약하진 않다).
   = He is as powerful as his brother(그는 동생만큼 힘이 세다).

② '아마도 더 비교급하다'
  → not less + 형용사(또는 부사)원급 + than
   = perhaps 비교급 + than
  예 He is not less powerful than his brother(그는 동생보다 힘이 덜 센 것은 아니다).
   = Perhaps, he is more powerful than his brother(아마도 그는 동생보다 힘이 세다).

(6) 'A가 B가 아닌 것은 C가 B가 아닌 것과 같다'

→ A + is + no more + B + than + C + is(+ B)
 = A + is not + B + any more than + C + is(+ B)

예 A whale is no more a fish than a horse is.
 = A whale is not a fish any more than a horse is(고래가 물고기가 아닌 것은 말이 물고기가 아닌 것과 같다).

(7) 비교급 강조 부사

→ 강조 부사 + 비교급 + than

far, very far, still, even, a lot, rather, much : '훨씬 더 ~한'

예 It is much more important than what you think(이것은 당신이 생각하는 것보다 훨씬 더 중요하다).

5 최상급 비교 구문

(1) 'A는 절대 ~할 사람이 아니다' 중요 ★★★

→ A + be the last man to + V원형
 = A + be the most + 형용사 원급 + to + V원형

예 He is the man to break a promise.
 = He is the most unlikely man to break a promise(그는 약속을 깰 사람이 절대 아니다).

(2) 'A는 가장 ~한 사람이다' 중요 ★★★

→ A + the + 최상급 + of all the + 복수명사
 = 비교급 + than any other +단수명사
 = 부정주어 + as + 형용사(또는 부사)원급 + as
 = 부정주어 + 비교급 + than

예 John is the smartest man of all the men in his company(John은 회사에서 가장 똑똑한 사람이다).
 = John is smarter than any other man in his company.
 = No one is as smart as John in his company.
 = No one is smarter than John in his company.

(3) 양보 해석의 최상급 구문('비록 가장 ~할지라도')

예 The wisest man cannot know everything.
 = Even the wisest man cannot know everything(비록 가장 현자라 해도 모든 것을 알 수는 없다).

예제

다음 중 알맞은 것을 고르시오.
① He told me (not to leave, to not leave).
② (Little I dreamed, Little did I dream) that I would meet my lover there.
③ I know nothing (whatever, whatsoever) about it.
④ (Had I known, I had known) it, I would have told it to you.
⑤ Jenny does not like soccer. (Neither does, So does) her mother.
⑥ He likes English. (Neither does, So does) his brother.
⑦ I will open a saving account. → A saving account (will I, I will) open.
⑧ They arrived at the conference hall (by the car, by car).
⑨ The sun is still shining behind the clouds.
  → Behind the clouds (the sun is, is the sun, does the sun be) still shining.
⑩ A : Have you seen them before?
  B : (No, I haven't, No I haven't seen).

정답 ① not to leave, ② Little did I dream, ③ whatsoever, ④ Had I known, ⑤ Neither does, ⑥ So does, ⑦ I will, ⑧ by car, ⑨ is the sun, ⑩ No I haven't

제11장 화법 ★★

단원 개요

화법이란 다른 사람의 말을 인용하여 말하는 방법을 말합니다. 화법에는 크게 직접화법과 간접화법이 있습니다. 직접화법은 큰따옴표(" ")를 사용하여 다른 사람의 말을 그대로 전달하는 방법인 반면, 간접화법은 다른 사람의 말을 전달하는 사람의 관점에서 바꾸어 전달하는 방법을 말합니다. 화법 전환 문제는 일반적으로 직접화법을 간접화법으로 바꾸는 유형이 자주 출제되고 있습니다. 이 장에서는 문장의 유형에 따라 화법을 전환할 때, 반드시 기억해야 할 핵심 내용을 중심으로 알아봅니다.

출제 경향 및 수험 대책

첫째, 평서문의 화법 전환을 학습합니다.
둘째, 의문문의 화법 전환을 학습합니다.
셋째, 명령문의 화법 전환을 학습합니다.
넷째, 감탄문의 화법 전환을 학습합니다.
다섯째, 중문과 두 문장 이상의 화법 전환을 학습합니다.
마지막으로 학습한 개념을 여러 예문을 통해 반복해서 익히고 문법적 특징을 기억합니다.

1 평서문

직접화법 → 간접화법, 간접화법 → 직접화법으로 바꾸어 쓸 때, 꼭 기억해야 할 규칙

내용	직접화법	⇔	간접화법
전달동사	say	⇔	say
	say to	⇔	tell
피전달문장	" "	⇔	that절
인칭, 지시대명사, 부사구	인칭, 지시대명사, 부사구	⇔	전달자의 입장에서 적절하게 바꾼다.
시제일치	시제	⇔	시제일치에 따른다.
부사구표현	now	⇔	then
	today	⇔	that day
	tomorrow	⇔	the next day(the following day)
	yesterday	⇔	the day before(the previous day)
	last night	⇔	the night before(the previous night)
	ago	⇔	before
	this	⇔	that
	these	⇔	those
	here	⇔	there

[예]

- He says to me, "You are a honest man."
  → He tells me that I am a honest man(그는 내가 정직한 사람이라고 말한다).
- She said, "I will be back tomorrow."
  → She said that she would be back the next day(그녀는 내일 돌아올 거라고 말했다).
- They said, "We saw her here yesterday."
  → They said that they had seen her there the day before(그들은 어제 그녀를 거기에서 보았다고 말했다).
- He said, "If I were rich, I would donate money."
  → He said that if he were rich he would donate money(그는 그가 부자였다면 기부할 거라고 말했다).

2 의문문

직접화법 → 간접화법, 간접화법 → 직접화법으로 바꾸어 쓸 때, 꼭 기억해야 할 규칙

내용	직접화법	⇔	간접화법
전달동사	say to	⇔	ask, inquire
피전달문장	의문사가 있는 의문문 의문사가 없는 의문문	⇔ ⇔	의문사 + 평서문 if(whether) + 평서문

[예]

- He said to me, "Where are you going?"
  → He asked me where I was going(그는 내가 어디로 가는 중인지 물었다).
- He said to me, "What is the matter with you?"
  → He asked me what was the matter with me(그는 내게 무슨 문제가 있었는지 물었다).
- He said to me, "Do you love me?"
  → He asked me if I loved him(그는 내가 그를 사랑하는지 물었다).
- He said to me, "Shall I mail this letter?"
  → He asked me if he should mail that letter(그는 그 편지를 보냈는지 물었다).

3 명령문

직접화법 → 간접화법, 간접화법 → 직접화법으로 바꾸어 쓸 때, 꼭 기억해야 할 규칙

내용	직접화법	⇔	간접화법
전달동사	say 또는 say to	⇔	내용에 따라, say, cry, exclaim, shout 등을 사용한다.
피전달문장	" "	⇔	to 부정사구로 바꾼다.
Let 명령문	전달동사 say to	⇔	내용에 따라 suggest 또는 propose + that절, ask 또는 offer + to be allowed로 사용한다.

[예]
- I said to him, "Come at once."
  → I told him to come at once(나는 그에게 즉시 오라고 말했다).
- The doctor said to me, "Don't overwork yourself."
  → The doctor advised me not to overwork myself(그 의사는 내게 과로하지 말라고 충고했다).
- He said to us, "Let's play basketball."
  → He suggested that we should play basketball(그는 농구하자고 제안했다).
- He said, "Let me go and say goodbye to Jenny."
  → He asked to be allowed to go and say goodbye to Jenny(그는 제니에게 가서 작별 인사하자고 부탁했다).

4 감탄문

직접화법 → 간접화법, 간접화법 → 직접화법으로 바꾸어 쓸 때, 꼭 기억해야 할 규칙

내용	직접화법	⇔	간접화법
전달동사	say to	⇔	내용에 따라, tell, ask, beg, order, command, advise, request, forbid 등을 사용한다.
피전달문장	" "	⇔	1. 그대로 감탄문 어순을 사용한다. 2. 부사 very를 보충하고 평서문의 어순을 사용한다. 3. 감탄사를 부사구로 바꾸고 평서문의 어순을 사용한다.

[예]
- She said, "How happy I am!"
  → She exclaimed how happy she was.
  → She exclaimed (said) that she was very happy(그녀는 너무 행복했다고 말했다).
- He said to us, "May you have a long and happy life!"
  → He expressed the wish that we might have a long and happy life(그는 우리가 오랫동안 행복한 삶을 살길 희망한다고 말했다).

5 중문과 두 개 이상 문장

직접화법 → 간접화법, 간접화법 → 직접화법으로 바꾸어 쓸 때, 꼭 기억해야 할 규칙

내용	직접화법	⇔	간접화법
전달동사	say say to	⇔ ⇔	내용에 따라 say, tell, suggest, exclaim 등을 사용한다.
피전달문장	"and(또는 but)" "복문" "두 개 이상의 문장"	⇔ ⇔ ⇔	1. and that으로 바꾼다. 2. 단문의 경우와 동일하게 바꾼다. 3. 각 문장을 and로 연결하고 문장의 종류가 다를 경우, 각 문장의 유형에 맞게 전달동사를 사용한다.

(1) 등위접속사 but이 사용된 중문

예 He said, "I live in Busan, but she lives in Seoul."
→ He said that he lived in Busan, but that she lived in Seoul(그는 부산에 살지만 그녀는 서울에 산다고 말했다)."

(2) 명령문 + and 평서문

예 He said to me, "Hurry up, and you will be on time."
→ He told me to hurry up and I would be on time.
→ He told me that if I hurried up I would be on time(그는 내게 서두르면 제시간에 도착할 거라고 말했다).

(3) 부사절 접속사 until이 사용된 복문

예 He said, "Let's wait here until the rain stops."
→ He suggested that we should wait there until the rain stopped(그는 비가 그칠 때까지 거기서 기다리자고 제안했다).

(4) 명령문 + 의문문

예 He said to me, "Listen! Can you hear someone talking?"
→ He told me to listen and asked if I could hear someone talking(그는 내게 경청하라고 말하고 내가 누군가가 말하는 것을 들을 수 있는지 물었다).

예제

다음 중 알맞은 것을 고르시오.

① He said to me, "I have received this e-mail today."
　→ He (said, told) me (if, that) he (had received, have received) that e-mail that day.

② He said, "I arrived here yesterday."
　→ He said (if, that) he (arrived, had arrived) (here, there) (yesterday, the day before).

③ He said to me, "Did you go to the park last evening?"
　→ He asked me (if, that) I (went, had gone) to the park the previous evening.

④ He said to me, "Don't work too hard."
　→ He advised me (not to, to not) work too hard.

⑤ He said to me, "Please close the door."
　→ He (told, asked) me (to close, that close) the door.

⑥ He said, "The earth is round."
　→ He said (that, if) the earth (is, was) round.

⑦ I said to clerk, "May I use the telephone?"
　→ I asked the clerk (that, if) I (may, might) use the telephone.

⑧ He said, "How beautiful it is!"
　→ He exclaimed (that, how) beautiful it (is, was).

⑨ He said to me, "Go and see who it is."
　→ He told me (that, to) go and (see saw) who it (is, was).

⑩ He said to us, "Let's have a cup of coffee."
　→ He (told, suggested) us (that, if) we should have a cup of coffee.

정답 ① told, that, had received, ② that, had arrived, there, the day before, ③ if, had gone, ④ not to, ⑤ asked, to close, ⑥ that, is, ⑦ if, might, ⑧ how, was, ⑨ to, see, was, ⑩ suggested, that

제2편 실전예상문제

제 1 장 준동사

※ 다음 빈칸에 들어갈 말로 가장 적절한 것을 고르시오. (01 ~ 10)

01
I expect ( ) to send the e-mail today.

① for you
② of you
③ you
④ yours

02
Nature has made it right ( ) animals for food.

① for us to kill
② of us to kill
③ us to kill
④ us kill

---

checkpoint 해설 & 정답

01 **해설**
타동사 뒤 의미상의 주어 : expect + 목적어 + to + V원형
해석
나는 네가 오늘 이메일을 보내길 희망한다.

02 **해설**
가·진 목적어 구문, 형용사 뒤 의미상의 주어 : for + 목적격 + to + V원형
해석
자연은 우리가 음식을 위해 동물을 살상하는 것을 정당화해왔다.

정답 01 ③ 02 ①

03

It was generous ( ) here tonight.

① for them to come
② of them to come
③ them to come
④ them come

03 해설
성질 형용사가 사용된 문장에서 의미상의 주어 : of + 목적격 + to + V원형

해석
오늘 밤 그들이 이곳에 왔던 것은 관대한 일이다.

04

( ) the law does not mean that it doesn't apply.

① Knowing not
② Don't knowing
③ Doesn't knowing
④ Not knowing

04 해설
준동사의 부정 : Not + 준동사(부정사, 동명사, 분사)

해석
법을 알지 못한다는 것이 법을 적용하지 않는다는 것을 뜻하진 않는다.

05

She insists that the man is innocent.
→ She insists on ( ) innocent.

① being
② having been
③ the man being
④ the man having been

05 해설
단순 동명사와 의미상의 주어 : 의미상 주어 + Ving

해석
그녀가 그 남자는 결백했다고 주장한다.

정답 03 ② 04 ④ 05 ③

checkpoint 해설 & 정답

06 해설
동명사의 의미상의 주어 : of + 목적격 + Ving

해석
그는 그녀가 매우 행복하다고 확신한다.

07 해설
동명사의 능동형과 완료 동명사 : 완료 동명사(having + pp) + 목적어

해석
선사시대 사람이 전쟁을 했었다는 증거는 없다.

08 해설
부사 뒤 의미상의 주어 : for + 목적격 + to + 동사원형

해석
나는 가족이 편안하게 살도록 열심히 일한다.

정답 06 ② 07 ③ 08 ②

06

He is sure ( ) very happy.

① for her being
② of her being
③ for her to be
④ of her to be

07

There is no evidence of prehistoric man ( ).

① making war
② being made war
③ having made war
④ having been made war

08

I work hard ( ) in comfort.

① my family to live
② for my family to live
③ of my family to live
④ my family live

09

I intended (　　) the party before midnight but had to stay rather late.

① to leave
② to be left
③ to have left
④ to have been left

10

It is not unusual (　　) men of fifty or sixty to climb the highest mountains in the Alps.

① for
② of
③ to
④ with

※ 다음 중 어법상 <u>잘못된</u> 문장을 고르시오. (11 ~ 12)

11 ① He agreed to calmly discuss the matter.
② It is difficult to master a foreign language.
③ He told me not to misunderstand this book.
④ It was careless for you to make the same mistake again.

09 해설
wish, hope, intend, expect + 능동형 완료부정사(to + have + pp) : 이루지 못한 의도, 소망(완수되지 않은 의도, 꿈)
해석
나는 자정 전에 그 파티를 떠날 작정이었지만 더 늦게까지 머물러 있어야 했다.

10 해설
형용사 뒤 의미상의 주어 : 형용사 + for + 목적격 + to + 동사원형
해석
50~60대 남성이 알프스산맥 중 가장 높은 산을 등반하는 것이 특별한 일은 아니다.

11 해설
가주어, 진주어 문장에서 성질 형용사가 사용되면 의미상의 주어는 전치사 of와 함께 사용 : 성질 형용사 (careless) + of + 목적격 + to + V원형
해석
① 그는 그 문제를 차분하게 논의하는 것에 동의했다.
② 외국어를 정복하는 것은 어렵다.
③ 그는 내게 이 책을 오해하지 말라고 말했다.
④ 같은 실수를 다시 했던 것은 경솔했었다.

정답 09 ③ 10 ① 11 ④

checkpoint 해설 & 정답

12 해설
동명사의 부정어 위치 : not + Ving

해석
① 나는 희망이 있다고 확신한다.
② 나는 네가 오늘 와서 기쁘다.
③ 그는 테니스에서 패배하지 않았던 것에 자랑스러워 한다.
④ 나는 그토록 여러 번 혼났었던 것에 수치심을 느낀다.

13 해설
복문을 단문으로 전환 시 완료시제 : 주절의 시제는 과거(seemed)이지만 종속절의 시제는 과거완료(had been)이므로 완료부정사 to + have + pp표현을 사용한다.

해석
그는 아팠었던 것 같았다.

14 해설
과거의 이루지 못한 소망의 표현 : 소망 동사(wished, hoped, intended)의 과거형과 완료부정사(to + have + pp)가 함께 사용

해석
나는 그를 방문하고 싶었지만 그럴 수 없었다.

정답 12 ③ 13 ② 14 ①

12
① I am sure of there being some hope.
② I am pleased at you having come today.
③ He is proud of having not been beaten at tennis.
④ I am ashamed of having been punished so many times.

※ 다음 두 문장의 의미가 같도록 빈칸에 들어갈 적절한 단어를 고르시오. (13 ~ 18)

13
> It seemed that he had been sick.
> → He seemed (　　) sick.

① not to be
② to have been
③ to had been
④ not to have

14
> I wished to visit him, but I could not.
> → I wished (　　) him.

① to have visited
② to had visited
③ to be visited
④ not to visit

15

You were foolish to agree to this proposal.
→ It was foolish (　　) to agree to this proposal.

① that you
② for it
③ of you
④ for you

16

I never heard that such a thing was done.
→ I never heard of such a thing (　　).

① to be
② having been
③ having been
④ being done

17

We gave up looking for them because the sun had set.
→ We gave up looking for them, (　　).

① the sun to have
② the sun having set
③ the sun to set
④ the sun being set

---

15 해설
가주어 문장으로 바꾸어 쓸 때, 의미상의 주어 표현 : 성질형용사(foolish) + of + 목적격 + to + V원형
해석
네가 이 제안에 동의한 것은 어리석은 일이었다.

16 해설
복문을 단문으로 전환 시 단순시제 : 주절의 시제와 종속절의 시제 모두 과거(heard = was)로 같으므로 단순 수동 동명사 being + pp를 사용한다.
해석
나는 그러한 일이 이루어졌다고 결코 듣지 않았다.

17 해설
분사를 이용하여 부사절을 부사구로 바꿔 쓸 때, 의미상의 주어와 완료시제 : because가 이끄는 부사절의 주어 the sun과 주절의 주어 we는 일치하지 않는다. 따라서 분사를 이용하여 부사절을 부사구로 바꿀 때, 의미상의 주어 "the sun"을 사용한다. 또한 주절의 시제 과거(gave up)와 부사절의 시제 과거완료(had set)는 일치하지 않기 때문에 완료분사인 having + pp를 사용한다.
해석
해가 졌기 때문에 우리는 그들을 찾는 일을 포기했다.

정답 15 ③ 16 ④ 17 ②

checkpoint 해설 & 정답

18 해설
단순 부정사 표현과 전치사 목적어가 주어로 사용되는 구문 : to + V원형 + 전치사

해석
이 침대는 자기에 편안한 것 같다.

19 해설
불변의 진리를 진술하는 문장으로서 항상 현재시제를 사용한다. 따라서 완료분사형태인 having been → being으로 바꾸어 써야 한다.

해석
태양 주변을 돌고 있는 아홉 개의 행성이 있는데 그중 하나가 지구이다.

20 해설
준동사(부정사, 동명사, 분사)를 부정할 때, 부정어(not, never)는 준동사 바로 앞에 위치한다. 따라서 having not → not having으로 바꾸어 써야 한다.

해석
최근 연구들은 많은 이들이 대학 교육을 받지 않는 것이 큰 결점이라고 생각한다는 것을 보여주고 있다.

정답 18 ① 19 ④ 20 ③

18

It seems comfortable to sleep in this bed.
→ This bed seems comfortable (　　) sleep (　　).

① to - in
② for - to
③ too - to
④ of - in

※ 밑줄 친 부분 중 어법상 적절하지 않은 것을 고르시오. (19 ~ 23)

19

There ① are nine of these planets ② traveling around the sun, ③ the earth ④ having been one of them.

20

Recent studies ① have shown that ② many think that ③ having not a college education ④ is a great handicap.

21

It was time ① <u>for him</u> ② <u>to plan</u> his future. His father still wanted ③ <u>for him</u> ④ <u>to live on</u> the farm.

21 해설
타동사(wanted) 뒤에 위치하는 의미상의 주어는 전치사와 함께 사용되지 않는다. 따라서 for him → him으로 바꾸어 써야 한다.

해석
그는 자신의 미래를 결정할 때였다. 그의 아버지는 여전히 그가 농장에서 생활하기를 원했다.

22

Civilizations made ① <u>it</u> necessary ② <u>of man</u> to work and ③ <u>save up</u> for the time ④ <u>when</u> he could not produce.

22 해설
가목, 진목 구문에서 사용되는 의미상의 주어 쓰임 : necessary는 사람의 성격 또는 성질을 나타내는 형용사가 아니므로 of man → for man으로 바꾸어 써야 한다.

해석
문명은 인간이 일할 수 없을 때를 대비해 일하고 모아두는 것을 필수적으로 하였다.

23

The original Olympic races are said ① <u>to be begun</u> by a Greek ② <u>called</u> Oenomaus, who used ③ <u>to compel</u> anyone who wished ④ <u>to marry</u> his daughter to run against him in a race.

23 해설
to be begun → to have been begun
과거 사실(올림픽 경기가 시작된 시점)을 현재 진술하는 문장으로서 시간상의 차이가 존재하는 문장이므로 완료 수동부정사가 적절하다.

해석
최초 올림픽 경기는 그리스인 Oenomaus의 딸과 결혼하기를 희망했던 이들에게 그와 달리기 경기를 종용하곤 했던 그에 의해 시작되었다고 한다.

정답 21 ③ 22 ② 23 ①

checkpoint 해설 & 정답

24 해설
① of me → for me
③ of me to have read → for me to read
④ to have read → to read

25 해설
① We do not sometimes keep promises. → We sometimes have difficult time to keep promises.
② We are sometimes difficult → It is sometimes difficult for us
④ to have kept promises → to keep promises

정답 24 ② 25 ③

24 '그 카페는 내가 책 읽기에 가장 좋은 장소는 아니다.'를 가장 적절하게 옮겨 쓴 문장을 고르시오.

① The cafeteria is not the best place of me to read books.
② The cafeteria is not the best place for me to read books.
③ The cafeteria is not the best place of me to have read books.
④ The cafeteria is not the best place for me to have read books.

25 '우리는 약속을 지키기가 어려울 때도 있다.'를 가장 적절하게 옮겨 쓴 문장을 고르시오.

① We do not sometimes keep promises.
② We are sometimes difficult to keep promises.
③ It is sometimes difficult for us to keep promises.
④ It is sometimes difficult for us to have kept promises.

제 2 장 부정사

※ 다음 빈칸에 들어갈 말로 가장 적절한 것을 고르시오. (01 ~ 14)

01

It is natural for her ( ) angry with them.

① get
② to get
③ getting
④ gotten

02

It is foolish ( ) to forget my birthday.

① of you
② you
③ for you
④ to you

03

The exam was too difficult ( ) in 50 minutes.

① of him to finish
② finishing for him
③ for him to finish
④ finish of him

해설 & 정답

01 해설
가주어 자리에 It, 진주어 자리에 명사 역할을 하는 to부정사가 와야 한다.
해석
그녀가 그들에게 화내는 것은 당연하다.

02 해설
성격이나 태도를 나타내는 형용사는 의미상의 주어로 of + 목적격을 사용한다.
해석
내 생일을 잊다니 당신은 바보였군.

03 해설
성격이나 태도를 나타내는 형용사를 제외한 일반적인 형용사가 사용될 때, 부정사의 의미상의 주어는 for + 목적격을 사용한다.
해석
그 시험은 너무 어려워서 그는 50분 안에 마칠 수 없었다.

정답 01 ② 02 ① 03 ③

checkpoint 해설 & 정답

04 해설
부정사 안에 담긴 내용이 문장의 동사 시제보다 먼저 일어난 일이므로 완료부정사를 사용한다.

해석
네가 나의 도움을 필요로 했을 때 내가 너를 도와줄 수 있어서 영광이다.

05 해설
hope는 to부정사를 목적어로 취하는 동사로서, hope + to부정사 : '~하기를 희망하다'

해석
그 변호사는 어렸을 때 교수가 되고 싶어 했다.

06 해설
- remember + to부정사 : '~할 것을 기억하다(미래지향)'
- regret + Ving : '~했던 것을 후회하다(과거지향)'

해석
- 내일 그와 대화해야 한다는 것을 기억해라.
- 나는 젊었을 때 돈을 모으지 않았던 것을 후회한다.

정답 04 ④ 05 ② 06 ④

04

I am very honorable to (　　) when you needed my help.

① help you
② help you along
③ having helped you
④ have helped you

05

The lawyer hoped (　　) a professor when young.

① being
② to be
③ to being
④ to have been

06

- Remember (　　) a talk with him tomorrow.
- I regret not (　　) money when young.

① having - to save
② having - saving
③ to have - to save
④ to have - saving

07

- This dictionary will enable us (　　) difficult words.
- I'm looking forward (　　) on a date with my girlfriend.

① understanding – to going
② understanding – to go
③ to understand – to going
④ to understand – to go

08

- They have been devoted (　　) their business.
- The rain has forced us (　　) the train back to home.

① to extending – to take
② to extending – to taking
③ to extend – to take
④ to extend – to taking

09

He pretended (　　) me for a reason.

① not seeing
② seeing not
③ not to see
④ to not see

07 해설
- enable + 목적어 + to부정사 : '목적어가 부정사 할 수 있게 하다'
- look forward to + Ving : '~을 고대하다'

해석
- 이 사전을 보면 우리는 어려운 단어를 이해할 수 있다.
- 여자친구와의 데이트가 너무 기대된다.

08 해설
- be devoted to + Ving : ~에 몰두하다
- 주어 + force + 목적어 + to부정사 : '주어는 목적어가 to부정사 하도록 강요한다'

해석
- 그들은 사업을 확장하는 데 몰두해 왔다.
- 비로 인해 우리는 기차를 타고 집으로 돌아가야 했다.

09 해설
pretend는 to부정사를 목적어로 취한다. not은 to부정사 앞에 위치한다.

해석
그는 무슨 이유에서인지 나를 못 본 체했다.

정답 07 ③ 08 ① 09 ③

checkpoint / 해설 & 정답

10 해설
except은 부정사를 목적어로 취하는 예외적인 전치사이므로 except + to부정사가 적절하다.
해석
그는 빨래하는 일 외에는 무엇이든지 한다.

11 해설
too + 형용사 + to부정사(= so + 형용사 + that + 주어 + cannot + V원형): '너무 ~해서 ~할 수가 없다'
해석
이 물은 너무 뜨거워서 마실 수가 없다.

12 해설
명사 + to부정사 구문에서 to부정사가 명사를 목적어로 취하고 자동사인 경우, to부정사 뒤에 전치사를 붙여야 한다.
해석
나는 살 집이 없다.

정답 10 ② 11 ③ 12 ④

10
> He does everything except ( ) the laundry.

① do
② to do
③ doing
④ for doing

11
> This water is too hot to drink.
> → This water is ( ).

① so hot that we can drink it
② so hot that we can drink
③ so hot that we cannot drink it
④ so hot that we cannot drink

12
> I have no house in which I can live.
> → I have no house ( ).

① live
② to live
③ lived
④ to live in

13

> They wanted to attend the meeting, but they couldn't.
> → They wanted to ( ) the meeting.

① attend
② attending
③ have attended
④ having attended

14

> The board members were told ( ) around the conference table.

① seat
② to seat
③ to be seated
④ have seat

15 다음 중 의미가 다른 하나는?

① I hoped to see her yesterday.
② I had hoped to see her yesterday.
③ I hoped to have seen her yesterday.
④ I hoped to see her yesterday, but I couldn't.

해설 & 정답

13 해설
소망동사의 과거형 + to have + pp
(= 소망동사의 had + pp + to부정사) : '~하려고 했지만 하지 못했다'

해석
그들은 그 모임에 참석하려고 했지만 하지 못했다.

14 해설
tell은 to부정사를 목적보어로 취하는데 타동사 seat 뒤에 목적어가 없으므로 to부정사의 수동태 형태인 to be seated가 정답이다.

해석
이사진들은 회의 테이블 주위에 둘러앉으라고 들었다.

15 해설
소망동사의 과거형 + to have + pp
(= had + 소망동사의 pp + to부정사) : '~하려고 했지만 하지 못했다'

해석
① 나는 어제 그녀를 만나기를 바랐다.
②·③·④ 나는 어제 그녀를 만나기를 바랐지만 만나지 못했다.

정답 13 ③ 14 ③ 15 ①

checkpoint 해설 & 정답

16 해설
① look forward to + Ving : '~을 고대하다'
③ afford + to부정사 : 'to부정사 할 여유가 있다'
④ enjoy + Ving : '~하는 것을 즐기다'

해석
① 나는 그를 만나기를 고대하고 있다.
② 그가 내 면전에서 그렇게 말한 것은 무례했다.
③ 그 회사는 직원들을 더 고용할 여유가 없다.
④ 그는 직원들에게 권위를 휘두르는 것을 즐기는 것처럼 보인다.

17 해설
목적(~하기 위해서)의 의미를 나타내는 부정사구를 절로 전환 : so as to + V원형 → so that + 주어 + could(might) + V원형

해석
그는 시험에 합격하기 위해 열심히 공부했다.

18 해설
복문을 단문으로 바꿔 쓸 때, 완료부정사의 쓰임 : 주절은 현재 시제(say)인 반면 종속절의 시제는 과거(was)로 두 시제가 일치하지 않으므로 완료부정사 to + have + pp 사용

해석
그들은 그가 부자였다고 말한다.

16 다음 중 어법상 올바른 문장은?

① I am looking forward to see him.
② It was rude of him to say so to my face.
③ The company can't afford hiring workers anymore.
④ He seems to enjoy to exercise his authority over his staffs.

※ 다음 두 문장의 의미가 같도록 빈칸에 위치할 적절한 단어를 고르시오. (17 ~ 20)

17

He worked hard so as to pass the exam.
→ He worked hard (　) (　) he (　) pass the exam.

① so - as - to
② too - for - to
③ in - order - that
④ so - that - could

18

They say that he was rich.
→ He is said (　) rich.

① to have said
② to be said
③ to have been
④ to have had

정답 16 ② 17 ④ 18 ③

19

It is very dangerous for us to swim in this river.
→ (　) (　) is very dangerous for us to swim (　).

① This - river - in
② Its - river - so
③ This - river - for
④ Its - river - in

20

This problem is so difficult that I cannot solve it.
→ This problem is (　) difficult for me (　) solve.

① so - to
② too - to
③ so - cannot
④ too - cannot

21 "나는 이것에 대해 걱정하지 않을 수 없어."를 적절하게 옮겨 쓴 문장이 아닌 것은?

① I cannot but get worried about it.
② I cannot help to get worried about it.
③ I cannot help but get worried about it.
④ I have no choice but to get worried about it.

19 해설
전치사의 목적어를 문장의 주어로 사용하여 문장을 바꾸어 쓸 때, 본래 문장에 있던 전치사는 생략하지 않음
해석
우리가 이 강에서 수영하는 것은 매우 위험한 일이다.

20 해설
정도를 나타내는 부정사의 부사적 구문에서 바꾸어 쓰기 : so + 형용사 + that + 주어 + cannot + V원형 → too + 형용사 + to + V원형
해석
이 문제는 너무 어려워서 내가 풀 수 없다.

21 해설
'~하지 않을 수 없다'
• 주어 + cannot + help + Ving
• 주어 + cannot + but + V원형
• 주어 + cannot + help + but + V원형
• 주어 + have no choice + but + to + V원형

정답 19 ① 20 ② 21 ②

checkpoint 해설 & 정답

22 해설
only + to + V원형은 결과의 의미로 해석된다.

23 해설
clean의 목적어가 주어로 나왔기 때문에 it을 삭제한다.

24 해설
- used to + V원형 : ~하곤 했다
- be used to + V원형 : ~하는 데 사용되다

해석
- 그녀는 매주 일요일마다 보육원을 방문하곤 했다.
- 언어는 생각과 감정을 전달하는 데 사용된다.

정답 22 ③ 23 ① 24 ②

---

22 "그 범인은 도망쳐서 차고로 숨었다."를 적절하게 옮겨 쓴 문장은?

① The criminal ran away so as to hide in a garage.
② The criminal ran away hiding in a garage.
③ The criminal ran away only to hide in a garage.
④ The criminal ran away for hiding in a garage.

23 다음 중 우리말 해석과 연결이 적절하지 않은 문장은?

① 그 거대한 수영장은 청소하기가 어렵다.
  → The huge pool is difficult to clean it.
② 네가 오늘 안에 그 일을 끝내는 것은 쉽지 않아.
  → It is not easy for you to finish the work in today.
③ 너희 팀이 우리 팀을 이기는 것은 불가능해.
  → Your team is impossible to defeat our team.
④ 그 선수가 홈런 치기는 쉬워 보여.
  → A home run is easy for the player to hit.

24 다음 빈칸에 공통으로 들어갈 말을 고르시오.

- She (　) to go to an orphanage every Sunday.
- Language is (　) to communicate ideas and emotions.

① accustomed
② used
③ considered
④ seemed

※ 밑줄 친 부분 중 어법상 적절하지 않은 것을 고르시오. (25~28)

25
We tend ① to believe that our taste in music ② is a great way of ③ expression our ④ individuality.

26
As I finished ① to read the article, I began ② to think of those documentaries ③ which prove ④ how similar everyone's DNA is.

27
It was kind ① for you to explain ② how you ③ made these recipes. Everyone loved ④ what you made.

25 해설
명사 expression은 목적어를 취할 수 없으므로 이것의 동사 형태인 express가 필요하다. 전치사 of의 목적어 자리에 있으므로 동사 express를 동명사 expressing으로 고친다.

해석
우리는 음악에 대한 취향이 우리의 개성을 표현하는 중요한 방법이라고 믿는 경향이 있다.

26 해설
동사 finish는 동명사만을 목적어로 취하는 동사이므로 동명사 reading이 적절한 표현이다.

해석
내가 그 기사를 다 읽었을 때, 사람들의 DNA가 얼마나 유사한지 증명하는 다큐멘터리가 생각나기 시작했다.

27 해설
성격이나 태도를 나타내는 형용사는 의미상의 주어로 of + 목적격을 취한다.

해석
이 레시피를 어떻게 만들었는지 설명해준 너는 참 친절하다. 모든 사람들이 네가 만든 것을 좋아했어.

정답 25 ③ 26 ① 27 ①

checkpoint 해설 & 정답

28 해설
동사 stop이 '~하는 것을 멈추다'의 과거지향적 의미로 쓰일 때, 동명사를 목적어로 취한다.

해석
결국 그는 숨 쉬는 것을 멈췄다. 의사는 눈물을 글썽이며 말했다. "그가 죽었다는 사실을 당신에게 말하게 되어 유감입니다."

28

Finally, he stopped ① to breathe. The doctor said, ② with tears in his eyes, "I regret ③ to tell you that he is ④ dead."

29 해설
when 절의 시제가 본동사의 시제보다 이전이므로 to have helped로 고친다.

해석
① 우리는 당신이 우리의 도움을 필요로 할 때 당신을 도와줄 수 있어서 기쁘다.
② 중력은 무거운 물질을 바닥으로 가라앉게 한다.
③ 한국 사회에서, 살 집을 잃는다는 것은 직업을 잃는 것을 의미한다.
④ 나는 정신질환자는 투표를 못하게 할 수도 있다는 소식에 충격을 받았다.

29 다음 중 어법상 적절하지 않은 문장은?

① We are glad to help you when you needed our help.
② Gravity causes the heavier material to sink to the bottom.
③ In Korea society, to lose a house to live in means to lose a job.
④ I was shocked by the news that people with mental disorders can be kept from voting.

30 해설
observe는 지각동사로 원형부정사를 목적보어로 취한다. (runs → run)

해석
① 두 사람 모두에게 축하한다고 말해주세요.
② 나는 멀리서 누군가가 크게 소리치는 것을 들었다.
③ 그 비행기는 기록을 낼 정도로 충분히 빨리 난다.
④ 나는 큰 덤프트럭이 전신주와 충돌하는 것을 목격했다.

어휘
power pole 전신주

30 다음 중 어법상 적절하지 않은 문장은?

① Please let me say congratulations to both of you.
② I heard someone shout loudly in the distance.
③ The plane flies fast enough to get the speed record.
④ I observed a big dump truck runs into a power pole.

정답 28 ① 29 ① 30 ④

제3장 동명사

※ 다음 빈칸에 들어갈 말로 가장 적절한 것을 고르시오. (01 ~ 11)

01

He objected (   ) the meeting.

① to attend
② attending
③ that attend
④ to attending

01 해설
object는 자동사이므로 전치사 to 뒤에는 Ving 형태를 취한다.
object to + 명사/Ving : '~에 반대하다'

해석
그는 그 모임에 참석하는 것에 반대했다.

02

The company had great difficulty (   ) a replacement for the retiree.

① find
② in finding
③ for finding
④ to finding

02 해설
have difficulty in + Ving : '~하는 데 어려움을 겪다'

해석
그 회사는 그 퇴직자를 대체할 직원을 찾는 데 상당한 어려움을 겪었다.

03

He admitted (   ) the money at a trial.

① to steal
② stealing
③ to have stolen
④ having stolen

03 해설
admit은 동명사만을 목적어로 취하는 동사이기 때문에 빈칸에는 동명사의 형태가 위치해야 한다. 그런데 훔친 시점이 인정한 시점보다 앞서기 때문에 완료동명사 having stolen이 적절하다.

해석
그는 돈을 훔친 것을 재판에서 인정했다.

정답 01 ④ 02 ② 03 ④

04

해설
전치사 to 다음에는 동명사 자리이다. 주어 I와 동사 criticize가 수동의 관계이므로 being + pp라는 수동 동명사가 적절하다. / be used to ~Ving : '~에 익숙하다'

해석
나는 비판받는 것에 익숙하지 않기 때문에 매우 우울하다.

04

I feel really depressed because I'm not used to (　　).

① criticizing
② criticized
③ being criticized
④ having criticized

05

해설
주절의 동사는 has become, 종속절의 동사는 takes이다. 빈칸에는 종속절의 주어가 되면서 동시에 목적어 it을 취할 수 있어야 하므로 동명사 recharging이 적절하다.

해석
이 진공청소기는 충전하는 데 5분밖에 걸리지 않기 때문에 매우 인기가 많다.

05

This vacuum cleaner has become very popular because (　　) it takes only 5 minutes.

① recharge
② recharged
③ recharging
④ recharger

06

해설
It is no use ~Ving : '~해도 소용없다' / 동명사의 의미상의 주어로 소유격 your가 빈칸 앞에 위치해 있기 때문에 빈칸에는 동명사 advising이 적절하다.

해석
네가 그에게 담배를 끊으라고 말해도 소용없다.

06

It is no use your (　　) him to give up smoking.

① to advise
② advising
③ advised
④ advise

정답 04 ③ 05 ③ 06 ②

07

Experts tell us that we should spend more time and energy (　　) out the right car for our children.

① picking
② to pick
③ pick
④ picked

08

A : My husband is sick.
B : That's too bad. Why?
A : (　　) all day long in the rain caused him to catch a cold.

① He worked
② His to work
③ His working
④ He working

09

The citizens strongly resisted (　　) the proposed subway fare raise.

① accept
② accepted
③ to accept
④ accepting

---

07 해설

spend + 시간/돈 + (in) –Ving : '~하는 데 시간/돈을 쓰다'

해석
우리가 아이들을 위한 적절한 자동차를 고르는 일에 더 많은 시간과 에너지를 써야 한다고 전문가들은 말한다.

08 해설

caused가 문장의 본동사이므로 빈칸에는 주어 역할을 할 수 있는 동명사나 부정사가 위치해야 한다. '목적격 + 부정사' 혹은 '소유격 + 동명사'의 형태로 의미상의 주어를 나타낼 수 있으므로 His working이 적절하다.

해석
A : 내 남편이 아파.
B : 유감이구나. 왜?
A : 그가 하루 종일 빗속에서 일한 것이 그를 감기에 걸리게 했어.

09 해설

resist는 동명사만을 목적어로 취하는 동사이므로 accepting이 적절하다.

해석
시민들은 제안된 지하철 요금 인상안에 대해 강력히 반발했다.

정답 07 ① 08 ③ 09 ④

checkpoint 해설 & 정답

10 해설
object to는 '~에 반대하다'라는 뜻으로, 여기서 to는 전치사로 쓰였다. 따라서 전치사 뒤에는 동명사 형태인 working이 와야 하므로 to working이 적절하다.

해석
그 직업은 약간의 초과근무를 수반하므로 장시간 근무에 반대한다면 저희에게 알려주십시오.

11 해설
- forget + Ving : '~했던 것을 잊다 (과거지향)'
- remember + to부정사 : '~할 것을 기억하다(미래지향)'

해석
그녀는 그와 어제 저녁 식사했던 것은 잊고, 내일 아침에 그에게 전화해야 하는 것은 기억하고 있다.

12 해설
- be used to + V원형 : '~하는 데 사용되다'
- 'be used to + -Ving : ~하는 데 익숙하다'

해석
- 하나의 고층 건물을 짓는 데 셀 수 없을 정도로 많은 기술이 사용된다.
- 대부분의 첫째들은 다른 사람들을 돌보는 데 익숙하다.

정답 10 ③ 11 ④ 12 ①

10

The job involves some overtime, so please let us know if you object (   ) long hours.

① to work
② working
③ to working
④ work

11

She forgets (   ) a dinner with him yesterday, but she remembers (   ) him tomorrow morning.

① to have – calling
② to have – to call
③ having – calling
④ having – to call

※ 다음 빈칸에 들어갈 적절한 표현으로 연결된 것을 고르시오. (12~14)

12

- A countless number of skills are used (   ) a skyscraper.
- Most first-born children are used (   ) for others.

① to build – to caring
② to build – to care
③ to building – to caring
④ to building – to care

186 제2편 문법

13
- He admitted that he had tried (　) into the country on a forged passport.
- Because I didn't know where he was, I tried (　) his home number.

① getting – calling
② getting – to call
③ to get – calling
④ to get – to call

13 해설
- try + to부정사 : '지속해서 노력하다, 시도하다'
- try + Ving : '시험 삼아 한번 해보다'

해석
- 그는 위조여권으로 그 나라에 입국을 시도했다는 점을 인정했다.
- 나는 그가 어디에 있는지 알 수 없었기 때문에 그의 집으로 전화해 봤다.

어휘
forged 위조된

14
- To explore the stars (　) the dream of mankind for a long time.
- Asking for help (　) sometimes necessary.

① was – is
② was – are
③ were – is
④ were – are

14 해설
부정사와 동명사가 주어일 때 동사는 단수로 수 일치한다.

해석
- 그 별들을 탐사하는 것은 오랜 기간 인류의 꿈이었다.
- 도움을 요청하는 것이 때때로 필요하다.

정답 13 ③ 14 ①

| checkpoint | 해설 & 정답 |

15 해설
③ look forward to + 동명사 : '~를 학수고대하다'
① · ② 난이형용사 앞에는 사람이나 사물 주어가 올 수 없다.
→ ① It was not easy for me to learn public administration.
→ ② It is almost impossible for us to win the game.
④ 동명사의 의미상의 주어는 사람일 경우 소유격의 형태를 취한다. 부정사의 의미상의 주어는 for + 목적격의 형태를 취하기 때문에 of you가 아닌 for you가 옳다.

해석
① 나는 행정학을 배우기가 쉽지 않았다.
② 우리가 그 게임을 이기는 것은 거의 불가능하다.
③ 그녀는 그가 시험에 붙기를 학수고대하고 있다.
④ 당신은 그 사고 현장에 들어가지 않는 것이 안전하다.

정답 15 ③

※ 다음 중 어법상 적절한 것을 고르시오. (15 ~ 16)

15 ① I was not easy to learn public administration.
② We are almost impossible to win the game.
③ She is looking forward to his passing the exam.
④ It is safe of you not to go into the scene of the accident.

16　① There will be no hope of his recover in the near future.
　　② We must not postpone answering his letter any longer.
　　③ His handle of the problem was excellent.
　　④ Since our quarrel I have avoided to meet him whenever possible.

※ 다음 중 어법상 적절하지 않은 것을 고르시오. (17 ~ 18)

17　① He walked carefully only to slip on the stairs.
　　② I cannot help but respect him.
　　③ The doctor examined me by listening to my heart with a stethoscope.
　　④ Despite to meet many obstacles, she refused to give up.

18

① I committed myself to finishing the work in a month.
② We are planning to take a trip to Jeju Island on our wedding anniversary.
③ They are far from acting in accordance with their belief.
④ Since the accident, my mother has forbade me swimming in the river.

18 해설
forbid + 목적어 + to부정사 : '~할 것을 금지하다' / swimming → to swim

해석
① 나는 한 달 안에 그 일을 끝내기로 약속했다.
② 우리는 결혼기념일에 제주도로 여행을 갈 계획이다.
③ 그들은 결코 신념에 따라서 행동하지 않는다.
④ 그 사고 이후로, 엄마는 내가 강에서 수영하는 것을 금지했다.

19 각 문장에 주어진 두 표현 중 어법상 올바른 표현으로 짝지어진 것은?

- There is a story behind (me / my) having become a police.
- He didn't hear of (his success / his success's) being possible.

① me - his success
② me - his success's
③ my - his success
④ my - his success's

19 해설
동명사의 의미상의 주어는 동작의 주체가 사람일 경우 소유격으로 표기하고, 사물일 경우엔 명사 그대로 표기한다.

해석
- 내가 경찰이 된 데에는 사연이 있다.
- 그는 그의 성공이 가능하다는 것을 듣지 못했다.

20 다음 중 의미가 <u>다른</u> 하나는?

① The noise kept me from falling asleep.
② The noise let me fall asleep.
③ The noise forbade me to fall asleep.
④ The noise prevented me from falling asleep.

20 해설
keep/stop/prevent/prohibit + 목적어 + from + -Ving : '~가 ~하지 못하게 하다'

해석
그 소음이 나를 잠 못 이루게 하고 있다.

정답 18 ④ 19 ③ 20 ②

※ 다음 밑줄 친 부분 중 어법상 어색한 것을 고르시오. (21 ~ 25)

21

Books ① which are worth ② reading at all ③ are likely ④ to have read by readers.

21 해설
주어인 books가 읽는 것이 아니라 독자들에게 읽히는 것이므로 부정사의 수동태 형태인 to be read로 고쳐야 한다.
be worth -Ving : ~할 가치가 있다
해석
조금이라도 읽을 가치가 있는 책들이 독자들에게 읽힐 것 같다.

22

A : Tom seems ① to enjoy ② to watch football matches.
B : Yes, he loves ③ watching Manchester United ④ play.

22 해설
enjoy는 동명사만을 목적어로 취하는 동사이므로 watching이 적절하다. love는 목적어로 부정사와 동명사 모두 올 수 있다.
해석
A : Tom은 축구 시합 보는 것을 즐기는 것 같아.
B : 맞아, 그는 맨체스터 유나이티드 경기 보는 것을 좋아하지.

23

The government ① authorities ② encourage the banks ③ posting the exchange ④ rates everyday.

23 해설
to post로 고친다.
encourage + 목적어 + to부정사 : '~에게 ~하도록 독려하다'
해석
정부 당국은 은행에 매일 환율을 고시하도록 권장하고 있다.

정답 21 ④ 22 ② 23 ③

checkpoint 해설 & 정답

24 해설
미래의 할 일을 기억하는 것이므로 to bring이 적절하다.
remember + to부정사 : '~할 것을 기억하다(미래지향)'

해석
그녀에게 내일 회의에 계약서를 가져갈 것을 기억하라고 말할 것을 잊지 마라.

25 해설
promise는 부정사를 목적어로 취하는 동사이므로 to follow로 바꿔야 한다.

해석
나는 불평하던 것을 멈추고 아빠의 결정에 따를 것을 약속했다.

26 해설
② have no choice but + to + V원형 = cannot but + V원형 = cannot help + Ving : '~하지 않을 수 없다' / to accepting → accepting
① There is no –Ving : '~할 수 없다'
③ It is needless to say that ~ : '~은 말할 필요도 없다'
④ far from –Ving ~ : '결코 ~하지 않다'

해석
① 자신의 인생에 대한 결정을 내릴 때 남에게 의지할 수는 없다.
② 나는 그녀의 제안을 받아들이지 않을 수 없다.
③ 인간이 죽는다는 것은 말할 필요도 없다.
④ 그녀는 결코 만족하지 않았다.

정답 24 ③ 25 ③ 26 ②

---

24 Don't forget ① to tell her ② to remember ③ bring the ④ contract at the meeting tomorrow.

25 I stopped ① complaining and ② promised ③ following my father's ④ decision.

26 다음 주어진 문장을 유사한 의미의 문장으로 바꾸어 쓸 때, 어법상 적절하지 않은 것은?

① There is no counting on others when you decide about your life.
 = It is impossible to count on others when you decide about your life.
② I have no choice but to accept her proposal.
 = I can't help to accepting her proposal.
③ It goes without saying that man is mortal.
 = It is needless to say that man is mortal.
④ She was far from being satisfied.
 = She was not satisfied at all.

27 '복잡한 전철을 내리자마자 지갑이 없어진 것을 알았다.'를 옮겨 쓴 문장 중 가장 적절하지 <u>않은</u> 것을 고르시오.

① As soon as I got off the crowded train, I found my purse gone.
② No sooner had I gotten off the crowded train, than I found my purse gone.
③ On getting off the crowded train, I found my purse gone.
④ When it comes to getting off the crowded train, I found my purse gone.

27 해설
- '~하자마자'
  - On + Ving
  - As soon as + S + V
  - The moment + S + V
  - No sooner had S pp, than ~
- '~에 관해서라면'
  when it comes to + Ving

※ 주어진 우리말 해석을 영어로 옮긴 것 중 적절하지 <u>않은</u> 것은? (28 ~ 29)

28 ① 남편은 강의 준비하느라 바쁘다.
    → My husband is busy preparing this lecture.
② 그는 레이스를 결코 포기하지 않았던 것을 자랑스러워한다.
    → He is proud of never having given up the race.
③ 엄마는 차가 거기에 주차되는 것을 좋아하지 않는다.
    → My mother doesn't like a car's being parked there.
④ 내일 무슨 일이 일어날지를 아는 것은 불가능하다.
    → There is no telling what will happen tomorrow.

28 해설
동명사의 의미상의 주어가 사물일 경우, 소유격이 아닌 명사 그대로(목적격) 표기한다. 따라서 a car's → a car가 되어야 한다.

29 ① 그는 돈을 버는 것에 전념했다.
    → He devoted himself to making money.
② 나는 전에 그녀의 엄마를 봤던 것을 잊어버렸다.
    → I have forgotten seeing her mother before.
③ 우리는 폭우 때문에 야구를 하지 못했다.
    → The heavy rain prevented us from playing baseball.
④ 예의상 나는 그의 제안을 거절할 수 없었다.
    → For courtesy's sake, I couldn't but refuse his offer.

29 해설
'cannot but + V원형 : ~하지 않을 수 없다'이므로 couldn't but refuse는 '거절하지 않을 수 없었다.'라는 뜻으로 거절했다는 의미가 된다. 따라서 couldn't refuse로 고쳐야 '거절할 수 없었다.'라는 뜻이 된다.

정답 27 ④ 28 ③ 29 ④

해설 & 정답

30 해설
be accustomed to -Ving : '~하는 것에 익숙하다'

30 다음 주어진 우리말을 영어로 바르게 옮긴 것을 고르시오.

> 그 회사의 마케팅 전략은 요리하는 것에 익숙한 소비자들을 겨냥하고 있다.

① The company's marketing strategy appeals to the customers who are accustomed to cook.
② The company's marketing strategy points toward the customers who accustom to cook.
③ The company's marketing strategy appeals to the customers who are accustomed to cooking.
④ The company's marketing strategy points toward the customers who accustom to cooking.

정답 30 ③

제 4 장 분사

※ 다음 빈칸에 들어갈 말로 가장 적절한 것을 고르시오. (01 ~ 12)

01

The hotel offers free parking to guests (　　) longer than 7 days.

① will stay
② staying
③ have stayed
④ stayed

01 해설
guests와 빈칸 사이에 who is가 생략됐다. stay는 자동사여서 수동태가 불가능하므로 현재분사 staying이 적절하다.
해석
그 호텔은 7일 이상 머무는 고객들에게 무료 주차를 제공한다.

02

A : Why are these shoes being sold at a (　　) price?
B : It's a promotion for the brand name.

① reduce
② reduces
③ reducing
④ reduced

02 해설
reduce와 수식받는 명사 price와의 관계가 수동이므로 과거분사 reduced가 적절하다.
해석
A : 이 신발들은 왜 할인된 가격에 판매되고 있나요?
B : 브랜드를 알리기 위한 홍보 행사입니다.

03

The decrease in tourism in the region could have (　　) consequences for the economy.

① worried
② worrying
③ worries
④ worrier

03 해설
동사 worry가 consequence라는 사물을 수식하고 있으므로 worried('걱정하게 된')이 아닌 worrying('걱정스러운')이 정답이다. 감정동사는 사물을 수식하거나 사물이 동작의 주체일 때는 현재분사 형태로 쓰인다.
해석
그 지역의 관광 산업의 쇠퇴는 경제에 걱정스러운 결과를 가져올 수 있다.

정답　01 ②　02 ④　03 ②

checkpoint 해설 & 정답

04 해설
목적어와 목적보어의 관계를 살펴보면, 목적어 hair가 사물이기 때문에 목적보어 do와의 관계가 수동이다. 따라서 목적보어 자리에는 과거분사 done이 적절하다.

해석
그는 가능한 한 자신을 잘 보이기 위해 한 달에 한 번 이발하려고 한다.

05 해설
분사구문의 의미상의 주어와 주절의 주어가 일치할 때, 부사절의 주어는 생략한다. 의미상 분사 hearing의 주어는 사람주어여야 하므로 주절의 주어는 he임을 알 수 있다.
③ 사역동사 make의 수동형 문장에는 to가 필요하다. → he was made to watch the movie.

해석
그 감독의 수상소감을 듣고 난 후, 그는 그 영화가 보고 싶어졌다.

06 해설
분사구문의 의미상의 주어인 she가 어떤 상황에 의해 embarrass 당하는 것이므로 수동관계이다. 따라서 과거분사 (Being) embarrassed가 적절하다.

해석
그 상황에 당황해서 그녀는 얼굴이 붉어지기 시작했다.

정답 04 ③ 05 ④ 06 ①

04

He tries to get his hair (　　) once a month to present himself as best as he can.

① do
② to do
③ done
④ doing

05

After hearing the director's acceptance speech, (　　).

① the movie watching was done by him
② the movie made him watch it
③ he was made watch the movie
④ he wanted to watch the movie

06

(　　) by the situation, she began to blush.

① Embarrassed
② Embarrassing
③ To embarrass
④ Having embarrassed

07

( ), tablet PC helps students study actively.

① Using it wisely
② Although it will use wisely
③ If used wisely
④ Having used wisely

08

After closely ( ) my paper, they finally accepted it to be published in the journal of linguistics.

① review
② reviews
③ reviewing
④ are reviewed

09

( ) the prices of coffee beans go up, how will our lives be different?

① Providing
② Granting
③ Concerning
④ Judging from

---

07 해설

분사구문의 의미상의 주어인 동시에 주절의 주어인 tablet PC는 분사구문의 동사 use와의 관계가 수동이므로 과거분사 형태인 (being) used wisely가 적절하다. 분사구문에서는 접속사(if)의 의미를 강조하거나 접속사를 생략했을 경우 의미가 명확하지 않을 때, 접속사를 남겨둔다. being은 생략할 수 있으므로 If used wisely가 적절하다.

해석
태블릿 PC가 현명하게 사용된다면 학생들이 주도적으로 학습하는 데 도움이 된다.

08 해설

시간의 부사절 After they closely reviewed my paper에서 접속사의 의미를 강조하기 위해 after를 생략하지 않고 분사구문으로 바꾼 형태이므로 현재분사 reviewing이 적절하다.

해석
그들은 나의 논문을 자세히 검토한 후, 마침내 언어학회지에 게재하기로 했다.

09 해설

① Providing(= provided = supposing = assuming) + that절 : '만약 ~라면'
② Granting(= admitting = granted) + that절 : '비록 ~라는 점을 인정할지라도'
③ Concerning(= regarding = respecting) + 명사 : '~에 관하여'
④ Judging from + 명사 : '~로 판단하건대'

해석
커피 원두의 가격이 상승한다면, 우리의 삶은 어떻게 달라질까?

정답 07 ③ 08 ③ 09 ①

checkpoint 해설 & 정답

10 해설
만족스러운 것보다 칭찬을 받은 것이 먼저 일어난 일이므로 완료형이어야 하고, 칭찬을 받은 것이기 때문에 수동태가 와야 한다. 따라서 완료형의 수동 분사구문인 Having been praised가 적절하다.

해석
그 예의바른 소녀는 공손하다고 칭찬받고 난 후, 그녀는 만족스러워 보였다.

11 해설
문맥상 Because I didn't know what to do가 와야 하고, 분사구문의 부정은 분사 앞에 Not을 붙인다. 따라서 분사구문으로 바꾸면 Not knowing이 적절하다.

해석
나는 어떻게 해야 할지 몰랐기 때문에 오랜 시간 햇볕을 쬐며 앉아 있었다.

12 해설
there + be동사 구문에서 there는 it과 같이 가주어 역할을 한다. 해당 문장에서 주어는 no seat가 된다. 부사절의 주어(no seat)가 주절의 주어(he)와 일치하지 않기 때문에 분사구문을 만들 때, 부사절의 가주어(there)와 주어(no seat)는 모두 사용해야 한다.

해석
지하철에 앉을 자리가 없어서 그는 계속 서 있었다.

정답 10 ④ 11 ② 12 ③

10

( ) for politeness, the courteous girl looked satisfied.

① Praising
② Having praised
③ Being praised
④ Having been praised

11

( ) what to do, I was just sitting in the sun for hours.

① Not known
② Not knowing
③ No knowing
④ Knowing not

12

As there was no seat in the subway, he kept standing.
= ( ) no seat in the subway, he kept standing.

① Being
② Having been
③ There being
④ There having been

13 빈칸에 들어갈 알맞은 표현으로 연결된 것은?

- The police finally found the (　　) child.
- (　　) teachers live on pension.

① missing - retired
② missing - retiring
③ missed - retired
④ missed - retiring

14 빈칸에 들어갈 알맞은 표현으로 연결된 것은?

- Some volunteers were collecting (　　) leaves from a lawn in the park.
- The man (　　) the guitar on the stage is my brother.

① fallen - playing
② fallen - played
③ falling - playing
④ falling - played

13 해설
여기서 '실종되다'의 뜻으로 쓰인 자동사 miss는 수동태가 불가하므로 현재분사 missing이 적절하다. missing은 '실종된'이라는 의미를 갖는 분사이다.
수식받는 명사 teachers가 회사나 사람에 의해 은퇴를 당하는 것이므로 과거분사 retired가 적절하다.

해석
- 경찰은 결국 실종된 아이를 찾아냈다.
- 은퇴한 선생님들은 연금으로 생활한다.

14 해설
fall과 수식받는 명사 leaves의 관계를 보면, 잎이 떨어짐을 당한 것이기 때문에 수동관계에 있다. 따라서 과거분사 fallen이 적절하다.
The man과 play는 능동관계이므로 (who is) playing이 적절하다.

해석
- 몇몇의 자원봉사자들이 공원에서 잔디에 떨어진 낙엽들을 모으고 있었다.
- 무대에서 기타를 치고 있는 저 남자가 나의 형이야.

정답 13 ① 14 ①

15 해설

student는 cry와 능동관계('울고 있는')이므로 현재분사 crying이 적절하다. 한편, teacher는 exhaust와 능동('지치게 하는')이 아닌 수동관계('지치게 된')이므로 과거분사 exhausted가 적절하다.

해석
그 울고 있는 학생은 지친 선생님에게 안긴 채 서 있었다.

15 각 빈칸에 들어갈 알맞은 표현끼리 짝지어진 것은?

> The (crying / cried) student stood held by his (exhausting / exhausted) teacher.

① crying - exhausting
② crying - exhausted
③ cried - exhausting
④ cried - exhausted

16 해설

부사절의 동사 had lived가 주절의 동사 could do보다 더 앞선 시점이므로 완료형 분사구문인 Having lived on the beach로 고쳐야 한다.

해석
① 날씨가 점점 안 좋아져서 우리는 집에 머물렀다.
② 솔직히 말하면, 그는 정치인으로서 자격이 없다.
③ 팔짱을 낀 채로, 그녀는 작품을 감상했다.
④ 나는 바닷가에 살았었기 때문에 낚시를 잘했다.

정답 15 ② 16 ④

16 다음 주어진 부사절을 분사구문으로 바꾸어 쓴 것 중 바르지 않은 것은?

① As the weather got worse, we stayed at the home.
→ The weather getting worse, we stayed at the home.
② If we speak frankly, he is not qualified as a politician.
→ Frankly speaking, he is not qualified as a politician.
③ As her arms was folded, she appreciated the work.
→ With her arms folded, she appreciated the work.
④ Because I had lived on the beach, I could do fishing well.
→ Living on the beach, I could do fishing well.

17 다음 중 원인이나 이유의 분사구문으로 쓰인 문장은?

① Leaving the hospital to go his home, he was tired and exhausted.
② Having a head cold, I went out on a date.
③ Turning to the right, you'll come to the amusement park.
④ Not realizing that he was there, we spoke ill of him.

※ 다음 중 어법상 적절하지 <u>않은</u> 것을 고르시오. (18 ~ 19)

18 ① The seafood served in the restaurant was terrible and made us sick.
② A severe disease hit Asian nations hard, causing several hundred deaths.
③ We were disappointing to hear his boring lecture.
④ Who invented a man-made satellite?

checkpoint 해설 & 정답

19 해설
부대상황을 나타내는 'with + 목적어 + 분사' 구문으로서 with의 목적어 her eyes와 fix와의 관계가 수동이므로 과거분사 fixed로 고쳐야 한다.

해석
① 두 번째 공연의 장면들이 훨씬 더 감동적이었다.
② 그녀는 시선을 아이들에게 고정한 채 벤치에 앉아 있었다.
③ 날씨가 허락한다면 우리는 해변으로 수영하러 갈 것이다.
④ 내가 당신을 오래 기다리게 해서 미안해요.

20 해설
④ Those와 selected 사이에 who is 가 생략된 것으로 Those selected 는 '선발된 사람들'이라는 뜻이다.
① Considering + 명사 : ~을 고려한다면
② smoke의 주체는 someone이라는 사람이므로 보어 자리에 smoked 가 아닌 현재분사 smoking이 와야 한다. 일반적으로 보어 자리에 현재분사가 오면 '~하면서'로 해석된다.
③ 2가지 동작을 동시에 나타내기 위해 with + 명사 + 형용사 : '명사가 형용사 한 채로' 형태를 많이 쓴다. 따라서 fully를 형용사 full로 고쳐야 한다.

해석
① 그의 나이를 고려해보면, 그는 어려 보인다.
② 누군가가 담배를 피면서 문에 서 있었다.
③ 입에 음식이 가득한 채로 말하지 마라.
④ 선발된 사람들은 모두 젊었다.

정답 19 ② 20 ④

19
① The scenes in the second performance seemed much more moving.
② She sat on the bench with her eyes fixing on the child.
③ Weather permitting, we're going to swim in the beach.
④ I'm sorry I've kept you waiting for a long time.

※ 다음 중 어법상 적절한 것을 고르시오. (20 ~ 21)

20
① Considered his age, he looks young.
② Someone was standing at the door smoked a cigar.
③ Don't speak with your mouth fully.
④ Those selected were all young.

21

① The KTX left Seoul at 4pm, arrived in Yeosu at 7pm.
② Leaving alone, she felt highly tired.
③ Seen from a distance, the tall boy looks like a pine tree.
④ With an eye bandaging, I couldn't write properly.

21 해설
분사구문의 의미상의 주어가 주절의 주어와 일치하기 때문에 분사구문의 주어 boy와 동사 see의 관계를 살펴봐야 한다. 소년이 누군가에게 멀리서 보이는 것으로 수동관계이므로 분사구문의 수동형 (Being) seen이 적절하다.
① 등위접속사 and가 생략된 분사구문(~, and arrived in ~)으로 arrived를 현재분사 arriving으로 고친다.
② she가 남겨진 것으로 leave와 수동관계이므로 leaving을 과거분사 left로 고쳐야 한다.
④ 부대상황을 나타내는 'with + 목적어 + 분사' 형태의 구문으로 an eye와 bandage와의 관계가 수동이므로 과거분사 bandaged로 고쳐야 한다.

해석
① KTX는 4시에 서울을 떠나 7시에 여수에 도착했다.
② 혼자 남겨졌을 때, 그녀는 극심한 피곤함을 느꼈다.
③ 멀리서 보면, 그 키 큰 소년은 소나무처럼 보인다.
④ 나는 붕대를 감고 있어서 글을 제대로 쓸 수 없었다.

※ 다음 밑줄 친 부분 중 어법상 어색한 것을 고르시오. (22~26)

22

I noticed my friend ① talked on the phone while simultaneously ② answering the door, ③ checking on dinner, and ④ changing her baby's diaper.

22 해설
notice의 목적어와 목적보어와의 관계를 살펴봐야 한다. 목적어인 my friend가 talk하는 주체이기 때문에 능동관계이므로 현재분사 talking으로 고쳐야 한다.

해석
나는 친구가 문을 열고, 저녁 식사를 확인하며, 그녀의 아기의 기저귀를 갈아주면서 동시에 전화통화 하는 것을 보았다.

정답 21 ③ 22 ①

checkpoint 해설 & 정답

23
해설

story가 능동적으로 타인에게 혼란스러움을 주는 주체가 되기 때문에 confusing으로 고쳐야 한다. 감정이 없는 사물이 주어인 경우, 사물의 감정이 수동적으로 변화될 수 없기 때문에 감정동사의 과거분사는 불가능하고 현재분사만 가능하다.

해석

그녀의 이야기가 너무 혼란스러워서 나는 아무도 모르게 방을 나갔다.

24
해설

③ Admitted → Admitting
Admitting(= granting = granted) + that절 : '~라는 점을 인정하더라도'

① 분사구문의 의미상의 주어인 the book이 사람에 의해 읽히는 것이기 때문에 read와 수동의 관계가 성립되므로 read의 과거분사 read가 적절하다.

② 부사 carelessly는 동사 read를 수식하므로 적절하다.

④ 동사 continue의 목적어로 준동사를 사용할 경우 부정사와 동명사 모두 가능하므로 부정사 to read는 적절하다.

해석

A : 내 생각인데 그 책을 무심코 읽으면 득보다는 실이 많을 거야.
B : 맞아. 네가 하는 말을 인정하지만, 나는 그 책을 계속 읽을 거야.

25
해설

수식받는 명사 area는 사람에 의해 제한당하는 것이므로 수동의 관계가 성립되므로 과거분사 restricted가 적절하다.

해석

요구되는 설문을 통과하지 않고서는 아무도 제한된 구역에 들어갈 수 없다.

23
Her story was so ① confused ② that I ③ went out of the room ④ unnoticed.

24
A : I think the book, ① read ② carelessly, will do more harm than good.
B : Right. ③ Admitted what you say, I'll continue ④ to read the book.

25
No one will ① be allowed into the ② restricting area without ③ having passed the ④ required survey.

정답 23 ① 24 ③ 25 ②

26

① Founded in 1976 and ② having employed an ③ estimating 12,000 people, the company ④ has gained a reputation.

26 해설
수식받는 명사 people이 추정되는 것으로 estimate와 수동의 관계가 성립되므로 과거분사 estimated로 고쳐야 한다.

해석
1976년에 설립되었고 약 12,000명으로 추정되는 직원들을 고용해 온 그 회사는 명성을 얻었다.

27

'중고차임을 고려한다면 그 차는 살 만한 가치가 있다.'를 옮겨 쓴 문장 중 가장 적절하지 <u>않은</u> 것을 고르시오.

① Given that it's used, the car is worth buying.
② The car is worth buying regarding the used car.
③ Considering the used car, the car is worth buying.
④ The car is worth buying seeing as it's used.

27 해설
- considering(= given) + 명사 = considering(= given) + that절 = seeing + that/as절 : ~라는 점을 고려한다면
- regarding + 명사 : '~에 관하여'

28

'그의 말이 사실이라는 점은 인정하지만, 나는 결정을 바꾸지 않을 것이다.'를 옮겨 쓴 문장 중 가장 적절하지 <u>않은</u> 것을 고르시오.

① Admitting what he says is true, I won't change my mind.
② Though I admit what he says is true, I won't change my mind.
③ Given that what he says is true, I won't change my mind.
④ Granting that what he says is true, I won't change my mind.

28 해설
Admitting(= granting = granted) + that절 : '~라는 점을 인정하더라도'

정답 26 ③ 27 ② 28 ③

checkpoint 해설 & 정답

29 해설
Provided(= providing = supposing = assuming) + that절은 '만일 ~라면'이라는 뜻으로 여기서 provided는 접속사 if를 대신할 수 있다.
② The moment + S + V : '~하자마자'

해석
만일 내가 그 사고를 당했다면, 어떻게 되었을까?

30 해설
③의 경우, 분사구문의 의미상의 주어(It)는 주절의 주어(we)와 일치하지 않기 때문에 분사구문의 주어를 써야 한다. 여기서는 날씨를 나타내는 비인칭 주어 it이 필요하므로 It being fine, ~으로 바꿔 써야 한다.

정답 29 ④ 30 ③

---

29 다음 주어진 문장과 유사한 의미의 문장은?

> Provided I had been involved in the accident, what would have happened?

① After I had been involved in the accident, what would have happened?
② The moment I had been involved in the accident, what would have happened?
③ Although I had been involved in the accident, what would have happened?
④ If I had been involved in the accident, what would have happened?

30 다음 주어진 우리말을 영어로 잘못 옮긴 것을 고르시오.
① 발목 부상에도 불구하고 나는 자전거를 탔다.
  → I rode a bicycle not with standing my ankle injury.
② 그들이 일단 한번 정복되면, 인간의 뜻과 소망대로 구부릴 수 있다.
  → Once mastered, they can be bent to man's will and desire.
③ 날씨가 좋아서 우리는 소풍을 떠났다.
  → Being fine, we set out on a picnic.
④ 말하는 걸로 봐서는 그는 좋은 사람인 것 같아요.
  → Judging from the way he talks, he seems to be a nice man.

제 5 장 수 일치

※ 다음 빈칸에 들어갈 말로 가장 적절한 것을 고르시오. (01 ~ 20)

01

To help poor people (   ) very worthwhile.

① is
② are
③ being
④ to be

02

The twin girls in our class (   ) long brown hair and blue eyes.

① having
② to have
③ have
④ has

03

The most obvious salient feature of artists (   ) a capacity for creative thought.

① being
② to be
③ are
④ is

---

01 해설
주어 자리에 to부정사구가 오면 단수로 취급하여 단수동사를 사용한다.
해석
가난한 사람들을 돕는 것은 매우 보람 있는 일이다.

02 해설
주어가 복수(the twin girls)이기 때문에 복수형 동사 have를 사용한다.
해석
우리 교실에 쌍둥이 자매는 갈색 머리와 푸른빛 눈을 가지고 있다.

03 해설
주어가 단수(the most obvious salient feature)이므로 단수동사 is를 사용한다.
해석
예술가들의 가장 두드러진 특징은 창의적인 생각을 할 수 있는 능력이다.

정답 01 ① 02 ③ 03 ④

04 해설
'the + 형용사'가 '~인 사람들'이란 뜻으로 사람을 나타내는 보통명사로, 복수로 취급하여 복수동사를 사용한다.

해석
요즘 실직자들이 증가하고 있다.

05 해설
every는 단수명사를 수식하는 한정사로 every 뒤에는 단수동사가 위치한다.

해석
모든 승객들은 그 카드를 작성해야 한다.

06 해설
'neither A nor B'에서는 동사와 가까운 B에 동사의 수를 일치시킨다. 따라서 her son과 일치시켜 단수동사 has가 온다.

해석
그녀의 딸들도 아들도 장례식장에 오지 않았다.

정답 04 ④ 05 ③ 06 ④

04
On these days, the unemployed (　　) increasing.

① to be
② being
③ is
④ are

05
Every passenger (　　) to fill in the card.

① to need
② need
③ needs
④ needing

06
Neither her daughters nor her son (　　) not been at the funeral.

① to have
② having
③ have
④ has

07

The shop, which competes with a major supermarket, ( ) every day.

① open
② opens
③ opening
④ to open

07 해설
주어가 단수(the shop)이므로 단수동사가 필요하다. 삽입어구(which ~)는 주어의 수에 영향을 주지 않는다.

해석
대형 슈퍼마켓과 경쟁하는 그 가게는 매일 문을 연다.

08

Whether we will finish on time ( ) primarily on the weather.

① depending
② depends
③ depend
④ to depend

08 해설
명사절(whether we will ~)이 주어일 때는 단수로 취급한다. 따라서 동사 자리에는 단수동사 depends가 위치해야 한다.

해석
우리가 제시간에 끝낼 수 있을지는 날씨에 달려 있다.

09

Walking three miles three time a week for six months ( ) the mental ability of older adults.

① improving
② to improve
③ improve
④ improves

09 해설
주어 자리에 동명사구가 오면 단수로 취급하기 때문에 단수동사를 사용한다.

해석
6개월 동안 일주일에 3번 3마일씩 걷는 것은 노인들의 정신력을 향상시킨다.

정답 07 ② 08 ② 09 ④

checkpoint 해설 & 정답

10 해설
주어가 복수(the books)이므로 동사 자리에 복수형 동사 have나 동사의 과거형 had가 올 수 있다.

해석
내가 너에게 빌린 책에는 유용한 통계자료가 포함되어 있다.

11 해설
'관사 + [A and B]'는 'A 겸 B인 한 사람'을 뜻하기 때문에 주어가 단수이다.

해석
주장 겸 미드필더는 영어를 유창하게 잘한다.

12 해설
news는 new라는 형용사에 명사형 접미사(-s)가 붙은 명사이므로 단수로 취급한다. 따라서 주어 news 뒤에는 is라는 단수동사를 사용한다.

해석
나는 그에게 아무런 소식을 듣지 못했지만, 무소식이 희소식이라고 생각한다.

정답 10 ③ 11 ② 12 ①

10
The books that I lent you (   ) the useful statistic data.

① having
② to have
③ had
④ has

11
The captain and mid-fielder (   ) fluent in English.

① being
② is
③ are
④ to be

12
I haven't heard anything from him, but I suppose no news (   ) good news.

① is
② are
③ being
④ to be

13

Where to find her (　) not known to them.

① being
② be
③ is
④ are

14

The real situation recorded in the crime scenes (　) important for them.

① appear
② appears
③ to appear
④ appearing

15

Only 15 percent of the information (　) useful.

① being
② to be
③ were
④ was

checkpoint 해설 & 정답

16 해설
'the + 형용사'가 '~인 것'이라는 뜻으로 추상명사로 쓰일 때, 단수명사로 취급하여 단수동사로 받아야 한다. 따라서 the unexpected는 '예상치 못한 것'이란 뜻의 추상명사로 쓰였기 때문에 단수동사 has를 사용한다.
주어 mathematics는 학문명이므로 무조건 단수 취급한다. 따라서 동사는 단수동사인 is가 적절하다.

해석
- 예기치 못한 일이 발생했다.
- 수학은 우리의 삶과 직접적으로 관련이 있다.

17 해설
집합명사 audience는 집단 전체를 의미할 때는 단수로 취급하고, 집합체를 구성하는 개개인의 구성원을 나타내는 경우에는 복수로 취급한다.

해석
- 랩 콘서트에는 많은 청중이 있었다.
- 그 관객들은 모두 다큐멘터리 영화에 감명을 받았다.

18 해설
'each of + 명사'는 단수동사로 수 일치시킨다.

해석
- 손가락의 지문이 다 다르듯이 너희들도 각각 다 다르다.
- 남편과 아내는 그날의 차 사고로 인해 둘 다 죽었다.

정답 16 ③ 17 ② 18 ③

16
- The unexpected (　) happened.
- Mathematics (　) related our life directly.

① have - is
② have - are
③ has - is
④ has - are

17
- There (　) a large audience at the rap concert.
- The audience (　) all impressed with the documentary film.

① was - was
② was - were
③ were - was
④ were - were

18
- Each of you (　) as different as your fingerprint.
- Husband and wife (　) dead because of the car accident of the day.

① are - were
② are - was
③ is - were
④ is - was

19

- My husband or I (　　) to blame for my son breaking the window.
- General Motors (　　) its corporate headquarter in Michigan.

① am – have
② am – has
③ is – have
④ is – has

20

- My passport as well as your bags (　　) missing.
- Not only the professor but also his assistants (　　) on vacation.

① is – are
② is – is
③ are – are
④ are – is

※ 다음 밑줄 친 부분 중 어법상 어색한 것을 고르시오. (21 ~ 24)

21

The busier and more crowded cities ① become, the narrower the places ② to rest become and the more ③ polluted the air ④ become.

해설 & 정답

19 해설
'A or B'에서는 동사와 가까운 B에 동사의 수를 일치시킨다. General Motors는 회사명, 즉 고유명사이므로 단수 취급한다.

해석
- 아들이 창문을 깬 것에 대해 나의 남편 또는 내가 책임을 져야 한다.
- General Motors는 Michigan에 본사를 두고 있다.

20 해설
'Not only A but also B(= B as well as A)'에서는 B가 주어이므로 B에 동사의 수를 일치시킨다.

해석
- 너의 가방뿐만 아니라 나의 여권도 잃어버렸다.
- 교수님뿐만 아니라 그의 조교들도 휴가 중이다.

21 해설
'the 비교급 S + V, the 비교급 S + V'에서는 동사 앞에 위치한 주어에 수를 일치시킨다. 따라서 the air가 단수 주어이므로 단수동사 becomes로 고쳐야 한다.

해석
도시가 바쁘고 붐빌수록 쉴 곳은 좁아지고 공기는 더 오염된다.

정답 19 ② 20 ① 21 ④

checkpoint 해설 & 정답

22 해설
[관사 + A] and [관사 + B]는 A와 B가 별개의 사람이므로 복수동사 are로 받아야 한다.
② look forward to + Ving : '~하기를 학수고대하다'
③ either A or B에서는 동사와 가까운 B에 동사의 수를 일치시킨다.
④ 조동사 have to 뒤에 동사원형인 organize는 적절하다.

해석
A : 그 가수와 그 작곡가는 함께 작업하기를 기대하고 있어.
B : 오 정말? 그렇다면 그 또는 우리가 모임을 준비해봐야겠다.

22
A : The singer and the songwriter ① is looking forward to ② working together.
B : Oh, really? Then, either he or we ③ have to ④ organize a meeting.

23 해설
주격 관계대명사 who의 선행사는 customers이므로 requires를 복수형 동사 require로 바꿔야 한다.
① the number of 뒤에는 복수명사가 위치한다.
③ 문장의 주어가 the number이므로 동사는 단수형 has가 적절하다.
④ a number of는 many의 의미이므로 복수명사와 어울리며, 복수동사와 일치시킨다.

해석
A : 환불을 요구하는 고객의 수가 지난주부터 증가하고 있어요.
B : 맞아요, 많은 고객들이 불평을 하고 있습니다.

23
A : The number of ① customers who ② requires refunds ③ has increased since last week.
B : Right, a number of customers ④ are complaining.

24 해설
the number가 주어이므로 mean을 단수동사인 means로 고쳐야 한다.

해석
그 안내 책자는 식당마다 일정한 개수의 별을 부여한다. 별의 수는 그 식당이 얼마나 좋은지를 의미한다.

24
The guide book gives ① each restaurant a certain number of ② stars. The number of stars ③ mean how good the restaurant ④ is.

정답 22 ① 23 ② 24 ③

※ 다음 중 어법상 적절하지 <u>않은</u> 것을 고르시오. (25 ~ 27)

25
① All of the teachers have to attend the monthly meeting.
② Her parents as well as she wants to live in Seoul.
③ Diabetes is one of the most common chronic.
④ You and I are supposed to exercise for our health.

26
① Tom and I am having lunch together.
② The rest of food is kept in the fridge.
③ A small number of children are educated at home.
④ Many a boat has been wrecked here.

해설 & 정답 checkpoint

25 해설
'B as well A'에서는 B가 주어이므로 wants를 want로 고쳐야 한다.
① 'all of the + 명사'에서는 of 뒤의 명사에 맞추어 수 일치를 시키므로 복수명사 teachers 뒤에는 복수동사 have는 적절하다.
③ 당뇨병을 뜻하는 diabetes는 형태는 복수형이지만 단수 취급한다.
④ 주어가 you and I(= we)이므로 동사 자리에 복수동사 are가 적절하다.

해석
① 모든 선생님들은 월례 회의에 참석해야 한다.
② 그녀뿐만 아니라 그녀의 부모님도 서울에 살기를 원한다.
③ 당뇨는 가장 흔한 만성 질환 중 하나이다.
④ 너와 나는 건강을 위해 운동을 해야 한다.

26 해설
주어가 Tom and I(= we)이기 때문에 동사는 복수동사 are가 적절하다.
② the rest of 뒤에 복수명사가 오면 복수동사로 받고, 단수명사가 오면 단수동사를 사용한다.
③ a number of는 many의 의미이므로 복수명사와 어울린다. 따라서 복수동사가 따른다.
④ 'many a + 단수명사'는 동사의 수를 단수동사로 일치시킨다.

해석
① Tom과 나는 함께 점심식사를 하고 있다.
② 나머지 음식은 냉장고에 보관된다.
③ 몇몇의 어린이들은 집에서 교육을 받는다.
④ 이곳에서 많은 보트가 난파되었다.

정답 25 ② 26 ①

checkpoint 해설 & 정답

27 해설

'분수 + of + 복수명사'는 동사 자리에 복수동사가 온다. 따라서 has를 복수동사 have로 고친다.
① 'none of + 명사'에서는 명사의 수에 따라 동사의 수를 일치시킨다. 여기서는 복수명사(the oranges)가 왔으므로 복수동사 have가 적절하다.
② 'many a + 단수명사'는 동사의 수를 단수동사로 일치시킨다.
④ many 뒤에는 복수명사가 올 수 있고, 이를 복수로 취급하여 복수동사를 사용한다.

해석
① 오렌지가 하나도 상하지 않았다.
② 밤하늘에는 많은 별들이 빛나고 있었다.
③ 여러 개의 피자들 중 3분의 2를 이미 먹어 치웠다.
④ 수많은 남미 국가들은 정치적 문제를 겪고 있다.

28 해설

'A and B'가 단일사물을 나타낼 경우에만 단수동사를 사용한다. 따라서 여기서 'bread and butter'는 '빵과 버터'가 아닌 '버터를 바른 빵'으로 해석해야 한다.
① 부분을 나타내는 'part + of + 명사'에서는 of 뒤에 위치한 명사에 동사의 수를 일치시킨다.
② 'A and B'가 단일개념을 나타낼 경우, 단수동사를 사용하고 '시행착오'로 해석된다.
④ '시간 주어 + 완료형 동사'는 '~의 세월이 흘렀다'로 해석되며, 시간에 동사의 수를 일치시킨다.

정답 27 ③ 28 ③

27
① None of the oranges have spoiled.
② Many a star was shining in the night sky.
③ Two-thirds of the pizzas has already been eaten.
④ Many countries in South America are involved in political problem.

※ 다음 중 해석이 잘못된 것을 고르시오. (28 ~ 29)

28 ① Part of the orange is rotten.
→ 그 오렌지 중 일부분이 썩었다.
② Trial and error is the source of my knowledge.
→ 시행착오는 나의 지식의 원천이다.
③ Bread and butter is all the cafeteria sells.
→ 빵과 버터가 그 식당에서 파는 전부이다.
④ Four months have passed since I broke up with my ex-boyfriend.
→ 전 남자친구와 헤어진 이후에 4개월의 세월이 흘렀다.

29　① The number of stars in the universe is incalculable.
　　　→ 우주에 있는 별들의 수는 셀 수 없을 정도로 많다.
　② The teacher and athlete is present at the meeting.
　　　→ 선생님과 운동선수는 회의에 참석하고 있다.
　③ Little has been known of the case.
　　　→ 그 사건에 대해 알려진 바가 거의 없다.
　④ Two years is a long time to spend in the army.
　　　→ 2년이라는 시간은 군대에서 보내기엔 긴 시간이다.

30　다음 주어진 우리말을 영어로 잘못 옮긴 것을 고르시오.
　① 듣고 쓰는 것을 받아쓰기라고 한다.
　　　→ Listening and writing is called dictation.
　② 지금은 말이 아닌 행동이 요구된다.
　　　→ Not words but action is now demanded.
　③ 10달러라는 금액은 티셔츠를 사기에 충분치 않은 돈이다.
　　　→ Ten dollars is not enough money to buy a T-shirt.
　④ 품질도 가격도 둘 다 변하지 않았다.
　　　→ Neither the quality nor the prices has changed.

해설 & 정답

29 해설
'관사 + [A and B]'는 'A 겸 B인 한 사람'을 뜻하기 때문에 '선생님이자 운동선수인 그 사람'으로 해석해야 한다.
① the number of + 복수명사 : '~의 수'
③ little은 '거의 ~없다'라는 부정의 의미로 해석되고, a little은 '조금 ~있다'의 긍정의 의미로 해석된다.
④ 시간을 나타내는 주어가 단수로 취급 받을 때는 '~라는 시간'으로 해석한다.

30 해설
'neither A nor B : A도 B도 둘 다 아닌'에서는 동사와 가까운 B에 동사의 수를 일치시킨다. 따라서 the prices는 복수형이기 때문에 has를 복수동사 have로 고쳐야 한다.
① 등위접속사 and로 연결된 주어가 단수동사로 연결될 때는 단일 개념으로 해석한다.
② 'not A but B : A가 아니라 B'에서는 주어인 B에 수를 일치시킨다.
③ 금액을 나타내는 주어가 단수 취급 받을 때는 '~라는 금액'으로 해석한다.

정답　29 ②　30 ④

제 6 장 　관계사

※ 다음 빈칸에 들어갈 말로 가장 적절한 것을 고르시오. (01 ~ 16)

01

You should not underline a book (　　) isn't yours.

① who
② which
③ what
④ whose

01 해설
선행사는 사물인 a book이므로 주격 관계대명사 which나 that이 적절하다.

해석
너는 너의 것이 아닌 책에 밑줄을 그어선 안된다.

02

I saw a woman (　　) I thought was your mother in the area.

① who
② whom
③ which
④ what

02 해설
삽입절 'I thought~'는 생략 가능하기 때문에 관계대명사의 격은 삽입절을 제외하고 판단한다. 삽입절 뒤에 was라는 동사가 나오고 주어 자리가 비어있으므로 주격 관계사가 필요하다. 선행사는 a woman이라는 사람이기 때문에 주격 관계대명사 who가 정답이다.

해석
내가 생각하기에 당신의 어머니라고 생각했던 한 여성을 그곳에서 보았다.

03

(　　) side wins, I don't care at all.

① Whichever
② Whoever
③ Whatever
④ Whenever

03 해설
명사 'side'를 수식하는 관계형용사로서 가장 적절한 답은 whichever이다.

해석
어느 쪽이 이기든지 나는 전혀 관심 없다.

정답　01 ②　02 ①　03 ①

04

The waiter (　　) brought us the soup did nothing until we finished eating it.

① who
② which
③ whom
④ what

05

Who is the man (　　) is talking with your wife?

① whom
② who
③ what
④ that

06

Do you happen to know the name of the girl who (　　) by a truck yesterday?

① hit
② is hit
③ was hit
④ was hitting

checkpoint 해설 & 정답

07 해설
빈칸에는 계속적 용법으로 쓰이면서 앞 절 전체를 선행사로 받을 수 있는 관계대명사가 필요한데, 이처럼 명사 이외의 선행사를 받을 수 있는 관계대명사는 계속적 용법의 which 혹은 as뿐이다.

해석
그녀가 영국인이었는데, 그것을 나는 그녀의 억양을 통해 알아냈다.

07
> She was English, (   ) I knew from her accent.

① than
② as
③ that
④ what

08 해설
관계사절이 문장에서 주어 역할을 하는 명사절이어야 하므로 관계대명사뿐만 아니라 선행사까지 포함하고 있는 명사절을 이끄는 what이 적절하다.

해석
학생이 선생님께 말한 것은 비밀이다.

08
> (   ) a student tells a teacher is confidential.

① Who
② Which
③ What
④ Whose

09 해설
최고의 값을 제시하는 건 사람이므로 전치사의 목적어로 쓰인 명사절을 이끄는 주격 복합관계대명사 whoever가 적절하다.

해석
그는 그에게 최고의 값을 제시하는 사람 누구에게나 그의 차를 팔겠다고 말했다.

09
> He would said that he would sell his car to (   ) offers him the most.

① whatever
② whoever
③ which
④ what

정답 07 ② 08 ③ 09 ②

10

I taught my girl friend to drive, ( ) upset me.

① who
② that
③ what
④ which

11

Can you see a boy and his dog ( ) are playing together in the playground?

① who
② which
③ that
④ whose

12

He is coming back from Iran, ( ) he gave a speech on the nuclear deal.

① why
② which
③ what
④ where

10 해설
계속적 용법의 which는 명사뿐만 아니라 형용사, 구, 절 모두 선행사로 받을 수 있다. 'I ~ drive,'까지가 하나의 절이므로 which가 앞의 절 전체를 선행사로 받는다.

해석
나는 여자친구에게 운전하는 법을 가르쳐줬는데, 그것이 나를 화나게 했다.

11 해설
선행사가 a boy and his dog이므로 사람(who)과 사물(which)을 모두 포괄할 수 있는 주격 관계대명사 that이 적절하다.

해석
놀이터에서 함께 놀고 있는 한 소년과 강아지가 보이니?

12 해설
빈칸 앞에 장소를 나타내는 선행사 Iran이 있고, 뒤에는 '주어 + 동사 + 목적어' 형태의 완전한 절이 있다. 따라서 이 경우는 장소를 나타내는 관계부사 where를 써야 한다.

해석
그는 이란에서 핵 협상에 대한 강연을 하고 그곳에서 돌아오는 길이다.

정답 10 ④ 11 ③ 12 ④

checkpoint 해설 & 정답

13 해설
첫 번째 빈칸에서는 I know에서 타동사 know의 목적어가 없고 빈칸 앞에 선행사도 없으므로 선행사를 포함하고 있는 목적격 관계대명사 what이 적절하다. 두 번째 빈칸에서는 I know nothing이 완전한 문장이므로 접속사 that이 필요하다.

해석
내 경우에는, 내가 아는 것은 나는 아무것도 모른다는 사실이다.

14 해설
The subject is Business Administration. + I am interested in [the subject].
전치사 in의 목적어인 the subject를 선행사로 관계사절을 만들 때에는 관계대명사 앞에 전치사를 둘 수 있다. 따라서 사물 선행사이므로 which나 that 둘 다 관계대명사로 올 수 있는데 that은 전치사 뒤에 사용할 수 없다. 따라서 in which가 적절한 표현이다.
of which의 선행사는 a house이고, 형용사절의 주어는 the windows of which이므로 the windows에 수를 일치시켜 복수동사 are로 받아야 한다.

해석
• 내가 관심 있는 과목은 경영학이다.
• 나의 아내는 창이 넓은 집에서 살기를 원한다.

정답 13 ② 14 ①

13

As for me, (   ) I know is (   ) I know nothing.

① what – what
② what – that
③ that – what
④ that – that

14

• The subject (   ) I am interested is Business Administration.
• My wife wants to live in a house the windows of which (   ) large.

① in which – are
② in what – is
③ in that – is
④ for which – are

15

- I thanked an old man (　) cell phone I used.
- The products which (　) manufactured in this factory are sold out.

① whose – is
② whose – are
③ of which – is
④ of which – are

16

A : I think that the building (　) we bought a year ago was very old.
B : No, the building (　) we worked a year ago was more outdated.

① whom – where
② whom – which
③ which – where
④ which – which

checkpoint 해설 & 정답

17 해설

The students there were surprised at the speed. + The computer processed a lot of data at [the speed].

선행사가 the speed이므로 which나 that이 와야 한다. 전치사 at의 목적어 역할을 하는 목적격 관계대명사에 전치사 at을 위치시켜야 하므로 at which로 고쳐야 한다.

① 학생들이 남에 의해 놀라게 된 것이므로 과거분사 형태가 적절하다.
③ 형용사절의 주어가 computer이므로 동사 자리에 processed는 적절하다.
④ a lot of 뒤에는 가산, 불가산 명사 모두 가능하다.

해석
그곳의 학생들은 새로운 컴퓨터가 많은 양의 데이터를 처리하는 속도에 놀라워했다.

18 해설

the item과 you 사이에 that 또는 which가 생략되어 있는데 이 관계대명사 that/which는 requested의 목적어 it(= the item)을 대신하여 쓴 목적격 관계대명사이다. 따라서 it은 삭제되어야 한다.

① regret + to부정사 : ~하게 되어 유감이다
② that절은 목적보어 역할을 하는 명사절로 이 문장에서는 접속사로 쓰였다.
④ out of : 품절된

해석
저희는 귀하께서 주문하신 제품이 현재 품절된 상태라는 것을 알려드리게 되어 유감입니다.

정답 17 ② 18 ③

※ 다음 밑줄 친 부분 중 어법상 어색한 것을 고르시오. (17 ~ 18)

17

The students there were ① surprised at the speed ② which the new computer ③ processed a lot of ④ data.

18

We regret ① to inform you ② that the item you requested ③ it is now ④ out of stock.

19 다음 중 의미가 같도록 바꿔 쓴 표현으로 바르지 <u>않은</u> 것은?

① You can borrow whichever one you like.
→ You can borrow the thing which you like.

② I will give it to whomever I like.
→ I will give it to anyone whom I like.

③ I remember the time at which there was no TV.
→ I remember the time when there was no TV.

④ Whichever wins today is the champion.
→ Any one of them that wins today is the champion.

---

19 해설

the thing which는 특정한 것을 지칭하므로 관계대명사 what이랑 같은 말이다. whichever는 '어떤 것이든지'의 의미로 특정한 것이 아닌 아무거나를 지칭하는 것이므로 anything that/which로 바꿔 표현할 수 있다.
the thing which → anything which

② whomever(=anyone that/whom)
: '~는 누구든지'

③ 전치사 + which = 관계부사/선행사가 시간이므로 관계부사 when이 올 수 있다.

④ 여기서 whichever는 주어로 쓰인 명사절을 이끄는 주격 복합관계대명사이다.

해석

① 당신은 마음에 드는 어떤 것이든지 빌려가도 됩니다.
② 나는 그것을 내가 좋아하는 사람이라면 누구에게나 주겠다.
③ 나는 TV가 없던 시절을 기억한다.
④ 오늘 이기는 팀이 어느 쪽이든 챔피언이 된다.

정답 19 ①

checkpoint 해설 & 정답

20 해설

③ 전치사 뒤에는 that이 올 수 없다. 전치사의 목적어 역할을 할 수 있는 목적격 관계대명사 whom이 올 수 있다. 따라서 with that → with whom으로 고친다.
① 전치사는 관계대명사 that 앞에 위치할 수 없지만, which와 마찬가지로 문미에는 위치할 수 있다.
② 형용사 hard 앞에 위치하여 부사절을 이끌 수 있는 것은 however 이다.
④ 특정한 수식어(the same, such, as many[much] 등)가 선행사를 수식하는 경우 그 특정한 수식어와 짝을 이루기 위해 유사 관계대명사 as가 관계대명사로 쓰인다.

해석
① 이곳은 그 부족이 살고 있는 산촌이다.
② 아무리 열심히 노력해도 당신은 그녀를 설득할 수 없다.
③ 그는 군대에서 함께 근무한 친구가 몇 명 있다.
④ 이것은 내가 가진 것과 똑같은 시계이다.

정답 20 ③

※ 다음 중 어법상 적절하지 <u>않은</u> 것을 고르시오. (20 ~ 21)

20
① This is the mountain village that the tribe lives in.
② You can't persuade her however hard you may try.
③ He had some friends with that he had served in the army.
④ This is the same watch as I have.

21　① Don't use more words than are necessary.
　　② I will have what you suggest because I don't know Mexican food.
　　③ I have two brothers, neither of whom is married.
　　④ The office in which he works is very cold.

checkpoint 해설 & 정답

22 해설

no와 같은 부정어가 선행사를 수식하면 유사 관계대명사 but이 관계대명사로 쓰인다.
(= There is no one that does not want to be happy.)

① run-on error : 문장에 접속사가 없으므로 구두점 없이 두 문장을 이어 쓸 수 없다. 전치사 of 뒤에서 목적어 역할을 할 수 있는 목적격 관계대명사가 와야 한다. 따라서 most of them → most of whom으로 고쳐야 한다. 여기서 whom은 and most of them으로 해석된다.
② 선행사 the way와 관계부사 how는 함께 쓸 수 없고 둘 중 하나를 반드시 생략한다. → I like the way he teaches math. 혹은 I like how he teaches math.
④ that 앞에 선행사가 없으므로 that은 올 수 없다. 목적격 관계대명사뿐만 아니라 선행사까지 포함하고 있는 what으로 고쳐야 한다. 혹은 that 앞에 선행사 the thing을 추가한다.

해석
① 나는 해외에 친구들이 몇 명 있는데, 그들 중 대부분이 미국에 산다.
② 나는 그가 수학을 가르치는 방식을 좋아한다.
③ 행복해지기를 바라지 않는 사람은 없다.
④ 이것은 네가 어젯밤에 했던 일이다.

22 다음 중 어법상 가장 적절한 것을 고르시오.

① I have a few friends overseas, most of them live in USA.
② I like the way how he teaches math.
③ There is no one but wants to be happy.
④ That is that you did last night.

정답 22 ③

23 다음 중 밑줄 친 부분이 관계사로 쓰인 것이 아닌 문장을 고르시오.

① The accidents show <u>what</u> can happen when drivers are not alert.
② <u>That</u> he got a promotion is not true.
③ In one store, I found exactly <u>what</u> I wanted to buy.
④ Did you find the book <u>that</u> you were looking for?

※ 다음 중 빈칸에 들어갈 수 없는 것을 고르시오. (24 ~ 25)

24

> The baseball player (   ) I'm fond of will retire.

① who
② whom
③ that
④ what

25

> My husband is recognized by people at work, (   ), devoted to his family.

① what is more
② besides
③ further
④ what is worse

23 해설
that 뒤에 '주어 + 동사 + 목적어' 완전한 문장이 왔으므로 여기서의 that은 접속사로 쓰였다. 접속사 that과 관계대명사 what의 뜻은 둘다 '~는 것'으로 해석하므로 다음에 오는 문장 구조를 살펴봐야 한다.
① 주격 관계대명사 what
③ 목적격 관계대명사 what
④ 목적격 관계대명사 that

해석
① 그 사고들은 운전자들이 조심하지 않을 때 발생할 수 있다는 것을 보여준다.
② 그가 승진했다는 것은 사실이 아니다.
③ 한 가게에서 내가 사고 싶었던 것을 정확히 발견했다.
④ 네가 찾고 있었던 책을 찾았니?

24 해설
빈칸은 전치사의 목적어로 쓰인 목적격 관계대명사 자리인데 선행사가 player로 사람이기 때문에 빈칸에는 who, whom, that 모두 가능하다. what은 선행사를 포함하고 있는 관계대명사이므로 관계사절을 이끌 수 없다.

해석
내가 좋아하는 그 야구선수는 은퇴할 것이다.

25 해설
• what is more (= besides = further = in addition = moreover) : 게다가, 더구나
• what is worse : 설상가상으로

해석
내 남편은 직장에서 인정받고 있고, 게다가 가족들에게 헌신적이다.

정답 23 ② 24 ④ 25 ④

checkpoint 해설 & 정답

26 해설

'전치사 + 관계대명사'에서 전치사는 그 목적어가 관계대명사임을 강조하기 위해 관계대명사 바로 앞에 위치하는 것이므로 관계대명사를 생략할 수 없다.
② '주격 관계대명사 + be동사'는 생략이 가능하다.
③ 전치사 with의 목적어인 목적격 관계대명사 which는 생략이 가능하다.
④ 선행사가 특별한 뜻 없이 일반적인 이유(the reason)를 나타내는 경우 why와 의미가 중복되므로 생략이 가능하다.

해석
① 그녀는 같이 일하는 사람과 결혼했다.
② 부상당한 그 선수는 경기장을 떠나야 했다.
③ 이것이 정치인들이 관심을 갖고 있는 쟁점이다.
④ 네가 늦은 이유를 나에게 말해라.

27 해설

주격 관계대명사 who를 사용한다면 The man who (I thought) was honest deceived me.
목적격 관계대명사 whom을 사용한다면 The man whom I thought to be honest deceived me.
the man이 thought의 목적어이므로 목적격 관계대명사 whom이 와야 한다.

해석
내가 정직하다고 생각한 남자가 나를 속였다.

정답 26 ① 27 ③

---

26 다음 중 밑줄 친 부분을 생략할 수 없는 것은?

① She married the man with <u>whom</u> she worked.
② The player <u>who was</u> injured had to leave the field.
③ This is an issue <u>which</u> politicians are concerned with.
④ Tell me <u>the reason</u> why you are late.

27 다음 중 두 문장을 한 문장으로 바르게 고친 것을 고르시오.

> The man deceived me. + I thought that the man was honest.

① The man who I thought to be honest deceived me.
② The man whom I thought was honest deceived me.
③ The man whom I thought to be honest deceived me.
④ The man whose was honest deceived me.

28 다음 두 문장을 한 문장으로 고친 것 중 <u>어색한</u> 것을 고르시오.

> My daughter has a car. + The color of a car is red.

① My daughter has a car that the color is red.
② My daughter has a car whose color is red.
③ My daughter has a car the color of which is red.
④ My daughter has a car of which the color is red.

28 해설
사물(a car)이 선행사일 때 사용할 수 있는 소유격 관계대명사는 whose 또는 of which이다. 형용사절을 이끄는 접속사 역할을 하면서 명사를 수식하는 소유격 관계대명사는 whose + 명사 = the 명사 of which 이런 형태로 사용 가능하다. 따라서 whose color = the color of which인데 of which와 color는 위치를 바꿔 사용할 수 있다.

해석
나의 딸은 색깔이 빨간색인 차를 가지고 있다.

29 다음 중 해석이 <u>어색한</u> 것을 고르시오.

① What with jealousy and hatred, she broke down.
→ 한편으로는 질투 때문에 또 한편으로는 증오 때문에, 그녀는 허물어졌다.
② What I am is not what I was.
→ 현재의 나는 과거의 내가 아니다.
③ There are few girls, who like me.
→ 나를 좋아하는 여학생들은 거의 없다.
④ Obligations are to rights what taxation is to vote.
→ 의무의 권리에 대한 관계는 세금의 투표권에 대한 관계와 같다.

29 해설
관계대명사 who의 계속적 용법으로, 선행사와 형용사절은 분리된 정보 단위로 앞에서 뒤로 순차적으로 해석해야 한다. → 여학생들이 거의 없는데, 그들은 나를 좋아한다.
① What with A and (what with) B : 한편으로는 A 때문에, 또 한편으로는 B 때문에
② what I am : 현재의 나, what I was : 과거의 나
④ A is to B what(= as) C is to D : A의 B에 대한 관계는 C의 D에 대한 관계와 같다

정답 28 ① 29 ③

checkpoint 해설 & 정답

30 해설
However(= no matter how) + 형용사/부사 + 주어 + 동사 : '아무리 ~ 할지라도'

30 다음 주어진 우리말을 영어로 바르게 옮긴 것을 고르시오.

> 잭팟이 아무리 크다고 해도, 당첨자가 과소비한다면 돈은 곧 사라질 것이다.

① However large is the jackpot, the money will run out if a winner overspends.
② No matter how large the jackpot is, the money will run out if a winner overspends.
③ However the jackpot is large, the money will run out if a winner overspends.
④ No matter how is the jackpot large, the money will run out if a winner overspends.

정답 30 ②

제7장 시제

※ 다음 빈칸에 들어갈 말로 가장 적절한 것을 고르시오. (01 ~ 17)

01

They usually (　　) you $20 just to get in this conference.

① charge
② charged
③ have charged
④ had charged

02

The first of Capital City Bank (　　) in Seoul in one week.

① opens
② will open
③ opened
④ has opened

03

As soon as the products (　　), he will dispatch them to the proper department.

① arrived
② is arriving
③ will arrive
④ arrive

---

01 해설
부사 usually는 '보통'이라는 의미로 주로 현재형 동사와 어울린다. 따라서 현재형 charge가 적절하다.
해석
그들은 보통 이 회의에 입장하는 데만 20달러를 부과한다.

02 해설
in one week는 '일주일 후'라는 의미로 미래시제와 함께 어울린다. 따라서 미래시제인 will open이 적절하다.
해석
Capital City Bank는 일주일 후 서울에 1호 지점을 낼 것이다.

03 해설
주절의 시제는 미래(will dispatch)이지만 시간을 나타내는 접속사 as soon as가 있어 시간의 부사절이 되므로 현재시제 arrive를 써야 한다. 시간, 조건, 양보의 의미를 갖는 부사절에서는 현재시제가 미래 의미를 대신하므로 현재시제 표현이 적절하다.
해석
제품이 도착하는 즉시, 그가 해당 부서에 제품을 보낼 것이다.

정답　01 ①　02 ②　03 ④

checkpoint 해설 & 정답

04 해설
문맥을 살펴보면 for over ten years ('10년 이상')를 통해 어머니가 10년 전부터 지금까지 계속 버스를 몰고 있다는 것을 알 수 있다. 따라서 과거에 발생한 동작이 현재까지 이어지고 있는 상황이므로 현재완료 has driven을 써야 한다.

해석
A : 너의 어머니는 회사에서 무슨 일을 하시니?
B : 그녀는 10년 넘게 시내버스를 운전해오고 계셔.

05 해설
since는 현재완료와 어울려 쓰인다. 주어인 he가 계약을 맺는 주체이므로 수동형이 아닌 능동형을 써야 하므로 has가 적절하다.

해석
그는 새로운 지점으로 전근한 후, 5명의 신규 고객들과 계약을 체결했다.

06 해설
말을 들은 것(were told)보다 해고당한 것이 먼저 일어난 일이므로 과거완료를 써야 한다. 그리고 직원들이 해고를 하는 것이 아니라 해고를 당하는 것이기 때문에 과거완료 수동태인 had been fired가 적절하다.

해석
그들은 많은 직원들이 해고되었다는 이야기를 들었다.

정답 04 ③ 05 ① 06 ④

04

A : What does your mother do for the company?
B : She (　) a city bus for over ten years.

① is driving
② drove
③ has driven
④ drives

05

He (　) made contracts with five new customers since he relocated to the new branch.

① has
② has been
③ have
④ had been

06

They were told that many workers (　).

① fired
② is fired
③ had fired
④ had been fired

07

By the time we return to work, we (　　) two weeks of vacation in Hawaii.

① spend
② will spend
③ spent
④ will have spent

07 해설
미래의 완료 시점을 나타내는 접속사 by the time('~할 즈음에')이 있으므로 미래 어느 시점에서 '~를 다 끝냈을 것이다'라는 완료의 의미를 나타내는 미래완료 will have spent가 적절하다.

해석
우리가 직장에 복귀할 즈음이면, 우리는 하와이에서 2주의 휴가를 보낸 뒤일 것이다.

08

She said she (　　) happier than she had ever been, although she seemed to have little to be happy about.

① was
② is
③ has been
④ will be

08 해설
주절과 종속절로 이루어진 복문의 경우, 주절의 동사가 시점의 단서가 된다. 주절의 시제가 과거(said)이므로 종속절의 시제도 과거인 was가 와야 한다.

해석
그녀는 행복할 것이 거의 없어 보였지만, 그 어느 때보다 행복하다고 말했다.

09

The president has reconstructed the infrastructure of the nation's economy since she (　　) unanimously.

① elected
② is elected
③ was elected
④ has elected

09 해설
현재완료에서 접속사 since 뒤의 시제로는 반드시 과거가 온다. 또, 대통령이 선출되는 것이므로 수동태 형태인 was elected를 써야 한다.

해석
대통령은 만장일치로 선출된 후, 국가 경제의 기반시설을 재건해왔다.

정답 07 ④ 08 ① 09 ③

checkpoint 해설 & 정답

10 해설
주절에 '요구'를 뜻하는 명사가 왔으므로 that절의 동사는 당위나 의무를 나타내는 '(should) + 동사원형' 형태가 와야 한다. 따라서 (should) be 가 적절하다.

해석
우리는 이 세금을 없애야 한다는 요구에 직면했다.

11 해설
surprised라는 감정 형용사 뒤에 이어지는 종속절에는 동사원형을 사용해야 한다. 주절에 사실 여부와는 관계없이 화자의 개인적인 감정, 즉 놀람, 유감, 의외 등의 감정표현이 나오는 경우, 이어지는 종속절에서는 '(should) + 동사원형'이 사용되어 주절의 감정표현을 강조해준다.

해석
그 직원이 제시간에 일을 끝냈다니, 나는 놀랍다.

12 해설
'It is 형용사 that~'에서 형용사 자리에 '필요한, 중요한, 긴급한, 마땅한' 등의 의미를 갖는 형용사가 오는 경우, that절 속의 동사에는 의무/당위/명령의 의미를 나타내는 '(should) + 동사원형'의 형태가 와야 한다.

해석
모든 지원서는 늦어도 2월 2일까지는 완성되어야 하는 것이 필수적이다.

정답 10 ② 11 ③ 12 ①

10
We were faced with the demand that this tax ( ) abolished.

① has been
② be
③ is
④ was

11
I'm surprised that the employee ( ) his work on time.

① finishing
② finishes
③ finish
④ finished

12
It is essential that all applications ( ) complete not later than February 2.

① be
② are
③ were
④ being

13

Right now she (　　) the flowers. They (　　) fragrant.

① smells - smell
② smells - are smelling
③ is smelling - smell
④ is smelling - are smelling

13 해설

smell은 지각동사로 원래는 진행형이 불가하다. 하지만 첫 번째 문장에선 '꽃향기를 맡다'라는 의도적 동작을 나타내므로 현재진행 is smelling이 올 수 있고, 두 번째 문장에선 '향기로운 냄새가 나다'라는 저절로 냄새가 나는 상태를 나타내므로 현재시제 smell이 온다.

해석
지금 그녀는 꽃향기를 맡고 있다. 그 꽃들은 향기로운 냄새가 난다.

14

- The meeting is (　　) held on the last Wednesday of every month.
- He (　　) for twenty years on the university by the time he retires.

① once - will serve
② once - will have served
③ usually - will serve
④ usually - will have served

14 해설

현재형 동사 is와 어울리는 부사는 usually이다.
미래의 완료 시점을 나타내는 접속사 by the time('~할 즈음에')이 있으므로 미래완료 will have served가 적절하다.

해석
- 그 모임은 일반적으로 매달 마지막 수요일에 한다.
- 그가 은퇴할 때쯤이면, 그는 그 대학에서 20년을 근무하게 된다.

정답 13 ③　14 ④

checkpoint 해설 & 정답

15 해설
last quarter는 '지난 분기'를 뜻하는 과거를 나타내는 표현이므로 과거시제 rose와 어울려야 한다.
every working day가 현재시제를 나타내는 대표적 부사구이므로 현재형 take가 적절하다. 'every + 시간 어구'는 습관적인 행위나 반복적인 동작을 나타내기 때문에 현재시제와 어울린다.

해석
- 지난 분기 물가상승률은 10퍼센트 상승했다.
- 직원들은 근무일에는 늘 3시부터 3시 30분 사이에 휴식 시간을 갖는다.

16 해설
접속사 that 앞에 주절의 동사 과거형 informed와 일치시켜 과거동사 was가 와야 한다.
동사 expect의 목적어에 위치하는 내용은 추측 또는 미래의 일이므로 미래시제가 적절하다.

해석
- 나는 교수님께 다음 날 출석하지 못할 것을 알렸다.
- 그녀는 내년에 영어공부를 하고 싶어 하고, 그는 그녀가 그것을 빨리 배우길 기대한다.

정답 15 ③ 16 ④

15
- Last quarter the rate of inflation (   ) by 10 percent.
- The employees (   ) a coffee break between 3:00 and 3:30 every working day.

① rose – have taken
② has risen – have taken
③ rose – take
④ has risen – take

16
- I informed my professor that I (   ) going to be away the following day.
- She wants to study English next year, and he expects that she (   ) it rapidly.

① am – learns
② am – will learn
③ was – learns
④ was – will learn

17

The apartment I lived in (　　) to a famous actor before I bought it.

① has belonged
② was belonging
③ had belonged
④ had been belonging

※ 다음 밑줄 친 부분 중 어법상 어색한 것을 고르시오. (18 ~ 22)

18

She was very ① pleased when she ② is unexpectedly ③ nominated as one of the best ④ actors.

checkpoint 해설 & 정답

19 해설

접속사 since가 이끄는 종속절에는 two years ago라는 과거를 나타내는 부사구가 있으므로 현재완료 have seen이 아닌 과거형 saw로 고쳐야 한다. 즉, 주절이 현재완료일 때 접속사 since절은 그보다 한 시점 이전에 일어난 일이므로 반드시 과거시제가 나와야 한다.
① 현재완료를 나타내는 대표적인 전치사 since가 있으므로 주절은 현재완료를 써야 한다.
② 부정문이므로 any는 적절하다.
④ two years = two-year

해석

나는 2년 전에 '반지의 제왕'을 본 이후로 어떤 영화도 본 적이 없다.

20 해설

시간의 접속사 as soon as 다음에는 미래형을 대신하여 현재형을 쓴다. 따라서 will finish를 finish로 고쳐야 한다.
① 시간/조건의 부사절에서 주절은 미래시제를 쓴다.
② as soon as는 시간의 부사절을 이끄는 대표적 접속사이다.
④ finish는 동명사만을 목적어로 취하는 동사이므로 finish의 목적어로 taking은 적절하다.

해석

기말고사가 끝나자마자 우리는 플로리다에 있는 디즈니 월드에 갈 예정이다.

정답 19 ③   20 ③

19

I ① haven't seen ② any movies since I ③ have seen The Lord of the Rings ④ two years ago.

20

We ① are going to Disney World in Florida ② as soon as we ③ will finish ④ taking our final exams.

21

① Before she was appointed ② to head the firm, she worked ③ since eight years as an ④ advertising executive.

21 해설
since는 과거부터 현재까지의 기간을 의미하므로 주절의 동사인 과거형 worked와 어울릴 수 없다. 따라서 기간을 나타내주는 전치사 for가 적절하다.

해석
그녀는 회사의 대표로 임명되기 전에 8년 동안 광고팀 임원으로 일했다.

22

The doctor had no choice ① but ② to request ③ that the child ④ is placed in foster care.

22 해설
주절에 request라는 요구를 나타내는 동사가 나오는 경우, 종속절(that절)의 동사는 의무/당위를 나타내는 '(should) + 동사원형('~해야 한다')' 형태를 취해야 한다. 따라서 is placed가 아닌 (should) be placed로 고쳐야 한다.
① · ② have no choice but to + 동사원형 : '~하지 않을 수 없다, ~할 수 밖에 없다'
③ '요구'의 의미를 나타내는 타동사 request가 목적어로 that절을 받는 경우에만 that절 안의 동사가 의무나 당위를 나타낸다. 따라서 접속사 that은 적절하다.

해석
그 의사는 그 아이를 위탁가정에 맡겨야 한다고 요구할 수밖에 없었다.

23 다음 중 빈칸에 공통으로 들어갈 수 있는 것을 고르시오.

- I have ( ) seen that play.
- When the police arrived, the thieve had ( ) run away.

① recently
② still
③ yet
④ already

23 해설
현재완료와 과거완료 모두에 어울리는 부사는 already이다.

해석
- 나는 이미 그 연극을 보았다.
- 경찰이 도착했을 때, 도둑은 이미 도망갔다.

정답 21 ③ 22 ④ 23 ④

checkpoint 해설 & 정답

※ 다음 중 어법상 적절하지 않은 것을 고르시오. (24 ~ 25)

24 ① It is imperative that the new product be shown to the public as soon as possible.
② As soon as we sat down to eat lunch, the phone rang.
③ She is usually very patient, but she is being hasty now for some reason or other.
④ I ask you to spare me some time before you will attend the lecture tomorrow.

24 해설
종속절인 before 이하는 시간을 나타내는 부사절로, 시간이나 조건의 부사절에서는 현재시제가 미래 의미를 전달하므로 will attend를 attend로 고쳐야 한다.
① 'It is 형용사 that ~'에서 형용사 자리에 '필요한'의 의미를 갖는 형용사(imperative)가 왔으므로 that절의 동사 be 앞에는 조동사 should가 생략되어 있다. 따라서 동사원형 be가 적절하다.
② 거의 동시에 연속적으로 발생한 과거의 두 사건을 표현할 때 사용하는 as soon as는 두 사건을 모두 과거시제(sat, rang)로 나타낸다.
③ be동사는 원래 상태동사로 진행형을 쓸 수 없지만 일시적 동작을 나타낼 때에만 진행형이 가능하다. '인내심이 강한 성격이다'라는 일반적 사실을 나타낼 때는 현재시제 is가 적절하고, '조급하게 굴다'라는 일시적 동작을 나타낼 때는 현재진행형 is being이 적절하다.

해석
① 신제품이 가능한 한 빨리 출시되어야 할 필요가 있다.
② 우리가 점심을 먹기 위해 앉자마자, 전화가 왔다.
③ 그녀는 평소에는 인내심이 아주 강한 성격인데, 어떤 이유에선지 지금은 조급하게 굴고 있다.
④ 내일 강의에 참석하기 전에 나에게 시간을 좀 내어주길 부탁한다.

정답 24 ④

25　① Please wait here till I have done the work.
　　② She insists that her secretary is responsible for making appointments.
　　③ I worked as a salesman before I got married.
　　④ I don't know the time when the movie will start.

25 해설
주절에 '주장하다'를 뜻하는 동사 insist가 나오므로 종속절의 동사는 의무나 당위를 나타내는 '(should) + 동사원형' 형태를 취해야 한다. 따라서 is를 (should) be로 고쳐야 한다.
① 시간/조건의 부사절에선 미래완료 대신 현재완료가 미래의 일을 나타낸다.
③ before는 전후 관계가 명백하기 때문에 married 전에 먼저 일어난 일인 worked를 굳이 과거완료로 표현하지 않아도 된다.
④ when절이 명사 the time을 수식하고 있는 형용사절이기 때문에 현재시제가 미래 의미를 전달할 수 없다. 따라서 미래의 일을 나타내기 위해선 미래시제를 사용해야 한다.

해석
① 내가 일이 끝날 때까지 여기서 기다려 주세요.
② 그녀는 그녀의 비서가 약속을 잡는 일에 책임을 져야 한다고 주장한다.
③ 나는 결혼 전에 판매원으로 일했다.
④ 영화가 언제 시작할지 모른다.

정답　25 ②

checkpoint 해설 & 정답

26 해설

have가 소유의 의미를 나타낼 때는 진행형을 쓸 수 없지만, eat 또는 spend의 뜻을 나타낼 때는 진행형이 가능하다. 여기서는 spend의 의미로 사용된 have이므로 진행형이 가능하다.

① 차를 소유하는 건 '~을 해야 한다'는 의무나 당위가 아닌 사실이므로 own이 아니라 수와 시제 일치에 따라 owns가 적절하다. 한편, ~ requires that everyone have automobile insurance는 의무나 당위의 의미를 전달하므로 조동사 should가 생략된 have가 적절하다.
② 'It is 형용사 that ~'에서 형용사 자리에 '중요한'의 의미를 갖는 형용사(important)가 왔으므로 that 절의 동사 앞에는 조동사 should가 생략되어 있으므로 동사원형인 learn으로 고쳐야 한다.
④ 부사절이지만 상대방의 의지를 나타내거나, 상대방에게 요청을 할 때는 현재시제가 미래시제를 대신할 수 없으므로 미래시제가 와야 한다. 따라서 come을 will come으로 고쳐야 한다.

해석
① 그 법은 차를 소유하고 있는 모든 사람은 자동차 보험에 들라고 요구한다.
② 그녀가 자신의 성질을 통제하는 법을 배워야 하는 것이 중요하다.
③ 나는 남자친구와 즐거운 시간을 보내고 있다.
④ 당신이 이쪽으로 오면 제가 사무실로 데려다 주겠습니다.

정답 26 ③

26 다음 중 어법상 적절한 것을 고르시오.

① The law requires that everyone who own a car have automobile insurance.
② It is important that she learns to control her temper.
③ I'm having a good time with my boyfriend.
④ If you come this way, I'll take you to the office.

27 다음 중 시제가 <u>다른</u> 하나는?

① There is to be an investigation.
② She is going to be a doctor when she grows up.
③ What is your husband doing now?
④ My grandfather was about to die when I saw him.

28 다음 주어진 우리말을 영어로 옮긴 것 중 적절하지 <u>않은</u> 것을 고르시오.

> 그는 그녀의 전화를 받자마자 집으로 달려갔다.

① As soon as he got her phone call, he rushed to home.
② No sooner did he get her phone call than he rushed to home.
③ On getting her phone call, he rushed to home.
④ He had hardly gotten her phone call before he rushed to home.

---

27 해설

is doing은 현재진행 시점을 나타내는 표현이다. ①, ②, ④는 모두 미래 시제를 나타내는 동사들이다.
① to부정사의 be to 용법 중 예정('~할 예정이다')을 나타내는 표현으로 이미 준비된 미래를 나타내는 미래 대용 어구이다.
② 'be going to + 동사원형' 역시 이미 준비된 미래를 나타내는 미래 대용 어구이다.
④ 임박한 미래를 나타내는 표현으로 'be about to + 동사원형'은 '막 ~하려고 하다'라는 의미를 나타내는 미래 대용 어구이다.

해석
① 조사가 있을 예정이다.
② 그녀는 자라서 의사가 될 것이다.
③ 당신의 남편은 지금 뭐하고 있니?
④ 할아버지는 내가 봤을 때 막 돌아가시려고 했다.

28 해설

거의 동시에 연속적으로 발생한 과거의 두 사건을 표현할 때 사용하는 as soon as는 두 사건을 모두 과거 시제로 나타내지만, 'no sooner ~ than'과 'hardly/scarcely ~ when/before'는 조금이라도 먼저 발생한 사건을 대과거로 나타낸다. 따라서 No sooner did he get을 No sooner had he gotten으로 고쳐야 한다.
'~하자마자 ~했다': As soon as + S + V(과거), S + V(과거)
= On –ing
= S + had + no sooner + pp + than + S + V(과거)
= S + had + hardly/scarcely + pp + when/before + S + V(과거)

정답 27 ③   28 ②

checkpoint 해설 & 정답

29 해설

여기서 when 절은 타동사 know의 목적어로 쓰인 명사절이다. 시간·조건의 부사절에서만 현재시제를 사용하여 미래의 일을 표현할 수 있다.
②·④ 가까운 미래의 확정된 스케줄을 나타낼 때에는 현재시제로 대신할 수 있다. 왕-래, 발-착, 시작-종료의 동사는 현재시제가 미래의 의미를 나타낸다.
③ 그녀를 과거부터 현재까지 알고 있는 것이므로 현재완료 시제가 맞지만, 현재시점에서도 그녀를 알고 있는 사실이 유효함을 강조하기 위해서는 현재시제 know가 대신할 수 있다.

해석
① 그녀가 언제 올지 모른다.
② 그 전시회는 12월 24일에 끝난다.
③ 나는 그를 어린 시절부터 알아왔다.
④ 그 비행기는 내일 아침 9시 30분에 떠난다.

30 해설

문장의 주어인 I는 동사 finish를 하는 주체이므로 동사의 수동형 be finished가 아닌 능동형 finish가 와야 한다. 또한, 조건의 부사절인 if절에서는 finish가 미래의 의미를 나타낸다. 따라서, 주절은 if절 이전에 이미 끝날 일을 나타내므로 will be finished를 미래완료인 will have finished로 고쳐야 한다.
① 미래를 나타내는 부사구 in two years('2년 후에')는 미래형과 어울린다.
② 주절의 동사는 will not go로 미래를 나타내고 있는데 if절이 조건의 부사절이므로 미래시제 대신 현재형 stops가 와야 한다.
③ before 이하의 부사절보다 주절이 먼저 일어난 일이므로 주절의 동사에는 부사절의 시제과거(appeared)보다 이전 시점인 대과거 즉, 과거완료 형태가 오는 것이 적절하다.

정답 29① 30④

29 다음 밑줄 친 부분 중 문법적 쓰임이 <u>다른</u> 하나는?

① I don't know when she <u>will come</u>.
② The exhibition <u>will end</u> on December 24.
③ I <u>have known</u> him from childhood.
④ The plane <u>will leave</u> at 9:30 tomorrow morning.

30 다음 주어진 우리말을 영어로 <u>잘못</u> 옮긴 것은?

① 그녀는 2년 후에 대학을 졸업할 것이다.
 → She will graduate from college in two years.
② 비가 그치면 나는 그곳에 가지 않을 것이다.
 → I won't go there, if the rain stops.
③ 내가 기다린 지 한 시간 만에 그가 나타났다.
 → I had waited for an hour before he appeared.
④ 네가 수업을 마치면 나는 그것을 이미 끝냈을 것이다.
 → I will be finished the work if you finish the lecture.

제 8 장 태와 법

※ 다음 빈칸에 들어갈 말로 가장 적절한 것을 고르시오. (01 ~ 21)

01

She ( ) in Seoul two months ago.

① stationed
② was stationed
③ has been stationed
④ has stationed

02

If I ( ) 10 years younger, I could propose marriage to you.

① am
② will be
③ were
④ are

03

Had I known you were coming to Seoul, I ( ) to the airport to meet you.

① had gone
② would go
③ would have gone
④ went

---

01 해설

two months ago가 과거시제를 나타내는 부사이므로 현재완료와는 함께 쓰일 수 없다. 또한 목적어가 없으므로 수동태를 써야 한다. 따라서 빈칸은 과거형 수동태인 was stationed가 적절하다.

해석
그녀는 두 달 전 서울로 배치받았다.

02 해설

현재 사실(현재 10년이 젊지 않은 것)에 반대되는 내용을 말할 때 가정법 과거를 사용한다. 주절의 동사가 'could + V원형'이므로 if절의 동사 자리에는 동사의 과거형 were가 와야 한다.

해석
내가 10년만 젊었어도 당신에게 청혼할 수 있었을 텐데.

03 해설

과거 사실(네가 서울에 올 것이란 걸 몰랐다)과 반대되는 가정이나 소망을 나타낼 때 가정법 과거완료가 사용된다. If절은 if를 생략하여 주어와 동사가 도치되었다. 가정법 과거완료는 주절의 동사 자리에 'would + have + pp'가 와야 하므로 would have gone이 정답이 된다.

해석
네가 서울에 올 것이란 걸 알았더라면, 내가 마중하러 공항에 갔었을 텐데.

정답 01 ② 02 ③ 03 ③

checkpoint 해설 & 정답

04 해설
forbid + 목적어 + to부정사 : 목적어가 ~하는 것을 금지하다
조동사의 수동태는 '조동사 + be + pp'의 형태를 가진다.
※ prevent/prohibit/keep A from Ving : 'A가 Ving하지 못하게 하다'

해석
어린이들이 폭력적인 게임을 하는 것은 금지되어야 한다.

05 해설
if절에 had found가 왔고 과거 사실(적당한 재료가 없었다)과 반대되는 가정이나 소망을 나타내므로 가정법 과거완료를 써야 한다. 따라서 주절에는 'would + have + pp'의 형태인 would have cooked가 와야 한다.

해석
적당한 재료가 있었더라면, 어제 네가 가장 좋아하는 음식을 해줬을 텐데.

06 해설
주어와 동사의 관계가 수동이고, 동사 control 뒤에 목적어가 없으므로 수동태를 써야 한다. 조동사의 수동태는 '조동사 + be + pp' 형태로 쓰기 때문에 can be controlled가 이 문장의 동사가 된다.

해석
라디오에 있는 그 다이얼을 조정하면 소리의 음량은 조절될 수 있다.

정답 04 ③ 05 ③ 06 ②

04

Kids must be ( ) to play violent computer games.

① prevented
② prohibited
③ forbidden
④ kept

05

I ( ) you the food that you like the most yesterday if I had found that the proper ingredients.

① cooked
② would be cooking
③ would have cooked
④ had cooked

06

The volume of sounds can be ( ) by adjusting the dial on the radio.

① control
② controlled
③ controls
④ controlling

07

If she (   ) married to him then, she would be happy now.

① got
② should get
③ has got
④ had got

07 해설

if절은 과거를 나타내는 부사 then이 쓰이면서 과거 사실(그와 결혼을 하지 않았다)에 반대되는 가정을 나타내고 있으므로 가정법 과거완료형인 had got married가 와야 한다. 주절은 now가 쓰여 현재 사실(그녀는 지금 행복하지 않다)에 반대되는 결과를 이야기하고 있으므로 가정법 과거가 쓰인다. if절과 주절이 서로 다른 시점을 말하고 있으면 가정법의 시제 역시 각각 다르게 쓰이는 혼합가정법을 사용해야 한다.

해석
그녀가 그때 그와 결혼했다면 지금 그녀는 행복할 텐데.

08

The Italian old man was made (   ) the guitar on the stage against his will.

① play
② playing
③ played
④ to play

08 해설

사역동사 make의 수동태는 'be made + to부정사'의 형태이므로 to play가 적절하다.

해석
그 이탈리아 노인은 본의 아니게 무대에서 기타를 연주하게 되었다.

09

With your love, I could do anything for you.
= If you (   ) me, I could do anything for you.

① love
② loved
③ will love
④ has loved

09 해설

부사구 With your love에 if절이 숨어있는 경우이다. 주절의 동사 형태가 'could + V원형'이므로 가정법 과거로, if절의 동사 형태는 과거형 동사 loved가 와야 한다.

해석
당신의 사랑이 있다면, 나는 당신을 위해 무엇이든 할 수 있을 텐데.

정답 07 ④ 08 ④ 09 ②

제2편 실전예상문제 **249**

checkpoint 해설 & 정답

10 해설
If you should meet my husband에서 if를 생략하고 you와 should를 도치시킨 구문이기 때문에 빈칸에는 Should you meet이 올 수 있다. If절 뒤에 명령문이 올 경우, should가 if절의 가능성을 극단적으로 낮춰서 주절의 명령문에 정중한 부탁의 느낌을 표현한다.

해석
만일 네가 나의 남편을 만난다면, 내가 라운지에서 그를 기다리고 있다고 전해줘.

11 해설
주절에서 asked라는 과거시제가 쓰였으므로 while절도 과거로 시제를 맞춰야 한다. 또, car와 repair의 관계는 수동이므로 수동태를 써야 한다. 따라서 과거 진행형의 수동태인 was being repaired가 답이 된다.

해석
차가 수리되는 동안 나는 렌트를 요구했다.

12 해설
It is time은 '이제 ~할 시간이다'라는 가정법의 관용표현으로 이 뒤에는 과거형이 사용된다. It is time 다음에 과거형을 쓰는 이유는 이미 어떤 행동을 해야 했던 시간인데 아직 하지 않고 있는 사람에게 때가 지났음을 알려주기 위함이기 때문이다.

해석
지금이 환경오염을 그만둘 최적의 때다.

정답 10 ④ 11 ③ 12 ③

10

( ) my husband, please tell him that I am waiting for him in the lounge.

① Had met
② Unless you meet
③ Will you meet
④ Should you meet

11

While the car ( ), I asked for a rental.

① repaired
② being repaired
③ was being repaired
④ will be repaired

12

It is high time we ( ) poisoning our environment.

① stop
② has stopped
③ stopped
④ had stopped

13

Many North Koreans often have been (   ) South Korean culture since the meeting in June 2000.

① seen to encounter
② seen to be encountered
③ seen encounter
④ seeing encountered

14

If the sun were to come falling from the sky, the universe (   ).

① would have been destroyed
② should be destroyed
③ will be destroyed
④ have been destroyed

15

If it (   ) for my terrible mistake, we wouldn't have broken up.

① had not been
② is not
③ were not
④ has not been

13 해설

5형식 문장인 '지각동사 see + 목적어(many North Koreans) + 목적보어(encounter)'의 수동태형을 묻는 문제이다. 5형식 문장을 수동태로 전환하면 목적보어 자리에 왔던 원형부정사는 to부정사로 바뀐다. 따라서 be seen to encounter 형태가 된다.

해석

많은 북한인들이 2000년 6월에 있었던 그 회담 이후로 남한의 문화를 접하는 것이 자주 목격되어 오고 있다.

14 해설

미래에 일어날 가능성이 낮을 때 가정법 미래를 사용한다. 가정법 미래는 If + 주어 + were to + V원형, 주어 + would/should/could/might + V원형의 형태이다. 또, 우주는 파괴되는 것이므로 universe와 destroy의 관계는 수동이므로 수동태를 써야 한다. 따라서 should be destroyed가 정답이 된다.

해석

만일 태양이 하늘에서 떨어지면 우주는 멸망할 것이다.

15 해설

주절에 would have pp가 나왔고 if 절의 내용이 과거 사실에 반대되는 가정이므로 가정법 과거완료형을 써야 한다. '만약 ~이 없었다면' 과거 사실의 가정에는 If it had not been for~인 가정법 과거완료형이 사용된다.

해석

내가 엄청난 실수를 하지 않았다면, 우리는 헤어지지 않았을 텐데.

정답 13 ① 14 ② 15 ①

checkpoint 해설 & 정답

16 해설

과거 사실(과거 2월 29일에 태어난 것)에 대한 소망(2월 29일 하루 전인 28일에 태어났었다면)을 나타내므로 'I wish + 가정법 과거완료' 형태가 적절하다. 또, '태어나다'는 bear (낳다)의 수동태로 써야 하기 때문에 had been born이 정답이 된다.

해석

A : 너는 2월 29일에 태어나서 생일이 4년에 한 번씩 돌아오는구나.
B : 응, 내가 하루 전에 태어났더라면 좋았을 텐데.

17 해설

3형식 문장에서 that절이 목적어일 경우, 수동태로 전환할 때 that절의 주어를 수동태의 주어로 사용할 수 있다. 그러면 'that절의 주어(the company) + is said + to부정사(that절의 동사 is를 to부정사인 to be로 고침)' 형태로 바뀌므로 빈칸에 들어갈 말은 The company is said가 된다.

해석

A : 사람들이 그 회사가 파산했다고 말하더라.
B : 맞아! 그 회사는 파산됐다고 말해지더라.

정답 16 ③ 17 ④

16

A : You were born on the 29th of February, so your birthday comes round once every four years.
B : Right, I wish I (　　) one day before.

① have born
② had born
③ had been born
④ was born

17

A : People say that the company is bankrupt.
B : Right! (　　) to be bankrupt.

① It is said that
② The company says
③ It is said that the company is
④ The company is said

18

A : I think we can work efficiently thanks to computers.
B : Right. (   ) computer, we would have to work in primitive way.

① With
② Had it not been for
③ Was it not for
④ If it were not for

18 해설
현재 사실(현재 컴퓨터가 있다)에 반대되는 가정이고, 주절의 동사 형태가 'would + 동사원형'이므로 가정법 과거가 와야 한다. 따라서 if절 역시 가정법 과거형인 If it were not for가 적절하다.
※ If it were not for~ : '~이 없다면'
= Were it not for~
= Without~
= But for~
② If it had not been for에서 if를 생략한 것으로 가정법 과거완료 형태이다.

해석
A : 우리는 컴퓨터 덕분에 효율적으로 일을 할 수 있는 것 같아.
B : 맞아. 컴퓨터가 없다면, 우리는 원시적인 방법으로 일해야 할 텐데.

19

• The argument can't be settled by (   ).
• My girlfriend talks as if she (   ) my mother.

① anybody – is
② anybody – were
③ nobody – is
④ nobody – were

19 해설
의미에 맞게 능동태 문장으로 바꾸면 Nobody can settle the argument이다. 이 문장을 수동태로 전환할 때 부정주어 nobody는 not + anybody로 분리된다. 따라서 'not ~ by anybody'의 형태로 고칠 수 있으므로 수동태로 바꾸면 The argument can't be settled by anybody이다. 직설법 현재시제 + as if 뒤에 현재 사실에 반대되는 내용이 오면 동사 자리에 가정법 과거형 did나 were이, 과거 사실에 반대되는 내용이 오면 가정법 과거완료형 had + pp가 온다.

해석
• 그 논쟁은 어느 누구에 의해서도 해결될 수 없다.
• 내 여자친구는 마치 우리 엄마인 것처럼 얘기한다.

정답 18 ④   19 ②

checkpoint 해설 & 정답

20 해설

If가 생략된 가정법 과거완료 구문이다. 조건절에는 원래 if I had had more time이 와야 하는데 if가 생략되고 had + pp의 had가 앞으로 나와야 하므로 had I had가 정답이다. 동사 take place는 자동사이므로 수동태로 쓸 수 없기 때문에 taken이 적절하다.

해석
- 시간이 좀 더 있었더라면, 내가 그에게 더 잘할 수도 있었을 텐데.
- 토론이 두 최고 경영자들 간에 이루어졌다.

21 해설

주어 anyone 다음에 call이라는 동사원형이 오려면 should가 필요하다. 이 문장은 원래 가정법 미래 If anyone should call me up ~에서 if를 생략하고 주어 anyone과 동사 should가 도치된 형태이다. 동사 award는 4형식 동사이므로 동사 뒤에 간접목적어와 직접목적어를 필요로 한다. 이 문장에선 직접목적어 a certificate만 왔으므로 수동태 be awarded가 와야 한다.

해석
- 내가 없는 동안에 누가 전화하면, 4시까지 돌아올 것이라고 전해주세요.
- 이 과정을 성공적으로 이수한 사람에게는 증서가 주어질 것이다.

정답 20 ①   21 ④

20
- I could have done better to him, (　　) more time.
- Discussion have (　　) place between the two CEOs.

① had I had – taken
② had I had – been taken
③ had I – taken
④ had I – been taken

21
- (　　) anyone call me up while I am out, please tell him I'll be back by 4.
- Those who complete the course successfully will (　　) a certificate.

① If – award
② If – be awarded
③ Should – award
④ Should – be awarded

※ 다음 밑줄 친 부분 중 어법상 어색한 것을 고르시오. (22 ~ 26)

22

① He is ② thought that a trip to the moon will ③ be made ④ possible.

23

Her husband ① is said to ② be a doctor even though he ③ isn't looked ④ like one.

24

① Had I ② have been in your position, I ③ would have reported the stalker ④ to the police.

---

22 해설

①·② '일반인 주어(people) + think + that절' 형태의 문장을 가주어 it을 이용해 수동태로 만들면 'It is thought that~'이 된다. 따라서 he를 가주어 it으로 고쳐야 한다.
③·④ 5형식 문장의 수동태 문제이다. 능동태 문장인 'People will make a trip to the moon possible.'을 수동태로 고치면 'A trip to the moon will be made possible.' 이다.

해석
달로의 여행이 가능해질 것이라고 생각된다.

23 해설

look은 자동사이므로 수동태로 쓸 수 없다. 따라서 doesn't look으로 고쳐야 한다.
①·② '일반인 주어(people) + think + that절': People say that her husband is a doctor.
→ that절의 주어를 이용한 수동태: Her husband is said to be a doctor.

해석
그녀의 남편은 비록 그렇게 보이지는 않지만 의사라고 한다.

24 해설

주절의 동사 형태가 would have reported로 가정법 과거완료이므로 if절에도 가정법 과거완료인 had + pp 형태가 와야 한다. 따라서 If I had been in your position에서 if를 생략하고 주어와 동사가 도치된 형태인 Had I been in ~이 와야 하므로 have been을 been으로 고쳐야 한다.

해석
내가 너의 입장이었다면 나는 그 스토커를 경찰에 신고했을 텐데.

정답 22 ① 23 ③ 24 ②

checkpoint 해설 & 정답

25 해설
문장의 주어는 The scientific study 이므로 동사 be called의 수를 주어 (the scientific study)의 수인 단수에 일치시켜야 한다. 따라서 is called로 고쳐야 한다.

해석
열, 빛, 소리, 압력, 중력, 그리고 전기 같은 힘과 그것들이 물체에 영향을 주는 방법에 대한 과학적 연구는 물리학이라고 불린다.

26 해설
if wearing safety belts는 조건절 If they had been wearing safety belts에서 분사구문 If they having been wearing safety belts로 변형시킨 후, 접속사 if는 남겨두고 they와 having been을 생략하여 만든 형태이다. 따라서 if절에 가정법 과거완료 형태인 had been이 왔으므로 주절도 가정법 과거완료 형태인 would have been saved로 고쳐야 한다.

해석
사고가 발생했을 때, 사람들이 자리에서 튕겨져 나가는 것이 대부분의 심각한 부상과 사망의 원인이 된다. 안전벨트를 착용하면 사고로 사망한 사람의 약 40%가 목숨을 건질 수 있다.

정답 25 ④ 26 ④

25

The scientific study of forces ① such as heat, light, sound, pressure, gravity, and electricity, ② and the way that they ③ affect objects ④ are called physics.

26

When accidents occur, most serious injuries and deaths ① are caused by people ② being thrown from their seats. About 40 percent of those ③ killed in accidents ④ would be saved if wearing safety belts.

※ 다음 중 어법상 가장 적절하지 않은 것을 고르시오. (27 ~ 29)

27
① The city was stunned by a huge earthquake that was happened in the early morning.
② If you should die, it would be the end of the world.
③ As a medical doctor serving in the war, she was exposed to many dangers.
④ They would have bought this fancy furniture had they had enough money.

27 해설
happen은 자동사이므로 수동태가 불가한 동사이다. 따라서 was happened를 happened로 고쳐야 한다.
② 아직 발생하지 않은 미래 사실(네가 안 죽을 것이다)에 반대되는 가정을 표현할 때는 가정법 미래 [If + S + should + V원형, S + would + V원형]을 사용한다.
③ 주어인 she가 수동적으로 노출된 것이므로 수동태가 와야 하며, expose는 전치사 to와 함께 쓰인다. be exposed to : ~에 노출되다
④ '가정법 과거완료의 주절 + if가 생략된 if절'의 형태이다. 본래는 'If they had had enough money, they would have bought this fancy furniture.'라는 가정법 과거완료 문장인데 주절과 if절의 순서를 바꾼 후, if절의 if를 생략하고 주어 they와 동사 had의 위치를 바꾼 것이다.

해석
① 그 도시는 이른 아침에 일어났던 지진으로 인해 깜짝 놀랐다.
② 만에 하나 네가 죽기라도 한다면, 그건 세상의 끝일 것이다.
③ 전쟁터에서 근무하는 의사이므로 그녀는 많은 위험에 노출되어 있었다.
④ 돈이 충분히 있었더라면, 그들은 이 멋진 가구를 샀었을 것이다.

정답 27 ①

checkpoint 해설 & 정답

28 해설

if절이 명백한 19세기 과거 사실에 반대되는 가정이므로 과거형 동사 were를 가정법 과거완료 had been으로 고쳐야 한다. 주절에는 today가 나오므로 현재 사실에 반대되는 내용인 가정법 과거(would be)가 쓰인 혼합 가정법이다.

① want + Ving는 '~를 필요로 하다'의 의미로 형태는 능동태이지만 수동의 의미를 나타내고 있으므로 능동태로 표현하는 것이 옳다.

② 접속사 as if가 가정법 문장을 이끌 때, 주절의 시제와 관계없이 과거형은 주절의 시제와 같다는 것을, 과거완료형은 주절의 시제보다 과거의 일임을 나타낸다. 목격한 것은 이야기하는 것보다 과거의 일이므로 과거완료형 had witnessed는 적절하다.

③ 여기서 acquaint(익히다)와 you는 수동의 관계이기 때문에 수동태 be acquainted로 써야 하는데 be동사 대신 become을 써서 동작의 의미를 강조한 것이다.

해석

① 저 불쌍한 아이들은 보살핌을 받을 필요가 있다.
② Tom은 마치 그 교통사고를 직접 목격한 것처럼 이야기한다.
③ 당신은 곧 그 절차에 익숙해질 것이다.
④ 19세기에 정치인들이 현명했다면, 한국은 오늘날 선진국 중 하나가 되었을 텐데.

28
① Those poor children want looking after.
② Tom talks as if he had witnessed the traffic accident himself.
③ You'll soon become acquainted with the procedures.
④ If the politicians were wise in the late 19th century, Korea would be one of the most advanced nations today.

정답 28 ④

29　① Even if the sun were to rise in the west, I couldn't change my mind.
　② I was bought a new bicycle by my father.
　③ Were it not for instruments and equipment, the modern scientist would be helpless.
　④ The boy was seen to pick the purse of a lady by a policeman.

해설 & 정답

29 해설

같은 의미의 능동태 문장으로 바꾸면 My father bought me a new bicycle.인데 4형식 동사 buy의 경우, 간접목적어로는 수동태가 불가하고 직접목적어를 주어로 하는 수동태로만 바꿀 수 있다. 따라서 의미에 맞는 수동태로 바르게 고치려면, A new bicycle was bought for me by my father.이 적절하다.
① 미래 사실(해가 서쪽에서 안 뜰 것이다)과 반대되는 가정, 즉 전혀 불가능한 일에 대한 가정을 표현할 때는 가정법 미래[If + S + were to + V원형, S + would + V원형]를 쓴다.
③ '만일 ~이 없다면'을 뜻하는 가정법 과거 If it were not for에서 if를 생략하고 주어와 동사를 도치시킨 문장이다.
④ 5형식 문장의 지각동사를 수동태 형태로 바꾸면 보어 자리에 오던 원형부정사는 to부정사로 바뀐다. 따라서 was seen to pick은 적절하다.

해석
① 해가 서쪽에서 뜬다고 할지라도, 내 마음을 돌릴 순 없을 텐데.
② 아빠가 나에게 새로운 자전거를 사주셨다.
③ 기구와 장비가 없었다면, 현대 과학자들은 속수무책이었을 것이다.
④ 경찰은 그 소년이 한 여성의 지갑을 훔치는 것을 목격했다.

정답　29 ②

※ 다음 중 어법상 가장 적절한 것을 고르시오. (30 ~ 32)

30   ① More than 10,000 people are held by this concert hall.
     ② If he had not died in the war, he would be forty now.
     ③ He is addicted with alcohol.
     ④ Suppose you be in my place, what would you do?

30 해설

if절에는 과거 사실(그가 전쟁에서 죽었다)에 반대되는 내용이므로 가정법 과거완료가, 주절에는 현재 사실(그는 현재 마흔 살이 되지 못한 것)에 반대되는 내용이므로 가정법 과거가 오는 혼합 가정법이다.
① '수용하다'라는 뜻을 가진 hold는 수동태를 만들 수 없는 상태동사이다. 따라서 'This concert hall holds more than 10,000 people.'로 고쳐야 한다.
③ '~에 중독되다'는 be addicted to이므로 전치사 with를 to로 고쳐야 한다.
④ Suppose는 if를 대신하여 쓰인 접속사로 주절이 가정법 과거이므로 Suppose절도 가정법 과거가 와야 한다. 따라서 be를 동사의 과거형 were로 고쳐야 한다.

해석
① 그 공연장은 만 명 이상의 사람들을 수용한다.
② 그가 전쟁에서 죽지 않았다면, 그는 지금 마흔 살일 텐데.
③ 그 남자는 알코올에 중독됐다.
④ 네가 내 입장이라면 어떻게 할래?

정답   30 ②

31　① If I had enough money at that time, I would have lent it to you.
　② More than one-third of the Earth's land surface is covered in glaciers.
　③ We insisted that a special meeting was set up to discuss the matter.
　④ She is considered one of the greatest artists in the world.

해설 & 정답

31 해설
consider는 5형식 동사로 'consider + 목적어 + 목적보어'의 형태가 와야 하는데 여기선 목적어가 수동태 문장의 주어가 되었다. 따라서 consider가 수동태(is considered)가 되어도 동사 뒤에는 목적보어(one of the greatest artists)는 그대로 남아있는 형태이다.
① 주절에 would have pp가 쓰였고, 조건절에도 at that time이라는 과거 시제를 나타내는 부사가 있으므로 과거 사실에 반대되는 가정인 가정법 과거완료가 와야 한다. 따라서 had를 had pp 형태인 had had로 고쳐야 한다.
② '~로 덮여있다'는 be covered with이므로 따라서 전치사 in을 with로 고쳐야 한다.
③ insist와 같이 강한 요구를 나타내는 동사에 이어지는 절에는 가정법 현재가 사용된다. 가정법 현재에서는 원형동사가 사용되므로 was set up을 be set up으로 고쳐야 한다.

해석
① 내가 그때 돈이 충분히 있었다면, 너에게 돈을 빌려줬을 텐데.
② 지구 육지 표면의 1/3 이상이 빙하로 덮여있다.
③ 우리는 그 문제를 논의할 특별한 회의가 열려야 한다고 주장했다.
④ 그녀는 가장 위대한 예술가 중 한 명으로 여겨진다.

정답　31 ④

checkpoint 해설 & 정답

32 해설
'가정법 미래의 주절 + if가 생략된 if절'의 형태이다. 본래는 If you should be interested in our offer, please contact us라는 문장인데 주절과 if절의 순서를 바꾼 후, if절의 if를 생략하여 주어 you와 동사 should의 위치를 바꾼 것이다.
② 명령문 Don't forget it의 수동태를 묻는 문제이다. 명령문의 수동태는 사역동사 let을 활용하여 Let it not be forgotten. 혹은 Don't let it be forgotten.으로 고쳐야 한다.
③ if절의 과거어구 the day before yesterday를 보면 과거 사실에 반대를 나타내는 가정인 것을 알 수 있으므로 가정법 과거완료를 써야 한다. 따라서 started를 had started로 고쳐야 한다. if절은 가정법 과거완료, 주절은 가정법 과거인 혼합 가정법이다.
④ 비용이 오른다는 의미에서의 rise는 1형식의 자동사이므로 수동태가 불가능하다. 따라서 has risen으로 고쳐야 한다.

해석
① 우리의 제안에 관심이 있다면 연락주세요.
② 그것이 잊히지 않게 해주세요.
③ 그들이 만일 그저께 출발했었다면, 지금 여기에 있지 못했을 텐데.
④ 대학 교육의 비용은 지난 수년간 너무나 순식간에 치솟아 버렸다.

33 해설
'만일 ~한다면'의 의미인 조건절에는 접속사 if를 쓸 수 있다. If 외에도 'providing/provided/supposing/suppose + that + S + V'의 형태로 조건절을 쓸 수 있다.

해석
만일 너의 아버지가 그 소식을 들으신다면 뭐라고 하시겠니?

정답 32 ① 33 ④

32
① Please contact us should you be interested in our offer.
② Don't be forgotten it.
③ If they started the day before yesterday, they would not be here now.
④ The cost of a college education has been risen such rapidly during the past several years.

33 다음 중 빈칸에 들어갈 수 없는 것을 고르시오.

( ) your father heard the news, what would he say?

① Provided
② Supposing
③ If
④ With

34 다음은 직설법 문장을 가정법 문장으로 바꾼 것이다. 빈칸에 알맞은 말을 넣어 문장을 완성하시오.

> As he didn't take the doctor's advice two years ago, he isn't healthy now.
> → If he (   ) the doctor's advice two years ago, he might (   ) now.

① took – be healthy
② took – have been healthy
③ had taken – be healthy
④ had taken – have been healthy

35 다음 주어진 문장을 같은 의미로 바꾸어 표현한 것 중 적절하지 않은 것은?

> Without your help, I couldn't finish this project on time.

① Had it not been for your help, I couldn't finish this project on time.
② But for your help, I couldn't finish this project on time.
③ If it were not for your help, I couldn't finish this project on time.
④ If you didn't help me, I couldn't finish this project on time.

34 해설
as절에서는 two years ago라는 과거를 나타내는 부사가 오고, 주절에는 now라는 현재시제를 나타내는 시간의 부사가 오고 있어서 if절과 주절이 서로 다른 시점을 말하고 있으므로 혼합 가정법을 사용해야 한다. 따라서 if절은 가정법 과거완료로 'had + pp'형인 had taken이, 주절에는 가정법 과거로 'might + 동사원형'인 might be healthy가 와야 한다.

해석
2년 전 의사의 충고를 받아들이지 않아서, 그는 지금 건강하지 않다.
→ 2년 전 의사의 충고를 받아들였다면, 그는 지금 건강할지도 모를 텐데.

35 해설
제시된 문장에서 주절이 couldn't finish이므로 가정법 과거형을 사용해야 한다.
가정법 과거형 '만일 ~이 없다면'은 If it were not for ~ = Were it not for ~ = Without ~ = But for ~ = Except for ~이다.
Had it not been for ~은 가정법 과거완료형이다.

해석
만약에 너의 도움이 없다면, 정해진 시간에 이 프로젝트를 못 끝낼 수도 있을 텐데.

정답 34 ③ 35 ①

checkpoint 해설 & 정답

36 해설

otherwise는 '그렇지 않다면'의 뜻으로 앞에 나오는 절의 반대되는 내용을 이야기한다. otherwise 뒤에는 would go라는 가정법 과거 동사가 있고, otherwise에 현재 사실('나는 현재 매우 바쁘다')에 반대되는 내용이 나와야 하므로 가정법 과거를 써야 한다.

37 해설

hold는 '개최하다'의 의미인 타동사인데, 대통령 선거는 능동적으로 개최하는 것이 아니라 수동적으로 개최되는 것이므로 수동태 형태로 와야 한다. 또, every four years는 반복되는 사실을 표현하는 부사이므로 현재시제가 와야 한다. 따라서 hold를 현재시제의 수동태인 are held로 고쳐야 한다.
② clean은 자동사, 타동사 둘 다 쓰일 수 있는 동사이다. 이 문장에서는 자동사로 쓰여 '깨끗해지다'의 의미로 사용되고 있다.
④ 5형식 문장에서는 보어 자리에 형용사, 명사, 분사 등이 올 수 있는데 이는 문장이 수동태로 바뀌어도 원래에 위치에 남아있다. 5형식 동사 paint가 수동태로 바뀌어도 보어인 형용사 white는 동사 뒤에 그대로 남는다.

정답 36 ③ 37 ③

---

36 다음 중 밑줄 친 otherwise를 바르게 풀어쓴 것은?

> I'm awfully busy now, <u>otherwise</u> I would go to your birthday party.

① If I wouldn't be very busy
② If I am not very busy
③ If I were not very busy
④ If I had not been very busy

37 주어진 우리말을 영어로 옮긴 것 중 적절하지 <u>않은</u> 것은?

① 이 냉장고는 중고이기 때문에 비쌀 리가 없다.
  → This refrigerator can't be expensive because it's used.
② 이 창문은 쉽게 닦인다.
  → This window cleans easily.
③ 미국에서는 4년마다 한 번씩 대통령 선거가 치러진다.
  → In the United States, presidential elections hold once every four years.
④ 집의 벽이 남편에 의해서 하얗게 칠해졌다.
  → The wall of the house was painted white by my husband.

38 주어진 우리말을 영어로 옮긴 것 중 적절하지 않은 것은?

> 미국은 50개 주로 구성되어 있다.

① The United States is composed of 50 states.
② The United States comprises 50 states.
③ The United States is consisted of 50 states.
④ The United States is made up of 50 states.

39 주어진 우리말을 영어로 옮긴 것 중 적절하지 않은 것은?

> 그들은 그녀가 현모양처라고 생각한다.

① They think that she is a wise mother and good wife.
② She is thought to be a wise mother and good wife.
③ It is thought that she is a wise mother and good wife.
④ That she is a wise mother and good wife is thought.

40 주어진 우리말을 영어로 옮긴 것 중 가장 적절한 것은?

> 우리가 작년에 그 아파트를 구입했었더라면 얼마나 좋을까.

① I wish we purchased the apartment last year.
② I wished we purchased the apartment last year.
③ I wish we had purchased the apartment last year.
④ I wished we had purchased the apartment last year.

해설 & 정답 checkpoint

38 해설
comprise = consist of = be composed of = be made up of : ~로 구성되어 있다
consist는 자동사이므로 목적어를 취하려면 전치사 of와 함께 써야 한다. consist of 자체가 '~로 구성되어 있다'라는 뜻으로 be consisted of는 불가능한 표현이다. 따라서 is consisted of를 consists of로 고쳐야 한다.

39 해설
that절은 수동태의 주어가 될 수 없다. 3형식 문장에서 목적어가 that절인 경우인 '일반인 주어(They, People 등) + say/believe/expect/think + that절'의 형태를 수동태로 전환할 때는 가주어 It을 이용할 수도 있고(It is said/believed/expected/thought + that절), that절의 주어를 이용할 수도 있다(주어 + is said/believed/expected/thought + to부정사).

40 해설
과거 사실(작년에 그 아파트를 구입하지 않은 것)에 반대되는 소망을 말하고 있으므로 가정법 과거완료를 써야 한다. I wish 가정법 과거완료는 I wish + had + pp형태이다.

정답 38 ③ 39 ④ 40 ③

제 9 장 문장 형식과 동사 유형

※ 다음 빈칸에 들어갈 말로 가장 적절한 것을 고르시오. (01 ~ 19)

01

The life of star ( ) its final stage when the core of iron builds up in the center.

① arrives
② falls
③ reaches
④ lies

01 해설
빈칸 뒤에 its final stage라는 목적어를 취하고 있으므로 빈칸에는 타동사가 위치해야 한다. 목적어를 취할 수 있는 타동사는 reaches뿐이다.

해석
별의 중앙에 철 덩어리가 형성되면 별의 일생도 마지막 단계에 접어든다.

02

After the accident, the doctor ordered him to ( ) in bed for three weeks.

① lay
② lie
③ lain
④ laid

02 해설
타동사(order) + 목적어(him) + 목적보어(to부정사) 구문이다. 따라서 전치사 to 뒤에는 동사원형이 와야 한다. lay는 타동사로 '눕히다'의 의미이고, lie는 자동사로 '눕다'라는 의미이다. 빈칸 뒤에는 목적어가 아닌 전치사 in이 따라 나오므로 빈칸에는 자동사 lie가 적절하다.
lie-lay-lain(자동사) : '눕다'
lay-laid-laid(타동사) : '~을 눕히다'

해석
그 사고 이후, 의사는 그에게 3주간 침대에 누워있으라고 했다.

03

The people ( ) the government of shirking its responsibilities.

① angered
② talked
③ accused
④ responded

03 해설
전치사 of와 어울릴 수 있는 동사는 accuse뿐이다. accuse A of B는 'A를 B로 비난하다'라는 의미로 사용된다.

해석
사람들은 정부가 책임을 회피하고 있다고 비난했다.

어휘
shirk 회피하다

정답 01 ③ 02 ② 03 ③

04

I don't know why he refused (　　) the issue.

① to discuss
② discussing
③ discuss
④ discussed

05

The employee would rather (　　) the matter in private than in the open.

① discuss
② to discuss
③ discussing
④ discussed

06

Unlike most Europeans, many Americans (　　) bacon and eggs for breakfast every day.

① used to eating
② are used to eat
③ are used to eating
④ used to be eaten

04 해설
refuse는 to부정사를 목적어로 취하는 동사이므로 to discuss가 적절하다.

해석
그가 왜 그 문제에 대해 논의하는 것을 거부하는지 모르겠다.

05 해설
would rather은 '~하고 싶다'라는 의미의 조동사이므로 뒤에 동사원형 discuss가 위치해야 한다.

해석
그 직원은 그 문제를 공개적으로보다는 개인적으로 토론하고 싶어한다.

06 해설
의미상 '~에 익숙하다'인 'be used to + Ving'를 써야 하므로 are used to eating이 정답이 된다.
※ be used to + 동사원형 : '~에 사용되다'
be used to + Ving : '~에 익숙하다'
used to + 동사원형 : '~하곤 했다'

해석
대부분의 유럽인들과 달리 미국인들은 베이컨과 계란으로 아침을 먹는 데 익숙하다.

정답 04 ① 05 ① 06 ③

checkpoint 해설 & 정답

07 해설
prefer가 두 가지 대상을 비교하며 더 좋아하는 것에 대해 말할 때, 목적어로 to부정사를 사용한다. 이 문장에서 rather than 뒤에 비교 대상이 나왔으므로 목적어로 to부정사 형태인 to meet을 사용해야 한다.
※ prefer to A rather than (to) B : 'B 하는 것보다 A 하는 것을 더 선호한다'

해석
그는 자신을 좋아해 주는 사람을 기다리기보다는 그가 좋아하는 사람을 만나기를 선호한다.

08 해설
work가 '작동하다'라는 의미로 쓰일 때는 자동사이므로 문장에 빠진 성분이 없는 완전한 1형식 문장이다. 따라서 빈칸에는 관계대명사가 올 수 없다. 따라서 빈칸은 명사절을 이끄는 의문사 how가 적절하다.

해석
컴퓨터의 작동 원리는 알지 못하더라도 사용할 수는 있다.

09 해설
이 문장은 5형식으로 동사 want는 뒤에 목적어로서 our secret이 위치해 있고 빈칸은 목적격 보어 자리이다. 따라서 목적어와 목적격 보어의 관계는 수동이므로 과거분사 preserved가 와야 한다. 부사 safely는 preserved를 수식하고 있다.

해석
나의 아내는 우리의 비밀들이 안전하게 보호되기를 원했다.

정답 07 ③ 08 ④ 09 ①

07
He prefers (　　) someone he likes rather than wait for someone who likes him.

① meet
② meeting
③ to meet
④ met

08
Even if you don't understand (　　) the computer works, you can use it.

① what
② that
③ which
④ how

09
My wife wanted our secrets (　　) safely.

① preserved
② preserving
③ to preserve
④ preserve

10

We are working to (　　) down the list of possible suspects.

① think
② narrow
③ clear
④ talk

11

Only after it became dark did they (　　) a rest.

① take
② took
③ taken
④ taking

12

My professor suggested (　　).

① me with a study group
② me of a study group
③ me a study group
④ a study group to me

---

10 해설
빈칸 뒤의 전치사 down과 어울리는 적절한 동사는 narrow뿐이다.

해석
우리는 가능한 용의자의 명단을 줄여나가고 있다.

11 해설
only가 포함된 부사절에서는 only의 상황을 강조하기 위해 주절의 주어와 동사를 도치시키기도 한다. 부사절은 Only ~ dark까지이고, 주절에서는 조동사 did 다음에 주어 they가 위치하고 있다. 조동사 did 뒤에는 다른 삽입 어구가 있더라도 동사원형이 와야 하므로 take가 적절하다.

해석
어두워져야 비로소 그들은 휴식을 취했다.

12 해설
suggest + 사물 + to + 사람 : '~을 -에게 제안하다'

해석
나의 교수님은 스터디 그룹을 나에게 제안했다.

정답 10 ② 11 ① 12 ④

13 해설

지각동사 see는 5형식 문장을 이끌 수 있다. 목적어 a lot of world records와 목적보어 break의 관계는 수동이기 때문에 과거분사 형태인 broken이 와야 한다.

해석

우리는 지난 올림픽에서 많은 세계 기록들이 깨어지는 것을 보았다.

13

We saw a lot of world records ( ) in last Olympic.

① broken
② be broken
③ to be broken
④ break

14 해설

의미상 '토대를 놓다'라는 의미의 문장이다. 따라서 '~을 놓다'라는 의미의 타동사는 lay이므로 lay의 과거형인 laid가 적절하다.

※ lay–laid–laid(타동사, '~을 놓다')
  lie–lay–lain(자동사, '놓여있다')
  lie–lied–lied(자동사, '거짓말하다')

해석

태종은 조선 왕조의 토대를 놓았다.

14

King Taejong ( ) the foundation of the Joseon dynasty.

① lying
② laid
③ lay
④ lied

15 해설

의미상 '청소하는 데 익숙하다'(be used to + Ving)라는 의미보다는 '청소하는 데 사용된다'가 알맞으므로 'be used to + 동사원형'이 적절하다. 따라서 동사원형 clear가 정답이 된다.

deprive A of B는 'A에서 B를 빼앗다'의 의미이므로 전치사 of가 와야 한다.

해석

• 이 장치는 막힌 싱크대를 청소하는 데 사용된다.
• 그 남자는 창문으로 그녀의 돈을 빼앗았다.

15

• This device is used to ( ) blocked sinks.
• The man deprived the window ( ) her money.

① clear – of
② clear – from
③ clearing – of
④ clearing – from

정답 13 ① 14 ② 15 ①

16

- My friend showed (　　) her wedding photos.
- That's because his project are (　　) well presented.

① to me – extreme
② to me – extremely
③ me – extreme
④ me – extremely

17

- Had (　　) asked me, I would have told you the answer.
- She was not used to (　　) Spanish.

① you – speak
② you – speaking
③ your – speak
④ your – speaking

16 해설
show는 4형식 수여동사이므로 동사 뒤에 목적어 2개를 필요로 한다. 직접목적어 자리에 her wedding photos가 나왔고 간접목적어 자리가 비어있으므로 빈칸에는 목적격 me를 사용해 간접목적어 자리를 채운다.
수동태 are presented 사이에 위치하면서 동사를 수식할 수 있는 것은 형용사가 아닌 부사 extremely이다.

해석
- 나의 친구는 나에게 그녀의 결혼사진을 보여줬다.
- 그의 프로젝트가 아주 잘 제시되었기 때문이다.

17 해설
If를 생략한 if절이다. 원래 문장은 'If (　) had asked me, ~'이므로 빈칸에는 주어를 필요로 하기 때문에 주격 you가 주어로 와야 한다.
'~하는 데 익숙하지 않다'라는 의미가 자연스러우므로 be not used to 다음에 동명사 형태인 speaking을 써야 한다.
※ be used to + 동사원형 : '~에 사용되다'
be used to + Ving : '~에 익숙하다'

해석
- 네가 나에게 물어봤다면 내가 대답을 해주었을 텐데.
- 그녀는 스페인어를 말하는 데 익숙하지 않았다.

정답 16 ④   17 ②

18 해설

Waikiki Beach를 목적어로, the best resort를 목적보어로 취할 수 있는 5형식 동사는 consider뿐이다.

※ consider + 목적어 + (to be) + 명사/형용사 : '~를 ~라고 생각하다'

해석

A : 하와이로의 신혼여행은 어땠니?
B : 너무 아름다웠어. 특히, 나는 와이키키 해변이 최고의 휴양지라고 생각해.

19 해설

빈칸 뒤에 목적어도 없고, 의미상 빈칸에는 '눕다'라는 자동사가 들어와야 하는데 과거형이 와야 하므로 자동사 lie의 과거형 lay가 적절하다.

※ lie-lay-lain(자동사, '눕다')
lay-laid-laid(타동사, '~을 눕히다')

해석

A : 저번 크리스마스 때 그녀는 무엇을 했니?
B : 내가 알기론, 그녀는 하루 종일 아무것도 하지 않고 누워서 잤어.

정답 18 ④ 19 ②

18

A : How was your honeymoon to Hawaii?
B : Oh, it was so beautiful. Especially, I ( ) Waikiki Beach the best resort.

① appear
② say
③ prove
④ consider

19

A : What did she do on last Christmas?
B : As far as I know, she ( ) asleep all day long doing nothing.

① lain
② lay
③ laid
④ lying

20 빈칸에 공통으로 들어갈 말을 고르시오.

> The new employee was (　　) next to the president.
> = The new employee (　　) himself next to the president.

① seated
② sat
③ seating
④ sitting

※ 다음 밑줄 친 부분 중 어법상 어색한 것을 고르시오. (21 ~ 23)

21

> The committee ① decided it would be better ② to discuss about the matter ③ thoroughly before they ④ called for a vote.

checkpoint 해설 & 정답

22 해설
동사 need 다음에는 항상 to부정사를 목적어로 취해야 한다. 하지만 raise는 타동사이므로 뒤에 목적어가 나와야 하는데 목적어가 없으므로 타동사 raise를 자동사 rise로 고쳐야 한다.
※ raise-raised-raised(타동사, '~를 올리다')
　rise-rose-risen(자동사, '오르다')

해석
가끔 돌고래들은 산소를 마시기 위해 수면으로 올라올 필요가 있다.

23 해설
borrow는 내가 남에게 빌려올 때 사용하는 동사이고, 3형식으로만 쓸 수 있다. lend는 내가 남에게 빌려주는 상황에서 쓰이는 동사이고, 3형식뿐만 아니라 4형식으로도 쓸 수 있다. 따라서 내가 너에게 돈을 빌려주는 4형식의 문장이므로 borrow를 lend로 고쳐야 한다.
②·③ providing은 if 대신 쓸 수 있는 접속사이다. 따라서 'providing/provided + (that) + S + V'의 형태는 '만일 ~한다면'을 뜻하는 조건절이다.

해석
당신이 충분한 담보만 제공한다면 나는 당신에게 돈을 빌려주겠어요.

정답　22 ②　23 ①

22
① Occasionally, dolphins need ② to raise to the surface of ③ the water to ④ take in oxygen.

23
I will ① borrow you money ② providing ③ that you ④ offer good security.

※ 다음 중 어법상 가장 적절하지 <u>않은</u> 것을 고르시오. (24 ~ 26)

24　① Organic farming can stimulate investment in the rural areas of the state.
　② What should I do to rid your mind of doubt?
　③ Although the man is in his sixties he looks like much younger.
　④ My professor kept me waiting for two hours.

24 해설

look은 2형식 동사로 동사 뒤의 보어 자리에 형용사 (much) younger가 위치해야 한다. 따라서 like를 삭제하고 looks much younger로 고쳐야 한다. look like 뒤에는 명사가 위치할 수 있고 '~처럼 보인다'의 뜻으로 쓰인다.
① 조동사 can 다음에는 동사원형이 온다.
② rid A of B : A에서 B를 제거하다
④ keep은 5형식 문장을 이끄는 동사이고, 목적어 me가 목적보어 wait을 하고 있는 것이므로 목적보어 자리에는 현재분사 waiting이 적절하다.

해석

① 유기농이 이 지방에서 투자를 불러 일으킬 수 있다.
② 당신의 마음에서 의심을 없애려면 내가 무엇을 해야 하나요?
③ 그는 비록 60대이지만 훨씬 더 젊어 보인다.
④ 교수님은 나를 2시간이나 기다리게 했다.

정답　24 ③

25

① My husband let his car be driven.
② Rental cars may be bring back to one of our agencies.
③ I take it for granted that we should try our best for the future.
④ She convinced her husband of his success.

25

해설

be동사 뒤에는 현재분사나 과거분사 형태를 쓴다. 주어인 rental cars와 bring은 수동의 관계이고 동사 뒤에 목적어가 없으므로 수동태를 써야 한다. 따라서 be 다음에 오는 동사원형 bring을 과거분사 brought로 고쳐야 한다.

① 5형식을 이끄는 사역동사 let은 목적보어 자리에 원형부정사를 위치시킨다. 여기선 목적어 his car와 drive의 관계가 수동이므로 수동태가 와야 하기 때문에 목적보어 자리에 be driven은 적절하다.
③ take A for granted : A를 당연하게 여기다
가목적어 it이 진목적어인 that절을 대신하고 있고, 목적보어에는 'for + 명사/형용사'가 오는 형태이다.
④ convince + 사람 + of + 사물 : '~에게 ~을 확신시키다'

해석

① 남편은 자신의 차가 운행되는 것을 허락했다.
② 대여한 차는 우리 지점 중 하나에 반납해도 된다.
③ 나는 우리가 미래를 위해 최선을 다하는 것은 당연하다고 생각한다.
④ 그녀는 남편에게 성공을 확신시켰다.

정답 25 ②

26 ① Make sure to speak clearly when giving a speech.
② Very high taxes have recently been imposed on cigarettes.
③ Only 45% of 5 year-olds have access to preschool education.
④ Feel free to ask questions and talk the issue with any American you meet.

26 해설

talk는 자동사이기 때문에 전치사 about과 함께 쓰일 때 '~에 대해 이야기하다'라는 의미로 쓰이면서 뒤에 목적어를 취할 수 있다. talk 뒤에 the issue란 목적어가 있으므로 talk에 전치사 about을 추가해 목적어를 취할 수 있도록 만들어 준다.
① 1형식 동사 speak는 완전자동사이므로 목적어나 보어를 필요로 하지 않는다. 이 문장에선 동사 뒤에 clearly라는 부사를 위치시켜 동사 speak을 수식하고 있다.
② impose + A + on + B : 'A를 B에게 부과하다'
이 문제에선 impose가 수동태로 쓰였으므로 목적어 없이 바로 전치사 on이 붙어 나와야 한다.
③ 이 문장은 3형식이어서 타동사 have 다음에 목적어 access가 나왔으므로 적절하다.

해석
① 연설할 때에는 분명하게 말하도록 해라.
② 최근에 매우 높은 세금이 담배에 부과되었다.
③ 5살 어린이의 45%만이 유치원 교육을 받고 있다.
④ 당신이 만나는 미국인과 그 이슈에 대해 자유롭게 묻고 이야기 하세요.

정답 26 ④

checkpoint 해설 & 정답

27 해설

'~할 필요가 있다'의 의미로 쓰이는 need는 조동사이므로 부정문을 만들 때는 'need + not + 동사원형'의 형태로 쓰인다. 또, 2형식 동사 feel 뒤에는 보어로서 형용사 inferior이 왔기 때문에 적절하다.
① 이 문장에서 주어 the suitcase와 동사 bring의 관계는 수동이다. 따라서 수동태로 써야 하므로 was bring을 was brought로 고쳐야 한다.
③ blame A for B가 'A를 B로 비난하다'의 뜻이므로 전치사 to를 for로 고쳐야 한다.
④ 동사 marry가 수동태에서 사용될 때, 전치사 to와 결합한다. 따라서 전치사 with를 to로 고쳐야 한다.
※ be/get married to + 사람 : '~와 결혼하다'

해석
① 그 가방이 그의 사무실에 도착했을 때, 그것은 이미 고장 나 있었다.
② 너는 친구들에게 열등감을 느낄 필요가 없다.
③ 사장은 그 프로젝트의 실패를 내 탓이라고 비난했다.
④ 그녀는 홍콩에서 만났었던 펀드 매니저와 결혼했다.

※ 다음 중 어법상 가장 적절한 것을 고르시오. (27 ~ 29)

27
① When the suitcase was bring into his office, it was already broken.
② You need not feel inferior to your friends.
③ My boss blamed me to the failure of the project.
④ She got married with the fund manager she had met in Hong Kong.

정답 27 ②

28 ① The success of our campaign has exceeded at our expectations.
② The staff wait on customers courteously and can explain them the various features of the products.
③ The price of housing jumped suddenly.
④ He had the digital photos printing yesterday.

28 **해설**
S + V의 1형식 완전한 문장으로, 동사 jumped 다음에 부사 suddenly가 오면서 동사를 수식하고 있다.
① 타동사 exceed 다음에는 목적어가 바로 위치해야 한다. 따라서 전치사 at을 삭제한다. exceed는 전치사가 없이 그대로 '~를 초과하다, 뛰어넘다'의 의미로 쓰인다.
② explain은 4형식으로 쓸 수 없는 완전타동사로 간접목적어에 전치사 to를 필요로 한다. 따라서 explain them을 explain to them으로 고쳐야 한다. wait on은 '응대하다'라는 의미로 쓰였다.
④ 사역동사 had는 5형식 문장을 취한다. 이때, 목적어와 목적보어 관계에 따라 목적보어 자리에 과거분사가 올지 현재분사가 올지 결정된다. 목적어 the digital photos와 print의 관계가 수동이므로 printing이 아니라 과거분사 printed가 와야 한다.

해석
① 이번 캠페인의 성공은 우리의 기대를 뛰어넘었다.
② 그 직원은 정중하게 손님들을 응대하고 그들에게 상품의 다양한 특징들을 설명할 수 있다.
③ 주택 가격이 갑자기 폭등했다.
④ 그는 어제 디지털 사진을 인화했다.

정답 28 ③

checkpoint 해설 & 정답

29 해설

동사 attribute는 원인 앞에 전치사 to를 붙여서 사용한다.
※ attribute + A(결과) + to + B(원인) : 'A를 B의 탓으로 돌리다'

① 4형식 동사 give 뒤에는 목적어 2개를 필요로 한다. '무엇을'에 해당하는 직접목적어는 enormous pleasure이므로 간접목적어가 필요하다. 따라서 their를 목적격 them으로 고쳐 간접목적어 자리에 사용한다.

② 5형식 동사 keep은 목적보어 자리에 기본적으로 형용사를 쓴다. 따라서 opening을 형용사 open으로 고쳐야 한다.

④ be동사 뒤에는 동사원형이 올 수 없고 현재분사 혹은 과거분사가 와야 한다. 과거분사가 오면 수동태가 되기 때문에 주어와 동사의 관계가 수동이어야 하고 뒤에 목적어가 없어야 한다. 여기서 주어 they와 동사 produce는 능동의 관계이고, produce 뒤에 power라는 목적어가 있으므로 produce를 현재분사 producing으로 고쳐야 한다.

해석

① 이 이야기들은 수년 동안 그들에게 엄청난 즐거움을 주었다.
② 우리는 그 훈련학교가 계속 운영되기를 원한다.
③ 의사들은 그 질병의 원인을 알려지지 않은 바이러스 탓으로 돌렸다.
④ 잘못될 것은 없고 그들은 계속해서 매일, 심지어 흐린 날에도 전기를 생산해 낼 것이다.

29
① These stories have given their enormous pleasure over the years.
② We want to keep the training school opening.
③ The doctors have attributed the cause of the illness to an unknown virus.
④ Nothing can go wrong with them and they would be constantly produce power every day, even on cloudy days.

정답 29 ③

30 주어진 우리말을 영어로 옮긴 것 중 가장 적절하지 <u>않은</u> 것을 고르시오.

① 이 노래는 항상 나에게 나의 연인을 생각나게 한다.
→ This song always reminds me my loved one.
② 인터넷은 사람들에게 유익한 정보를 제공한다.
→ The Internet provides people with valuable information.
③ 그는 그것에 대해 나에게 아무것도 말하지 않았다.
→ He said nothing to me about it.
④ 나는 영화표를 부모님께 선물했다.
→ I presented movie tickets to my parents.

---

30 [해설]

remind는 간접목적어('누구에게') 부분만을 목적어로 받는 완전타동사로, 직접목적어('무엇을')에 해당하는 부분은 전치사 of와 함께 부사구로 처리해야 한다. 따라서 직접목적어 my loved one 앞에 전치사 of를 추가해야 한다.
※ remind + A(사람) + of + B(사물) : 'A에게 B를 상기시키다'

②·④ provide, present는 간접목적어('누구에게')와 직접목적어('무엇을')를 각각 목적어로 받을 수 있다. 간접목적어를 목적어로 받을 경우엔 직접목적어에 해당하는 부분은 전치사 with와 함께 써야 하고, 직접목적어를 목적어로 받을 경우엔 간접목적에 해당하는 부분은 전치사 to, for 등과 함께 써야 한다.
※ provide/present + 사람 + with + 사물, provide/present + 사물 + to + 사람

③ say는 완전타동사로서 한 개의 목적어만 취한다. 따라서 대상을 추가할 경우 전치사 to를 사용해야 한다.
※ say + 목적어 + to + 대상(사람)

[정답] 30 ①

제10장 특수구문

※ 다음 빈칸에 들어갈 말로 가장 적절한 것을 고르시오. (01 ~ 16)

01

Under no circumstances ( ) confess this secret to him.

① you should
② you
③ should you
④ you shouldn't

01 해설
부정어구 no가 문두에 위치해 있을 땐 부정어구를 강조하기 위한 것으로 주어와 동사의 도치가 일어난다. 따라서 원래 you should confess가 should you confess로 도치된다.

해석
어떠한 상황에서도 그에게 이 비밀을 고백해서는 안된다.

02

( ) the new bed was the glasses my husband had been looking for.

① That
② On
③ Where
④ What

02 해설
'침대 위에'라는 의미의 부사구 on the new bed를 문두에 위치시킨 문장이다. 장소, 방향, 때를 나타내는 부사구가 문두에 올 경우, 주어와 동사의 도치가 발생한다. 원래 문장은 The glasses my husband had been looking for was on the new bed이다. 여기서 보어로 쓰인 부사구를 문두에 위치시키고, 주어(The glasses ~ for)와 동사(was)를 도치시킨 문장이다. 따라서 빈칸에 적절한 것은 전치사 on이다.

해석
나의 남편이 찾던 안경은 새로 산 침대 위에 있었다.

03

Child ( ) she is, she knows a lot about the geography of the world.

① but
② however
③ that
④ as

03 해설
'무관사 명사/형용사/부사 + as + 주어 + 동사'는 '~에도 불구하고'라는 양보의 의미로 쓰인다.

해석
그녀는 아이임에도 불구하고, 전 세계의 지형에 대해 많이 알고 있다.

정답 01 ③ 02 ② 03 ④

04

Though (　　), I'll talk to you all night if you want.

① tired
② tiring
③ I tired
④ having tired

05

In the traffic accident, two drivers were killed and three passers-by (　　) to the hospital.

① rush
② rushing
③ rushed
④ rushes

06

(　　) have financial conditions in this company been better than they now are.

① Seldom
② Still
③ Appropriately
④ Moreover

해설 & 정답

04 해설
부사절에서 주어와 be동사는 함께 생략되는 경우가 많다. 이때, 주절의 주어와 종속절의 주어가 같아야지만 생략할 수 있다. 이 문장에선 주절과 종속절의 주어가 'I'로 같으므로 원래의 부사절 문장인 Though I am tired, 에서 주어와 be동사를 생략하여 Though tired만 남길 수 있다.

해석
피곤하긴 하지만 네가 원한다면 밤새 너와 이야기를 나눌 것이다.

05 해설
불필요한 반복을 피하고 가능한 한 간결한 표현으로 사용하기 위해 생략이 이루어지는 경우가 많다. 이 문장에선 were killed와 were rushed의 were 부분이 공통되므로 뒤에 나온 were을 생략하여 rushed로만 사용할 수 있다.

해석
이 교통사고로 운전자 2명이 숨지고 행인 3명이 병원으로 긴급 후송됐다.

06 해설
빈칸 뒤를 살펴보면, 조동사 have와 주어 financial conditions가 도치되어 있다. 부정의 부사가 문장 맨 앞에 오면 주어와 동사가 도치되므로 빈칸에는 부정어가 위치해야 한다.

해석
이 회사의 재정 상태가 지금보다 나은 적은 거의 없었다.

정답 04 ① 05 ③ 06 ①

제2편 실전예상문제 **283**

checkpoint 해설 & 정답

07 해설
앞 문장의 동사가 일반동사 receives 이므로 뒤에 나오는 문장에서 receives를 받을 때 조동사 do를 활용해 does로 받아야 한다. 또, 비교급 구문에서 than 다음의 종속절의 어순은 주어가 명사인 경우 '주어-동사'의 어순을 바꿔도 되고 안 바꿔도 되므로 than the southern part does = than does the southern part 둘 다 가능하다.

해석
그 나라의 북부지방은 일반적으로 남부지방보다 눈이 더 많이 내린다.

08 해설
원래 문장 Cinderella little dreamed that she would marry a prince에서 부정어 little을 강조하기 위해 문두에 위치시킨 것이다. 부정어 little이 문두에 오면 주어와 동사를 도치시켜야 한다. 이때 동사가 과거시제 (dreamed)이므로 조동사 do를 활용해 'did + 주어 + 동사원형'의 형태로 바꿔야 한다. 따라서 Little did Cinderella dream이 정답이 된다.

해석
신데렐라는 자신이 왕자와 결혼하게 되리라고는 거의 상상하지 못했다.

09 해설
동격을 나타내는 전치사 of이다. the chance와 seeing her는 같은 내용이기 때문에 그 사이에 동격의 of를 위치시켜 동격어를 연결시킬 수 있다.

해석
나는 그녀를 만날 기회로 그 파티에 갔다.

정답 07 ① 08 ④ 09 ②

07
The north part of the nation generally receives more snow than ( ) the southern part.

① does
② in it does
③ it does in
④ in

08
( ) that she would marry a prince.

① Little dreamed Cinderella
② Little Cinderella had dreamed
③ Little did dream Cinderella
④ Little did Cinderella dream

09
I went to the party on the chance ( ) seeing her.

① to
② of
③ about
④ from

10

( ) had the exhausted man seated himself on the sofa than he collapsed.

① No sooner
② As soon as
③ Ever
④ Never

11

( ) 2002 that Korea hosted the 17th World Cup with Japan.

① In
② By
③ When it was
④ It was in

12

The more humorous you are, ( ).

① the more I am likely to fall for you
② the much I am likely to fall for you
③ the more likely I am to fall for you
④ the much likely I am to fall for you

checkpoint 해설 & 정답

13 해설
not less than : ~ 이상 / not more than : ~ 이하
no less than : 자그마치 / no more than : 겨우

해석
시사 문제에 관해 1,000단어 이상 2,000단어 이하의 짧은 글을 쓰시오.

13
Write a short essay of (　　) 1,000 and (　　) 2,000 words on current topics.

① not less than – not more than
② not more than – not less than
③ no less than – no more than
④ no more than – no less than

14 해설
긍정의 동의 표현을 묻는 문항으로서, 앞 문장이 긍정문이므로 동의를 표현하는 부사 so가 위치한다. 또한 앞 문장에서 조동사 can이 사용되었으므로 동의 표현에서 역시 조동사를 사용한다.

해석
A : 나 시사회에 갈 수 있을 것 같아.
B : 나도 그래.

14
A : I think I can make it to the preview.
B : (　　).

① Neither do I   ② Nor can I
③ So can I   ④ So do I

15 해설
'Only then'이 문두에 위치해있을 땐 주어와 동사가 도치되어야 한다. 뒤의 that절이 과거형이므로 동사도 과거시제(became)가 되어야 하므로 조동사 do를 활용해 did become으로 바꾼 후 도치시키면 된다. 따라서 답은 did이다.
명사를 강조하기 위해서 the very를 명사 앞에 위치시킬 수 있다. 따라서 man 앞에 the very를 위치시키고 '바로 그 남자'로 해석한다.

해석
• 그제야 그는 앞으로 닥칠 어려움이 예상보다 더 많다는 사실을 깨닫게 되었다.
• 그는 파업을 일으킨 장본인이다.

15
• Only then (　　) he become aware of the fact that there were more difficulties ahead than he had expected.
• He is (　　) man who caused the strike.

① do – very
② do – the very
③ did – very
④ did – the very

정답 13 ① 14 ③ 15 ④

16

- It was not (　　) the 1960's that we learned that the moon supports no life.
- (　　) in the art collection are four pictures by Vincent van Gogh.

① when – included
② when – including
③ until – included
④ until – including

※ 다음 밑줄 친 부분 중 어법상 어색한 것을 고르시오. (17 ~ 21)

17

The coupons ① are not ② transferable nor ③ they cannot be used ④ to tip the driver.

18

This way ① of travelling ② will give you the opportunity ③ to discover the real Europe and ④ will meet interesting people.

checkpoint 해설 & 정답

19 해설
'It is ~ that ~' 형태의 강조구문이다. 여기서 강조되는 말은 the interaction이며, 관계대명사 that 이하의 동사는 강조되는 단수명사 the interaction에 일치시켜야 하므로 that are를 that is로 고쳐야 한다.

해석
사회 심리학의 주요 관심사는 사람들의 인생에서 발생하는 사건들이라기보다는 바로 사람들 사이의 상호작용이다.

20 해설
부정어 rarely가 문두에 있으므로 주어와 동사가 도치되어야 한다. 주어는 a computer이고 동사가 does일 때 원래 문장으로 바꾸면 A computer does rarely more sensitive ~이다. 이때, 동사 뒤에는 sensitive라는 보어가 있으므로 동사 자리에는 does가 아닌 be동사 is가 와야 한다.

해석
컴퓨터가 동일한 지리적 혹은 환경적인 요소들을 관리하는 데 있어 인간보다 더 민감하고 정확하다고 보기는 어렵다.

21 해설
'Only + 부사절'인 Only after he had acquired considerable facility in speaking을 강조하기 위해 문두에 위치시킨 형태이므로, 주절은 '조동사 + 주어 + 본동사' 순으로 도치되어야 한다. 따라서 he began을 조동사 do를 활용하여 did he begin으로 고쳐야 한다.

해석
상당한 수준의 회화 능력을 갖춘 후, 그는 읽는 것과 쓰는 것을 배우기 시작했다.

정답 19 ④ 20 ① 21 ④

---

19 ① It is the interaction between people, ② rather than the events that ③ occur in their lives, ④ that are the main focus of social psychology.

20 Rarely ① does a computer more sensitive ② and accurate than a human ③ in managing the same geographical ④ or environmental factors.

21 Only after ① he had acquired ② considerable facility ③ in speaking, ④ he began to learn to read and write.

※ 다음 중 어법상 가장 적절하지 <u>않은</u> 것을 고르시오. (22 ~ 25)

22
① If I known the meeting was under way, I would not have entered the room.
② The girl walking down the street is, I am sure, his daughter.
③ Man cannot live by bread alone, nor can he live without bread.
④ The man, one of the most famous singers in the world, was found dead in his room yesterday morning.

해설 & 정답 checkpoint

22 해설
원래는 If I had known으로 시작하는 문장이고, 여기서 if가 생략되면서 조동사와 주어의 위치가 바뀌게 된다. 따라서 If I known을 Had I known으로 고쳐야 한다.
② 문장을 중도에 끊고 콤마 사이에 삽입어구를 넣기도 한다. 여기선 주절 I am sure이 삽입되어 있고 이때는 that을 쓸 필요가 없다.
③ 부정어 nor가 있으므로 조동사 can과 주어 he가 도치되어 있다.
④ The man 뒤에 같은 내용을 나타내는 설명어구를 두어 동격을 나타내고 있다. 설명어구에 동사는 필요하지 않다.

해석
① 회의가 한창 진행 중임을 알았더라면, 내가 그 방에 들어가지 않았을 텐데.
② 길을 걷고 있는 소녀는 분명 그의 딸이다.
③ 사람은 빵만으로 살 수도 없고, 빵 없이 살 수도 없다.
④ 세계에서 가장 유명한 가수 중 한 사람인 그 남자는 어제 아침 그의 방에서 죽은 채로 발견됐다.

정답 22

checkpoint 해설 & 정답

23 해설

원래 문장 'We know about life much'에서 부사 much를, 'We can understand well'에서 부사 well을 비교급 more과 better로 바꿔서 the와 함께 각 문장의 앞으로 이동시킨 것이다. 따라서 the much를 the more로 고쳐야 한다.

해석
① 많으면 많을수록 더 좋다(다다익선).
② 당신이 나이를 먹으면 먹을수록, 그만큼 더 일을 찾기 어려워진다.
③ 우리가 인생에 대해 많이 알면 알수록, 우리가 읽는 책들을 더 잘 이해할 수 있다.
④ 당신의 혈중 콜레스테롤 수치가 높으면 높을수록, 심장병의 위험이 점점 더 커진다.

24 해설

원급비교 구문 형태로 최상급 'The Mississippi River is the longest in America.'의 의미와 같다. 원급비교 구문에서는 so와 as사이에 원급이 와야 하므로 longer를 long으로 고쳐야 한다.
①·②·④ 모두 비교급 비교 구문의 형태로 최상급 'The Mississippi River is the longest in America.'의 의미와 같다.

해석
① 미시시피 강은 미국의 어떤 다른 강보다도 더 길다.
② 미시시피 강은 미국의 모든 다른 강보다도 더 길다.
③ 어떠한 강도 미국에서 미시시피 강만큼 길진 못하다.
④ 어떠한 강도 미국에서 미시시피 강보다 더 길진 못하다.

23
① The more, the better.
② The older you get, the more difficult it becomes to find a job.
③ The much we know about life, the better we can understand the books we read.
④ The higher your blood cholesterol level, the greater your risk for developing heart disease.

24
① The Mississippi River is longer than any other river in America.
② The Mississippi River is longer than all the other rivers in America.
③ No river is so longer as the Mississippi River in America.
④ No river is longer than the Mississippi River in America.

정답 23 ③ 24 ③

25 ① That her son is innocent she firmly believes.
② Faint grew the sound of rain.
③ Directly in front of her stood a great tiger.
④ Under no circumstances you must open the door.

25 해설
본래 문장 You must open the door under no circumstances에서 부정어 under no circumstances를 강조하기 위해 문두에 위치시켰다. 이에 따라 주어와 동사를 도치시켜야 하므로 you must open을 must you open으로 고쳐야 한다.

① She firmly believes that her son is innocent에서 목적어 that절을 강조하기 위해 문두에 위치시킨다. 이 경우 도치한 부분은 본 문장의 목적어이고 명사절이므로 주어와 동사의 위치는 바뀌지 않는다.
② The sound of rain grew faint에서 보어 faint를 강조하기 위해 주어와 동사가 도치되었다.
③ A great tiger stood directly in front of her에서 장소의 부사구 directly in front of her를 강조하기 위해 주어와 동사를 도치시켰다.

해석
① 그녀의 아들이 무죄라는 것을 그녀는 확고하게 믿는다.
② 빗소리가 희미해졌다.
③ 그녀의 바로 앞에 커다란 호랑이가 서 있었다.
④ 어떤 일이 있어도 그 문을 열어서는 안 된다.

정답 25 ④

checkpoint 해설 & 정답

26 해설
본래 문장 He was not only late but also drunk에서 not only를 강조하기 위해 문두에 위치시켰다. 따라서 주어와 동사가 도치된 Not only was he로 바꾼 것은 적절하다.
① 'not ~ in the least'가 '전혀 ~ 않다'의 의미이므로 last를 least로 고쳐야 한다.
③ (all) the better for/because는 '~ 때문에 그만큼 더'라는 의미로 쓰인다. 따라서 than 뒤에 절이 나와 있으므로 than을 접속사 because로 고쳐야 한다.
④ 부정어 never before를 강조하기 위해 문두에 위치시켜 '조동사(has) + 주어(the leaders) + 본동사(met)' 형태로 도치되었다. 여기서 주어 the leaders가 복수명사이므로 동사는 has가 아닌 복수동사 have로 고쳐야 한다.

해석
① 그는 자기 건강을 전혀 걱정하지 않는다.
② 그는 늦었을 뿐 아니라 술에 취해 있었다.
③ 나는 네가 예쁘기 때문에 그만큼 훨씬 더 너를 사랑한다.
④ 예전엔 결코 이 두 나라의 지도자들이 핵 문제를 해결하기 위해 만난 적이 없었다.

27 해설
B rather than A = A less than B = not so much A as B = not A but B : 'A라기보다는 오히려 B'
①, ②, ③은 모두 '사교적이지 않다기보다 부끄러운'을 뜻하고 있는데 ④만 반대로 이야기하고 있다. 따라서 unsociable less than shy로 고쳐야 한다.

해석
개인적으로 나는 나의 남동생이 사교적이지 않다기보다는 수줍어한다고 생각했다.

정답 26 ② 27 ④

---

26 다음 중 어법상 가장 적절한 것을 고르시오.

① He is not in the last concerned about his health.
② Not only was he late but also drunk.
③ I love you all the better than you are beautiful.
④ Never before has the leaders of these two countries met to solve the nuclear problem.

27 다음 중 의미가 <u>다른</u> 하나를 고르시오.

① Personally, I thought my brother was not so much unsociable as shy.
② Personally, I thought my brother was not unsociable but shy.
③ Personally, I thought my brother was shy rather than unsociable.
④ Personally, I thought my brother was shy less than unsociable.

28 다음 글의 밑줄 친 부분과 의미가 같은 것을 고르시오.

> He and I have been friends over 10 years, but I sometimes have a strange feeling to him. He is <u>as deep as a well</u>.

① easy to persuade
② difficult to understand
③ impatient to deal with
④ simple to satisfy

29 다음 중 주어진 우리말을 영어로 옮긴 것 중 적절하지 않은 것은?

① 내 남자친구는 결코 거짓말을 하지 않을 사람이야.
　→ My boyfriend is the last person to tell a lie.
② 그 법은 더 이상 효력이 없다.
　→ The law is no longer effective.
③ 그녀는 겨우 20권의 책을 가지고 있다.
　→ She has not more than 20 books.
④ 경기는 조만간 회복할 것이다.
　→ The economy will recover sooner or later.

30 해설

A is no less C than B is : 'A가 C인 것은 B가 C인 것과 같다'
※ A is no more C than B is (C) : 'A가 C가 아닌 것은 B가 C가 아닌 것과 같다'
= A is not C any more than B is
= A is not C, just as B is not C

30 다음 중 주어진 우리말을 영어로 옮긴 것 중 적절하지 않은 것은?

> 사랑이 인생의 목적이 아닌 것은 행복이 인생의 목적이 아닌 것과 같다.

① Love is not the object of life, just as happiness is not the object of life.
② Love is no more the object of life than happiness is.
③ Love is not the object of life any more than happiness is.
④ Love is no less the object of life than happiness is.

정답 30 ④

제11장 화법

※ 다음 빈칸에 들어갈 말로 가장 적절한 것을 고르시오. (01 ~ 09)

01

Eric ( ), "I really want to go to Italy to see my girlfriend."

① spoke
② said
③ told
④ talked

01 해설
화자의 말을 직접 전달하는 직접화법에서는 say라는 전달 동사가 사용된다.
해석
"여자친구를 만나러 꼭 이탈리아에 가고 싶다."라고 Eric은 말했다.

02

My coworker said that he had been involved in a traffic accident three days ( ).

① before
② over
③ ago
④ past

02 해설
ago는 현 시점을 기준으로 '~ 전'을 뜻하지만, before는 과거의 어느 시점을 기준으로 '~ 전'을 뜻한다. 따라서 간접화법으로 바꿀 때, before로 바꾸어 표현한다.
해석
나의 동료는 3일 전에 교통사고에 연루되었다고 말했다.

03

My boyfriend said that he had eaten two portions, ( ) he still felt hungry.

① but that
② that
③ however
④ then

03 해설
직접화법에서 but으로 연결된 중문을 간접화법으로 나타낼 때에는 but that을 사용해 뒤 문장을 연결한다. 즉, 간접화법에서는 등위접속사 뒤에 that을 두는 것이 원칙이다.
해석
나의 남자친구는 2인분을 먹었지만 여전히 배가 고프다고 말했다.

정답 01 ② 02 ① 03 ①

checkpoint 해설 & 정답

04 해설
의문문을 간접화법으로 나타낼 때에는 의문사 if가 사용된다.
해석
엄마는 나에게 숙제를 마쳤는지 물었다.

05 해설
명령문을 간접화법으로 전환 시, 'tell + 목적어 + to부정사' 형태로 사용한다. 부정의 경우는 to부정사 앞에 not을 붙인다.
해석
교수님께서는 우리에게 기말고사 준비하는 것을 잊지 말라고 말씀하셨다.

06 해설
직접화법을 간접화법으로 전환할 때 시제를 일치시킬 필요가 없는 경우도 있다. 여기서 that절은 현재에도 해당되는 불변의 진리를 진술하고 있으므로 시제를 일치시킬 필요가 없다.
해석
과학 선생님은 우리에게 빛이 소리보다 빠르게 이동한다고 말했다.

정답 04 ② 05 ④ 06 ②

04

Mother asked me ( ) I had finished my homework.

① that
② if
③ what
④ but

05

Our professor told us ( ) forget to prepare for the final exam.

① to not
② that
③ not
④ not to

06

The science teacher told us that light ( ) faster than sound.

① traveled
② travels
③ to travel
④ traveling

07

My friend told me she had traveled through Europe last year (　　) she had visited a lot of historic places.

① however
② if
③ but that
④ and that

08

He (　　) our going to have a party at his house.

① suggested
② told
③ said
④ asked

09

She (　　) what a beautiful picture that was.

① ordered
② asked
③ complained
④ exclaimed

checkpoint 해설 & 정답

※ 다음은 직접화법을 간접화법으로 전환한 것이다. 빈칸에 들어갈 말로 가장 적절한 것을 고르시오. (10 ~ 15)

10

My boss said to me, "Will you accept my offer?"
→ My boss asked me (   ).

① if you accept my offer
② will you accept my offer
③ if I would accept his offer
④ will I accept his offer

10 해설
의문문을 간접화법으로 전환할 때 의문사가 없는 일반 의문문의 경우에는 if나 whether를 사용하고, 이때 어순은 'if/whether + S + V' 순이다. 또, 직접화법에서 쓰인 you는 화자인 '나'가 기준인 간접화법에서는 I를 뜻하므로 I로 고쳐야 하고, 시제 역시 과거형 said에 맞춰 will의 과거인 would로 고쳐야 한다. 마지막으로 직접화법에서의 my offer는 boss's offer를 뜻하므로 화자 자신이 기준인 간접화법에서는 his offer로 고쳐야 한다. 따라서 if I would accept his offer가 정답이다.

해석
나의 상사는 나에게 "나의 제안을 받아들이겠습니까?"라고 말했다.
→ 나의 상사는 나에게 그의 제안을 받아들일 것인지 물었다.

11

"(   )" said his mother.
→ His mother cried that he was very stupid.

① How he is stupid!
② How stupid he is!
③ How he was stupid!
④ How stupid he was!

11 해설
간접화법에서는 주로 감탄의 기분을 표현할 때 동사 cry(외치다)를 사용한다. 따라서 cry를 직접화법에서는 감탄문으로 바꾸어 쓸 수 있다. 감탄문의 어순은 'How + 형용사 + 주어 + 동사'이고, 감탄문의 시제는 현재시제로 맞춰야 한다.

해석
그의 엄마는 그가 너무 멍청하다고 외쳤다.

정답 10 ③ 11 ②

12

I said to her, "How long have you been studying Persian?"
→ I asked her (   ).

① how long had she been studying Persian
② how long she has been studying Persian
③ how long has she been studying Persian
④ how long she had been studying Persian

13

My boss said, "You will be fired if you can come late again."
→ My boss said that (   ) be fired if (   ) late again.

① you would – you come
② you would – you came
③ I would – I come
④ I would – I came

14

> Jim said to me, "I met Kate last night."
> → Jim told me that he (　　) Kate (　　).

① met – the previous night
② met – the following night
③ had met – the previous night
④ had met – the following night

14 해설
말한(said) 시점보다 만난(met) 시점이 더 과거의 일이므로 간접화법으로 전달할 때는 that절 속 동사를 과거완료인 had met으로 고쳐야 한다. 그리고 last night은 간접화법에서 the previous night으로 바꿔야 한다.

해석
Jim은 나에게 "나는 지난밤 Kate를 만났어."라고 말했다.
→ Jim은 그가 전날 밤에 Kate를 만났었다고 나에게 말했다.

15

> She said, "If I were you, I wouldn't do such a thing."
> → She said that if she (　　) me, she (　　) such a thing.

① were – wouldn't do
② were – wouldn't have done
③ had been – wouldn't do
④ had been – wouldn't have done

15 해설
가정법을 직접화법에서 간접화법으로 전환할 때는 시제를 일치시키지 않고 그대로 사용한다. 따라서 가정법 과거를 그대로 사용한다.

해석
그녀는 "내가 만일 너라면 그런 것은 하지 않을 것이다."라고 말했다.
→ 그녀는 그녀가 만일 나라면 그녀는 그런 것은 하지 않을 것이라고 말했다.

정답 14 ③ 15 ①

※ 다음은 직접화법을 간접화법으로 전환한 것이다. 다음 밑줄 친 부분 중 어법상 가장 <u>어색한</u> 것을 고르시오. (16 ~ 19)

16

My husband said, "I bought this watch two days ago."
→ My husband said that ① <u>he</u> ② <u>bought</u> ③ <u>that</u> watch two days ④ <u>before</u>.

16 해설
직접화법을 간접화법으로 전환할 때는 전달동사, 인칭, 시제 등을 상황에 맞게 바꿔야 한다. 말한(said) 시점보다 산(bought) 시점이 더 과거의 일이므로 간접화법으로 전달할 때는 that절 속 동사를 과거완료인 had bought로 고쳐야 한다.
① 피전달문의 'I'는 주어 my husband (he)를 뜻하기 때문에 간접화법으로 전달할 때는 'I'가 'he'로 바뀐다.
③ 지시형용사 this는 간접화법에서 that으로 바꿔줘야 한다.
④ ago는 현 시점을 기준으로 '~전'을 뜻하지만, before는 과거의 어느 시점을 기준으로 '~전'을 뜻한다. 따라서 간접화법으로 전환 시, ago를 before로 고쳐야 한다.

해석
나의 남편은 "나는 이 시계를 이틀 전에 샀어."라고 말했다.
→ 나의 남편은 그가 그 시계를 이틀 전에 샀었다고 말했다.

정답 16 ②

checkpoint 해설 & 정답

17 해설

직접화법을 간접화법으로 전환할 때는 전달동사, 인칭, 시제 등을 화자 자신을 기준으로 상황에 맞게 바꿔야 한다. 직접화법 피전달문 속의 동사 am을 간접화법으로 전환하면 주절의 동사 과거형 told에 맞춰 과거형 was로 고쳐야 한다.

① 직접화법의 say to는 간접화법에서는 주로 tell로 바꿔 사용한다.
② 피전달문의 내용은 간접화법에서 that절로 바뀐다.
③ 피전달문의 'I'는 주어 she를 뜻하기 때문에 간접화법으로 전달할 때는 화자 자신이 기준이 되므로 'I'가 'she'로 바뀐다.

해석

그녀는 나에게 "나는 매운 음식에 익숙하지 않아."라고 말했다.
→ 그녀는 나에게 그녀는 매운 음식에 익숙하지 않다고 말했다.

18 해설

직접화법을 간접화법으로 전환할 때는 전달동사, 인칭, 시제 등을 상황에 맞게 바꿔야 한다. 여기선 This morning과 here라는 조건이 있으므로 의미에 맞게 here가 간접화법에 그대로 쓰여야 한다. 따라서 there가 아니라 here를 그대로 써야 한다.

①·④ 간접화법으로 고칠 때, 어구를 공식적으로 무조건 바꾸는 게 아니라 그때의 조건에 맞게 바꾸어야 한다. 여기선 This morning과 here라는 조건이 있으므로 의미에 맞도록 간접화법에 그대로 써야 한다.
② 직접화법 피전달문 속의 동사 will을 간접화법으로 전환하면 주절의 동사 told의 과거시제에 맞춰 과거형 would로 고쳐야 한다.

해석

오늘 아침 그는 나에게 "나의 누나가 내일 여기로 올 거야."라고 여기서 말했다.
→ 오늘 아침 그는 나에게 그의 누나가 내일 여기로 올 것이라고 여기서 말했다.

정답 17 ④ 18 ③

17

She said to me, "I'm not used to spicy food."
→ She ① told me ② that ③ she ④ is not used to spicy food.

18

This morning he said to me here, "My sister will come here tomorrow."
→ This morning he told me ① here that his sister ② would come ③ there ④ tomorrow.

19

> She said to me, "Don't quit this job before you find a new one."
> → She ① advised me ② not to quit ③ this job before ④ I found a new one.

20 다음은 직접화법을 간접화법으로 전환한 것이다. 빈칸에 들어갈 수 없는 것을 고르시오.

> The doctor said to me, "Don't smoke anymore since the new year has begun."
> → The doctor (   ) me not to smoke anymore since the new year has begun.

① told
② advised
③ forbade
④ warned

여기서 멈출 거예요? 고지가 바로 눈앞에 있어요.
마지막 한 걸음까지 SD에듀가 함께할게요!

제 3 편

독해

제1장	목적・분위기・심경・어조 찾기
제2장	주제・요지・제목 찾기
제3장	요약문 완성
제4장	내용 일치/불일치
제5장	지칭 추론
제6장	연결사 추론
제7장	무관한 문장 찾기
제8장	순서배열 및 문단 삽입
제9장	빈칸 추론(Ⅰ)_단어
제10장	빈칸 추론(Ⅱ)_구, 절, 문장

실전예상문제

합격을 꿰뚫는
학습 가이드

제 3 편 독해

독해는 영어 학습의 완결판으로서 여러분이 학습했던 어휘와 문법 지식을 총동원해 백분 활용해야 하는 영역입니다. 본 편에서는 문제의 유형을 기준으로 각 장을 구성하였으며, 각 장에서는 관련된 독해 문항을 풀이하는 요령과 조언을 간단하게 정리하였습니다. 영어로 된 글을 많이 읽을수록 독해 시간이 단축되고 문장도 막힘없이 읽을 수 있으며 읽은 내용도 정확하게 이해할 수 있습니다. 지금부터 각 장의 세부 내용을 살펴보고 여러 문제를 풀어보면서 실전 감각을 높여봅시다.

잠깐! 자격증・공무원・금융/보험・면허증・언어/외국어・검정고시/독학사・기업체/취업

이 시대의 모든 합격! SD에듀에서 합격하세요!
www.youtube.com → SD에듀 → 구독

제3편 **독해**

제 1 장 목적·분위기·심경·어조 찾기

단원개요 목적·분위기·심경·어조 찾기 문제는 정답률이 높은 문항으로서 정답을 찾기 가장 쉬운 유형입니다. 각 유형의 문제 풀이 요령을 익혀두면 실제 시험에서 시간을 절약하면서 정답을 찾는 데 도움이 됩니다.

출제 경향 및 수험 대책
목적·분위기·심경을 묻는 문제는 글에서 반복되는 핵심어 또는 특정 표현에 주목하면서 빠른 속도로 글을 읽고 답을 찾습니다. 해당 유형은 난이도가 평이한 편이기에 모든 문제를 다 맞힐 수 있다는 자신감을 갖고 시작하도록 합시다.

1 유형 설명

목적, 분위기, 심경을 묻는 문제는 필자가 글을 쓴 이유, 필자가 글에서 언급하는 주제나 소재를 묘사하는 방식이나 생각을 확인하는 유형이다. 글의 중심 생각이나 세부 내용을 확인하는 유형의 문항이 아니라는 점에서 글의 핵심어나 특정 표현이 사용된 문장 또는 해당 문장과 인접한 전, 후 문장만을 읽어도 정답을 찾을 수 있는 문제가 대부분이다.

2 유형별 문제 풀이 전략

(1) 목적

비교적 짧은 시간 안에 정답을 찾아낼 수 있는 대표적인 유형이다.

① 목적을 물어보는 문제의 지문에는 일반적으로 필자를 가리키는 주어 I와 함께 필자의 의도(intend, aim, should, must), 바람(want, like), 희망(hope, wish), 요청(ask, require, inquire, demand), 권유(suggest, propose, insist) 등을 나타내는 단어가 함께 사용된 문장이 있다. 이 문장은 글의 중·후반부에 있는 것이 일반적이므로 참고하도록 한다.

② 해당 문장을 중심으로 전, 후 맥락을 살펴보아야 할 때도 있다는 점을 기억한다.

(2) 분위기, 심경, 어조

분위기 및 심경을 묻는 문제는 크게 글의 전체적인 분위기 또는 심경을 묻는 문제와 글의 분위기와 심경의 변화를 묻는 문제로 구분할 수 있다.

① 지문에서 사용된 형용사 또는 부사에 초점을 맞추어 지문의 내용을 읽어 가면 어렵지 않게 정답을 찾을 수 있다.

② 지문의 중간 또는 후반부에 however, nevertheless, by the way, though 등의 연결어가 있는 경우 해당 연결어를 중심으로 전반부 내용과 후반부 내용에 변화가 있다는 것을 알려준다는 점을 기억하고 후반부 내용에 초점을 맞춘다.

제 2 장 주제·요지·제목 찾기

단원 개요 | 주제·요지·제목 찾기는 글의 중심 내용, 즉 글에서 필자가 주장하는 내용을 찾는 것입니다.

출제 경향 및 수험 대책
본 유형에서는 글에서 주장하는 내용을 다른 표현 혹은 바꿔 쓰기 등을 통해 완전한 하나의 문장 혹은 구 형태로 압축한 내용을 선택지에 제시합니다. 풀이 전략과 실전 예제를 통해 해당 유형에 대한 이해와 실전 감각을 높여봅시다.

1 유형 설명

주제, 요지 그리고 제목 찾기 문제는 모든 시험에서 반드시 출제되는 필수 유형이다. 주제는 글에서 중점적으로 다루고 있는 핵심 내용을 말하는 반면, 요지는 주제에 대한 필자의 의견을 말한다. 그러나 두 문제 모두 글의 중심 내용을 묻는 문제라는 점에서 사실상 동일 유형으로 생각해도 무관하다. 기억해야 할 부분은 글의 중심 내용, 즉 글에서 말하고자 하는 핵심 내용을 정확하게 이해하고 정리해야 정답을 찾을 수 있다는 점이다.

2 문제 풀이 전략

반드시 주어진 글을 먼저 읽고 글의 중심 내용을 이해한다. 글에 따라 주제문 또는 중심 내용은 처음, 중간, 끝, 전체에 위치할 수 있으므로 반드시 처음부터 정독해서 지문을 읽는 연습을 한다. 중심 내용을 이해했다면 이해한 내용을 기준으로 선택지의 내용을 읽고 가장 적절한 답을 선택한다. 보편적인 풀이 전략은 다음과 같다.

(1) 주제 또는 제목 문제의 선택지 내용은 포괄적이고 추상적이다. 특정 명칭 등의 구체적 내용이 기술된 문장은 정답이 아닐 가능성이 높다.

(2) "must, need to, have to, should, it is necessary, ..."와 같은 표현이 사용된 문장이 있다면 주제문일 가능성이 높다는 점에서 그 문장은 정확하게 해석한다.

(3) "for example, for instance, let's take some examples, for one thing, …" 등의 예시 표현이 있을 때, 주제문은 해당 문장 앞에 위치하는 경우가 빈번하므로 그 문장은 정독한다.

(4) "in contrast, however, nevertheless, though, although, instead, as a matter of fact, on the other hand, on the contrary, …" 등의 대조 및 양보의 연결사가 사용된 문장이 있다면 주제문은 해당 문장 뒤에 위치하는 경우가 많으므로 그 문장의 내용은 정확하게 해석하고 이해한다.

> **더 알아두기**
>
> **선택지부터 읽지 않을 것!**
> 선택지를 먼저 읽고 지문을 읽게 되면 지문의 내용을 이해한 후 다시 선택지 내용을 살펴보게 되는 것이 일반적이다. 또한 미리 읽어 놓은 선택지의 내용이 지문의 내용을 이해하는 데 방해가 되는 경우도 적지 않다. 이러한 면에서 선택지를 먼저 읽고 지문을 읽는 방법은 시간과 이해 모든 면에서 매우 비효율적인 방법이다.

제 3 장 요약문 완성

단원개요 글의 요약이란 글의 중심 내용을 정확하게 이해하고 이해한 내용을 핵심어 또는 제시어를 활용하여 간략하게 정리하는 것을 말합니다.

출제 경향 및 수험 대책
요약문 완성 문제 역시 글의 중심 내용을 이해해야 해결할 수 있다는 점에서 앞 장에서 살펴보았던 주제 및 요지 문제와 유사하다고 할 수 있지만, 글의 중심 내용을 압축하는 표현 또는 단어를 추론해서 요약문을 완성해야 한다는 점에서 주제 및 요지 문제와는 분명한 차이점이 있습니다. 본 장에서 풀이 전략과 실전 예제를 통해 해당 유형에 대한 이해와 실전 감각을 높여봅시다.

1 유형 설명

요약문 완성은 글의 중심 내용을 압축하여 전달할 수 있는 표현을 찾아 주어진 빈칸에 넣어 요약문을 완성하는 유형이다. 따라서 어휘력과 추론 능력이 요구된다. 해당 유형은 논리력, 정독 능력, 어휘력 그리고 추론 능력을 활용한 복합적 사고를 요구하는 문제로서 정답률이 낮은 대표적 유형 중 하나이다. 따라서 다양한 지문을 읽고 글을 직접 요약하는 연습은 큰 도움이 된다.

2 문제 풀이 전략

(1) 문제에 제시된 요약문을 먼저 읽고 글을 읽어갈 방향을 결정한다. 이때 주의할 점은 선택지에 주어진 표현은 미리 읽지 않도록 한다. 이는 시간을 절약하는 데 도움이 된다.

(2) 지문을 읽으면서 글의 주제 또는 요지를 미루어 짐작해본다.

(3) 지문의 중심적인 논의 대상, 그에 대한 필자의 주장, 주장을 뒷받침하는 근거를 찾는다.

(4) 지문에서 반복되는 어휘나 어구를 찾아 표시하고 선택지에 해당 표현이 있는지 확인한다. 만일 해당 표현이 없다면 동의어 표현 등으로 바꾸어 쓴 경우이므로 지문에서 표시해 둔 표현 또는 단어의 동의어 표현을 선택지에서 찾아본다.

제3편 독해

제 4 장 내용 일치/불일치

단원개요 내용 일치/불일치 문제는 글의 세부적인 내용을 정확하게 이해하고 있는지 확인하는 유형입니다. 설명문, 논설문, 개인의 전기 및 일화를 다루는 지문이 주로 출제됩니다.

출제 경향 및 수험 대책
글에서 언급하는 세부적인 내용, 즉 글에 대한 사실적 이해를 묻는 유형이라는 점에서 정독 능력이 요구됩니다. 본 장에서 풀이 전략과 실전 예제를 통해 해당 유형에 대한 이해와 실전 감각을 높여봅시다.

1 유형 설명

글의 내용에 대한 사실적 이해를 확인하는 유형으로서 글에서 언급하는 내용을 정확하게 찾고 해석하는 능력이 요구된다. 글의 내용과 일치하는 것 또는 일치하지 않는 것을 물어보는 문제가 출제된다. 지문을 읽기 전에 선택지를 먼저 읽고 선택지 내용을 지문에서 찾는 연습이 필요하다.

2 문제 풀이 전략

(1) 선택지 내용을 순서대로 읽고, 해당 내용을 읽은 순서대로 하나씩 지문에서 찾는다. 보편적으로 선택지 순서대로 선택지 내용이 지문에서 언급되어 있다는 점을 기억한다.

(2) 지문에서 해당 내용을 찾아 밑줄을 긋거나 선택지 번호를 적어둔다.

(3) 표시해 둔 부분에 해당하는 선택지 번호는 지운다.

(4) 대개 글의 내용과 일치하는 것을 묻는 문제의 경우 글의 내용을 토대로 전제된 내용이나 추론한 내용은 정답이 아니다. 반대로 글의 내용과 일치하지 않는 것을 묻는 문제의 경우 그러한 내용의 선택지는 정답이다.

제3편 독해

제 5 장 지칭 추론

단원 개요

영어에서 지시사(reference)에는 크게 지시대명사, 지시형용사, 직시(deixis)가 있습니다. 본 장에서는 지시대명사에 대해서 살펴봅니다. 글에서 사용된 지시대명사는 글 안에서 지시사가 가리키는 대상이 반드시 존재합니다. 이를 지시대명사의 선행사라 합니다. 이 둘은 글에서 논리적으로 연결되어 있어 지시사가 가리키는 대상은 지시사가 사용된 이전 문장에 위치합니다. 직시 역시 지시사와 같은 유형의 표현으로 사용되지만, 가리키는 대상이 글 안에 위치해 있지 않는 것이 일반적이라는 점에서 직시는 지시와는 다르게 추론 능력을 요구합니다.

출제 경향 및 수험 대책

본 장에서 살펴보는 지시사 관련 문제는 추론 능력보다는 정독 능력을 확인하는 유형입니다. 본 장에서 풀이 전략과 실전 예제를 통해 해당 유형에 대한 이해와 실전 감각을 높여봅시다.

1 유형 설명

지칭 추론이란 지시사가 가리키는 대상, 즉 지시사의 선행사가 무엇인지 주어진 지문 안에서 찾는 유형이다. 다시 말해 글에서 사용된 지시대명사, 인칭대명사, 고유명사(it, he, she, 사람이름, that, this, those, these 등)가 지문 안에서 가리키는 대상이 무엇인지 찾아내는 능력을 요구한다. 따라서 독해할 때, 지문에서 지시사가 사용된 경우 해당 지시사가 가리키는 대상이 무엇인지 찾는 연습을 꾸준히 한다면 해당 유형의 문제를 해결하는 데 큰 도움이 된다.

2 문제 풀이 전략

(1) 지문에 있는 지시사 순서대로 지시사가 가리키는 대상을 찾는다.

(2) 지문에서 밑줄 친 지시사를 확인하고 해당 지시사의 앞 문장을 정독한다.

(3) 앞 문장을 정독할 때, 특히 명사와 대명사를 주의 깊게 살핀다.

(4) 지시대상을 확인한 후 밑줄 친 지시사 부분에 지시대상의 첫 글자를 적어둔다. 적어둔 첫 글자를 기준으로 지시사를 소거해가면서 정답을 선택한다.

제5장 지칭 추론 **313**

제 6 장 연결사 추론

> 연결사는 앞 문장 뒤에 위치한 다음 문장의 내용을 미리 암시하는 역할을 합니다. 연결사의 종류는 크게 역접과 순접으로 구분할 수 있습니다. 역접의 연결사로는 대조, 양보 등이 있으며 순접의 연결사로는 추가, 동의, 강조, 시간순서, 결과, 결론 등이 대표적입니다.

출제 경향 및 수험 대책

연결사의 의미와 각 연결사가 사용되는 환경을 여러 문장과 다양한 글을 통해 반복해서 학습하고 익히도록 합니다.

1 유형 설명

지문 내의 빈칸에 들어갈 연결사를 선택하는 유형으로서 두 개의 빈칸이 주어지고 각 빈칸에 들어갈 적절한 연결사의 짝을 선택한다. 빈칸을 중심으로 전, 후 문장의 의미를 해석하고 두 문장 간의 관계가 추가, 동의, 대조 및 역접, 비교, 강조, 인과, 결과, 예시, 결론 등인지 추론하여 적절한 연결사를 선택한다. 따라서 연결사를 기준으로 전, 후 문장 사이의 논리적 관계에 대한 이해가 요구된다.

2 문제 풀이 전략

(1) 주어진 지문에서 연결사가 들어갈 위치를 확인하고 전, 후 문장의 내용을 정확하게 해석하여 두 문장 사이의 관계를 유추한다.

(2) 유추한 두 문장 사이의 관계가 역접일 경우 'however, yet, but, in contrast, on the contrary, on the other hand, still, though, although, even though, nevertheless, notwithstanding' 중 하나를 정답으로 선택한다.

(3) 유추한 두 문장 사이의 관계가 순접일 경우 'for example, for instance, therefore, so, thus, as a result, in consequence, consequently, accordingly, first of all, in addition, furthermore, besides, likewise, in summary, in other words, that is, in fact' 중 구체적인 내용에 따라 하나를 정답으로 선택한다.

제3편 **독해**

제 7 장 무관한 문장 찾기

단원 개요 글의 흐름과 관계없는 문장을 찾는 문제는 글의 주제와 무관한 문장 또는 주제와 관련은 있으나 글의 응집성 및 통일성에 방해되는 문장을 찾는 유형입니다.

출제 경향 및 수험 대책
평소 글을 읽을 때, 글의 중심 내용 또는 글의 주제에 적절하지 않은 예시나 의견 등을 연상하며 글을 읽는 습관은 많은 도움이 됩니다.

1 유형 설명

글의 주제와 무관하거나 흐름에 방해가 되는 예시, 주장, 의견 등의 문장을 찾는 유형이다. 정독 능력이 요구되는 유형으로서 첫 지문부터 정독하면서 글의 중심 내용을 이해하는 것이 필수적이다. 찾아낸 중심 내용을 기준 삼아 불필요하거나 무관한 예시, 주장, 의견 등의 문장을 정답으로 선택한다.

2 문제 풀이 전략

(1) 첫 문장부터 정독하면서 반드시 순서대로 문장을 읽는다.

(2) 글을 읽으면서 중심 내용이 무엇인지 유추한다.

(3) 예시, 의견, 일화 등의 문장 내용이 글의 중심 내용과 일치하는지 판단한다.

제 8 장 순서배열 및 문단 삽입

> 순서배열 및 문단 삽입 문제는 제시된 문장의 논리적 순서를 맞추어 응집성 있는 글을 완성하는 유형입니다.

출제 경향 및 수험 대책

글을 읽을 때, 연결사나 지시사가 사용된 문장과 문단을 중심으로 글을 전개하는 방법을 이해합니다. 또한 글의 중심 내용을 뒷받침하는 예시 문장을 찾아 문장 간의 논리적 관계와 흐름을 이해합니다.

1 유형 설명

(1) 순서배열

순서배열 문제는 주어진 문장 뒤에 논리적으로 이어질 세 개의 문장 순서를 결정하는 유형이다. 제시된 세 문장 안에는 연결사(however, therefore, but, in addition 등), 지시사(it, this, that, these, those, he, she, they 등), 반복되는 표현(the + 명사) 등의 단서가 포함되는 것이 일반적이다. 이러한 단서들을 활용하여 제시문 사이의 연결고리를 유추하여 순서를 결정한다.

(2) 문단 삽입

문단 삽입 문제는 순서배열과는 다르게 한 문장을 제시해주고 주어진 지문 속 네 개의 빈칸 중 해당 제시문이 들어가기에 가장 적절한 위치를 결정하는 유형이다. 제시문에 포함된 연결사, 지시사, 명사 표현은 제시문이 들어갈 위치를 결정하는 데 중요한 단서로 활용된다. 또한 지문 중 제시문에서 사용된 명사 표현을 'the + 명사'로 사용한 문장이 있다면 제시문은 그 문장 앞에 위치하는 것이 일반적이다.

2 문제 풀이 전략

(1) 순서배열

① 제시문의 내용을 정확하게 해석하고 문장에서 연결사 또는 지시사가 사용되었다면 해당 표현에 표시를 해 둔다.
② 아래 제시된 세 문장을 순서대로 해석한다. 각 문장의 대략적인 내용만 이해하는 정도로 해석한다. 제시된 세 문장에서 사용된 연결사, 지시사 표현을 확인하고 표시한다.

③ 표시해 둔 표현이 지시사일 경우 지시사가 가리키는 대상을 문장에서 찾아 순서를 결정한다.
④ 표시해 둔 표현이 연결사일 경우 문장의 내용을 중심으로 순서를 결정한다.

(2) 문단 삽입

① 제시문의 내용을 정확하게 해석하고 연결사나 지시사 표현이 있다면 해당 표현에 표시를 해 둔다.
② 주어진 문장을 순서대로 읽어가며 연결사, 지시사, 명사 표현에 표시를 해 둔다.
③ 글의 흐름이 매끄럽지 못한 부분이 확인되면 그 부분에 제시문을 넣어 해석해본다.

제3편 독해

제 9 장 빈칸 추론(Ⅰ)_단어

단원개요

빈칸 추론 문제는 글 전체의 중심 내용을 정확하게 이해할 수 있는 능력과 이를 압축하여 표현하는 한 단어 또는 구, 문장을 추론할 수 있는 능력을 확인하는 유형입니다. 매년 많은 시험에서 빠지지 않고 출제되는 매우 중요한 유형이라는 점에서 고득점을 원한다면 반드시 빈칸 추론을 정복해야 합니다.

출제 경향 및 수험 대책

독해력뿐만 아니라 문장 바꿔 쓰기 및 중심 내용과 압축한 문장 사이의 관계를 유추하는 능력까지 종합적 사고를 요구하는 유형으로서 글을 읽을 때, 주어진 글의 앞 또는 뒤에 위치할 내용을 미루어 짐작하는 읽기 연습은 문제 풀이에 효과적이며 도움이 됩니다.

1 유형 설명

빈칸 추론 문제 중 단어 유형은 글의 중심 내용이나 주제 등을 압축할 수 있는 하나의 단어를 선택하는 유형으로서 글의 내용과 단어 사이의 추론 능력과 더불어 어휘력이 요구되는 유형이다.

2 문제 풀이 전략

(1) 문제에서 먼저 빈칸의 위치를 확인하여 인접해 있는 선행 문장을 정확하게 해석한다.

(2) 빈칸이 지문의 첫 부분에 있는 경우 첫 문장이 주제문인 경우가 많으므로 첫 문장의 내용을 정확하게 해석한다.

(3) 빈칸이 지문의 중간 부분에 있는 경우 빈칸 부분의 앞, 뒤 문장을 먼저 해석한다.

(4) 빈칸이 지문의 끝에 있는 경우 글의 주제나 요지를 묻는 문제가 대부분이므로 이 역시 빈칸에 인접해 있는 문장을 해석하고 글에서 반복되는 단어나 표현을 토대로 빈칸에 들어갈 적절한 단어를 결정한다.

(5) 주제문이나 중심 내용을 확인하였다면 해당 내용을 압축하고 있는 가장 적절한 단어를 결정한다.

제3편 독해

제10장 빈칸 추론(Ⅱ)_구, 절, 문장

단원 개요

빈칸 추론 문제는 글 전체의 중심 내용을 정확하게 이해할 수 있는 능력과 이를 압축하여 표현하는 한 단어 또는 구, 문장을 추론할 수 있는 능력을 확인하는 유형입니다. 매년 많은 시험에서 빠지지 않고 출제되는 매우 중요한 유형이라는 점에서 고득점을 원한다면 반드시 빈칸 추론을 정복해야 합니다.

출제 경향 및 수험 대책

독해력뿐만 아니라 문장 바꿔 쓰기와 중심 내용과 압축한 문장 사이의 관계를 유추하는 능력까지 종합적 사고를 요구하는 유형으로서 글을 읽을 때, 주어진 글의 앞 또는 뒤에 위치할 내용을 미루어 짐작하는 읽기 연습은 문제 풀이에 효과적이며 도움이 됩니다. 또한, 은유나 비유 표현이 사용된 문장을 자주 보고 문장 바꿔 쓰기 연습을 꾸준히 하는 것 역시 문제 풀이에 큰 도움이 됩니다.

1 유형 설명

빈칸 추론 문제 중 빈칸에 들어갈 표현을 구, 절, 문장으로 묻는 문제는 빈칸 추론 유형 중 가장 까다로운 유형이다. 글의 중심 내용이나 주제 등을 압축하는 표현, 비유적인 표현, 대조의 내용, 예시 등 다양한 유형으로 출제되고 있다. 무엇보다 글의 중심 내용을 정확하게 이해한 후 그것과 선택지 내용 간의 관계를 추론할 수 있는 능력을 갖추어야 한다.

2 문제 풀이 전략

(1) 문제에서 먼저 빈칸의 위치를 확인하여 인접해 있는 선행 문장을 정확하게 해석한다.
   ① 빈칸이 지문의 첫 부분에 있는 경우 첫 문장이 주제문인 경우가 많으므로 첫 문장의 내용을 정확하게 해석한다.
   ② 빈칸이 지문의 중간 부분에 있는 경우 빈칸 부분의 앞, 뒤 문장을 먼저 해석한다.
   ③ 빈칸이 지문의 끝에 있는 경우 글의 주제나 요지를 묻는 문제가 대부분이므로 이 역시 빈칸에 인접해 있는 문장을 해석하고 글에서 반복되는 단어나 표현을 토대로 빈칸에 들어갈 적절한 단어를 결정한다.

(2) 선택지 내용을 빠르게 훑어 읽고 결정한 주제문이나 중심 내용과의 관련성을 추론하여 해당 내용을 가장 적절하게 압축하고 있는 구, 절, 문장을 결정한다.

제 3 편 실전예상문제

제 1 장 목적·분위기·심경·어조 찾기

01 다음 글에 나타난 필자의 심경으로 가장 적절한 것은?

> On the second day of the tour, we saw many unusual bones in the reptiles section, such as the bones of crocodiles, tortoises, lizards and snakes. Then we went to the National Museum of Natural History, where I found that the snake bones were very interesting. The muscles had been taken away very neatly so the needle-like bones were very clear. Never had I seen that kind of bone before! Now I know why snakes can move so fast. Their bones are refined to be suitable for moving quickly.

① relived and moved
② excited and mysterious
③ nervous and envious
④ bored and indifferent

---

01 해설

파충류 전시관과 국립 자연사 박물관을 방문하여 전에 보지 못한 새로운 것들을 보고 알게 되면서 재미를 느끼고 신비해하고 있다. 따라서 주인공의 심정은 ② '흥분되면서 신기한'이 적절하다.
① 안도감을 느끼고 감동적인
③ 긴장되고 질투심을 느끼는
④ 지루하고 무관심한

해석

여행 두 번째 날, 우리는 파충류 전시관에서 악어, 거북이, 도마뱀, 뱀의 뼈와 같은 진기한 많은 뼈들을 보았다. 그 다음 우리는 국립 자연사 박물관에 갔는데, 그곳에서 나는 뱀의 뼈들이 매우 재미있다는 것을 발견했다. 근육들이 아주 깔끔하게 벗겨져 나가서 바늘 같은 뼈들이 아주 선명했다. 나는 전에 그런 종류의 뼈를 본 적이 전혀 없었다! 이제 나는 뱀들이 왜 그렇게 빨리 움직일 수 있는지 알고 있다. 그들의 뼈는 빠르게 움직이는 데 적합하도록 다듬어져 있다.

정답 01 ②

02 다음 글에 나타난 필자의 심경 변화로 가장 적절한 것은?

The gym teacher walked into the room, and recognized that I had been fighting with Matt. He sent us out to the running track. He followed us with a smile on his face and said, "I want both of you to run the track holding each other's hands." The class captain erupted into a roar of laughter, and we are embarrassed beyond belief. Hesitantly, my enemy and I started running. What had earlier been fists were now linked in a strange handshake. At some point during the course of the obligatory mini-marathon that both of us felt anger about, I remember looking over at him beside me. His nose was still bleeding a bit. Tears filled his eyes. His giant body slowed him down. Suddenly it struck me that here was a person, not all that different from myself. I guess he thought the same thing because we both looked at each other and began to laugh. In time, we became good friends.

*erupt 폭발하다, 분출하다 / *roar of laughter 큰 웃음소리 / *bleed 피를 흘리다

① surprised → refreshed
② hopeful → disappointed
③ angry → satisfied
④ worried → ashamed

02 해설

필자는 싸운 친구와 손을 잡고 트랙을 뛰라는 체육 선생님의 이야기에 화가 나고 당황스러웠지만, 친구와 뛰다 보니 그 친구도 나와 별로 다를 게 없다는 것을 깨닫고 서로 웃음을 지으며 좋은 친구가 되어 만족스러워하고 있다. 따라서 필자의 심경은 ③ '화난 → 만족스러운'으로 변화했다고 볼 수 있다.
① 놀라운 → 상쾌한
② 희망에 찬 → 실망한
④ 걱정하는 → 부끄러운

해석

체육 선생님이 교실로 걸어와, 내가 Matt와 싸우고 있는 것을 알아차렸다. 그는 우리를 육상 트랙으로 보냈다. 그는 얼굴에 미소를 머금은 채 우리를 따라오며 "나는 너희 둘이 서로 손을 잡고 트랙을 뛰었으면 좋겠다."라고 말했다. 반장이 함박웃음을 터뜨렸고, 우리는 믿을 수 없을 정도로 당황스러웠다. 머뭇거리며 적과 나는 뛰기 시작했다. 바로 전에 주먹이었던 것이 이제는 어색한 악수로 연결되어 있었다. 우리 둘 다 분노를 느끼며 강제로 뛰고 있던 미니 마라톤 경기의 어떤 지점에서, 나는 옆에 있던 그를 바라본 기억이 난다. 그의 코에서는 여전히 피가 약간 흐르고 있었다. 그의 눈은 눈물로 가득 차 있었다. 그의 거대한 몸 때문에 그는 속도를 늦췄다. 문득 여기에 나와 별반 다르지 않은 사람이 있다는 생각이 들었다. 나는 그도 같은 생각을 하고 있었다고 미루어 짐작이 되는데, 왜냐하면 우리 둘 다 서로를 바라보며 웃기 시작했기 때문이다. 이내, 우리는 좋은 친구가 되었다.

정답 02 ③

03 해설

처음엔 빗방울이 떨어졌지만 곧 하늘이 맑아지고 태양이 떴다. 덥고 습한 날씨에도 불구하고 결승선을 통과한 마라톤 주자들은 자신의 한계와의 싸움에서 이겼다는 사실에 기뻐하고 있는 상황이므로 ④ '기분 좋은'이 적절하다.

해석

빗방울이 그들의 머리 위로 계속 떨어졌다. 어느 누구도 비가 언제 그칠지 알지 못했지만, 전국에서 온 많은 주자들은 그런 것에 신경 쓰지 않았다. 주자들이 폭우에 온몸이 흠뻑 젖는 상황에 익숙해지자마자, 하늘이 개기 시작했고 해가 떴다. 곧 기온이 화씨 60도 초반에서 70도 중반으로 올라갔고, 습기가 보도 위로 올라오고 있었다. 잠시 후, 주자들이 한 명씩 결승선을 통과해 들어왔는데, 일부는 얼굴을 찌푸리고 있었고, 다른 일부는 그들이 목표를 달성했다는 사실에 기뻐하며 활짝 웃으며 비명을 질렀다. 이날은 주자들이 자신들의 한계와 맞서 싸워야 하는 날이었다. 그리고 주자들이 승리를 했다.

03 다음 글의 분위기로 가장 적절한 것은?

Raindrops kept falling on their heads. Nobody knew when the rain would stop, which none of the runners from all around the country cared about. Just as soon as the runners got used to being soaked by the heavy rain, the skies began to clear and the sun came out. Soon the temperature had risen from the low 60s to the mid-70s, steam rising off the pavement. After a while, one by one the runners crossed the finish line, some frowning, others smiling broadly and screaming with joy at the knowledge that they had accomplished their goal. It was a day the runners had to battle against their limitations. And the runners did win.

*pavement 보도, 인도

① calm
② horrible
③ gloomy
④ pleasing

정답 03 ④

04 다음 글에 나타난 Fred의 심경 변화로 가장 적절한 것은?

A large American hardware manufacturer was invited to introduce its products to a distributor with good reputation in Germany. Wanting to make the best possible impression, the American company sent its most promising young executive, Fred Wagner, who spoke fluent German. When Fred first met his German hosts, he shook hands firmly, greeted everyone in German, and even remembered to bow the head slightly as is the German custom. Fred, a very effective public speaker, began his presentation with a few humorous jokes to set a relaxed atmosphere. However, he felt that his presentation was not very well received by the German executives. Even though Fred thought he had done his cultural homework, he made one particular error. Fred did not win any points by telling a few jokes. It was viewed as too informal and unprofessional in a German business setting.

*distributor 배급 업체 / *promising 유망한 / *bow 고개를 숙여 인사하다 / *do one's homework 철저히 준비하다

① calm → scared
② frightened → indifferent
③ annoyed → envious
④ satisfied → irritated

05 해설

'he'는 작문 시간에 제출할 보고서를 돈을 주고 구입했지만 실제로 보고서를 제출하려 할 때 난관에 봉착하게 된다. 결국 'he'는 그 수업에서 낙제를 했고 편하게 하려고 했다가 오히려 더 많은 불안감을 느껴야 했던 이야기이므로 'he'의 심정은 ② '불안하고 좌절한'이 적절하다.
① 안도가 되고 감동적인
③ 겁에 질리고 무서운
④ 무관심하고 지루한

해석

나는 3학년 작문 수업 시간에 연구 보고서가 필요해서 자료를 찾았고 그것을 75달러에 샀던 어떤 학생을 기억하고 있다. 그러나 그의 작업을 단계별로 제출해야 한다는 것이 문제였다. 즉, 주제, 작업할 때 이용한 참고 문헌 목록, 주석 카드, 개요, 미완성 초안, 그리고 최종원고의 단계별로 작품을 제출해야 한다는 것이었다. 그래서 그는 도서관에 가서 거꾸로 작업을 시작해야 했다. 물론, 그는 실제로 보고서에 사용된 서지 카드를 제출하지 못했고, 그 다음에 그는 자료에 대한 주석 카드를 작성해야 했다. 결국, 그는 다른 학생들보다 훨씬 더 많은 시간을 자신의 보고서에 쓴 후 그 수업에서 낙제했다. 게다가, 그는 자신의 보고서를 끝내기 위해 온갖 고생을 다 했던 학생들보다 더 많은 불안감을 겪었다.

05 다음 글에 나타난 'He(he)'의 심경으로 가장 적절한 것은?

I remember someone in my junior composition class who needed a research paper, found a source and bought one for 75 dollars. But, the trouble was that he had to submit the work in stages : the topic, the working bibliography, the note cards, the outline, the rough draft, and the final. Therefore, he had to go to the library and start working backwards. Of course, he couldn't turn in the bib cards actually used in the paper, and next he had to make out note cards for the material. In the end, he dropped the class after spending a lot more time on his paper than any other boy. Furthermore, he suffered more anxiety than the students who had all kinds of trouble finishing their own papers.

*composition 작문 / *bibliography 도서 목록 / *note 주석

① relived and moved
② nervous and frustrated
③ terrified and scared
④ indifferent and bored

정답 05 ②

06 다음 글에 나타난 필자의 어조로 가장 적절한 것은?

> I am currently a tenant in the Ridge Apartments on Maple Street. When I signed the one-year lease, I did not know that I would be offered a job in Portland that has proven to be too tempting to refuse. So, I'd like to know if it would be possible to end my lease, which runs to December 1 of this year, four months earlier. I could vacate the apartment by August 30 and forgo my deposit of $800. This would provide you with time to renovate the apartment for the next tenant. Please let me know if this proposal is acceptable to you. I need to make this money by the end of August, but can't afford to pay the rent on two places.
> *lease 임대 계약 / *tempting 유혹하는 / *vacate 퇴거하다, 집을 비우다 / *forgo 보류하다, ~ 없이 지내다

① requesting
② critical
③ advisory
④ descriptive

07 다음 글을 쓴 목적으로 가장 적절한 것은?

> How was your day? I'm looking forward to our date tonight. I get off work at 6:00. As planned, I'll pick you up at home, and then we can grab a quick dinner. I've attached a copy of the movie schedule for the area, so you can look it over and decide which film you want to see. I might be away from the office, so send me a message on my cell phone to let me know. I know you don't like horror films, and I'd rather not see a cartoon, so that should make it easier to decide. we shouldn't have any trouble making it to any of the evening shows, unless you want to see a film at the Eastville Complex, which is rather far away. Plus I know neither of us wants to get home too late. See you soon!

① 데이트 준비하는 데 도움이 될 만한 정보를 제공하기 위해
② 특정 영화를 추천하기 위해
③ 저녁 식사 시간을 정하기 위해
④ 저녁 외출에 관한 규제 사항을 전해주기 위해

---

07 해설

필자는 데이트하면서 볼 영화를 상대에게 선택하도록 요청하고 있다.

해석

오늘 어떻게 보냈어? 오늘 밤 우리 데이트 기대된다. 나는 6시면 일이 끝나. 예정대로 내가 집으로 데리러 갈게. 그런 다음에 우린 저녁을 간단하게 먹을 수 있을 거야. 내가 그 지역 영화 상영표를 첨부했으니 네가 보고 어떤 영화가 보고 싶은지 결정해. 난 외근을 나가야 할 것 같으니 내게 문자 메시지로 알려줘. 네가 공포 영화를 좋아하지 않는다는 것을 알아. 그리고 난 만화영화는 보고 싶지 않거든. 그러니 뭘 볼지 결정하기가 더 쉬울 거야. 네가 가장 멀리 있는 이스트빌 복합 상영관에서 보길 원하지만 않는다면 어떤 저녁 시간 영화든 제때 도착하는 데 문제는 없을 거야. 더구나 우리 둘 모두 집에 늦게 가길 원치 않잖아. 곧 만나!

정답 07 ①

08 다음 글을 쓴 목적으로 가장 적절한 것은?

I'm contacting you in order to tell you about a special feature on Advantage Journal's Web site. Starting today, you'll be able to enjoy it on our site. You can now view video clips of our writers and resident tennis pros reviewing various sports equipment, discussing the latest sports news, and presenting techniques to help improve your game. You can also watch highlights of major matches along with commentary from our experts.

① 전문가 수업을 제안하기 위해
② 직원 모집을 광고하기 위해
③ 새로운 서비스를 안내하기 위해
④ 구독자들에게 피드백을 요청하기 위해

08 해설
웹사이트에서 Advantage Journal을 즐길 수 있다고 했으므로 새로운 서비스를 안내하기 위한 것이 글을 쓴 목적이라 할 수 있다.

해석
당신에게 Advantage Journal 웹사이트의 특징에 관하여 알려드리기 위해 연락합니다. 오늘부터, 당신은 Advantage Journal TV를 저희 사이트에서 즐기실 수 있습니다. 당신은 다양한 스포츠 장비들을 평가하고, 최신 스포츠 뉴스를 논하며 당신의 경기를 향상할 수 있도록 도와주는 기법들을 보여주는 작가와 주민들의 테니스 프로그램 비디오 클립을 보실 수 있습니다. 당신은 또한 전문가들의 해설과 함께 주요 경기들의 하이라이트를 보실 수 있습니다.

09 다음 글을 쓴 목적으로 가장 적절한 것은?

We will install a new security system next Monday, May 20. After activating this system, LV employees always have to carry identification badges. There are digital identification codes in the plastic cards. As a result, they enable you to have access to all buildings on the LV campus. You can pick up badges in the marketing department office on Friday, May 15.

① 건물의 임시 폐쇄를 알리기 위해
② 회사 정책을 소개하기 위해
③ 부서의 위치 이동을 통보하기 위해
④ 최근 보안 문제를 해결하기 위해

09 해설
글에 따르면, 새로운 보안 시스템을 설치할 예정이다. 따라서 회사 정책 중 하나인 새로운 보안 시스템을 소개하기 위한 글이다.

해석
우리는 다음 주 월요일, 5월 20일에 새로운 보안 시스템을 설치할 것입니다. 이 시스템을 작동시킨 후, LV 직원들은 신분 확인 명찰을 항상 지참하고 있어야 합니다. 이 플라스틱 카드 안에는 디지털 식별 코드가 있습니다. 그 결과, 그것은 당신을 LV 캠퍼스 내에 있는 모든 건물에 접근할 수 있도록 합니다. 당신은 5월 15일, 금요일에 마케팅 부서에서 배지를 가져갈 수 있습니다.

정답 08 ③ 09 ②

10 해설

경제 상황으로 당장 할 만한 일이 없는 상황에서 적절한 일자리를 찾는 데 도움이 될 만한 몇 가지 조언을 언급하고 있다.

해석

경제 상황으로 인해 당장 가용한 일자리가 많이 없습니다. 그러나 당신이 시도할 수 있는 일들이 있으니 낙담하진 마세요. 다른 유형의 일자리 훈련을 위해 야간 수업을 듣는 것을 고려해본 적이 있습니까? 많은 근로자들은 그들의 정규직을 수행하는 동안 새로운 기술을 배웁니다. 또 다른 가능성은 당신의 현 직장에서 다른 종류의 일을 찾아보는 것입니다. 마지막으로 비록 주변에 일자리가 없다 할지라도 편안하게 마음먹으세요. 일과 시간 동안 당신이 경험했던 스트레스를 줄이기 위해 일과 후 당신이 즐길 수 있는 일을 하는 데 시간을 써보세요.

10 다음 글을 쓴 목적으로 가장 적절한 것은?

> As a result of the economy, there aren't many jobs available right now. But don't be discouraged because there are some things you can try. Have you considered taking night classes to train for another kind of job? Many workers learn new skills while keeping their regular jobs. Another possibility is looking for a different type of job in your present company. Finally, even if there are no other jobs around, be sure to relax. Take time out to do things you enjoy after work in order to reduce the stress you experience during your workday.

① 다양한 직업군을 소개하기 위해
② 일자리 제공이 어려운 현실을 비판하기 위해
③ 경기 침체 상황의 심각성을 알리기 위해
④ 일자리를 찾는 데 도움이 될 만한 조언을 하기 위해

정답 10 ④

제 2 장 주제·요지·제목 찾기

01 다음 글의 요지로 가장 적절한 것은?

> Some children are being taught ecology on unsound principles so that, for instance, they criticize their parents for leaving the tap running while bushing their teeth even when there is no water shortage. And a textbook claims that the world is hotter than it has ever been, without mentioning that temperature statistics have only been recorded for a century. My point is that educators should base their teaching on scientific facts.

① 과학적인 근거에 토대를 둔 교육이 필요하다.
② 교육 개혁은 전반적인 부분에서 이루어져야 한다.
③ 교과서를 전면 개편하여 교육의 질을 높여야 한다.
④ 물을 절약하고 환경을 보호하는 습관을 갖도록 교육해야 한다.

---

01 해설
지문의 마지막 문장이 필자의 생각이므로 정답은 ①이다.

해석
몇몇 아이들은 불합리한 원리로 생태학을 배우기도 한다. 그 결과, 예를 들어, 아이들은 물이 부족하지 않을 때조차도 이빨을 닦을 때 물을 틀어 놓는 부모를 비난하게 된다. 교과서에서는 한 세기 동안 기온 통계에 대한 기록도 언급하지 않고 지구가 이전보다 뜨거워지고 있다고 언급하고 있다. 교육자들은 과학적 사실에 토대를 두고 교육을 해야 한다고 생각한다.

정답 01 ①

checkpoint 해설 & 정답

02 해설

TV는 사회적으로 남자와 여자아이에 대한 고정된 성 역할을 형성하는 데 영향을 준다고 얘기하고 있다.

해석

TV에서 바쁘게 움직이고 여러 일을 하는 사람은 대부분 남자이다. 여성들은 남자들이 집에 올 때를 기다리거나 만일 정말 현명한 여성들이라면, 그들은 남자들을 약간만 도와준다. 그러나 실제로 당신에게 영향을 주는 것은 바로 상업 광고이다. 남자아이들은 바깥세상에서 일하는 어른들을 모방하는 우주선, 자동차, 또는 흥미로운 게임과 함께 등장한다. 그렇지 않으면 바삐 시간을 보내거나 운동하는 모습을 보여준다. 여자아이들은 많은 드레스가 필요한 인형과 함께 또는 머리를 헹구고 있는 모습과 함께 등장한다. 그렇지 않으면 그들은 엄마를 도와 집안일을 하거나 아가 인형으로 엄마 놀이를 한다.

02 다음 글의 요지로 가장 적절한 것은?

> On television, it's mostly men who run around and do things. Women either wait for men to come home, or if they're really clever, they help the men out a little. But it's the commercials that really get you. Boys are shown with spaceships, cars, or exciting games that imitate the adult working world. Or else they are shown running around and exercising their bodies. Girls are shown with dolls that need a million dresses. Or with their hair being cream-rinsed. Or else they are helping their mothers with the housework or playing mother to baby dolls.

① TV 드라마에 등장하는 인물들에게 현실감을 주어야 한다.
② TV는 성 역할에 대한 고정관념을 만드는 데 영향을 준다.
③ TV는 유아 교육에 공헌하는 긍정적인 역할도 한다.
④ TV는 빈부 격차를 해소하는 역할도 한다.

정답 02 ②

03 다음 글의 요지로 가장 적절한 것은?

> Use honesty to your advantage by being open with what you feel and giving a truthful opinion when asked. This approach can help you escape uncomfortable social situations and make friends with honest people. Follow this simple policy in life-never lie. When you develop a reputation for always telling the truth, you will enjoy strong relationships based on trust. It will also be more difficult to manipulate you. People who lie get into trouble when someone threatens to uncover their lie. By living true to yourself, you'll avoid a lot of headaches. Your relationships will also be free from the poison of lies and secrets. Don't be afraid to be honest with your friends, no matter how painful the truth is. In the long term, lies with good intentions comfort people much more than telling the truth.
> *to one's advantage ~에게 유리하게 / *manipulate (사람을) 조종하다 / *uncover 폭로하다

① 삶에서 지켜야 할 원칙이란 상황에 맞게 대처하는 것이다.
② 선의의 거짓말은 때로는 인간관계를 돈독하게 한다.
③ 진실을 말하는 일이 고통스럽다면 피하는 것도 도움이 된다.
④ 정직은 모든 굳건한 관계의 근본적인 부분이다.

04 해설

관심과 흥미가 다른 친구라 할지라도 다양한 친구를 사귀는 일은 당신의 삶을 풍요롭게 할 수 있다는 글이다.

해석

아주 오랫동안 알고 지낸 친구인, 어린 시절의 친구는 정말 특별하다. 그들은 여러분에 관한 모든 것을 알고 있으며, 여러분은 처음 하는 많은 일들을 공유해왔다. 하지만 사춘기가 되면, 때로는 이런 아주 오래된 우정이 성장통을 겪는다. 여러분은 예전보다 공유하는 것이 더 적다는 것을 알게 된다. 어쩌면 여러분은 랩을 좋아하는데 그 친구는 팝을 좋아한다거나, 서로 다른 학교에 다니며 서로 다른 무리의 친구들을 사귈 것이다. 변화가 무서울 수도 있지만, 친구들, 심지어 가장 친한 친구도 꼭 같을 필요는 없다는 것을 기억하라. 관심이 다른 친구들을 갖는 것은 삶을 흥미롭게 하는데, 그냥 서로에게서 배울 수 있는 것에 대해 생각해 보라.

04 다음 글의 요지로 가장 적절한 것은?

> Childhood friends-friends you've known forever-are really special. They know everything about you, and you've shared lots of firsts. When you hit puberty, however, sometimes these forever-friendships go through growing pains. You find that you have less in common than you used to. Maybe you're into rap and she's into pop, or you go to different schools and have different groups of friends. Change can be scary, but remember : Friends, even best friends, don't have to be exactly alike. Having friends with other interests keeps life interesting-just think of what you can learn from each other.
> *puberty 사춘기 / *hit puberty 사춘기가 되다 / *growing pain 성장통

① 삶의 변화를 두려워하지 말고 모든 일을 긍정적으로 생각해라.
② 사춘기 이후 사귀는 친구는 당신과 공유하는 부분이 많아진다.
③ 다양한 친구와 친해지는 일은 당신의 삶을 풍요롭게 한다.
④ 성장통을 겪고 나면 인생의 진정한 의미를 깨닫게 된다.

정답 04 ③

05 다음 글의 요지로 가장 적절한 것은?

A professor asked graduate students to record all of their communications and all of their lies for a week. The result was that they twisted the truth in about a quarter of all face-to-face conversations, and in 37 percent of phone calls. But when they went into cyberspace, only 1 in 15 instant-messaging chats contained a lie, and barely 14 percent of e-mail messages were dishonest. Wasn't cyberspace supposed to be where you couldn't trust anyone? The professor explains that if we tell a lie to someone at a cocktail party or on the phone, we can claim we said no such thing, because there's probably no one recording the conversation. On the Internet, though, our words often come back to haunt us because machines never forget.

*twist 비틀다, 왜곡하다 / *haunt 괴롭히다

① 인터넷보다 전화 통화를 통해 진실을 잘 고백한다.
② 사이버 공간은 거짓말을 자유롭게 할 수 있는 공간이다.
③ 들키는 것에 대한 두려움은 거짓말을 줄이게 한다.
④ 직접 만나 대화를 나누는 일은 진실을 말하는 데 도움이 된다.

checkpoint 해설 & 정답

06 해설
모든 위대한 일은 생각과 함께 끊임없는 노력의 산물이라고 언급한다. 따라서 생각을 현실로 만들 수 있는 노력의 중요성을 언급하는 글이다.

해석
생각이란 과정에서 가공되지 않은 재료이다. 물론 모든 일은 처음에는 생각의 형태로 만들어진다. 그러나 생각 그 자체만으로는 아무런 가치가 없다. 기계처럼 생각은 무언가를 성취하기 전에 생각에 적용될 수 있는 힘을 갖추어야 한다. 생각을 통해 명성과 부를 얻은 사람들은 그들의 모든 에너지와 노력을 그들이 해낸 생각을 구체화하는 데 쏟는다. 가령, 자동차 제작자 헨리 포드 역시 자신이 한 위대한 생각을 구체화하기 위해 노력하고 애쓰고 희생해야만 했다.

07 해설
비정부 단체가 사회에 기여하는 긍정적 역할에 관한 글이다.

해석
시민 단체가 사회변화를 위해 노력할 때, 더 나은 사회변화는 발생한다. 오늘날, 그러한 단체들은 과거 정부가 수행했던 많은 업무를 맡을 수 있다. 소위, 이러한 비정부 조직은 사회 서비스를 실현한다. 그 단체들은 법에서부터 의료까지 다양한 분야에서 활동한다. 그들은 안, 밖에서 정부가 하는 일을 감시하고 영향을 준다. 또한, 그들은 종종 정부보다 업무를 잘 수행하기도 한다. 그 이유는 그들은 모든 분야의 사람들을 활용할 수 있기 때문이다.

정답 06 ④ 07 ③

---

06 다음 글의 주제로 가장 적절한 것은?

> Ideas are the raw material of progress. Everything first takes shape in the form of an idea. But an idea by itself is worth nothing. An idea, like a machine, must have power applied to it before it can accomplish anything. Those who have won fame and fortune through having an idea devoted all their energy and effort toward putting it into operation. Car maker Henry Ford, for example, had a big idea, but he had to sweat and suffer and sacrifice in order to make it work.

① 생각의 중요성
② 성공의 다양한 의미
③ 맹목적 헌신의 필요성
④ 노력의 중요성

07 다음 글의 주제로 가장 적절한 것은?

> Social change for the better happens when groups of citizens try to bring it about. Today, such groups can take on many tasks once performed by governments. These so-called non-governmental organizations deliver social services. They are active in various areas from law to medicine. They watch and influence what governments do at home or abroad. What is more, they often work better than governments. This is because they are able to use people from all walks of life.

① 사회변화의 필요성
② 정부와 비정부 기구의 대립
③ 비정부 기구의 긍정적 역할
④ 정부 기구의 부정적 역할

08 다음 글의 주제로 가장 적절한 것은?

> A basic fact about negotiation is that you are dealing not with abstract representatives, but with human beings. They have emotions, deeply held values, and different backgrounds. This human aspect of negotiation can be either helpful or disastrous. A working relationship where trust, respect, and friendship are built up over time can make each new negotiation smoother and more efficient. And people's desire to feel good about themselves, and their concern for what others think of them, can often make them more sensitive to another negotiator's interests.

① 협상에서 인간에 대한 이해의 중요성
② 인간의 다양한 측면의 부정적 기능
③ 협상과 인간관계 사이의 연관성
④ 상호작용에서 공감과 배려의 필요성

---

08 **해설**
협상에서 인간에 대한 다양한 면을 알고 이해하는 일에 대한 필요성을 언급하는 글이다.

해석
협상에 관한 기본적인 사실은 당신들이 추상적인 대상이 아닌 인간과 상대하고 있다는 것이다. 그들은 감정, 뿌리 깊은 가치관, 그리고 다양한 배경을 가지고 있다. 협상의 이러한 인간적인 면은 도움이 될 수도 있고 재앙이 될 수도 있다. 시간이 지날수록 신뢰와 존중과 우정이 형성된 업무 관계는 각각의 새로운 협상을 더 원활하고 효율적으로 만들 수 있다. 그리고 자신에 대해 좋게 생각하고 싶은 사람들의 욕망과 상대가 자신을 생각하는 것에 대한 사람들의 걱정은 그들이 다른 협상가의 관심에 더욱 민감하게 할 수 있다.

정답 08 ①

09 다음 글의 주제로 가장 적절한 것은?

> The first recorded hamburger was made in Europe in the 15th century. The people of Hamburg, Germany, started to sell finely chopped cooked meat to their customers. In the 18th and 19th centuries, sailors who had visited Hamburg brought this food to New York and called it Hamburg steak, which became the popular usage. Louis Lassen, the American restaurant owner of Louis' Lunch, was the first to sell hamburger meat. It was placed in between two bread rolls in 1895. This was the beginning of the original hamburger. It was a piece of grilled meat in between two bread burns and had onions, ketchup, mustard, mayonnaise, pickles, and other toppings on it.

① 햄버거의 역사
② 햄버거 만드는 방법
③ 다양한 종류의 햄버거
④ 가장 유명한 햄버거 소개

10 다음 글의 주제로 가장 적절한 것은?

> Zebras look a lot like horses. But they are quite different. One of the differences is that zebras have black and white stripes. But horses do not have any stripes on their bodies. Zebras use the stripes to protect themselves from other animals like lions. Interestingly, lions do not see colors clearly. So when zebras do not move behind tall grasses, lions cannot find them. The zebras needed stripes because they live in grasslands.

① 줄무늬가 필요 없는 말의 특징
② 얼룩말과 말의 유사점과 차이점
③ 얼룩말이 줄무늬를 가지고 있는 이유
④ 얼룩말과 사자 사이의 먹이사슬 관계

11 다음 글의 제목으로 가장 적절한 것은?

> There are many essentials of life that we take for granted. Our families and continuing good health are not questioned. Even food and shelters are rarely causes of troubling thoughts. However, if most teenagers were asked to list the one or two things most important to their happiness, high on the list would be friends or friendship. Life, so they seem to feel, would lose its sparkle and vitality if friends were not present. This intense need for being part of a group or being accepted by one's peers lessens with maturity.

① Many essentials of life
② The source of happiness
③ The importance of unchanging friendship
④ The need for friends among adolescents

12 해설

12 **해설**
올바른 자세는 좋은 목소리를 내는 데 중요한 부분이다. 올바른 자세를 위해 도움이 될 만한 여러 조언을 언급하고 있는 글이다.

해석
가끔, 여러 사람 앞에서 발표하라는 말을 듣곤 한다. 다음으로 할 일은 좋은 목소리가 도움이 된다는 점을 기억하는 것이다. 좋은 자세는 당신의 목소리가 잘 나오도록 하는 데 중요하다. 목소리가 적절하게 나오려면 목을 곧게 유지해야 한다. 어깨를 구부정하게 하는 것은 피해야 한다. 그 자세는 공기의 흐름을 줄이고 목소리를 막히게 할 것이다. 발을 약간 벌린 채 곧게 서면 양쪽 발에 몸무게가 똑같이 분배된다. 마치 무언가가 머리를 잡아당기듯 머리를 위로 들어라. 어깨, 입술, 혀, 그리고 턱을 풀어라. 좋은 목소리는 발표에 점수를 더해줄 것이다.

12 다음 글의 제목으로 가장 적절한 것은?

Once in a while, you get called upon to do a presentation before a group. The next time that happens, remember that a good voice helps. Good posture is important for your voice to work well. For your voice to come out properly, you should keep your neck straight. Avoid stooping your shoulders as that will reduce the flow of air and block your voices. Stand straight with your feet slightly apart and your weight distributed equally on both of them. Hold your head up as if something is pulling it up. Relax your shoulders, lips, tongue, and jaw. A good speaking voice will add points to your presentation!

① Good posture is the basis for a good voice
② How to use your voice in public speaking
③ Making points in a presentation
④ The fear of public speaking

정답 12 ①

13 다음 글의 제목으로 가장 적절한 것은?

> You can do a little experiment in your house to understand what causes condensation. The simplest way is to boil water in a pan. You will notice that the water changes into steam. Then, put a lid on the pan and let it cool off for about five minutes. When you take the lid off the pan, the steam will be gone, but the water will remain. When hot air comes into contact with cool air, the steam turns back into water. This is called condensation.
>
> *condensation 기체의 응결, 응축

① What is steam?
② Hot air and cold air
③ What causes condensation?
④ A process of water experiment

14 다음 글의 제목으로 가장 적절한 것은?

> Two different people helped Mahatma Gandhi to become a great leader of India. One was King Harishchandra. The king's life was described by a famous Indian play. In the play, King Harishchandra lived an honest, good life. So Gandhi tried to live his life the same way. The other person was his mother. She was a great mother who believed in gods. Because of her belief, she was kind to other people. Gandhi respected her beliefs and behavior very much.

① The great kings of India
② The kindness of Gandhi's mother
③ People who knew Gandhi very well
④ People who encouraged Gandhi, a great leader

제 3 장 요약문 완성

01 다음 글의 내용을 한 문장으로 요약하고자 한다. 빈칸 (A)와 (B)에 들어갈 말로 가장 적절한 것은?

> Even if you are not in a competitive field, you still need motivation to keep you up and moving. I've known parents who have run out of motivation. When it came to raising their families, they ran out of steam and cared less. A motivated clergyman inspires more of his congregation than does a clergyman who has lost his inspiration himself. A highly motivated student will spend more time studying than a student who is motivated only to get by. In fact, it could safely be said that the only time we do not need to be motivated is when we are sleeping, in other words, resting but going nowhere.
> *clergyman 목사, 성직자 / *congregation 신도

> Whatever you may be, the amount of __(A)__ you have can make the difference between reaching your __(B)__ or falling short.

	(A)	(B)
①	energy	health
②	sleep	achievement
③	incentive	goals
④	religious belief	faith

---

01 해설

매사에 동기를 갖고 의욕적인 사람은 그렇지 않은 사람보다 많은 부분에서 긍정적인 결과를 만들 수 있다는 글이다. 따라서 빈칸 (A)에는 이 글의 핵심어인 "motivation"을 대체할 수 있는 "incentive"가 적절하다. 글에서 목적의식의 유무에 따라 결과가 달라질 수 있다고 언급하고 있으므로 빈칸 (B)에는 "goals"가 적절하다.

해석

비록 당신이 경쟁적인 분야에 있지는 않더라도 당신을 계속 움직이게 하는 동기(의욕 또는 목적의식)는 여전히 필요하다. 나는 의욕이 부족했던 부모들을 알고 있다. 그들이 가족을 부양할 때, 그들은 열정이 부족했고 관심을 덜 기울였다. 의욕적인 성직자가 그렇지 않은 성직자보다 더 많은 신도들에게 영감을 준다. 목적의식이 뚜렷한 학생은 적당히 하자는 목적의식을 가진 학생보다 공부하는 데 더 많은 시간을 보낼 것이다. 사실 우리가 동기를 가질 필요가 없는 유일한 때는 우리가 자고 있을 때, 다시 말해 쉬고 있지만 어디에도 가지 않는 때라고 말해도 무방하다.

정답 01 ③

02 다음 글의 내용을 한 문장으로 요약하고자 한다. 빈칸 (A)와 (B)에 들어갈 말로 가장 적절한 것은?

> If it were not for Thomas Edison, we might still be reading by candlelight. It's a known fact that Edison discovered the light bulb after a thousand different attempts. When questioned about what he had learned from those one thousand attempts, Edison replied, "I have found one thousand ways in which a light bulb could not be made."

> People who are not prepared to risk a __(A)__ will not achieve __(B)__.

	(A)	(B)
①	failure	success
②	loss	gain
③	fame	honor
④	life	success

해설 & 정답

02 **해설**
실패를 두려워 말고 끝까지 시도한다면 결국 목적을 성취할 수 있다는 Edison의 사례를 언급하고 있다. 따라서 이 글의 핵심 내용을 '실패(A)를 무릅쓰려는 준비가 되어 있지 않은 사람들은 성공(B)을 성취하지 못할 것이다.'라고 요약할 수 있다.

해석
만일 에디슨이 없었다면 아마도 우리는 여전히 촛불을 켜고 책을 읽고 있었을 것이다. 에디슨이 천 번의 다양한 시도 끝에 전구를 발명했다는 것은 널리 알려진 사실이다. 그러한 천 번의 시도에서 무엇을 배우게 되었는지 물어보았을 때, 에디슨은 "전구를 만들 수 없는 천 가지의 방법을 찾게 되었다."라고 답했다.

정답 02 ①

03 다음 글의 내용을 한 문장으로 요약하고자 한다. 빈칸 (A)와 (B)에 들어갈 말로 가장 적절한 것은?

> When in an extreme state of fear or anger, the body's heartbeat speeds up. Also our breathing and pulse rate increases. Some of the body's chemical activities accelerate. We burn up sugar in the bloodstream and fats in our tissue at a faster rate. The mouth feels dry due to the salivary glands becoming less active. Our pupils enlarge, giving us a wide eyed look that is associated with both terror and rage. Finally our sweat glands may overact causing a cold sweat, damp hands and perspiration on our forehead.
> *salivary glands 침샘 / *pupil 동공, 학생 / *cold sweat 식은땀

__(A)__ changes occur when we are in a state of __(B)__.

	(A)	(B)
①	Psychological	anxiety and care
②	Mental	sweat and inspiration
③	Chemical	life and death
④	Physiological	terror and rage

04 다음 글의 내용을 한 문장으로 요약하고자 한다. 빈칸 (A)와 (B)에 들어갈 말로 가장 적절한 것은?

> A research project aimed at examining the difference in taste between bread with a standard salt content and bread with reduced salt was conducted recently. Scientists prepared three separate loaves of bread using exactly the same ingredients but altered the amount of salt used. One loaf contained the standard amount of salt, another 10% less and one 20% less. After tasting the bread a sample of sixty people were asked to guess which loaves contained the usual amount of salt, 10% less, or 20% less. The results indicated only 30% of the guesses were correct. The same result would probably occur by chance.
> *loaves 조각(loaf의 복수형) / *ingredient 성분, 재료

> The salt content of bread does not generally __(A)__ the __(B)__ of it.

	(A)	(B)
①	change	smell
②	affect	taste
③	help	preference
④	affect	color

05 다음 글의 내용을 한 문장으로 요약하고자 한다. 빈칸 (A)와 (B)에 들어갈 말로 가장 적절한 것은?

> Your brother has a new girlfriend. The first time you meet her, she talks to you for an hour about cooking, a subject which you haven't the slightest bit of interest in at all. You come away with the impression that she is rather dull and stupid. The next time you see her she doesn't even mention food ; in fact, she engages you in some intelligent conversation and even makes some witty remarks. What is your impression of her? Do you find that you like her? Do you average out the encounters and come out with a zero? Neither is likely. It is more likely that you will still find her dull and stupid.
>
> *dull 지루한, 둔한 / *come out with 누설하다, 지껄이다, 발표하다

The __(A)__ of a person is __(B)__ to change.

	(A)	(B)
①	favorable impression	hard
②	lasting impression	easy
③	first impression	difficult
④	stupidity	hard

05 해설

첫 만남에서 관심 없는 이야기 주제로 말했던 사람에 대해 갖게 되는 불편한 첫인상이 두 번째 만남에서 다른 시도를 하더라도 쉽사리 바뀌지 않는다는 내용의 글이다. 따라서 이 글의 중심 내용을 '사람에 대해 갖게 되는 첫인상(A)은 바꾸기 어렵다(B).' 로 요약할 수 있다.

해석

당신의 동생에게 새로운 여자 친구가 생겼다. 당신이 그녀를 처음 만났을 때, 그녀는 당신이 전혀 관심 없는 주제인 요리에 대해 한 시간 동안 이야기를 했다. 당신은 그녀에 대해 지루하고 둔한 사람이라는 인상을 갖고 그 자리를 떠난다. 다음 만남에서 그녀는 음식에 대해 어떤 말도 하지 않는다. 실제로 그녀는 지적인 대화로 당신의 마음을 사로잡고 심지어 재치 있는 이야기도 한다. 그녀에 대한 당신의 첫인상은 무엇인가? 그녀가 마음에 든다고 생각하나? 당신은 그 우연한 만남의 평균을 내어 0이라고 말할까? 그 어떤 것도 아닐 것 같다. 당신은 여전히 그녀가 지루하고 둔한 사람이라고 생각할 것 같다.

정답 05 ③

06 다음 글의 내용을 한 문장으로 요약하고자 한다. 빈칸 (A)와 (B)에 들어갈 말로 가장 적절한 것은?

> The word liberty is often interpreted incorrectly. The dictionary gives many exact definitions of the word ; briefly, it means "freedom from restraint or control." Such a brief definition leads to misinterpretation. Many people think liberty means that they may do whatever they like regardless of the effects. Liberty is not uncontrolled freedom. Real liberty involves thinking of the other fellow and giving up your desires if they harm him. If liberty is to be enjoyed by everyone, then everyone must give up the idea that it means freedom from all restraints or controls. Everyone must live by the true meaning, "self-disciplined freedom."
> *misinterpretation 오해 / *restraint 구속, 속박

> __(A)__ does not mean freedom from restraint or control, but it means __(B)__ .

　　　　(A)　　　　　　　　　(B)
① Liberty　　　　　　　　self-disciplined freedom
② Real liberty　　　　　　uncontrolled freedom
③ Uncontrolled liberty　　true liberty
④ Liberty　　　　　　　　self-indulgence

06 해설
자유란 모든 제약이나 통제로부터의 자유를 의미한다는 생각을 버리고 "절제된 자유"라는 진정한 의미로 이해해야 한다는 글이다.

해석
자유라는 단어는 종종 잘못 해석된다. 사전은 그 말의 많은 정확한 정의를 제공한다. 간단히 말해서, 그것은 "제약이나 통제로부터의 자유"를 의미한다. 그러한 간단한 정의는 오해를 초래한다. 많은 사람들이 자유는 결과와는 무관하게 그들이 하고 싶은 것은 무엇이든 다 할 수 있는 것을 의미한다고 생각한다. 자유는 억제되지 않은 자유가 아니다. 진정한 자유는 다른 사람을 생각하고 만일 다른 사람에게 해가 된다면 당신의 욕망을 포기하는 것을 의미한다. 만일 자유가 모든 사람에 의해 향유되려면 모든 사람이 자유가 모든 제약이나 통제로부터의 자유를 의미한다는 생각을 버려야 한다. 모든 사람은 "절제된 자유"라는 진정한 의미에 따라 살아야 한다.

정답 06 ①

07 다음 글의 내용을 한 문장으로 요약하고자 한다. 빈칸 (A)와 (B)에 들어갈 말로 가장 적절한 것은?

> In a modern city there are hostile microbes everywhere. Almost every day, and in almost every place we walk and breathe, we are exposed to sufficient of them to bring us down with some sort of infection. If we defeat them, it is not so much that we manage to avoid them, as that our bodies are equipped with a highly efficient defence system which slaughters them by the million, week in and week out. If we give way, it is not so much that we have been accidentally exposed to them, as that we have for some reason lowered our body defences. One way we do this is to let ourselves become overstressed and overstrained by the pressures of urban life. In our weekend condition, we soon fall prey to one or other of the wide selection of unfriendly microbes that fill the worlds around us.
> *microbes 미생물, 병원균 / *overstrain 과도하게 긴장시키다

> We must __(A)__ being overstressed and overstrained by the pressure of urban life to keep our body defence system __(B)__.

   (A)   (B)
① keep   sufficient
② defeat   strained
③ control   inert
④ avoid   efficient

07 해설

이 글의 중심 내용은 '현대 도처에 잠식하고 있는 많은 세균에 감염되지 않기 위해서는 신체 방어체계가 효율적으로 유지되도록 해야 한다.' 이다.

해석

현대 도시에는 도처에 적의에 가득 찬 세균이 있다. 거의 매일, 그리고 우리가 걷고 숨 쉬는 모든 장소에서, 우리는 어떤 종류의 감염으로 우리를 쓰러뜨리기에 충분한 양의 세균에 노출되어 있다. 우리가 세균에게 이긴다면 그것은 우리들이 세균을 용케 피할 수 있기 때문이라기보다는 매주 끊임없이 세균을 백만 단위로 도살하는 고도의 효율적인 방어 체계를 우리 몸이 갖추고 있기 때문이다. 우리가 진다면 그것은 우리가 우연히 세균에 노출되었다기보다는 어떤 이유에선가 우리 몸의 방어력이 저하되었기 때문이다. 도시 생활의 다양한 압박에 의해 지나치게 스트레스를 받든가 지나친 긴장을 받도록 하는 것도 신체의 방어력을 약화시키는 한 가지이다. 약체가 되면 우리는 주변의 세계를 가득 채우고 있는 다양한 유해 세균의 어느 하나에 곧 희생이 되고 만다.

정답 07 ④

08 다음 글의 내용을 한 문장으로 요약하고자 한다. 빈칸 (A)와 (B)에 들어갈 말로 가장 적절한 것은?

> Reading is not only a supplement to experience. Good reading is experience itself. The author who can write with power and insight and truth can make his perceptions a part of your awareness of the world around you. Thus the person who deprives himself of the wisdom and understanding of great writers deprives himself of an invaluable experience that can be gained in no other way. Through books, you can listen to the best minds of your own time and of all times, speaking on subjects of universal interest.
> *insight 통찰력 / *deprive 빼앗다, 박탈하다

> Good reading enables us not only to experience authors' __(A)__ but to listen to __(B)__ around you.

	(A)	(B)
①	various perceptions	valuable intelligence
②	skillful perspective	meaningful past trace
③	verified values	awareness around the world
④	priceless insight	most wonderful time

08 해설

이 글의 중심 내용은 '좋은 독서는 독자로 하여금 세상에 대한 작가의 다양한 인식을 간접적으로 경험하게 하고 나아가 모든 시대의 가치 있는 지성의 목소리를 들을 수 있게 한다.'이다.

해석

독서는 경험의 보충으로 그치는 것이 아니다. 좋은 독서는 경험 그 자체이다. 힘과 통찰력을 가지고 진실되게 쓸 수 있는 작가는 자신이 지각한 것을 독자가 주위의 세계를 지각하는 일부로 할 수 있다. 따라서 위대한 작가의 작품을 읽지 않아 그들의 지혜와 깨달음을 얻지 못하는 사람은 다른 어떤 방법으로는 얻을 수 없는 매우 귀중한 경험을 잃게 되는 것이다. 책을 통해서 독자는 모두가 관심을 가지고 있는 주제들에 관해 이야기하는 자신의 시대와 모든 시대의 최고의 지성의 말을 들을 수 있다.

정답 08 ①

09 해설

문명과 기술의 발달로 제트기와 같은 수송 수단은 인간의 이동 속도를 빠르게 했으며, 이는 독감의 전파 속도 역시 빠르게 했다. 이에 따라 독감에 대한 적절한 통제가 필요하다는 글이다.

해석
유행성 독감은 사람과 똑같이 빠르게 번진다. 소달구지를 타고 다니던 시대에는 독감의 전염 속도가 느렸다. 1918년에 인간은 8주간에 지구를 일주할 수 있었는데, 그 기간은 독감이 지구를 완전히 일주하는 데 걸린 시간과 같다. 오늘날은 제트기와 공중 수송으로 인해 사람은 보다 빠른 속도로 움직인다. 이러한 현대의 속도로 인해, 독감이 나타나는 것을 날마다 예측할 수 없게 되었다. 이 모든 것은 독감에 대한 우리 인간의 통제력이 질병의 속도에 비례하여 보다 신속해야만 한다는 것을 의미한다.

09 다음 글의 내용을 한 문장으로 요약하고자 한다. 빈칸 (A)와 (B)에 들어갈 말로 가장 적절한 것은?

> Influenza travels exactly as fast as man. In oxcart days its progress was slow. In 1918 man could girdle the globe in eight weeks, and that is exactly the time it took influenza to complete its encirclement of the earth. Today, by jet planes and air transport, man moves at higher speed. This modern speed makes influenza's advent unpredictable from day to day. It all means that our control over this disease must be in proportion swifter.
>
> *oxcart 소달구지, 우차 / *girdle 띠로 졸라매다 / *encirclement 포위, 고립화

> More __(A)__ of influenza is necessary nowadays because man __(B)__ .

	(A)	(B)
①	precise awareness	can get vaccinated
②	adequate control	carries it about more quickly
③	proactive measures	annot be protected by vaccination
④	attentive attitude	coexists with it

정답 09 ②

10 다음 글의 내용을 한 문장으로 요약하고자 한다. 빈칸 (A)와 (B)에 들어갈 말로 가장 적절한 것은?

> Differences in eating hours for lunch are based on the life style of the country and its climate. Warm countries, such as Italy, have more leisurely lunch hours than cooler countries, such as England. In Rome the majority of businesses close during the lunch period, which may last anywhere from two to three hours. Most people go home or to restaurants for relaxed meals of many courses. Everyone takes time to eat and to appreciate his lunch in Rome.

> The amount of time people usually take to __(A)__ varies from country to country, the __(B)__ evidently making quite a difference.

	(A)	(B)
①	eat lunch	climate
②	take a rest	life style
③	do business	temperature
④	have meals	weather

checkpoint 해설 & 정답

01 해설

타조는 세상에서 살아 있는 새 중 가장 큰 새이고, 성장한 수컷 타조의 깃털은 대체로 검은색이다. 또한 타조는 다리와 목에는 깃털이 거의 없고 각각의 발에 두 개의 발가락이 달려 있다.

해석

타조는 세상에서 살아 있는 새 중 가장 큰 새이다. 타조는 키가 8피트 내지 10피트이고 몸무게가 342파운드나 나간다. 꼬리에 일부 흰색 깃털이 있지만 성장한 수컷의 깃털은 대체로 검은색이다. 타조는 긴 다리와 긴 목을 갖고 있다. 다리와 목에는 깃털이 거의 없다. 타조는 큰 검은 눈을 갖고 있다. 그것들의 몸 크기와 비교하여 짧고 넓은 부리가 있는 머리는 상대적으로 작다. 그것들은 각각의 발에 두 개의 발가락이 있다.

제 4 장 내용 일치/불일치

01 다음 글의 내용과 일치하는 것은?

> The ostrich is the largest living bird in the world. Ostriches stand 8 to 10 feet tall and weigh as much as 342 pounds. The feathers of adult males are mostly black, with some white on the tail. Ostriches have long legs and a long neck. The legs and neck have very few feathers. Ostriches have big black eyes. Compared to their body size, the head is relatively small with a short and wide bill. They have two toes on each foot.
> *ostrich 타조 / *bill 부리

① 타조는 다리와 목에 깃털이 많다.
② 타조는 각각의 발에 한 개의 발가락이 있다.
③ 성장한 수컷 타조의 깃털은 대체로 검은색이다.
④ 타조의 키는 8에서 10피트이고 몸무게는 342파운드를 넘는다.

정답 01 ③

02 다음 글의 내용과 일치하는 것은?

> Harubang is a stone statue of Jeju Island in the form of a grandfather wearing a hat. Harubang with big eyes, a long, broad nose, and slight smile can be found everywhere on Jeju Island. They have their hands resting on their belly, one slightly above the other. The harubang has its left hand above the right hand. Traditionally, a right hand above the left indicates a scholar, while a left hand above the right indicates a military general. Harubangs are usually made from volcanic stones with many small holes like a sponge.
>
> *belly 배

① 하르방은 왼손을 오른손의 아래쪽에 두고 있다.
② 하르방은 구멍이 거의 없는 화산 돌로 만들어진다.
③ 하르방은 큰 눈, 길고 좁은 코, 옅은 미소를 띠고 있다.
④ 전통적으로 오른손이 왼손보다 위에 있으면 학자를 의미한다.

해설
하르방은 큰 눈, 길고 넓은 코, 옅은 미소를 띠고 있고, 왼손을 오른손의 위쪽에 두고 있다. 전통적으로 오른손이 왼손보다 위에 있으면 학자를 의미하고, 그 반대인 경우는 장군을 의미한다. 대게 하르방은 작은 구멍이 많이 나 있는 화산 돌로 만들어진다.

해석
하르방은 모자를 쓰고 있는 할아버지 형상을 한, 제주도의 돌 상(像)이다. 큰 눈, 길고 넓은 코, 옅은 미소를 띠고 있는 하르방은 제주도 어디에서나 볼 수 있다. 하르방은 손을 배에 대고 있는데, 한쪽 손이 다른 쪽 손보다 약간 위에 놓여 있다. 하르방은 왼손을 오른손의 위쪽에 두고 있다. 전통적으로, 오른손이 왼손보다 위에 있으면 학자를 의미하고, 반면에 왼손이 오른손보다 위에 있으면 군대의 장수를 나타낸다. 대개 하르방은 스폰지처럼 작은 구멍이 많이 나 있는 화산 돌로 만들어진다.

정답 02 ④

03 해설

두꺼운 가죽으로 덮인 면은 드럼의 오른쪽이 아닌 왼쪽 면이다. 이 왼쪽 면은 비교적 낮은 음을 낸다. 드럼의 오른쪽 면은 얇은 가죽으로 덮여 있고 높은 음을 낸다.

해석

장구는 한국에서 사용되는, 가죽으로 된 타악기들 중 하나이다. 그것은 옆으로 누운 모래시계 모양을 하고 있다. 조롱목이라고 불리는, 가운데 있는 둥근 관은 좌우 장구통을 연결한다. 두꺼운 가죽으로 덮인 드럼의 왼쪽 면은 비교적 낮은 음을 내고, 얇은 가죽으로 덮인 오른쪽 면은 높은 음을 낸다. 두꺼운 줄이 두 가죽 면에 부착되어, 연주자로 하여금 두 면으로 음을 다양하게 낼 수 있도록 해준다. 게다가, 연주자는 나무로 된 채나 맨손을 사용하여 두 가죽 면을 쳐서 다양한 기교로 다른 소리를 낼 수 있다.

---

03 다음 글의 내용과 일치하지 않는 것은?

> The Janggu is one of the leather percussion instruments used in Korea. It is shaped like an hourglass lying on its side. The round tube in the middle, called a Jorongmok, connects the left and right side of the body. The left side or face of the drum is covered with a thick leather and produces relatively lower tones while the right face with a thin leather covering produces higher tones. Thick strings are attached to the two leather faces, allowing the player to vary the tone by either of the sides. Furthermore, a player can produce different sounds with various techniques using a wooden stick or their bare hands to strike the two leather faces.
> *percussion 타악기 / *hourglass 모래시계 / *bare 맨손의

① 장구는 가죽으로 된 타악기들 중 하나이다.
② 장구는 옆으로 누운 모래시계 모양을 하고 있다.
③ 두꺼운 가죽으로 덮인 오른쪽 면은 낮은 음을 낸다.
④ 연주자는 채와 맨손을 사용하여 두 면을 쳐서 다양한 소리를 낼 수 있다.

정답 03 ③

04 필자에 관한 다음 글의 내용과 일치하지 <u>않는</u> 것은?

> I was only five when my father had taken me abroad, and that was eighteen years ago. When my mother had died after a tragic accident, my father did not quickly recover from the shock and loneliness. Everything around him was full of her presence. So he decided to emigrate. In the new country he became absorbed in making a new life. He did not marry again and I was brought up without a woman's care. But I lacked for nothing, for he was both father and mother to me. We successfully settled down in the new world. But we wanted to see the old folks again and to visit my mother's grave.

① 18년 전에 고향을 떠나왔다.
② 어려서 사고로 어머니를 잃었다.
③ 이민 후 새로운 삶에 잘 적응했다.
④ 아버지의 보살핌을 받지 못했다.

---

04 해설

"I was brought up without a woman's care. But I lacked for nothing, for he was both father and mother to me."에서 여성의 보살핌, 즉 엄마의 보살핌을 받지 못했고 아버지로부터는 보살핌의 부족함이 없었다는 것을 확인할 수 있다.

해석

아버지가 나를 해외로 데려갔을 때 겨우 5살이었고 그건 18년 전이다. 어머니가 비극적인 사고를 당해 돌아가셨을 때 아버지는 충격과 외로움에서 빨리 회복하지 못하셨다. 그를 둘러싼 모든 것이 그녀의 존재로 가득 차 있었다. 그래서 그는 이민을 가기로 결정했다. 새로운 나라에서 그는 새로운 삶을 만드는 데 몰두했다. 그는 다시 결혼하지 않았고 나는 여성의 보살핌 없이 자랐다. 하지만 나는 부족함이 없었다. 그는 나에게 아빠이자 엄마였기 때문이다. 우리는 그 새로운 나라에 성공적으로 정착했다. 하지만 우리는 옛날 사람들을 다시 보고 싶었고 어머니의 산소에도 방문하길 원했다.

정답 04 ④

checkpoint 해설 & 정답

05 해설

"Emotionally, he is the strongest person I know."에서 Ben은 체력이 아닌 정서적으로 가장 강인한 사람이라는 것을 알 수 있다.

해석

Ben은 나의 가장 친한 친구이다. 나는 그를 평생 신뢰할 것이다. 우리는 1학년 때부터 알고 지냈고 같은 학교에 다녔다. 우리는 함께 농구팀에서 같이 운동을 했고, 매일 방과 후에 그의 집에서 역기를 들었다. 학교에서 그는 우등상을 타기 위해 노력하고, 그것을 성취한다. 그는 사람들을 편안하게 하는 독특한 능력을 가지고 있다. 그는 성실하고, 자신감이 있으며, 낙천적이다. 정서적으로, 그는 내가 아는 가장 강인한 사람이다. 이런 것들은 나 자신에게서도 보이는 자질이다. 내가 Ben의 자질을 높이 사듯이, 그도 나의 자질을 높이 평가한다.

05 Ben에 관한 다음 글의 내용과 일치하지 <u>않는</u> 것은?

> Ben is my best friend. I would trust him with my life. We have known each other and attended the same schools since first grade. We play on basketball teams together, and we lift weight at his house every day after school. In school he strives for excellence and achieves it. He has a unique ability to relax people. He is loyal, confident and optimistic. Emotionally, he is the strongest person I know. These are qualities that I also see in myself. Just as I appreciate Ben's qualities, he appreciates mine.

① 그는 성실하고 자신감이 있다.
② 그는 나의 자질을 높이 평가한다.
③ 방과 후에 우리는 매일 역기를 들었다.
④ 그는 체력적으로 내가 아는 가장 힘이 센 사람이다.

정답 05 ④

06 Tornado에 관한 다음 글의 내용과 일치하는 것은?

> Tornadoes are among the most beautiful, dramatic, and deadly natural phenomena to cut across the face of the earth. A rapidly moving funnel of air, tornadoes appear out of nowhere only to upturn a town or farm, livestock and cars, trees and people. Its speed can vary from 40 to more than 300 miles per hour. Tornadoes are all over the world, but most common in the flat prairie lands of the United States. The only redeeming thing about tornadoes is that they last 10 minutes or so. Only a few ones last over 30 minutes. Their sounds can be terrifying and range from the whirling of an enormous fan to the roar of a jet engine.
>
> *funnel 깔때기 / *upturn 혼란에 빠뜨리다 / *prairie 초원 / *redeeming 벌충하는, 상쇄하는

① 토네이도는 빨대의 형태이다.
② 토네이도는 마을에서 나타난다.
③ 30분 이상 지속되는 토네이도는 없다.
④ 토네이도는 미국의 평원에서 가장 흔하게 존재한다.

07 해설

"I could easily picture the little village, mountains and fields even though I've never been there."에서 필자는 그곳에 가 본 적이 없다는 것을 알 수 있다.

해석

나는 책을 펴보기 전부터 Berlie Doherty의 The Snake-Stone이 재미있을 것이라고 생각했다. The Snake-Stone은 매우 잘 쓰인 책이다. 이야기는 영국을 배경으로 하고 있고 Berlie Doherty는 다른 지역들을 잘 묘사했다. 나는 그곳에 가본 적이 없지만 작은 마을과 산과 들판을 쉽게 상상할 수 있었다. 그녀는 또한 매우 흥미롭고 드라마틱한 이야기를 썼고, 마지막을 향할수록 책을 다 읽을 때까지 나는 책을 내려놓고 싶지 않았다. 스스로 문제를 해결하고 스스로 답을 배우는 아이에 대한 이야기를 읽고 싶은 사람이라면 추천하고 싶은 바로 그 책이다.

07 The Snake-Stone에 대한 다음 글의 내용과 일치하지 <u>않는</u> 것은?

I thought The Snake-Stone by Berlie Doherty would be interesting even before I opened the book. The Snake-Stone is a very well-written book. The story was set in England and Berlie Doherty did a great job of describing the different areas. I could easily picture the little village, mountains and fields even though I've never been there. She's also written a very interesting and dramatic story and toward the end I didn't want to put the book down until I finished reading it. This is definitely a book I would like to recommend to anyone who wants to read about a kid who solves his problems on his own and learns the answers for himself.

① 영국을 배경으로 하고 있다.
② 흥미롭고 극적인 내용이다.
③ 필자가 가 본 곳을 묘사하고 있다.
④ 아이가 스스로 문제를 해결하는 내용이다.

정답 07 ③

08 Cement에 대한 다음 글의 내용과 일치하지 <u>않는</u> 것은?

> Cement is used as a stabilizer mainly because of its bonding properties. It provides strength to the block and prevents softening when the block is exposed to moisture. The soil composition will determine how much cement is needed to provide the optimum stabilization. Soils with high clay and silt content may require cement stabilizer equal to 20 percent of the dry weight of the soil. Only 5 to 6 percent may be needed for sandy loams. Economical use of cement as a stabilizer depends on the soil texture. If soil requires large amount of cement, it can be combined with less costly lime. Lime can be substituted for half the amount of cement required.
> *stabilizer 안정제, 안정장치 / *optimum 최적의 / *silt 침니 / *loam 비옥한 흙 / *lime 석회

① 토양의 성분이 시멘트의 양을 결정한다.
② 토양은 시멘트보다 저렴한 석회와도 결합될 수 있다.
③ 시멘트는 블록이 수분에 노출되었을 때 연화되는 것을 막는다.
④ 모래가 많은 토양은 20% 정도의 시멘트 안정제를 필요로 한다.

08 해설
점토와 침니 내용물이 높은 토양이 마른 토양 무게의 20%에 해당하는 시멘트 안정제를 필요로 하고, 모래가 많은 옥토는 단지 5~6%만 필요하다고 했다.

해석
시멘트는 주로 접착시키는 성질 때문에 안정제로서 사용된다. 그것은 블록에 힘을 주고 블록이 습기에 노출되었을 때 연약해지는 것을 방지한다. 토양의 성분은 최적으로 고정시키기 위해 시멘트가 얼마나 필요한지 결정한다. 점토와 침니 내용물이 높은 토양은 마른 토양 무게의 20%에 해당하는 시멘트 안정제를 필요로 할 수 있다. 모래가 많은 옥토에는 단지 5~6%만 필요할 수 있다. 안정제로 시멘트를 경제적으로 사용하는 것은 토양의 구조에 달려 있다. 만약 토양이 많은 양의 시멘트를 필요로 한다면, 그것은 더 저렴한 석회와 결합될 수 있다. 필요한 시멘트 양의 절반을 석회로 대체할 수 있다.

정답 08 ④

09 해설

Scott은 가족 여행으로 인해 학교에 3일간 결석하게 되는데, 여행을 가기 전에 미리 할 숙제가 있는지 담임 선생님께 확인하고 있다. 그들은 Washington에 있는 유적지 몇 곳을 방문할 계획이고, 이에 대해 Scott은 몹시 흥분한 상태이다.

해석

제 아들 Scott에게 많은 도움을 주신 것에 대해 감사드립니다. 저희 가족은 8월 27일부터 9월 3일까지 Washington DC로 휴가를 떠날 예정입니다. 학교가 9월 1일에 개학하기 때문에 Scott은 3일간 학교를 빠지게 됩니다. 혹시 과제가 있다면, Scott이 미리 과제를 할 수 있는지 알고 싶습니다. 사실, 저희는 Scott이 학교 수업에 뒤처질까 봐 걱정스럽습니다. 과제 관련해서는 언제든지 전화 주세요. 저희는 Washington에 있는 유적지 몇 곳을 방문할 계획입니다. Scott은 이번 여행에 대해 몹시 흥분해서 워싱턴 기념비에 올라야 할 계단이 얼마나 많은지에 대해 이미 읽기 시작했습니다.

09 Scott에 관한 다음 글의 내용과 일치하는 것은?

Thank you so much for helping out my son, Scott. Our family will be taking a vacation to Washington, DC, from August 27 to September 3. Since school starts on September 1, Scott will miss three days of school. We'd like to know if Scott can do his assignments in advance if there are any. In fact, we are concerned that Scott might fall behind in his classwork. Please call me at anytime about the assignments. We are planning to visit a few historic sites in Washington. Scott is so excited about this trip that he has already started reading about how many stairs there are to climb in the Washington Monument.

① Scott은 미리 과제를 다 했다.
② Scott은 3일간 학교를 빠지게 된다.
③ Scott은 이번 여행을 가기 싫어한다.
④ Washington에 있는 유적지 한 곳을 방문할 계획이다.

정답 09 ②

10 Vanished Kingdoms에 관한 다음 글의 내용과 일치하는 것은?

An extraordinary book has been published about an extraordinary American woman, an explorer who until now has gone virtually unrecognized. Vanished Kingdoms ; A Woman Explorer in Tibet, China and Mongolia 1921-1925 is the story of Janet Elliot Wulsin, written by Wulsin's daughter Mabel Gabot. Combining Wulsin's journal entries and the spectacular photos she took on the journeys, the book provides us with a new and refreshing look at the venerable cultures of those nations and introduces us to a courageous woman.

*venerable 유서 깊은

① 이 책은 익명의 탐험가의 자서전이다.
② 이 책은 저자의 일기에 바탕을 두고 있다.
③ Wulsin의 딸은 Wulsin의 여행에 동행했다.
④ 이 책은 Wulsin이 여행 도중 찍은 사진들이 포함되어 있다.

해설 & 정답

10 **해설**
이 책은 Wulsin이라는 미국의 한 탐험가에 관한 책이고, Wulsin의 딸이 이 책을 썼다. 이 책에는 Wulsin의 일기와 그녀가 여행 도중 찍은 사진들이 포함되어 있다.

해석
지금까지 사실상 인정받지 못했던 탐험가인 한 비범한 미국 여성에 관한 특별한 책이 출판되었다. 『Vanished Kingdoms ; A Woman Explorer in Tibet, China and Mongolia(1921~1925)』는 Wulsin의 딸 Mabel Gabot이 쓴 Janet Elliot Wulsin의 이야기이다. 이 책은 Wulsin의 일기장과 그녀가 여행 중에 찍은 멋진 사진들을 결합하여 우리에게 그 나라들의 유서 깊은 문화를 새롭고 상쾌하게 바라볼 수 있게 하고 그 용기 있는 여성을 소개하고 있다.

정답 10 ④

11 다음 글의 내용과 일치하는 것은?

> The first underwater photographs were taken by an Englishman named William Thompson. In 1856, he waterproofed a simple box camera, attached it to a pole, and lowered it beneath the waves off the coast of southern England. During the 10-minute exposure, the camera slowly flooded with seawater, but the picture survived. Underwater photography was born. Near the surface, where the water is clear and there is enough light, it is quite possible for an amateur photographer to take great shots with an inexpensive underwater camera. At greater depths – it is dark and cold there – photography is the principal way of exploring a mysterious deep-sea world, 95 percent of which has never been seen before.

① 아마추어 사진가는 물이 맑은 수면 근처에서는 멋진 사진을 찍기 어렵다.
② 1856년에 박스형 카메라에 막대를 부착하여 바다 속으로 내렸다.
③ 최초의 사진은 영국인에 의해 촬영되었다.
④ 심해의 95%는 지금도 전혀 볼 수 없다.

11 [해설]
최초의 수중 사진이 영국인 William Thompson에 의해 촬영되었고 그는 1856년에 박스형 카메라를 방수 처리하고 막대를 부착하여 바다 속으로 내려 보냈는데 카메라에 서서히 바닷물이 차올랐지만 사진은 온전했다. 또한, 물이 맑고 충분한 빛이 있는 수면 근처에서는 아마추어 작가들도 저렴한 수중 카메라로 멋진 사진을 찍을 수 있고, 심해의 95%는 수중 사진술이 탄생하기 전에는 볼 수 없었지만 지금은 사진술로 인해 가능하다.

[해석]
최초의 수중 사진은 William Thompson이라는 영국인에 의해 촬영되었다. 1856년에 그는 간단한 상자형 카메라를 방수 처리하고 막대에 부착하여 남부 England 연안의 바다 속으로 내려 보냈다. 10분간의 노출 동안 카메라에 서서히 바닷물이 차올랐지만 사진은 온전했다. 수중 사진술이 탄생한 것이다. 물이 맑고 충분한 빛이 있는 수면 근처에서는 아마추어 사진작가도 저렴한 수중 카메라로 멋진 사진을 찍을 가능성이 상당히 높다. 더 깊은 곳에서는 – 그곳은 어둡고 차갑다 – 사진술이 신비로운 심해의 세계를 탐험하는 주요한 방법이며, 그곳의 95%는 예전에는 전혀 볼 수 없었다.

정답 11 ②

12 중세 시대의 처벌에 관한 다음 글의 내용과 일치하는 것은?

> During the last ten centuries, a huge number of different methods have been employed to punish criminal activity. As societies and people's attitude have changed, these punishments have also changed. In the Middle Ages, punishments were violent and swift. For example, thieves would have their hands cut off or their nose split. If people spoke against the church, they were burned at the stake. In the 18th century, imprisonment took the place of many violent punishments.
>
> *split 찢어지다 / *burn at the stake 화형에 처하다 / *take place of 대신하다

① 중세 시대에는 다른 범죄자들보다 도둑들을 더 심하게 처벌했다.
② 중세 시대 처벌은 범죄의 종류와 관계없이 교회에서 행해졌다.
③ 중세 시대 처벌은 폭력적이고 빠르게 진행됐다.
④ 중세 시대 처벌은 18세기보다 더 관대했다.

---

12 **해설**
중세 시대에는 처벌이 폭력적이고 신속하게 진행됐고, 도둑에게는 손이 잘리거나 코가 찢어지는 처벌을 행했다. 또한, 교회에 반대하는 말을 하면 화형에 처해지는 등 18세기보다 심한 처벌이 많이 행해졌다.

해석
지난 10세기 동안, 범죄 행위를 처벌하기 위해 엄청나게 많은 다른 방법들이 사용되었다. 사회와 국민의 태도가 바뀌면서 이런 처벌 역시 달라졌다. 중세 시대에는 처벌이 폭력적이고 신속했다. 예를 들면, 도둑들은 손이 잘리거나 코가 찢어지기도 했다. 교회에 반대하는 말을 하면 화형에 처해졌다. 18세기에는 투옥이 많은 폭력적인 처벌을 대신했다.

정답 12 ③

13 다음 글의 내용과 일치하는 것은?

A number of pesticides used by farmers and consumers in the home and garden pose a serious threat to the health of humans and animals. Through the efforts of a coalition of public interest groups and public health professionals, Congress unanimously passed the Food Quality Protection Act in 1996, which requires the Environmental Protection Agency (EPA) to reassess the safety of all pesticides now on the market. The deadline to complete this process is fast approaching : August 2006. As a result of these reevaluations, many dangerous chemicals have already been banned or subject to more stringent regulations.

*pesticide 살충제 / *pose 제기하다 / *coalition 연립정부, 연합 / *unanimously 만장일치로 / *reassess 재평가하다 / *stringent 엄격한

① 의회는 살충제의 위험을 인정했다.
② 식품품질보호법은 2006년에 통과되었다.
③ 모든 종류의 살충제 판매를 금지하고 있다.
④ 의회는 살충제 재평가를 담당하게 될 것이다.

13 해설

사람들은 가정과 정원에서 사용하는 살충제에 문제를 제기했고 의회 역시 식품품질보호법을 만장일치로 통과시키는 등 살충제의 위험을 인정했다. 식품품질보호법은 1996년에 통과됐고, 이와 관련하여 의회는 환경보호청에 살충제 재평가를 요구했다. 따라서 살충제 재평가는 환경보호청이 담당하게 될 것이다.

해석

농부와 소비자가 가정과 정원에서 사용하는 많은 살충제가 인간과 동물의 건강에 심각한 위협이 된다고 제기했다. 공익단체와 공중보건 전문가 연합의 노력으로 의회는 1996년 식품품질보호법을 만장일치로 통과시켰는데, 이 법안은 환경보호청(EPA)이 현재 시판되고 있는 모든 살충제의 안전성을 재평가하도록 요구하고 있다. 이 과정을 완료해야 하는 마감일 2006년 8월이 빠르게 다가오고 있다. 이러한 재평가 결과, 많은 위험한 화학물질들이 이미 금지되거나 더 엄격한 규제를 받고 있다.

정답 13 ①

14 다음 글의 내용과 일치하지 않는 것은?

The Van Gogh Museum said it bought 55 letters written by Vincent van Gogh that give important information about the 19th century painter's world view and development of his artistic thought. Van Gogh wrote the letters to fellow artist Anthon van Pappard from 1881 to 1885, when Van Gogh was undergoing major transformations in his conception of art and his skill as an artist. Officials from the Amsterdam museum did not say how much the museum paid for the letters, but a manuscript expert at Sotheby's auction house put their value in the millions.

*manuscript 필사본

① Van Gogh는 1885년에 편지 쓰는 것을 멈췄다.
② Van Gogh 박물관은 Van Gogh가 쓴 편지 55통을 구입했다.
③ 박물관 관계자는 이 편지들을 얼마에 구입했다고 밝히지 않았다.
④ Van Gogh는 Pappard에게 예술에 대한 그의 생각을 편지를 통해 전달했다.

15 [해설]
개가 무언가를 소유하고 있다는 표시를 할 때는 그 좋아하는 물건을 두 발 밑이 아니라 두 발 사이에 놓는다.

[해석]
개가 몸으로 말하고 있는 것을 이해하는 것은 중요하다. 개의 몸짓 언어를 읽기 위해서는 경험이 필요하다. 몸의 어떤 자세가 어떤 행동을 유발하는지를 말할 수 있는지 확인해 보라. 예를 들면, 만약 개가 편안하다면, 그것의 꼬리는 뒤쪽 위로 말아져 있다. 또한, 그것은 소유하고 있다는 분명한 표시로 공과 같이 자신이 좋아하는 것을 두 발 사이에 놓는다. 반면에, 만약 개가 두려워하거나 자신감이 부족하다면, 그것의 등은 구부러져 있고 다리는 굽어 있으며 꼬리는 아래로 쳐져 있다. 또한, 당신은 그것의 귀가 내려뜨려져 있는 것을 볼 수 있다.

15 다음 글의 내용과 일치하지 <u>않는</u> 것은?

> It's important to understand what dogs are saying with their bodies. To read a dog's body language takes experience. See if you can say which body positions lead to which activities. For example, if a dog is relaxed, its tail is curled over the back. Also, it puts what it likes, such as a ball, between its feet as a clear mark of possession. On the other hand, if the dog is fearful or lacking in confidence, its back is curved, its legs are bent, and its tail is down. Also, you can see its ears lowered.

① 개가 두려워할 때 개의 등은 구부러져 있다.
② 개가 자신감이 부족할 때는 귀가 내려뜨려져 있다.
③ 개가 편안할 때는 개의 꼬리는 뒤쪽 위로 말아져 있다.
④ 개가 무언가를 소유하고 있다는 표시를 할 때는 그 물건을 두 발 밑에 놓는다.

정답 15 ④

제5장 지칭 추론

01 다음 글에서 밑줄 친 they가 가리키는 대상이 나머지 셋과 다른 것은?

> Have you ever noticed how people tend to be more motivated when faced with potentially losing something than when they might gain something of equal value? In a study involving children, researchers told the children that ① they could select from a wide array of candy bars. ② They then pointed out a particular candy bar and told them that ③ they should not choose that one, but any of the others would be fine. The children reacted to the threat to their freedom of choice by choosing the bar ④ they'd been told not to select. In doing so, they felt they had preserved their freedom to select whatever bar they wanted.
>
> *a wide array of 다양하게 진열된

01 해설
② → researchers
①·③·④ → children

해석
당신은 사람들이 동등한 가치를 지닌 무언가를 얻을 때보다 잠재적으로 잃을 수 있는 것에 직면했을 때, 더 동기부여가 되는 경향이 있는지 목격한 적이 있는가? 아이들을 대상으로 한 연구에서, 연구원들은 아이들에게 다양하게 진열된 막대사탕에서 선택할 수 있다고 말했다. 그런 다음 그들은 특정한 한 막대사탕을 가리키며 아이들에게 그 막대사탕은 고르면 안 되지만, 다른 막대사탕은 아무거나 괜찮다고 말했다. 아이들은 선택하지 말라는 지시를 받은 막대사탕을 선택함으로써 자신들의 선택의 자유에 대한 위협에 반응을 했다. 그렇게 함으로써, 그들은 그들이 원했던 어떤 막대사탕이라도 선택할 자유를 자신들이 지켰다고 느꼈다.

정답 01 ②

02 해설

① → Japanese
②·③·④ → Japanese children

해석

일본인들은 건강한 것을 일종의 의무로 생각한다. 만약 그들이 건강하다면, 그들은 그들의 문화, 공동체, 그리고 가족에게 공헌하는 일에 전념하게 된다. 일본인들은 건강을 유지하는 것에 강박 관념이 있고, 만약 아프게 되면 강한 죄책감을 느낀다. 아이들이 학교를 빠지기 위해 열이나 복통을 가장하려고 하는 우리의 문화와 달리, 일본의 아이들은 아프다는 사실에 대해 그들의 부모에게 사과하게 될 것인데, 이는 질병이 그들을 뒤처지게 할 수 있다는 것을 알고 있기 때문이다. 이러한 문화에서, 그들은 청결함을 유지하기 위해서뿐만 아니라 문화의 종복으로서의 그들 스스로에게로 향한 의무감으로 인해 다른 사람이 자신 때문에 병에 걸리는 것을 막기 위해서도 손을 씻는다.

02 다음 글에서 밑줄 친 they(them)가 가리키는 대상이 나머지 셋과 다른 것은?

The Japanese see good health as a kind of obligation. If ① they are healthy, the are committed to contributing to their culture, their community, and their family. The Japanese are obsessive about remaining healthy, and they feel a powerful sense of guilt if they fall ill. Unlike our culture, in which children will fake fevers or stomachaches to get out of school, Japanese children will apologize to their parents for getting sick, for ② they know illness may cause them to fall behind. In this culture, ③ they wash their hands not only to stay clean, but also, out of a sense of duty to themselves as a servant of the culture, to prevent someone else from getting sick because of ④ them.

*obsessive 강박 관념을 갖는 / *fall behind 뒤처지다 / *servant 부하, 봉사자

정답 02 ①

03 다음 글에서 밑줄 친 she가 가리키는 대상이 나머지 셋과 <u>다른</u> 것은?

> One day I caught a taxi to work. When I got into the back seat, I saw a brand new cell phone sitting right next to me. I asked the driver, "Where did you drop the last person off?" and showed her the phone. She pointed at a girl walking up the street. ① She drove up to her and I rolled down the window yelling out to her. ② She was very thankful and by the look on her face I could tell how grateful ③ she was. Her smile made me smile and feel really good inside. After ④ she got the phone back, I heard someone walking past her say, "Today's your lucky day!"

04 다음 글에서 밑줄 친 It(it)이 가리키는 대상이 나머지 셋과 <u>다른</u> 것은?

> The Bosporus, or Istanbul Strait, is a strait that forms the boundary between the European part of Turkey and its Asian part. ① It's the world's narrowest strait used for international navigation, connecting the Black Sea with the Mediterranean. It is approximately 30km long, with a maximum width of 3,700 meters at the northern entrance. The shore of ② it are heavily populated as the city of Istanbul is on both sides of ③ it. Two bridges cross the Bosporus. The first of the Bosporus Bridge was completed in 1973. The second, ④ it was completed in 1988 about five kilometers north of the first bridge.
> *strait 해협

해설 & 정답

03 해설
① → the driver
②·③·④ → a girl walking up the street

해석
어느 날 나는 직장에 가려고 택시를 탔다. 내가 뒷좌석에 탔을 때, 바로 내 옆에 새로 출시된 휴대전화가 놓여 있는 것을 보았다. 나는 운전사에게 "바로 전에 탔던 사람을 어디에 내려 주었나요?"라고 물으며 전화기를 그녀에게 보여주었다. 그녀는 길을 걸어가고 있는 젊은 여자를 가리켰다. 운전사는 그녀에게로 가서, 나는 창문을 내리고 그녀에게 소리쳤다. 그녀는 매우 고마워했고 그녀의 얼굴 표정으로 나는 그녀가 얼마나 고마워하는지 알 수 있었다. 그녀의 미소는 나를 미소 짓게 만들었고 정말 좋은 기분이 들게 했다. 그녀가 전화기를 되찾은 후, 나는 그녀를 지나치던 어떤 사람이 "오늘 운이 좋은 날이군요!"라고 말하는 것을 들었다.

04 해설
④ → Bosporus Bridge
①·②·③ → Bosporus 해협

해석
Bosporus 해협, 즉 이스탄불 해협은 터키의 유럽 지역과 아시아 지역 사이의 경계선을 형성하는 해협이다. 그것은 국제 항해에 이용되는 세계에서 가장 좁은 해협으로, 흑해와 지중해를 연결하고 있다. 길이는 대략 30km이고, 최대 폭은 북쪽 입구에서 3,700m에 이른다. 이스탄불 도시가 해협의 양쪽에 걸쳐 있기 때문에 해협의 해안가는 인구 밀도가 상당히 높다. 두 개의 다리가 Bosporus 해협을 지나고 있다. Bosporus Bridge는 1973년에 완공되었다. 두 번째 다리는 1988년에 첫 번째 다리에서 북쪽으로 약 5km 떨어진 곳에 완공되었다.

정답 03 ① 04 ④

05 다음 글에서 밑줄 친 he(his)가 가리키는 대상이 나머지 셋과 다른 것은?

Andrew Carnegie, the great early-twentieth-century businessman, once heard his brother complain about ① his two sons. They were away at college and rarely responded to ② his letters. Carnegie told him that if he wrote them ③ he would get an immediate response. He sent off two warm letters to the boys, and told them that ④ he was happy to send each of them a check for a hundred dollars(a large sum in those days). Then he mailed the letters, but didn't enclose the checks. Within days he received warm grateful letters from both boys, who noted at the letters' end that he had unfortunately forgotten to include the check. If the check had been enclosed, would they have responded so quickly?

*sum 액수 / *enclose 동봉하다

06 다음 글에서 밑줄 친 he(him)가 가리키는 대상이 나머지 셋과 다른 것은?

Once in a village lived a rich man. He had many slaves and servants for work. The rich man was very unkind and cruel to them. One day one of the slaves made a mistake while cooking food. When the rich man saw the food, he became angry and punished the slave. ① He ordered guards to put him in the lion's cage. The whole village got the news about it and came to see. As soon as the slave was locked in the lion's cage, the lion came near ② him and started licking his hand. Seeing this, everyone was surprised. The rich man thought that the slave was such a great person that the lion didn't kill ③ him. He freed the slave and started to treat ④ him better.

*lick 핥다

06 해설

① → the rich man
②·③·④ → the slave

해석
옛날에 어떤 마을에 부자가 살고 있었다. 그에게는 일을 해 주는 많은 노예와 하인이 있었다. 부자는 그들에게 매우 불친절했으며 잔인했다. 어느 날 노예 중 한 명이 음식을 요리하던 중 실수를 했다. 부자가 그 음식을 보았을 때 화가 나서 그 노예에게 벌을 주었다. 부자는 경비병들에게 그를 사자 우리에 집어넣으라고 명령했다. 모든 마을 사람들이 그 일에 대한 소식을 듣고는 보러 왔다. 그 노예가 사자 우리 속에 갇히자마자 사자가 그에게 가까이 와서 그의 손을 핥기 시작했다. 이것을 보고 모두 놀랐다. 부자는 노예가 아주 대단한 사람이어서 사자가 그를 죽이지 않았다고 생각했다. 그는 노예를 풀어주고 그에게 더 잘 대하기 시작했다.

07 다음 글에서 밑줄 친 these(them)가 가리키는 대상이 나머지 셋과 다른 것은?

Historian are not certain how the United States began using the $ as a dollar sign. Some believe that it came from a design marked on Old Spanish coins called pieces of eight. ① These were used by Americans as dollars before they coined their own silver dollars. ② These of Spain was given its name because eight smaller coins equaled that coin. One side of ③ these had two pillars stamped on it, with a ribbon curling around ④ them. The "S" formed by the ribbon around each pillar may have led to the dollar sign, $.

*coin 주조하다, 만들어내다 / *pillar 기둥 / *curl 둥글게 감다

07 해설

④ → two pillars
①·②·③ → pieces of eight

해석
역사학자들은 미국이 어떻게 달러 표시로 $를 사용하게 됐는지 확신하지 못한다. 어떤 사람들은 그것이 pieces of eight이라고 불리던 오래된 스페인 동전 위에 표시된 디자인에서 온 것이라고 믿는다. 이 pieces of eight은 미국인들이 자신들만의 은화를 주조하기 전에 달러로 사용되었다. 스페인의 pieces of eight은 여덟 개의 보다 작은 동전과 그 동전이 같았기 때문에 그 이름이 붙여졌다. pieces of eight의 한쪽 면 위에는 두 개의 기둥이 찍혀 있고 둘레에 리본이 감겨 있다. 각 기둥을 감싸고 있는 리본에 의해 형성된 "S"가 달러 표시인 $를 만들어 냈을 것이다.

정답 06 ① 07 ④

08

[해설]

④ → Ganges river dolphin and the Irrawaddy dolphin
①·②·③ → dolphins

[해석]

야생동물의 개체수가 급격히 줄어들고 있는 나라에서 돌고래는 방문객들에게 아름답고 기억에 남을 만한 놀라움을 선사한다. 그러나 환경보호론자들은 그 나라의 강에 살고 있는 돌고래 개체수의 미래에 대해 점점 더 우려하고 있으며, 돌고래들 중 일부는 심지어 멸종 위기에 처할 수도 있다고 말한다. 남획과 먹이 부족, 오염, 담수 공급 감소 등으로 돌고래들의 개체수가 급격히 줄고 있다는 것이다. 전문가들은 특히 갠지스 강 돌고래와 이라와디 돌고래 두 종의 운명에 대해 우려하고 있다. 그들의 숫자는 지난 10년 동안 현저하게 감소했다.

08 다음 글에서 밑줄 친 them(their)이 가리키는 대상이 나머지 셋과 다른 것은?

In a country where the wildlife population has been decreasing rapidly, dolphins provide visitors with a beautiful and memorable surprise. But conservationists say they are increasingly concerned over the future of ① their population in the country's river, and some of ② them may even be at risk of extinction. They say that the number of ③ them is rapidly declining because of over-fishing, a shortage of prey, pollution and declining freshwater supplies. Experts are particularly concerned over the fate of two kinds – Ganges river dolphin and the Irrawaddy dolphin. ④ Their numbers have significantly reduced over the last decade.

*conservationist (환경)보호론자 / *over-fishing 남획 / *freshwater 담수

정답 08 ④

09 다음 글에서 EDA가 가리키는 것으로 가장 적절한 것은?

> A new technique, called EDA, could soon decrease the need for the dreaded dentist's needle. EDA uses low levels of electric current to block pain signals on the way to the brain. The patient controls the current through a hand-held box. The current creates no discomfort, and unlike local anesthesia, there's no numbness to wear off once the dental work is completed. EDA has been in clinical use at several institutions for the past five years and the technique has been effective in 80 percent of cases.
> *current 전류 / *hand-held 휴대용의 / *anesthesia 마취상태, 무감각증 / *wear off 약해지다 / *numbness 무감각, 마비, 저림

① 치아 교정
② 치아 치료 기술
③ 치아 마취 기술
④ 충치 예방 기술

해설 & 정답

09 해설
EDA는 국소 마취와는 달리 치아 치료 시 두뇌로 전달되는 통증 신호를 차단하는 기술이다.

해석
EDA라 불리는 새로운 기술은 곧 두려운 치과 바늘에 대한 필요를 줄이게 할 수 있다. EDA는 두뇌로 가는 통증 신호를 차단하는 저자극 전류를 사용한다. 환자는 휴대용 상자를 통해 전류를 조절한다. 전류는 국소 마취와는 다르게 불편함을 만들지 않고 일단 치과치료가 끝났을 때 점차적으로 풀리는 마비 증상도 없다. EDA는 지난 5년 동안 여러 기관에서 의료용으로 사용되고 있고 그 기술은 80 퍼센트의 치료에서 효과적이다.

정답 09 ③

10 해설

WLM은 정치, 경제, 사회 체계에서 남성과 차별을 받는 여성들의 권리를 보장받기 위한 운동이다.

해석

1950년대 미국에서 흑인의 시민권을 위한 투쟁은 주요한 운동이었다. 1960년대 후반쯤 그 투쟁은 여성들의 권리를 위한 투쟁을 포함하는 데까지 확장되었었다. 일반적으로 여성들은 남성과의 평등에서 그들을 거절했던 나라의 정치, 경제, 사회 체계의 부분을 바꾸길 원했다. 가령, 여성들은 남성과 같은 일을 하는 데 동등한 임금을 요구했다. 여성들은 남성들과 똑같이 더 나은 직업을 가질 기회를 원했다. 여성들은 남성과 동일한 법적 권리를 원했다. 이러한 새로운 투쟁은 WLM으로 알려졌다. WLM의 회원들은 모임을 열어 그들의 요구를 독촉하는 행진을 벌였다. 그들은 또한 정치가들과 정치 체계에 압력을 행사하였다.

10 다음 글에서 WLM이 가리키는 것으로 가장 적절한 것은?

In the 1950s the struggle for civil rights for blacks was a major movement in the United States. By the late 1960s that struggle had been expanded to include the fight for women's rights. In general, women wanted to change any part of the country's political, economic, and social system that refused them equality with men. For example, women demanded equal pay for doing equal work. They wanted the same opportunity as men to get better jobs. And they wanted the same legal rights as men. This new struggle became known as WLM. Members of WLM held meetings and parades to press for their demands. They also put pressure on politicians and on the whole political system.

*struggle 투쟁

① 인종 차별 방지 운동
② 여성 해방 운동
③ 노동 조합 운동
④ 임금 인상 투쟁

정답 10 ②

제 6 장 연결사 추론

01 빈칸 (A)와 (B)에 들어갈 말로 가장 적절한 것끼리 짝지은 것은?

> From the beginning of his existence, man has attempted to understand himself and the world around him. After thousands of years trying to gather and organize knowledge, man has finally learned how to be scientific. Science, (A) , is a human creation, an aspect of human culture. Man is now the strongest organism on earth because of his number, distribution, power, and rate of increase. Never before has any species been so free of the limits of climate. Never before has any organism been able to use many kinds of energy. (B) , man cannot separate himself from the living land ; its fate is tied with his.
>
> *organism 유기체 / *separate 분리하다, 구분하다

	(A)	(B)
①	in addition	Therefore
②	likewise	For example
③	therefore	Nevertheless
④	by the way	In conclusion

01 해설
빈칸 (A)를 기준으로 전, 후 문장은 인과관계이고, 빈칸 (B)를 기준으로 전, 후 문장은 양보관계이다.

해석
인간의 존재가 시작되었을 때부터, 인간은 그 자신과 자기 주위의 세계를 이해하려고 시도해왔다. 수천 년 동안 지식을 끌어 모아 조직화하려고 애쓴 끝에, 인간은 드디어 과학적이 되는 방법을 알게 되었다. 그러므로 과학은 인간의 창조물이고 인간 문화의 한 양상이다. 인간은 이제 그 수, 분포, 세력, 그리고 증가 속도 때문에 지구상에서 가장 강한 유기체이다. 전에는 어떤 종도 그토록 기후의 제한에서 벗어난 적이 결코 없었다. 전에는 그렇게 많은 종류의 에너지를 사용할 수 있는 유기체는 결코 없었다. 그럼에도 불구하고 인간은 자신이 살고 있는 땅으로부터 자신을 분리시킬 수는 없다. 지구의 운명은 인간의 운명과 결합되어 있다.

정답 01 ③

02 해설

빈칸 (A)를 기준으로 전, 후 문장은 역접관계이고, 빈칸 (B) 이후의 문장에는 앞 문장의 구체적 사례가 제시되어 있다.

해석

대중들은 일반적으로 처음엔 친숙한 로고에 변화를 거부한다. 그러나 만일 새로운 로고가 이전 로고와 친숙한 요소를 가지고 있다면 새로운 디자인에 대한 반대는 대개 곧 잠잠해진다. 가령, 새로운 BP 로고는 기존 로고의 배색을 유지했고, 새로운 KFC 로고는 창업자인 Colonel Sanders의 친숙한 턱수염 난 얼굴을 유지했다.

02 빈칸 (A)와 (B)에 들어갈 말로 가장 적절한 것끼리 짝지은 것은?

The public generally resists changes to familiar logos at first. (A), opposition to the new design usually dies down after a while, especially if the new logo retains some familiar elements. (B), the new BP logo kept the color scheme of the old logo, and the new KFC logo retains the brand's familiar bearded face of its founder, Colonel Sanders.

*familiar 친근한 / *retain 보유하다

	(A)	(B)
①	However	For example
②	Nevertheless	In fact
③	Similarly	In contrast
④	Therefore	In the end

정답 02 ①

03 빈칸 (A)와 (B)에 들어갈 말로 가장 적절한 것끼리 짝지은 것은?

> American consumers often belong to multiple loyalty programs, __(A)__ most people participate actively in only a few. Companies are interested in understanding the reasons behind this behavior. The most successful loyalty programs have several features in common. They are simple and easy to understand, __(B)__ most important, their rewards are attainable. Customers receive rewards often enough that they see the benefit of remaining loyal to the company. The programs not only keep customers buying the company's products or services, they also provide the company with valuable information about their customers' behavior and preferences.
>
> *reward 보상 / *attainable 성취할 수 있는 / *remain 남다

	(A)	(B)
①	so	and
②	and	because
③	for	so
④	yet	but

03 해설
빈칸 (A)를 기준으로 전, 후 문장은 역접관계이고, 빈칸 (B) 이후의 문장에서는 앞 문장과는 대조되는 이야기를 언급한다.

해석
미국 소비자들은 다수의 로열티 프로그램에 속해 있지만 대부분의 사람들은 몇 안 되는 로열티 프로그램에만 적극적으로 참여한다. 회사는 이러한 행동 이면의 이유를 이해하는 데 관심을 가진다. 가장 성공적인 로열티 프로그램은 몇 가지의 공통점을 가진다. 그 프로그램들은 간단하고 이해하기 쉽지만 가장 중요한 것은 프로그램의 보상이 성취 가능하다는 것이다. 고객들은 회사에 단골로 남는 데 이점을 충분히 알 정도로 보상을 받는다. 그 프로그램들은 고객들이 회사의 제품이나 서비스를 계속 구매하게 할 뿐 아니라 고객들의 행동과 선호도에 대한 가치 있는 정보를 제공한다.

정답 03 ④

04 해설

빈칸 (A)를 기준으로 전, 후 문장은 역접관계이고, 빈칸 (B) 이후의 문장에서는 앞 문장에 대한 이유를 언급한다.

해석

부분적으로, 그 약들은 특히 붐비는 환경에서 생활하는 동물들 사이의 감염의 전파를 예방하기 위해 사용된다. 그러나 농부들 또한 이러한 약들이 동물들의 몸무게를 빠르게 늘리게 하는 데 도움을 주기 때문에 항생제를 사용한다. 불행하게도 약물의 내성을 가진 박테리아 변종을 증식시키면서 정상적으로 동물의 소화관에서 살고 있는 유익한 박테리아를 박멸하기 때문에 그러한 비치료적 항생제 사용은 문제가 된다.

04 빈칸 (A)와 (B)에 들어갈 말로 가장 적절한 것끼리 짝지은 것은?

In part, the drugs are used to prevent the spread of infection among animals, especially those that live in crowded conditions. (A) , farmers also use antibiotics because these drugs help animals to gain weight quickly. Unfortunately, such non-therapeutic use of antibiotics is problematic (B) it kills off the beneficial bacteria that normally live in the animals' digestive tract, leaving drug-resistant strains of bacteria to thrive.

*infection 감염 / *antibiotics 항생제 / *kill off 박멸하다

	(A)	(B)
①	Therefore	while
②	However	because
③	Nevertheless	so
④	Consequently	and

정답 04 ②

05 빈칸 (A)와 (B)에 들어갈 말로 가장 적절한 것끼리 짝지은 것은?

> We're always seeking the next opportunity for something big. If you talk to a cab driver in Manhattan, you're likely to find that he's going to school to get a better job. (A) , if you meet a waitress in Southern California, she's likely to tell you that she has an audition for a movie next week. The cab driver might never get out of his cab and the waitress might be serving food for the next twenty years, but the sense that they're moving toward something more glamorous is very important to them personally. (B) , those who fail to act, who accept the limitations of their work without complaining, are likely to feel miserable about their lives. The hopelessness of their jobs has done critical damage to their identities.
> *cab 택시 / *critical 결정적인 / *identity 정체성

	(A)	(B)
①	However	In conclusion
②	Besides	Consequently
③	Likewise	On the other hand
④	Nevertheless	In contrast

제7장 무관한 문장 찾기

01 다음 글에서 전체 흐름과 <u>관계없는</u> 문장은?

Unlike developed countries, the rising economic giants such as China and India, are not required to follow limits on CO_2, which means that they are allowed to pollute as much as they want. This is unfair. ① Any agreement to limit CO_2 emissions should link the amount of emissions allowed to the size of the country's economy. ② Since the Industrial Revolution rich countries have developed their economies by polluting the environment. ③ Emissions limits bust be in proportion to economic size and hols every country to the same rules. ④ In other words, every country should balance counting economic growth and a clean environment. I believe that developed countries can assist the developing world to progress in a clean and green way. I'm optimistic that we will find new technology that allows us to do that.

*rising 발달하는, 부상하는 / *in proportion to ~에 비례하여

01 해설

모든 나라가 이산화탄소 배출량 규제를 준수해야 하며, 배출량도 경제 규모에 비례해서 지켜져야 한다는 주장을 하므로, 산업 혁명 이후 부유한 국가들이 환경을 오염시키면서 경제를 발전시켜 왔다는 내용인 ②는 전체 흐름에서 벗어난다.

해석

선진국들과 달리, 중국과 인도 등 신흥 경제대국은 이산화탄소 배출량 제한을 따를 의무를 갖지 않는데, 그것은 그들이 원하면 얼마든지 오염시킬 수 있다는 의미이다. 이것은 불공평하다. 이산화탄소 배출을 제한하는 어떤 합의라도 허용된 배출량을 그 나라의 경제 규모와 연관시켜야 한다. 산업 혁명 이래로 부유한 국가들은 환경을 오염시키면서 그들의 경제를 발전시켜 왔다. 배출량 제한은 경제적 규모에 비례해야 하며 모든 나라에 동일한 규칙을 적용해야 한다. 다시 말해, 모든 나라가 경제성장과 깨끗한 환경 사이에서 균형을 맞춰야 한다는 얘기이다. 나는 개발도상국이 깨끗하고 환경 친화적인 방식으로 발전할 수 있도록 선진국이 도울 수 있다고 생각한다. 나는 우리가 그렇게 할 수 있도록 해주는 새로운 기술을 찾을 것이라고 낙관한다.

정답 01 ②

02 다음 글에서 전체 흐름과 관계없는 문장은?

While many archives were originally founded for a specific audience, such as bureaucrats who would use national archives and scholars who would use university-based ones, the potential audience is much larger than originally conceived. ① Most of the collections in audiovisual archives are arranged in name order for the convenience of users. ② This is especially true as the recordings and archives grow older. ③ As Don Niles' paper makes clear, the early recordings in Papua New Guinea have tremendous significance to the population there today. ④ They certainly appreciate the recordings more than the publications written about them in the early decades of the 20th century.

*archive 기록 보관소 / *bureaucrat 관료

03 다음 글에서 전체 흐름과 <u>관계없는</u> 문장은?

In most developed countries, water is generally safe to drink, but it is questionable whether we can continue to be assured of a steady supply of fresh, clean water. In addition, some water supplies are being taken out of the hands of government and given over to private enterprise. ① We all know how the private control of oil and gas affects their prices and our lives. Water is perhaps even more important. ② The World Health Organization's recommended daily water intake is about 2L, and it is recommended to drink a little often because it is too much to drink at once. For many people, drinking bottled water has become a way of life. ③ Some are already willing to pay more for a liter of water than for a liter of gasoline. ④ We can no longer afford to take water for granted.

*enterprise 기업, 사업 / *be willing to 기꺼이 ~하다

03 해설

신선하고 안전한 물의 꾸준한 공급을 확신할 수 없는 상황에서, 석유와 가스처럼 물이 정부의 관리에서 벗어나 민간 기업에 맡겨지면 부정적인 결과를 가져올 것이라고 주장하며 식수의 중요성에 대해 이야기하고 있다. 따라서 하루 물 섭취량에 대한 내용인 ②는 전체 흐름에서 벗어난다.

해석

대부분의 선진국에서 일반적으로 물은 마시기에 안전하지만, 우리가 신선하고 깨끗한 물의 꾸준한 공급을 계속 확신할 수 있을지는 의문이다. 게다가, 일부 물 공급은 정부의 손에서 벗어나 민간 기업에 넘겨지고 있다. 우리 모두는 석유와 가스의 사적인 통제가 그들의 가격과 우리의 삶에 어떻게 영향을 미치는지 알고 있다. 물은 아마도 훨씬 더 중요할 것이다. 세계보건기구가 권장하는 하루 물 섭취량은 약 2L 정도이며, 한 번에 마시기는 버거운 양이기 때문에 조금씩이라도 자주 마시는 게 좋다. 많은 사람들에게, 병에 든 물을 마시는 것은 일상적인 일이 되었다. 일부는 이미 1리터의 가솔린보다 1리터의 물에 더 많은 돈을 기꺼이 지불하려고 한다. 우리는 더 이상 물을 당연하게 여길 여유가 없다.

정답 03 ②

04 다음 글에서 전체 흐름과 관계없는 문장은?

In out of town shopping malls, shops or retail categories are often clustered in a single area, so they're convenient and time-saving for shoppers. However, they do little to draw in shoppers. ① That's because it's time-consuming for shoppers to visit out of town centers because of their distance from population centers and the tendency for their access roads to quickly become clogged with traffic. In addition, some groups of society can be ignored. ② People without access to cars are excluded from actively shopping in these malls, which are hard to reach. ③ This especially affects some social groups, such as the poor and the elderly. ④ Also, the elderly drivers over the age of 70 should not be allowed to drive because there is a risk of traffic accidents.

*retail 소매 / *cluster 밀집하다, 모여 있다 / *clog 막다

해설 & 정답

04 해설

이 글은 중심가에서 벗어난 쇼핑몰이 지닌 아쉬운 점에 대해 이야기하고 있다. 인구 밀집 지역으로부터의 거리가 멀고, 그 주변 교통량으로 인해 그곳에 갈 수 있는 도로들이 빨리 막히게 된다는 점이 많은 시간을 소비해야지만 그곳에 방문할 수 있게끔 한다는 것이다. 따라서 70세 이상의 고령 운전자는 사고의 위험성 때문에 운전을 해서는 안 된다는 내용인 ④는 전체 흐름과 무관하다.

해석

시외 쇼핑몰에서는 상점이나 소매점들이 한 지역에 모여 있는 경우가 많아 그것들은 쇼핑객들에게 있어서 편리하며 시간을 절약할 수 있게 해 준다. 그러나 그들은 쇼핑객들을 끌어들일 수 있는 상황을 제대로 만들어내지 못하고 있다. 왜냐하면 인구 밀집 지역과 거리가 멀고 그곳의 진입로가 교통체증으로 빠르게 막히는 경향 때문에 쇼핑객들이 도심 밖으로 방문하는 것은 많은 시간을 소비하는 일이기 때문이다. 게다가, 사회의 일부 집단들은 무시될 수 있다. 자동차를 이용하지 못하는 사람들은 접근하기 어려운 이 쇼핑몰에서 능동적으로 쇼핑하는 것으로부터 배제된다. 이것은 특히 빈곤층, 노인층 등 일부 사회적 집단에 영향을 미친다. 또한, 70세 이상의 고령 운전자는 교통사고의 위험이 있기 때문에 운전을 해서는 안 된다.

정답 04 ④

05 해설

색맹을 가진 사람들은 색깔들의 용어를 사용하는 법을 배워왔기 때문에 자신의 시력에 결함이 있다는 것을 깨닫지 못하는 경우가 많아 그들이 위험에 빠질 수 있는 상황이 있을 수 있다고 이야기하고 있다. 전체적으로 색맹의 위험성에 대한 내용이므로, 색맹을 교정할 수 있는 안경의 개발에 대한 내용인 ②는 전체 흐름에서 벗어난다.

해석

색맹은 한 사람이 모든 색을 감지할 수 없는, 유전학적으로 유전되는 질환이다. 그 결함은 여성보다 남성에게 더 흔하다. 대부분 색맹인 사람들은 두 가지 기본적인 색깔만 볼 수 있고, 그들은 다른 색, 특히 빨간색을 초록색으로 혼동하는 경향이 있다. 이 장애는 많은 색맹의 사람들이 자신들의 시력에 결함이 있다는 것을 깨닫지 못하기 때문에 문제를 일으킬 수 있다. <u>녹색과 빨간색을 구분하는 필터로 빨간색과 녹색의 겹치는 부분의 빛을 차단해 각각의 색을 인식할 수 있는 색맹용 안경이 개발됐다.</u> 그들은 다른 모든 사람들이 사용하는 색의 용어를 사용하는 법을 배워 왔으므로, 그들은 다른 사람들이 보는 것을 그들이 보지 못한다는 것을 인식하지 못한다. 그들의 상태가 그들을 위험에 빠지게 할지도 모를 위험이 있다.

05 다음 글에서 전체 흐름과 관계없는 문장은?

Color blindness is a genetically transmitted condition in which a person cannot detect all colors. The defect is more common in men than in women. Most color blind people can see only two basic colors, and they tend to confuse other colors, especially red with green. ① This impairment can bring about problems because many color blind people don't realize that their eyesight is defective. ② Glasses have been developed for color blindness that allows the recognition of each color by blocking light in the overlapping section of red and green with a filter to distinguish between green and red. ③ They have learned to use the color terms that everyone else uses, and they are not aware that they don't see what others see. ④ There is a risk that their condition might place them in danger.

*genetically 유전적으로 / *detect 감지하다, 탐지하다 / *confuse A with B A를 B로 혼동하다 / *place ~ in danger ~을 위험에 빠뜨리다

정답 05 ②

06 다음 글에서 전체 흐름과 관계없는 문장은?

Banking customers cite concerns over security as their main reasons for not using as online bank. However, most customers use either Microsoft Explorer or Netscape to process their banking transactions. ① Google is also the most commonly used site for Internet search by people around the world. ② With each of these Internet browsers, encryption software is used to guard against an unauthorized person stealing account numbers and other financial information. Indeed, there are a number of safeguards that protect people who bank online. ③ Internet banks have strict rules on who can process online transactions. ④ In addition, Internet banks can now require an "electronic signature" to validate transactions.

*transaction 거래 / *account 계좌 / *safeguard 안전장치, 보호수단 / *validate 입증하다

07 해설

온라인과 같은 가상 세계를 통해 아이들이 실생활에서 겪게 될 상황을 미리 연습하고 여러 역할을 체험하는 등 실제로 사회적 경험을 할 수 있다는 내용이므로, 실내에서 여가시간을 보내는 것이 아이들의 건강에 미치는 부정적 영향에 대해 말하고 있는 ②는 전체 흐름과 무관하다.

해석

BBC의 새로운 연구에 의하면, 가상 세계가 6~12세의 어린이들이 실제 삶에서 할 것을 연습하는 장소가 될 수 있다고 한다. 한 연구원은 TV 시청과 같은 수동적인 취미생활보다 온라인이나 웹 세계에서 다른 사람들과 교류하는 것이 아이들에게 더 좋다고 말했다. 게임이나 TV와 같이 실내에서 수동적으로 여가시간을 보내는 것은 아이들의 건강에 부정적인 영향을 미칠 수 있다. 그는 아이들이 가상 세계를 모험할 때 다양한 역할들을 맡았다고 했다. 어떤 때는 탐험가나 협상가가 되었고, 다른 때에는 전사나 수집가가 되었다. 그는 가상 세계가 현실 세계의 부정적이거나 고통스러운 결과 없이, 아이들이 실제 상황을 연습할 수 있는 안전한 장소라고 지적했다.

07 다음 글에서 전체 흐름과 관계없는 문장은?

New research by the BBC suggests that virtual worlds can be places where children aged 6~12 rehearse what they will do in real life. ① A researcher stated that interacting with others online and in web worlds was better for children than passive pastimes like watching TV. ② Passively spending leisure time indoors, such as games and TV, negatively can affect children's health. He said the children adopted different roles when they ventured through the virtual world. ③ Some were explorers or negotiations, others were fighters or collectors. ④ He indicated that the virtual world was a safe place for children to rehearse real-life situations without the negative or painful consequences of the real world.

*pastimes 기분전환, 오락

정답 07 ②

08 다음 글에서 전체 흐름과 관계없는 문장은?

During the Middle Ages almost all theater in Europe was conducted on the streets. The first roaming street artists had to no other option than to perform there art in the open, as no buildings were assigned for this purpose. ① These artists toured through the cities to sing songs about heroes and princesses, tell stories about knights and wars, and recite poems about love and exotic places or things. However, around 1610 theater moved from outside to inside. ② Theater groups started to use the performances for charity. ③ Suddenly the number of spectators became of high importance. Performances had to be run regardless of weather condition and only to ticket holding spectators. ④ Usually, the number of spectators was higher when the weather was bad than when the weather was good. The logical solution was to perform indoors.

*roam 방황하다, 돌아다니다 / *assign 주다, 할당하다

09 다음 글에서 전체 흐름과 관계없는 문장은?

Crows are a remarkably clever family of birds. ① They are capable of solving many more complex problems compared to other birds, such as chickens. ② After hatching, chickens peck busily for their own food much faster than crows, which rely on the parent bird to bring them food in the nest. However, as adults, chickens have very limited hunting skills whereas crows are much more flexible in hunting for food. ③ Crows are often treated as the main culprit of disturbing the surroundings by searching through trash cans because they are omnivorousness. ④ Crows also end up with bigger and more complex brains. Their extended period between hatching and flight from the nest enables them to develop intelligence.

*crow 까마귀 / *peck (모이를) 쪼아 먹다 / *hatch 부화하다 / *main culprit 주범 / *omnivorous 잡식성

09 해설

까마귀는 닭에 비해 더 긴 의존의 기간을 가지고 있어 더 크고 더 복잡한 뇌를 지닐 수 있게 되어 먹이를 찾는 데 훨씬 유연해진다. 따라서 까마귀는 닭과 다른 새들보다 더 똑똑하다는 것을 이야기하고 있으므로, 까마귀가 잡식성이기 때문에 쓰레기통 주변을 어지럽히는 주범이라는 ③은 전체 흐름에서 벗어난다.

해석

까마귀는 놀랄 만큼 영리한 조류이다. 그들은 닭과 같은 다른 새들과 비교하여 더 많은 복잡한 문제들을 해결할 수 있다. 부화한 후에 닭은, 둥지로 자신들에게 먹이를 가져다주는 어미 새에게 의존하는 까마귀보다 훨씬 더 빨리 분주하게 자신의 먹이를 쪼아 먹는다. 하지만, 다 자랐을 때 닭은 매우 제한적인 먹이를 찾는 능력을 지닌 반면, 까마귀는 먹이를 찾는 데 있어서 훨씬 더 유연하다. 까마귀는 잡식성으로, 쓰레기통을 자주 뒤져 주변을 어지럽히는 주범으로 취급받기도 한다. 까마귀는 또한 (결국) 더 크고 더 복잡한 뇌를 가지게 된다. 그들은 부화와 둥지를 떠나는 것 사이에 연장된 기간을 가짐으로써 지능을 발달시킬 수 있게 된다.

정답 09 ③

제8장 순서배열 및 문단 삽입

01 주어진 글 다음에 이어질 글의 순서로 가장 적절한 것은?

> "My boy," Mr. Bixby said more softly, "I'll tell you many names of places on this river. You must write them all down. Then you must remember them. All of them. That is the only way to become a good captain."

> (A) And Mr. Bixby could see nothing, either. I knew that. We were in the middle of nowhere! But soon the boat's nose softly hit the landing. Sailors' voices came up to us. I still couldn't believe it, but this was Jones Farm!
>
> (B) No one, I thought, could know all of the Mississippi. No one could put that great river inside his head.
>
> (C) Then Mr. Bixby pulled a bell. A sailor's voice came up from below. "Yes, sir?" "We've arrived at Jones Farm," Mr. Bixby said. I could see nothing through the mist.
>
> *landing 부두, 선착장

① (B)-(A)-(C)
② (B)-(C)-(A)
③ (C)-(A)-(B)
④ (C)-(B)-(A)

해설 & 정답 checkpoint

01 해설

주어진 글에서 Bixby씨는 소년에게 미시시피 강의 모든 장소의 명칭을 다 외워야 훌륭한 선장이 될 수 있다고 말하고 있다. 다음으로는 소년이 이 거대한 강에 존재하는 모든 장소의 이름을 외우는 건 불가능하다고 생각하는 (B)가 이어져야 한다. 이때 안개가 자욱해서 아무것도 보이지 않는 강 한가운데서, Bixby씨가 Jones Farm에 도착했다고 이야기한 (C)가 이어져야 하고, 아무것도 보이지 않는 상황 속에서도 Bixby씨가 도착했다고 말한 장소와 실제 도착한 장소가 일치한 것에 대해 내가 믿을 수 없어 하는 장면인 (A)가 마지막이 되어야 한다.

해석

"이봐, 자네," Bixby씨가 더 부드럽게 말했다. "내가 너에게 이 강의 많은 장소들의 이름을 말해줄게. 너는 그것들을 다 받아 적어야 해. 그런 후에 그것들을 기억해야만 해. 모두 다. 그것이 훌륭한 선장이 되는 유일한 길이야." (B) 나는 누구도 미시시피 강의 전부를 알 수 없다고 생각했다. 아무도 그 거대한 강을 그의 머릿속에 모두 집어넣을 수 없다고 말이다. (C) 그때 Bixby씨가 종을 잡아당겼다. 한 선원의 목소리가 아래에서 들려왔다. "네, 선장님?" "우리는 Jones Farm에 도착했다." Bixby씨가 말했다. 나는 안개 속에서 아무것도 볼 수 없었다. (A) 그리고 Bixby씨도 아무것도 볼 수 없었다. 나는 그 사실을 알고 있었다. 우린 어딘지 모르는 곳의 한 가운데에 있었다! 하지만 곧 뱃머리가 부두에 부드럽게 부딪쳤다. 선원들의 목소리가 우리에게 들려왔다. 나는 여전히 그것을 믿을 수 없었지만, 이곳은 Jones Farm이었다!

정답 01 ②

checkpoint 해설 & 정답

02 해설

(C)의 this area는 주어진 글에 나온 popular sports such as football and basketball을 가리키기 때문에 (C)가 주어진 내용 다음으로 이어져야 한다. 그리고 이러한 분야에서의 성공은 언론의 관심과 소득증대와 같은 긍정적인 영향을 가져오므로 대학의 감독들은 재능 있는 고교 운동선수들을 모집하려고 노력한다는 (B)가 이어져야 한다. 이러한 선수들은 운동능력이 뛰어나 영입되었기 때문에 학업 성적을 등한시할 수 있으므로 미국 대학 스포츠 협회가 선수들의 학업 성적이 기준 이하로 떨어지면 시합 출전을 금한다고 설명하는 (A)가 마지막에 위치해야 한다.

해석

미국에서는 대학의 운동 프로그램이 중요한 역할을 한다. 그러나 뛰어난 운동선수들을 영입하려는 욕구가 학업 수준에 부정적인 영향을 미치고 있다는 우려도 있다. 특히 지역 사람들이 축구나 농구와 같은 인기 스포츠에서 훌륭한 프로그램을 개발하라고 대학에 압력을 가하는 것은 드문 일이 아니다. (C) 이러한 분야에서의 성공은 언론의 더 많은 관심으로 이어지고, 이는 수익 증대로 이어진다. (B) 그래서 대학의 감독들은 재능 있는 고교 운동선수들을 모집하려고 경기가 없는 비시즌 대부분을 전국 방방곡곡을 돌아다니며 보낸다. 이러한 젊은 운동선수들이 주로 그들의 운동능력 때문에 영입되기 때문에 그들의 학업 성적은 무시되기 쉽다. (A) 이것이 미국 대학 스포츠 협회가 선수들의 성적 평균이 기준보다 낮아지면 선수들의 시합 출전을 막는 이유이다.

정답 02 ④

---

02 주어진 글 다음에 이어질 글의 순서로 가장 적절한 것은?

College athletic programs play an important role in America. However, there is concern that the desire to attract outstanding athletes is having a negative effect on academic standards. It is not unusual for local people to pressure universities into developing respectable programs, particularly in popular sports, such as football and basketball.

(A) This is why America's national college sports organization stops players from competing if their grade point average goes lower than the standard.

(B) College coaches, therefore, spend most of their off-season travelling throughout the players are recruited mainly because of their athletic abilities, their academic performance is likely to be ignored.

(C) Success in this area leads to more attention from the media, which results in increased revenue.

*revenue 소득, 세입 / *outstanding 뛰어난 / *academic performance 학업성취 / *grade point average 평점

① (A)-(C)-(B)
② (B)-(C)-(A)
③ (C)-(A)-(B)
④ (C)-(B)-(A)

03 주어진 글 다음에 이어질 글의 순서로 가장 적절한 것은?

From a competitive standpoint, shift work is an excellent way to increase production and customer service. However, it also has many inherent risks.

(A) Also, lost sleep caused by shift work may have biological or hormonal effects that are not yet entirely understood.
(B) Some of the most serious problems shift workers face are frequent sleep disturbance and associated excessive sleepiness. Sleepiness or fatigue in the workplace can lead to poor concentration, errors, injuries, and fatalities.
(C) One study of women who worked night shifts over a 3-year period found a 60% greater risk for developing breast cancer.

*standpoint 관점, 견지 / *inherent 본래의, 고유의 / *excessive sleepiness 수면 과다증 / *fatality 참사, 죽음

① (B)-(A)-(C)
② (B)-(C)-(A)
③ (C)-(A)-(B)
④ (C)-(B)-(A)

03 해설
주어진 글에서 교대 근무가 장점도 있지만 내재된 위험도 갖고 있다고 설명하고 있다. 교대 근무와 관련한 심각한 문제는 수면 과다증이라는 (B)가 이어져야 하고, 그 뒤로 (A)에서는 교대 근무의 또 다른 문제점인 수면 박탈은 생물학적 또는 호르몬적 영향을 미칠 수 있다는 점을 also로 앞 문장과 연결시키고 있다. 그 뒤로 (C)에서는 야간 교대 근무에 따른 생물학적, 호르몬적 영향에 관한 한 연구를 소개하면서 내용을 구체화하고 있다.

해석
경쟁적 관점에서 보면, 교대 근무는 생산과 고객 서비스를 증가시키는 훌륭한 방법이다. 그러나 그것은 많은 내재된 위험도 가지고 있다. (B) 교대 근무자들이 직면하는 가장 심각한 문제들 중 일부는 잦은 수면 장애와 관련된 수면 과다증이다. 직장에서의 졸음이나 피로는 집중력 저하, 실수, 부상, 그리고 사망으로 이어질 수 있다. (A) 또한, 교대 근무로 인한 수면 박탈은 아직 완전히 밝혀지지 않은 생물학적 또는 호르몬적 영향을 미칠 수 있다. (C) 3년이 넘게 야간 교대 근무를 한 여성에 대한 한 연구는 유방암 발병 위험이 60% 더 높다는 것을 발견했다.

정답 03 ①

04 주어진 글 다음에 이어질 글의 순서로 가장 적절한 것은?

Water expands when it changes from a liquid to a solid. When most other liquids freeze, just the opposite happens - they contract and become more dense. And the solid form of the substance will sink down to the bottom of the liquid form. But water is different.

(A) When ice forms, it floats. That's because ice is actually lighter than water. Think what that means to people who live in cool climates.
(B) If ice sank, a pond or lake would gradually freeze from the bottom up. All the water could eventually freeze, killing the fish and other creatures that live in it.
(C) If that happened, life as we know it could not exist. But ice stays on top, preventing cold air from freezing the water below.

*contract 수축하다 / *dense 밀도가 높은 / *substance 물질

① (A)-(B)-(C)
② (A)-(C)-(B)
③ (B)-(A)-(C)
④ (B)-(C)-(A)

04 해설

주어진 글에서 물이 아닌 다른 액체들은 얼게 되면 수축되어 밀도가 높아지고 얼음이 액체의 바닥으로 가라앉지만 물은 다르다고 이야기하고 있으므로, 물은 다른 액체와 달리 얼게 되면 얼음이 위에 둥둥 떠다닌다는 (A)가 이어져야 한다. 이러한 현상을 추운 지역의 사람들에게 대입해 봤을 때, 만일 물이 다른 액체들처럼 얼었을 때 얼음이 가라앉는다면 그 지역의 연못이나 호수는 결국 다 얼어붙게 되고 그 안에서 살고 있는 생명체들 역시 다 얼어 죽게 된다는 내용의 (B)가 이어진다. 마지막으로, (C)의 that은 (B)에서 언급한 물이 얼었을 때 얼음이 가라앉게 되는 현상을 가리키므로 (C)는 마지막에 위치한다.

해석
물은 액체에서 고체로 변할 때 부피가 팽창하게 된다. 대부분의 다른 액체들은 얼어 버리게 되면, 그 반대 현상이 일어난다. - 그것들은 수축되어서 밀도가 보다 더 조밀해진다. 그리고 그 물질의 고체 형태는 액체 형태의 바닥으로 가라앉게 될 것이다. 그러나 물은 다르다. (A) 얼음이 형성되면, 그것은 떠다닌다. 왜냐하면 얼음은 실제로 물보다 가볍기 때문이다. 그것이 추운 지역에 사는 사람들에게 의미하는 바가 무엇인지 생각해 보자. (B) 얼음이 가라앉으면 연못이나 호수는 점점 밑바닥에서부터 얼게 될 것이다. 모든 물이 실제로 다 얼어붙게 될 것이고, 그 안에 살고 있는 물고기와 다른 생물들을 모두 죽이게 될 것이다. (C) 만약 그런 일이 발생하게 된다면, 우리가 알고 있는 생명체는 존재할 수 없을 것이다. 그러나 얼음은 위쪽에 머무르면서 차가운 공기가 물 아래쪽을 얼게 하는 것을 막아 준다.

정답 04 ①

05 주어진 글 다음에 이어질 글의 순서로 가장 적절한 것은?

Storyteller Syd Lieberman suggests that it is the story in history that provides the nail to hang facts on. Students remember historical facts when they are tied to a story.

(A) Storytellers present material in dramatic context to the students, and group discussion follows. Students are encouraged to read further.
(B) In contrast, another group of students is involved in traditional research/report techniques. The study indicates that the material presented by the storytellers has much more interest and personal impact than that gained via the traditional method.
(C) According to a report, a high school in Boulder, Colorado, is currently experimenting with a study of presentation of historical material.

*nail 못 / *hang 걸다 / *via ~을 통해

① (B)-(A)-(C)
② (B)-(C)-(A)
③ (C)-(A)-(B)
④ (C)-(B)-(A)

checkpoint 해설 & 정답

06 해설
이상적인 사회를 캠핑 여행에 비유하고 있는 제시문에 대한 반대의 내용인 (A)가 첫 문장으로 적절하다. 문장 (A)에 대한 구체적 설명을 하고 있는 (C)가 그 다음에 위치하고, 문장 (C)의 캠핑의 보편적 이야기와 맥을 같이하는 동일한 내용의 (B)가 마지막에 위치한다.

해석
철학자 G. A. Cohen은 이상적인 사회에 대한 비유로 캠핑 여행을 예로 제공한다. 캠핑 여행에서, 어떤 사람이 "내가 저녁 식사를 준비했으니 나의 뛰어난 요리 솜씨에 대해 네가 나에게 돈을 지불하지 않으면 저녁을 먹을 수 없어."라고 말하는 것은 상상할 수 없다고 그는 주장한다. (A) 오히려, 한 사람은 저녁 식사를 준비하고, 다른 사람은 텐트를 치고, 또 다른 사람은 물을 정화하는 등 각자 자신의 능력에 맞추어 일한다. 이 모든 재화들은 공유되며, 공동체 의식은 모든 참여자들을 더 행복하게 만든다. (C) 각자 자신의 재능을 사용하는 대가로 캠핑하는 다른 사람들로부터 최대의 보상을 얻으려고 하는 캠핑 여행은 곧 재앙과 불행으로 끝날 것이다. (B) 게다가 사람들이 그런 식으로 행동한다면 캠핑 경험은 망쳐질 것이다. 그래서 더 평등하고 협력하는 사회에서 우리는 더 나은 삶을 살게 될 것이다.

정답 06 ②

---

06 주어진 글 다음에 이어질 글의 순서로 가장 적절한 것은?

The philosopher G. A. Cohen provides an example of a camping trip as a metaphor for the ideal society. On a camping trip, he argues, it is unimaginable that someone would say something like, "I cooked the dinner and therefore you can't eat it unless you pay me for my superior cooking skills."

(A) Rather, one person cooks dinner, another sets up the tent, another purifies the water, and so on, each in accordance with his or her abilities. All these goods are shared and a spirit of community makes all participants happier.

(B) Moreover, the experience would be ruined if people were to behave in such a way. So, we would have a better life in a more equal and cooperative society.

(C) A camping trip where each person attempted to gain the maximum rewards from the other campers in exchange for the use of his or her talents would quickly end in disaster and unhappiness.

*metaphor 비유 / *in exchange for ~의 대가로 / *purify 정화하다 / *in accordance with ~에 맞추어, ~에 따라 / *ruin 망치다

① (A)-(B)-(C)
② (A)-(C)-(B)
③ (C)-(A)-(B)
④ (C)-(B)-(A)

07 주어진 글 다음에 이어질 글의 순서로 가장 적절한 것은?

Did you know you actually think in images and not in words? Images are simply mental pictures showing ideas and experiences.

(A) Your mind has not yet adapted to this relatively new development. An image has a much greater impact on your brain than words ; the nerves from the eye to the brain are twenty-five times larger than the nerves from the ear to the brain.

(B) You often remember a person's face but not his or her name, for example. The old saying, "A picture is worth a thousand words." is true.

(C) Early humans communicated their ideas and experiences to others for thousands of years by drawing pictures in the sand or on the walls of their caves. Only recently have humans created various languages and alphabets to symbolize these "picture" messages.

*nerve 신경 (조직)

① (B)-(A)-(C)
② (B)-(C)-(A)
③ (C)-(A)-(B)
④ (C)-(B)-(A)

---

07 해설

이미지를 통해 사고한다는 제시문을 뒷받침하는 문장으로서 (C)가 첫 번째에 위치한다. 문장 (C)의 내용을 부연 설명하는 (A)가 그 다음에 위치한다. 문장 (A)를 뒷받침하는 문장으로서 예시를 사용한 문장 (B)가 마지막에 위치한다.

해석

사실 말이 아니라 이미지로 생각한다는 것을 알고 있었는가? 이미지는 간단히 말해 생각과 경험을 보여 주는 심상이다. (C) 초기 인류는 모래나 자신이 사는 동굴 벽에 그림을 그림으로써 수천 년 동안 자기 생각과 경험을 다른 사람들에게 전달했다. 최근에서야 인간은 이 "그림" 메시지를 기호로 나타내기 위해서 다양한 언어와 알파벳을 만들어 냈다. (A) 마음은 아직 이 비교적 새롭게 생겨난 것에 적응하지 못했다. 이미지가 말보다 뇌에 훨씬 더 커다란 영향을 주는데, (사실) 눈에서 뇌로 이어지는 신경이 귀에서 뇌로 이어지는 신경보다 25배 더 크다. (B) 예를 들어 흔히 어떤 사람의 얼굴은 기억나지만, 그 사람의 이름은 기억나지 않는다. "그림 하나가 천 마디 말의 가치가 있다."라는 오래된 속담은 맞는 말이다.

정답 07 ③

checkpoint 해설 & 정답

08 해설
③의 뒤에 위치한 예시 문장은 제시문의 내용을 뒷받침하고 있는 문장이므로 글의 흐름이 매끄럽기 위해선 제시문은 ③에 위치해야 한다.

해석
협상에서, 여러분은 신경을 쓰지 않지만 상대편에서는 매우 신경을 쓰는 이슈들이 흔히 있을 것이다! 이러한 이슈들을 알아보는 것은 중요하다. 예를 들어, 여러분은 새로운 직장생활을 6월에 시작하든지 7월에 시작하든지 신경 쓰지 않을 수도 있다. 그러나 장차 여러분의 상사가 될 사람이 가능한 한 빨리 여러분이 일을 시작하기를 강력히 원한다면, 그것은 귀중한 정보이다. 이제 여러분은 (자신에게는 비용이 들지 않지만) 그 사람이 소중하게 생각하는 무언가를 제공하고 그 보답으로 가치 있는 어떤 것을 받을 입장에 있다. 예를 들어, 여러분은 한 달 일찍 일을 시작하고 그렇게 한 것에 대해 더 큰 보너스를 받을 수 있다. 마찬가지로, 내가 집을 구매할 때, 나는 판매자가 가능하면 빨리 거래를 매듭짓는 것에 매우 관심이 있다는 것을 알게 되었다. 그래서 나는 원래 제안된 것보다 한 달 일찍 거래를 매듭짓는 것에 동의했고, 판매자는 더 낮은 가격에 동의했다.

정답 08 ③

---

08 글의 흐름으로 보아, 주어진 문장이 들어가기에 가장 적절한 곳은?

> Now you are in a position to give her something that she values (at no cost to you) and get something of value in return.

In negotiation, there often will be issues that you do not care about - but that the other side cares about very much! It is important to identify these issues. (①) For example, you may not care about whether you start your new job in June or July. (②) But if your potential boss strongly prefers that you start as soon as possible, that's a valuable piece of information. (③) For example, you might start a month earlier and receive a larger bonus for doing so. (④) Similarly, when purchasing my home, I discovered that the seller was very interested in closing the deal as soon as possible. So I agreed to close one month earlier than originally offered, and the seller agreed to a lower price.

*care about ~에 대해 신경 쓰다, 마음 쓰다 / *at no cost 비용을 들이지 않고

09 글의 흐름으로 보아, 주어진 문장이 들어가기에 가장 적절한 곳은?

Maybe it's the low rumble of nearby construction or the high whine of a turboprop. Either way, it interfere with a segment of the spectrum already in use, and the information flow in the jungle is compromised.

Animals divide up the acoustic spectrum so they don't interfere with one another's voice ; all the component voices are mapped according to pitch. It looks like the musical score for an orchestra, with each instrument in its place. That's part of how the animal coexist so well. (①) When they issue mating calls or all-important warning cries, they aren't blocked by the noises of other animals. (②) But what happens then man-made noise intrudes on the natural symphony? (③) Suddenly certain species lose their ability to synchronize, communicate, and ultimately, survive. (④)

*score 악보 / *intrude 침입하다 / *rumble 울리는 소리 / *whine 날카로운 음향 / *compromise 손상하다 / *synchronize 시간을 맞추다

09 해설

자연에서 동물들의 음향 스펙트럼은 서로서로를 방해하지 않지만, 인간이 만든 소음으로 인해 동물들의 정보의 흐름이 손상을 입고, 궁극적으로는 동물들이 생존할 수 있는 능력을 상실하게 만든다는 내용이다. 주어진 문장의 it은 ③의 앞 문장에서 언급한 'man-made noise'를 가리키고, 정글 속 정보의 흐름이 손상을 입은 결과가 ③의 뒤 문장에서 설명되고 있다.

해석

동물들은 음향 스펙트럼을 나눠 갖고 있어서 서로의 목소리를 방해하지 않는다. 즉, 구성하고 있는 모든 소리들이 음높이에 따라서 위치가 정해져 있다. 그것은 각각의 악기가 제자리를 잡고 있는 오케스트라의 악보처럼 보인다. 그것이 동물들이 아주 잘 공존하는 방법의 일부인 것이다. 그들이 짝짓기를 하거나 중요한 경고음을 울릴 때, 그 소리들은 다른 동물들의 소음에 의해 방해받지 않는다. 그러나 인간이 만든 소음이 자연의 교향곡에 침입할 때 무슨 일이 일어나는가? 아마도 그것은 인근 공사장의 낮은 울음소리나 터보 프로펠러의 높은 날카로운 소리일 수도 있다. 어느 쪽이든 그것은 이미 사용 중인 스펙트럼의 일부를 방해하고, 정글의 정보 흐름이 손상된다. 갑자기 어떤 종들은 시간을 맞추는 능력, 의사소통을 하는 능력, 그리고 궁극적으로 생존할 수 있는 능력을 잃는다.

정답 09 ③

10 글의 흐름으로 보아, 주어진 문장이 들어가기에 가장 적절한 곳은?

> Thus, forecasts can be "fearcasts" whose purpose is not so much to predict the future as to avoid it.

> The reason why we take pains to image unpleasant events is that fear, worry, and anxiety have useful roles to play in our lives. (①) We motivate employees, children, and spouses to do the right thing by dramatizing the unpleasant consequences of their misbehavior, and we also motivate ourselves by imagining the unpleasant tomorrows that await us. (②) Many studies have shown that this strategy is often an effective way to motivate people to engage in prudent behavior. (③) In short, we sometimes imagine unpleasant events just to scare dark futures off. (④)
> *take pains 수고하다, 애쓰다 / *forecast 예측 / *prudent 신중한

---

10 해설

②의 앞 문장은 불쾌한 미래를 상상하는 일이 자극제가 된다는 내용이다. 따라서 이 문장을 요약하고 있는 제시문은 ②에 위치한다.

해석

우리가 불쾌한 사건을 상상하려고 노력하는 이유는 두려움과 걱정, 근심이 우리 삶에서 할 수 있는 유용한 역할을 하기 때문이다. 우리는 직원, 자녀, 배우자가 그들의 잘못된 행동에 따른 불쾌한 결과를 극화함으로써 옳은 일을 하도록 동기를 부여하고, 또한 우리를 기다리고 있는 불쾌한 내일을 상상함으로써 우리 스스로에게도 자극을 준다. 따라서 예측은 그 목적이 미래를 예측하는 것이라기보다는 오히려 그것을 피하려는 "두려움 예측"일 수 있다. 그리고 여러 연구들은 이 전략이 종종 사람들이 신중한 행동에 참여하도록 동기를 부여하는 효과적인 방법이라는 것을 보여주었다. 간단히 말해서, 우리는 때때로 어두운 미래를 겁주기 위해 불쾌한 사건을 상상한다.

정답 10 ②

제9장 빈칸 추론(Ⅰ)_단어

01 다음 글의 빈칸에 들어갈 단어로 가장 적절한 것은?

> The first man-made ink was made in Egypt around 4,500 years ago. It was made of fruits or vegetables. Today, there are two types of ink. One type is used for (　　) in magazines and newspapers. The other is writing ink used in pens. Printing inks are composed of different types of oils like pigments to give them color. Writing inks used to be water-based dyes, but they were later changed to oil-based dyes after the introduction of the ballpoint pen.
> *pigment 염료, 물감 재료 / *dye 염료

① reading
② printing
③ ink
④ writing

01 해설

인쇄용 잉크와 필기용 잉크를 설명하는 글로서, 빈칸이 포함된 문장 뒤에 필기용 잉크를 언급하고 있으므로 빈칸에는 인쇄에 해당하는 단어가 오는 것이 적절하다.

해석

최초의 인공 잉크는 약 4,500년 전 이집트에서 만들어졌다. 그것은 과일이나 채소로 만들어졌다. 오늘날에는 두 가지 종류의 잉크가 있다. 한 가지는 잡지나 신문을 인쇄하는 데 사용된다. 다른 한 가지는 펜에 사용되는 필기용 잉크이다. 인쇄용 잉크는 색을 입히는 염료와 같은 다양한 종류의 기름으로 만들어졌다. 필기용 잉크는 한때 수성 염료였지만 볼펜이 소개된 이후 유성 염료로 바뀌었다.

정답 01 ②

02 다음 글의 빈칸에 들어갈 단어로 가장 적절한 것은?

A dog's sense of smell is far superior to our own and is tens of thousands of times more sensitive than ours. There is a(n) (　　) reason that dogs have this astonishing capability. Dogs have 50 times more receptors in their noses than ours. The portion of a dog's brain that controls smells is also 40 times larger than ours. In addition, a dog's nose has two air paths while we have only one. When we inhale air, we smell and breathe at the same time. When dogs breathe, however, the air goes into two different paths, one for smelling and the other for respiration. This means that half of the inhaled air detours into the dog's smell receptors.

*receptor 수용체 / *inhale 흡입하다 / *respiration 호흡 / *detour 우회하다

① chemical
② biological
③ psychological
④ anatomical

02 해설

빈칸 이후 문장에서 개들의 후각 기관과 사람의 후각 기관이 구조적으로 서로 다르다는 내용을 언급하고 있으므로 이는 개와 인간 사이의 해부학적(anatomical) 차이점을 설명하고 있다고 볼 수 있다.

해석

개의 후각은 우리보다 훨씬 뛰어나며 수만 배 더 예민하다. 개들이 이러한 놀라운 능력을 갖춘 데는 해부학적인 이유가 있다. 개들의 코에는 우리보다 50배나 더 많은 수용체가 있다. 냄새를 관장하는 두뇌 부분도 우리보다 40배나 더 크다. 그뿐만 아니라 우리는 공기가 흐르는 통로가 하나이지만 개들의 코에는 두 개의 통로가 있다. 우리는 공기를 들이마시면 냄새를 맡고 숨 쉬는 것을 동시에 한다. 그러나 개가 숨을 쉴 때는 공기가 두 개의 통로로 들어가 하나는 냄새를 맡는 데 사용되고 다른 하나는 호흡에 사용된다. 이는 들이마신 공기의 절반은 개의 후각 수용체를 거친다는 것을 의미한다.

정답 02 ④

03 다음 글의 빈칸에 들어갈 단어로 가장 적절한 것은?

> A recent study of identical twins has uncovered remarkable similarities. As expected, identical twins were quite similar in height, weight, and facial features. Their voices, laughs, and mannerisms were so alike their own families had difficulty telling them apart. When they were anxious, they experienced the same kinds of symptoms. If one twin was artistic, so was the other. Paradoxically, the twins who had had the (   ) contact were the most alike in personality. This suggests that when identical twins are reared together, they and their families make an effort to differentiate them, and the effort succeeds.
> *identical twins 일란성 쌍둥이 / *mannerism 버릇, 습관 / *differentiate 구별하다

① sweetest
② worst
③ closest
④ least

03 해설
일란성 쌍둥이 사이에는 놀랄만한 유사점이 있지만, 역설적으로 가장 만남이 적은 쌍둥이들이 성격이 가장 유사하다고 이야기하고 있다.

해석
일란성 쌍둥이에 관한 최근 연구는 놀랄만한 유사점들을 밝혀냈다. 예상했던 것처럼, 일란성 쌍둥이는 키, 몸무게, 얼굴 표정에서 꽤 비슷하다. 목소리, 웃음, 버릇도 비슷해서 가족조차도 그 둘을 구분하기가 어렵다. 쌍둥이들이 긴장할 때, 그들은 같은 유형의 증상을 경험한다. 만일 한 쌍둥이가 예술가였다면 다른 한 쌍둥이도 예술가였다. 역설적으로, 가장 만남이 적은 쌍둥이들이 성격이 가장 비슷하다. 이는 일란성 쌍둥이가 함께 자랐을 때, 그들과 가족들은 쌍둥이들을 다르게 만들려고 노력하고 그 노력은 성공한다는 것을 의미한다.

04 다음 글의 빈칸에 들어갈 단어로 가장 적절한 것은?

> Most scientists believe that by resting our bodies, we keep ourselves in good physical condition. Any damage can be put right more quickly if energy is not being used up doing other things. Injured animals certainly spend more time asleep than usual while their wounds are healing. And quite a few illnesses make us feel (   ) so that our body can get on with curing us.
> *use up 고갈시키다 / *get on with 해내다

① uneasy
② painful
③ sleepy
④ fresh

04 해설
치료에 긍정적인 역할을 하는 잠에 관한 이야기이다. 질병은 우리를 자게 만들어 우리 몸이 아픈 곳을 치료해나갈 수 있도록 한다는 것이다.

해석
대부분의 과학자들은 몸을 쉬게 해서 우리가 좋은 몸 상태를 유지한다고 믿는다. 몸의 에너지가 다른 것들을 하는 데 고갈되지 않았다면 어떠한 상처도 빠르게 치료될 수 있다. 상처를 입은 동물은 그 상처가 나아지는 동안에는 평소보다 잠자는 데 더 많은 시간을 보낸다. 많은 질병은 우리를 졸리게 만들어 우리 몸이 치료를 해나갈 수 있도록 한다.

정답 03 ④ 04 ③

05 다음 글의 빈칸에 들어갈 단어로 가장 적절한 것은?

I was in a shop waiting for my wife to try on a dress, and I exchanged a few remarks with a man standing nearby. Just then, his wife came up, and her eyes were shining with joy. She looked happy because she was pleased with the dress she was wearing, but her husband shook his head negatively, saying he didn't like it. She was disappointed, but she didn't want to buy it if he didn't approve. She returned to the fitting room. He promptly asked the clerk the price of the dress, paid for it, asked her to wrap it as a gift and said he would pick it up later that afternoon. Turning to me, he explained, "Tomorrow is her birthday, and this is the only way I can (   ) her with a new dress that she really likes."

*promptly 즉시, 신속하게

① surprise
② present
③ congratulate
④ tease

05 해설
아내에게 깜짝 선물을 하고 싶었던 남편은 아내가 좋아하는 드레스에 대해 부정적 반응을 한다. 하지만 사실 이러한 남편의 반응은 아내가 정말 마음에 들어 하는 새로운 드레스로 그녀를 놀라게 할 방법이었다.

해석
나는 한 상점에서 와이프가 드레스를 입어보는 것을 기다리면서 근처에 있던 한 남자와 몇 마디 이야기를 나누었다. 그때, 그의 아내가 나타났고, 그녀의 눈은 기쁨으로 반짝거렸다. 그녀는 입고 있는 드레스에 기뻐하면서 행복해 보였지만, 남편은 별로라고 이야기하면서 부정적으로 고개를 저었다. 그녀는 실망했지만 남편이 좋아하지 않는 것을 사고 싶진 않았다. 그녀가 피팅룸으로 돌아가자 남편은 점원에게 그 드레스 가격을 물어보고 돈을 지불하고 선물 포장을 요청했다. 그리고 그날 오후 늦게 물건을 가져가겠다고 말했다. 나를 향해서 그는 이렇게 말했다. "내일이 그녀의 생일입니다. 이것만이 그녀가 정말 좋아하는 드레스로 그녀를 놀라게 할 수 있는 유일한 방법입니다."

정답 05 ①

06 다음 글의 빈칸에 들어갈 단어로 가장 적절한 것은?

Many problems are like a tree. The trunk is the information you are given and the solution is a twig on one of the limbs. If you work forward by taking the "givens" of the problem and trying to find the solution, it will be easy to branch off in the wrong direction. A more efficient approach may be to start at the twig end and work (   ). Consider the problem of planning a climb to the summit of Mount Everest. The best strategy is to figure out, first, what equipment and supplies are needed at the highest camp on the night before the summit attempt, then how many people are needed to stock that camp and so on, until the organization of the entire expedition is completed.

*trunk 줄기 / *twig 가는 가지 / *limb 큰 가지 / *branch off 갈라지다

① effectively
② backward
③ slowly
④ forward

07 해설

본문 중 "People with greater capacity for contact have a stronger immune system"에서 교제 능력이 더 많은 사람, 즉 사교적인 사람이 더 강한 면역 체계를 가지고 있다는 것을 알 수 있다. 따라서 이 연구의 결과에서도 '더 사교적인 사람일수록, 감염이 더 적게 된다는 것'이 밝혀졌다는 내용이 와야 한다.

해석

교제에 대한 능력이 건강에 결정적인 영향을 미친다는 것은 의심의 여지가 없다. 교제를 위한 능력이 더 많은 사람들은 다른 사람들과의 관계를 확립하는 능력이 덜한 사람들보다 더 강한 면역 체계를 가지고 있다. 한 연구는 개인들의 사교성을 면역 체계의 효율성과 관련해서 직접적으로 측정했다. 334명에게 질문지를 주고 면접을 해서 그들의 사교성, 즉 일상생활에서 인간관계의 양과 질을 측정했다. 그 다음 이 사람들을 일반 감기 바이러스에 노출시켰다. 더 사교적인 사람일수록, 감염이 더 적게 된다는 것이 밝혀졌다.

07 다음 글의 빈칸에 들어갈 단어로 가장 적절한 것은?

Doubtless, the capacity for contact has a determining influence on health. People with greater capacity for contact have a stronger immune system than those less able to establish relationships with others. One study directly measured individuals' sociability in relation to the efficiency of their immune systems. Questionnaires and interviews given to 334 people examined their sociability - the quantity and quality of their relationships in everyday life. These people were then exposed to a common cold virus. It was found that the more ( ) a person was, the less subject he was to contagion.

*contact 교제, 접촉 / *questionnaire 질문지 / *representative 대표적인

① intimate
② dynamic
③ capable
④ sociable

정답 07 ④

08 다음 글의 빈칸에 들어갈 단어로 가장 적절한 것은?

> We all have a tendency to look at our own flaws with a magnifying glass. If you continually tell yourself that this or that part of you is not up to standard, how can you expect it to get any better? Focus on the things you like about yourself. You will see how much better it feels to praise yourself rather than put yourself down. With this good feeling, you can do more for yourself and others than you could ever do with the negative energy of self-criticism. Choose to see the (   ). The choice is yours alone.
> *magnifying glass 확대경 / *up to standard 기준에 미치는 / *put down ~을 깎아내리다

① good
② flaws
③ preference
④ propensity

09 해설

사람들은 주로 과거의 실패에 근거하여 미래를 예상하게 되고 그것에 사로잡혀 스스로를 과거에 가두게 된다고 말한다. 과거의 실패가 곧 두려움이 되어 미래에도 실패할까봐 현재의 꿈을 포기하게 된다는 내용이므로, 스스로를 과거에 가두는 것은 바로 '두려움'이다.

해석

많은 사람은 과거의 실패에 근거하여 미래에 일어날 수 있는 일들에 대해 생각하고 그것에 사로잡힌다. 예를 들어, 만약 여러분이 전에 특정 분야에서 실패한 적이 있다면, 같은 상황에 직면할 때 여러분은 미래에 무슨 일이 일어날지 예상하게 되고, 그래서 두려움이 여러분을 과거에 가두어 버린다. 과거가 어땠는지에 근거하여 결정을 내리지 마라. 여러분의 미래는 여러분의 과거가 아니고 여러분에게는 더 나은 미래가 있다. 여러분은 과거를 잊고 놓아주기로 결심해야 한다. 과거의 경험이 여러분을 지배하게 할 때만 그것이 현재의 꿈을 앗아 간다.

---

09 다음 글의 빈칸에 들어갈 말로 가장 적절한 것은?

> Many people think of what might happen in the future based on past failures and get trapped by them. For example, if you have failed in a certain area before, when faced with the same situation, you anticipate what might happen in the future, and thus ( ) traps you in yesterday. Do not base your decision on what yesterday was. Your future is not your past and you have a better future. You must decide to forget and let go of your past. Your past experiences are the thief of today's dreams only when you allow them to control you.

① fear
② anticipation
③ the past
④ hesitation

정답 09 ①

10 다음 글의 빈칸에 들어갈 말로 가장 적절한 것은?

Since a great deal of day-to-day academic work is boring and repetitive, you need to be well motivated to keep doing it. A mathematician sharpens her pencils, works on a proof, tries a few approaches, gets nowhere, and finishes for the day. A writer sits down at his desk, produces a few hundred words, decides they are no good, throws them in the bin, and hopes for better inspiration tomorrow. To produce something worthwhile – if it ever happens – may require years of such fruitless labor. The Nobel Prize-winning biologist Peter Medawar said that about four-fifths of his time in science was wasted, adding sadly that "nearly all scientific research leads nowhere." What kept all of these people going when things were going badly was their (   ) for their subject. Without it, they would have achieved nothing.
*proof (수학) 증명 / *get[lead] nowhere 아무런 성과를 내지 못하다

① concentration
② responsibility
③ passion
④ product

11 해설

소비자들은 물건을 선택할 때, 다양한 방법을 동원하여 보다 안전한 선택을 하는 경향이 있다고 이야기한다.

해석

소비자들은 일반적으로 높은 위험을 무릅쓰는 것을 불편해한다. 그 결과, 소비자들은 대개 위험을 줄이기 위해 많은 전략을 사용하도록 동기부여를 받는다. 소비자들은 온라인 조사를 하거나, 뉴스 기사를 읽거나, 친구들에게 이야기하거나 혹은 전문가에게 자문함으로써 추가 정보를 수집할 수 있다. 소비자들은 또한 그 제품이 적어도 자신들의 지난번 구매만큼은 만족스러울 것이라고 믿으면서, 자신들이 지난번에 샀던 바로 그 브랜드를 구매하여 불확실성을 줄인다. 게다가, 어떤 소비자들은 더 안전한 선택을 초래하는 간단한 판단 규칙을 이용할 수도 있다. 예를 들어, 어떤 이는 가장 비싼 물건을 사거나, 많이 광고되는 브랜드가 다른 브랜드들보다 더 품질이 높다고 믿고 이 브랜드를 선택할 수도 있다.

---

11 다음 글의 빈칸에 들어갈 말로 가장 적절한 것은?

Consumers are generally uncomfortable with taking high risks. As a result, they are usually motivated to use a lot of strategies to reduce risk. Consumers can collect additional information by conducting online research, reading news articles, talking to friends or consulting an expert. Consumers also reduce uncertainty by buying the same brand that they did the last time, believing that the product should be at least as satisfactory as their last purchase. In addition, some consumers may employ a simple decision rule that results in a (　　) choice. For example, someone might buy the most expensive offering or choose a heavily advertised brand in the belief that this brand has higher quality than other brands.

*uncertainty 불확실성 / *eagerly 간절히, 열망하여

① cozier
② safer
③ more considerate
④ faster

정답 11 ②

제10장 빈칸 추론(Ⅱ)_구, 절, 문장

01 다음 글의 빈칸에 들어갈 말로 가장 적절한 것은?

> Some people might jump to the conclusion that "money talks" ; those with substantial wealth and income can use it to buy political influence. Yet, ( ). Newspapers sometimes list the wealthiest people in a country, but some of names near the top, such as the Queen, often do not come high in the lists of those with power. There are others, such as leading athletes and pop stars, who avoid any formal association with politics and lack significant economic power. However, they may have enormous influence as role models on behavior, and contribute more to changing political attitudes on key issues than the professional politicians.

① the more wealth is, the easier problems can be solved
② there is no simple relation between wealth and power
③ all celebrities do not influence on the attitudes of others
④ there is no use denying that wealth may become the origin of power

01 해설

여왕처럼 돈이 많은 사람도 정치적인 영향력이 없을 수 있으며, 운동선수나 팝스타처럼 경제력은 부족하지만 정치적인 영향력을 가질 수도 있다는 내용이므로, 빈칸에는 ② '부와 정치적 영향력 사이에는 어떤 단순한 관계도 없다.'가 적절하다.

해석

어떤 사람들은 "돈이면 모두 해결된다."라는 성급한 결론을 내릴 수도 있다. 즉, 상당한 부와 소득을 가진 사람들은 그것을 이용해 정치적인 영향력을 살 수 있다는 것이다. 그러나 부와 정치적 영향력 사이에는 어떤 단순한 관계도 없다. 신문에서 때때로 한 나라에서 가장 부유한 사람들의 명단을 게재하지만, 여왕과 같이 그 명단의 최상위 근처에 있는 이름 중 일부는 종종 정치적 영향력을 가진 사람들의 명단에서는 높은 위치를 차지하지 못한다. 탁월한 운동선수나 팝스타처럼 정치와 어떠한 공식적인 관계도 피하고 상당한 경제력을 갖고 있지 않은 사람들도 있다. 하지만 그들은 행동에 대한 롤모델로서 엄청난 영향력을 가지고 있고, 전문 정치인들보다도 주요 이슈에 대한 정치적 태도를 변화시키는 데 더 많은 기여를 한다.

정답 01 ②

02 다음 글의 빈칸에 들어갈 말로 가장 적절한 것은?

We could point out our first of all that coffee is not just a refreshment. It possesses symbolic value as part of our day-to-day social activities. Often the ritual associated with coffee drinking is much more important than the act of consuming the drink itself. For many Westerners the morning cup of coffee stands at the center of a personal routine. It is an essential first step to starting the day. Morning coffee is often followed later in the day by coffee with others. Two people who arrange to meet for coffee are probably more interested in getting together and chatting than in what they drink. In other words, drinking coffee (   ).

① allows people to reduce tensions from social interactions
② facilitates our metabolism as well as enhances our feeling
③ stimulates a bowl movement so that it helps people to digest
④ provides occasions for social interactions and the performance of rituals

03 다음 글의 빈칸에 들어갈 말로 가장 적절한 것은?

A status symbol is something, usually an expensive or rare object, that indicates a high social status for its owner. What is considered a status symbol will differ among countries, based on the states of their economic and technological development, and common status symbols will change over time. Status symbols can (   ). Let's take some examples. In a society that cherishes honor or bravery, a battle wound would be more of a status symbol. In a commercial society, where having money or wealth is most important, things that can be brought by wealth, such as cars, houses, or fine clothing, are considered status symbols. And in a society where people craze for beauty, the condition of one's skin and body can be a status symbol.

*cherish 소중히 하다 / *wound 상처 / *fine 멋진, 고상한

① be different from countries to countries
② be the indicator to judge one's success
③ indicate the cultural values of a society
④ change the criteria of values of people

04 다음 글의 빈칸에 들어갈 말로 가장 적절한 것은?

Studies from cities all over the world show (   ) as an urban attraction. People gather where things are happening and seek the presence of other people. Faced with the choice of walking down an empty or a lively street, most people would choose the latter. The walk will be more interesting and feel safer. Events where we can watch people perform or play music attract many people to stay and watch. Studies of benches and chairs in city space show that the seats with the best view of city life are used far more frequently than those that do not offer a view of other people.

① tranquil activities and hectic life
② peaceful scenery and safer life
③ the importance of life and activities
④ attractive performances and splendid streets

05 다음 글의 빈칸에 들어갈 말로 가장 적절한 것은?

What do advertising and map-making have in common? Without doubt the best answer is their shared need to communicate a limited version of the truth. An advertisement must create an image that's appealing and a map must present an image that's clear, but (   ) by telling or showing everything. Ads will cover up or play down negative aspects of the company or service they advertise. In this way, they can promote a favorable comparison with similar products or differentiate a product from its competitors. Likewise, the map must remove details that would be confusing.
*cover up ~을 숨기다, ~을 가리다 / *play down ~을 약화시키다 / *favorable 유리한 / *differentiate 차별화하다

① neither can meet its goal
② nothing identifies all of the tastes
③ persuading consumers to make a purchase is a different goal
④ alleviating negative brand images is impossible

05 해설
글에 따르면, 광고와 지도의 공통된 목적은 소비자에게 유리한 정보를 제한된 형태로 제공하는 것이므로, 모든 정보를 제공한다고 해서 광고 본연의 목적을 달성하는 일은 어렵다.

해석
광고를 하는 것과 지도를 만드는 것은 어떤 공통점이 있는가? 의심할 바 없이 최고의 대답은 그것들이 제한된 형태의 진실을 전달해야 하는 필요성을 공유하고 있다는 것이다. 광고는 매력적인 이미지를 만들어내야 하고, 지도는 분명한 이미지를 제공해야 하지만, 어느 것도 모든 것을 말하거나 보여 줌으로써 <u>자기 목적을 충족할 수는 없다</u>. 광고는 선전하는 회사나 서비스의 부정적인 측면을 숨기거나 약화시킨다. 이런 식으로, 그것은 자기에게 유리한 방향으로 유사 제품과 비교하는 것을 촉진시키거나 제품을 그것의 경쟁 제품과 차별화할 수 있다. 마찬가지로 지도는 혼란스럽게 할 세부 사항을 제거해야 한다.

정답 05 ①

06 해설

글에 따르면, 지형은 손님과 주인, 식사, 보답 등과 같은 인간 사이의 관계에 영향을 준다.

해석

그리스에서는 지형이 인간관계에 영향을 미쳤다. 그 땅이 이동을 매우 어렵게 만들었기 때문에 손님과 주인의 관계는 중요하게 여겨졌다. 어떤 낯선 이가, 가난한 사람이라도, 문 앞에 나타나면 선한 주인이 되어 그에게 거처를 주고 그와 음식을 나누는 것이 의무였다. "우리는 먹기만 하려고 식탁에 앉는 것이 아니라 함께 먹으려고 식탁에 앉는다."라고 그리스의 작가인 Plutarch가 말했다. 식사를 하는 것은 인간 사회의 표식이고 인간을 짐승과 구별했다. 답례로 손님은 주인에게 의무가 있었다. 이런 의무에는, (머무르는 기간이) 보통 사흘을 넘지 않아야 하는데 너무 오래 머물러서 주인의 환대를 악용하지 않는 것이 포함되었다. 어느 편이든 이 관계를 위반하는 것은 인간과 신의 분노를 가져왔다.

06 다음 글의 빈칸에 들어갈 말로 가장 적절한 것은?

Geography influenced ( ) in Greece. Because the land made travel so difficult, the guest-host relationship was valued. If a stranger, even a poor man, appeared at your door, it was your duty to be a good host, to give him a shelter and share your food with him. "We do not sit at a table only to eat, but to eat together," said the Greek author Plutarch. Dining was a sign of the human community and differentiated men from beasts. In return, the guest had duties to his host. These included not abusing his host's hospitality by staying too long, usually not more than three days. A violation of this relationship by either side brought human and divine anger.

*hospitality 환대 / *divine 신(神)의

① life styles
② cultural values
③ human relationships
④ ritual and social patterns

정답 06 ③

07 다음 글의 빈칸에 들어갈 말로 가장 적절한 것은?

In a comparison of seven different brands, researchers found that most shots give a strong boost, even in mix-and-match combinations. People looking for a booster shot of a Covid-19 vaccine probably don't need to fret about what brand it is : Many combinations of shots are likely to provide strong protection, according to a large new study. In a comparison of seven different vaccine brands, British researchers found that most of them prompted (   ), with the mRNA shots from Moderna and Pfizer-BioNTech eliciting the largest responses. The study was published on Thursday in The Lancet.

*fret about 초조해하다 / *prompt 촉발하다 / *elicit 이끌어내다

① a remarkable recovery
② a strong immune response
③ a reduction of period to get vaccinated
④ a proliferation of corona viruses

08 해설

해양 생물학자들은 바다에 존재하는 생명을 공부하기 때문에 바다에 잠수해서 그 생명과 가까이 만나는 것이 중요하다는 점을 추론할 수 있다.

해석

해양 생물학은 대양과 바다의 생명에 관한 학문이다. 해양 생물학자들은 바다 속 다양한 생물들의 서식지와 먹이, 그리고 생식과 번식 습성을 연구한다. 대부분 해양 생물학자는 잠수부이다. 그 이유는 그들이 해양 생물과 가까이 만나는 것이 중요하기 때문이다. 대양과 바다는 깊어서 그 안의 생명에 관해서 배울 것이 많다. 그들이 연구하는 생명체 중 흔한 종류는 물고기, 플랑크톤, 조류, 암초, 해양 포유류와 무척추 동물이다.

08 다음 글의 빈칸에 들어갈 말로 가장 적절한 것은?

Marine biology is the study of life in the oceans and seas. Marine biologists study the habitats, diets, and reproduction and breeding habits of different creatures in the ocean. Most marine biologists are divers. The reason is that it is important for them to (   ). The oceans and seas are deep, so there are many things to learn about the life in it. The common types of living creatures they study are fish, plankton, algae, reefs, marine, mammals, and invertebrates.

*habitat 서식지 / *algae 조류 / *reef 암초 / *invertebrate 무척추 동물

① see how deep the oceans and seas are
② have close encounters with marine creatures
③ analyze the status of fish and marine mammals
④ conduct scientific research on marine plants and animals

정답 08 ②

09 다음 글의 빈칸에 들어갈 말로 가장 적절한 것은?

> When things are blackest, it is wise to forecast that they will be brighter ; when things are brightest, it is wise to forecast that they will darken. If the world ever goes to destruction, it will proceed in random spurts and not by a nosedive. It is an unwise man who feels secure in the hope that events will continue to remain as good as they are, or who is transfixed with the fear that they will continue as bad as they are. The wise man knows that (   ).
> *spurt 분출 / *nosedive 급강하 / *transfix 움직이지 못하게 하다

① he must accept his fate
② fortune favors the brave
③ it never rains but it pours
④ eventually the tide will turn

10 다음 글의 빈칸에 들어갈 말로 가장 적절한 것은?

Within a store, the wall marks the back of the store, but not the end of the marketing. Merchandisers often use the back wall as a magnet, because it means that (　　　　　　　　). This is a good thing because distance traveled relates more directly to sales per entering customer than any other measurable consumer variable. Sometimes, the wall's attraction is simply appealing to the senses, a wall decoration that catches the eye or a sound that catches the ear. Sometimes the attraction is specific goods. In supermarkets, the dairy is often at the back, because people frequently come just for milk. At video rental shops, it's the new releases.

*merchandiser 상품 판매업자 / *variable 변수 / *release 출시[발매](물)

① any marketing strategies will be effective
② the wall itself arouses merchandisers' interest
③ people have to walk through the whole store
④ traveled distance has nothing to do with sales

해설

매장에서 소비자의 이동 거리가 판매량과 직접적으로 관련되어 있다는 점에서 빈칸에는 소비자들이 매장 전체를 걸어 다녀야 한다는 내용이 가장 적절하다.

해석

상점 안에서, 벽은 매장의 뒤쪽을 나타내지만, 마케팅의 끝을 나타내지는 않는다. 상품 판매업자는 종종 뒷벽을 자석(사람을 끄는 것)으로 사용하는데, 이것은 사람들이 매장 전체를 걸어야 한다는 것을 의미하기 때문이다. 이것은 좋은 일인데, 측정 가능한 다른 어떤 소비자 변수보다 이동 거리가 방문 고객당 판매량과 더 직접적으로 관련되어 있기 때문이다. 때로는 벽에서 사람의 관심을 끄는 것은 간단히 감각에 호소하는 것인데, 시선을 끄는 벽의 장식물이나 귀를 기울이게 하는 소리가 그것에 해당한다. 때로는 사람의 관심을 끄는 것이 특정 상품이기도 하다. 슈퍼마켓에서 유제품은 흔히 뒤편에 위치하는데, 사람들이 자주 우유만 사러 오기 때문이다. 비디오 대여점에서는 그것이 새로 출시된 비디오이다.

정답 10 ③

11 다음 글의 빈칸에 들어갈 말로 가장 적절한 것은?

Noise in the classroom has negative effects on ( ). Thus, it is not surprising that constant exposure to noise is related to children's academic achievement, particularly in its negative effects on reading and learning to read. Some researchers found that, when preschool classrooms were changed to reduce noise levels, the children spoke to each other more often and in more complete sentences, and their performance on prereading tests improved. Research with older children suggests similar findings. On reading and math tests, elementary and high school students in noisy schools or classrooms consistently perform below those in quieter settings.

*exposure 노출

① interrelationships between teachers and students
② the ability to cooperatively do tasks with others
③ communication patterns and the ability to pay attention
④ academic performance in preschool classrooms

12 다음 글의 빈칸에 들어갈 말로 가장 적절한 것은?

In the classical fairy tale the conflict is often permanently resolved. Without exception, the hero and heroine live happily ever after. By contrast, many present-day stories have (   ). Often the conflict in those stories is only partly resolved, or a new conflict appears making the audience think further. This is particularly true of thriller and horror genres, where audiences are kept on the edge of their seats throughout. Consider Henrik Ibsen's play, A Doll's House, where, in the end, Nora leaves her family and marriage. Nora disappears out of the front door and we are left with many unanswered questions such as "Where did Nora go?" and "What will happen to her?" An open ending is a powerful tool, providing food for thought that forces the audience to think about what might happen next.

*fairy tale 동화 / *hero 남자 주인공 / *heroine 여자 주인공 / *be true of ~에 해당하다 / *on the edge of one's seat (이야기 따위에) 매료되어

① a less definitive ending
② an astonishing development
③ an unexpected narrative style
④ a vivid depiction of a present event

12 해설

글에 따르면, 문제가 완전히 해결되고 주인공들이 대부분 행복하게 사는 것으로 마무리되는 고전 동화와는 달리, 오늘날의 이야기들은 그와 반대다. 갈등이 부분적으로만 해결되거나 새로운 갈등이 등장하는 등 열린 결말로 인해 답을 얻지 못하고 질문들이 남는 경우가 많다. 이러한 결말은 확정적으로 이야기를 끝맺는 고전 동화와 반대이므로, 빈칸에 들어갈 말은 '덜 확정적인 결말'이라고 할 수 있다.

해석

흔히 고전 동화에서 갈등은 영구적으로 해결된다. 예외 없이 남자 주인공과 여자 주인공은 영원히 행복하게 산다. 이와 대조적으로, 많은 오늘날의 이야기들은 덜 확정적인 결말을 가진다. 흔히 이러한 이야기 속의 갈등은 부분적으로만 해결되거나, 새로운 갈등이 등장하여 관객들을 더 생각하도록 이끈다. 이것은 특히 스릴러와 공포물 장르에 해당하는데, 이런 장르에서 관객들은 내내 (이야기에) 매료된다. Henrik Ibsen의 희곡 'A Doll's House'를 생각해 보라. 그 작품에서는 결국 Nora가 가정과 결혼 생활을 떠난다. Nora가 현관 밖으로 사라지고, "Nora는 어디로 갔을까?", "그녀에게 무슨 일이 일어날까?"와 같이 답을 얻지 못한 많은 질문들이 우리에게 남는다. 열린 결말은 강력한 도구인데, 관객에게 다음에 무슨 일이 일어날지에 대해 생각하게 만드는 사고할 거리를 제공한다.

정답 12 ①

13 다음 글의 빈칸에 들어갈 말로 가장 적절한 것은?

A teacher received a letter from a student, asking fourteen unrelated questions on a variety of subjects. The teacher wrote back a long reply in which he dealt with thirteen of the questions. He soon received a return letter from the student, who not only noted the omission, but expressed no thanks for what the teacher had written. Though the teacher was a man of great patience, he was hurt by the student's behavior. In other words, When someone has helped you, but has perhaps not done all that you requested, focus on (   ). Although this would seem to be morally obvious, many people are so caught up with their own needs that they ignore the good done for them.

*omission 누락된 것

① the reason that he has helped you
② the essence of partially refusing your request
③ what the person has done, not on what he hasn't
④ how he has felt for my request in another's shoes

14 다음 글의 빈칸에 들어갈 말로 가장 적절한 것은?

> For the last 20 years, we have been the country's number one choice for home security, and we also provide security for some of the biggest companies nationwide. (   ) We are always improving our systems and services to ensure that you benefit from the highest possible levels of safety.
> *nationwide 전국적인 / *ensure 반드시 ~하게 하다

① Nobody looks after clients as well as us.
② Several break-ins occurred in the past month.
③ Our system has remained the same for years.
④ Please send the check for our services as soon as you can.

---

14 해설

빈칸 앞 문장에서 지난 20년 동안 명성을 쌓아왔고 주택 보완 분야에서의 우수성을 언급하고 있으므로 빈칸에 들어갈 가장 적절한 말은 ①이다.

해석

지난 20년간 저희는 주택 보완 분야에서 국내 1위 자리를 지켜왔으며, 전국적으로 일부 대기업들에도 보안 시스템을 제공합니다. 저희만큼 고객님들을 잘 돌볼 수 있는 회사는 없습니다. 저희는 가능한 최고 수준의 안전을 보장하기 위해 항상 시스템과 서비스를 개선하고 있습니다.

정답 14 ①

15 다음 글의 빈칸에 들어갈 말로 가장 적절한 것은?

The Trojan War was a historical war between the Greeks and Trojans that took place in Troy. This ten-year-long war, which lasted from 1194 to 1184 B.C., had a great impact on literature and art for many centuries. One of the most famous of them is the Iliad, written by Homer. Many believe that Homer actually saw this historical war, on which his epic is based, but that is not the case. He lived around 850 B.C., and (   ). Based on his imagination and the stories he heard, Homer transformed the disappeared city into a poetic stage for men and gods. After the great success of the Iliad, Homer wrote its sequel, the Odyssey.
*epic 서사시 / *sequel 속편 / *prosperous 번창한 / *be preserved 보존되다

① Troy was well preserved in Homer's time
② Troy was just a ruined site in Homer's time
③ Troy became a more prosperous city in Homer's time
④ Troy became the capital of Greece in Homer's time

여기서 멈출 거예요? 고지가 바로 눈앞에 있어요.
마지막 한 걸음까지 SD에듀가 함께할게요!

추록

2025년 시험부터 추가되는 내용

추록 Ⅰ	제1편 어휘 및 관용어구
추록 Ⅱ	제2편 문법 (1)
추록 Ⅲ	제2편 문법 (2)
추록 Ⅳ	제3편 독해 (1)
추록 Ⅴ	제3편 독해 (2)

※ 학습참고 본문 159~163쪽, 295~303쪽의 내용(제2편 제11장 화법)은 2025년부터 평가영역에서 제외되었으므로, 학습 시 참고하시기 바랍니다.

훌륭한 가정만한 학교가 없고, 덕이 있는 부모만한 스승은 없다.

— 마하트마 간디 —

추록 I 제1편 어휘 및 관용어구

※ 도서 41쪽에 추가되는 내용입니다.

제1장 어휘

제3절 하의어 및 다의어 관계

1 하의어(hyponym)

(1) 하의어는 일반적이고 상위 개념을 지닌 단어에 포함되는 특정 단어를 말한다. 즉, 하의어는 일반적이고 상위 개념을 가진 단어인 상의어(hypernym)보다 작은 개념의 단어이고, 상의어에 포함되는 세부적인 개념의 대상을 가리키는 단어를 말한다.

(2) 가령 '동물'은 상위 개념으로 호랑이, 사자, 곰 등이 이에 포함되는 구체적인 하의어의 예시가 된다.

(3) 상의어 - 하의어

① [a]

상의어	하의어
animal	dog, cat, elephant, lion
appliance	refrigerator, microwave, dishwasher

② [b]

상의어	하의어
beverage	tea, coffee, juice, milk
billiards	carom billiards, eight ball, pocket billiards
bird	sparrow, eagle, parrot
birds of prey	hawk, falcon, eagle
body of water	ocean, river, lake
building	apartment, skyscraper, cottage, warehouse

③ [c]

상의어	하의어
cereal	oats, wheat, barley
clothing	shirt, pants, dress, coat
color	red, blue, green, yellow
computer parts	keyboard, monitor, motherboard, hard drive
container	bottle, jar, can, box

④ [d]

상의어	하의어
dessert	cake, ice cream, pie
dog	Shih Tzu, Bulldog, Poodle, Beagle

⑤ [e]

상의어	하의어
emotion	happiness, sadness, anger, fear
electronic device	smartphone, laptop, tablet

⑥ [f]

상의어	하의어
feline	lion, tiger, lynx
fish	trout, salmon, cod
flower	tulip, daisy, orchid
food	pizza, hamburger, salad
fruit	apple, banana, orange, strawberry
furniture	chair, table, sofa, bed

⑦ [g]

상의어	하의어
game	chess, checker, poker
gemstone	diamond, emerald, ruby
geological formation	mountain, valley, canyon

⑧ [i] ~ [j]

상의어	하의어
insect	ant, bee, butterfly
jewelry	necklace, bracelet, ring
job	professor, doctor, teacher, engineer

⑨ [l]

상의어	하의어
language	Korean, English, Spanish
literary genre	mystery, fantasy, romance

⑩ [m]

상의어	하의어
metal	gold, silver, iron
mountain	Halla, Everest, Kilimanjaro
musical instruments	piano, violin, guitar, drum

⑪ [o] ~ [v]

상의어	하의어
online game	Age of Empires, FIFA, Tetris
plant	rose, tulip, cactus, fern
seasoning	salt, pepper, sugar
sport	soccer, tennis, swimming
subject	mathematics, history, biology, literature
tool	hammer, screwdriver, wrench, pliers
tree	oak, pine, maple
vegetable	carrot, broccoli, spinach
vehicle	car, bicycle, bus, motorcycle

2 다의어(polysemy)

(1) 다의어는 하나의 단어가 두 개 이상의 관련된 의미를 갖는 단어를 말한다.

(2) 다의어는 하나의 단어가 여러 의미를 갖고, 개별적 의미는 서로 연관되어 있다. 또한 다의어는 여러 의미가 한 어원에서 파생되었거나 의미상 연결되어 있다는 특징을 갖는다.

(3) 가령 영어 단어 head는 사람의 머리, 조직의 수장, 상단 부분 등의 의미를 갖는 다의어의 한 예이다. 이 단어는 사물, 조직, 단체 등의 '위 또는 상단 부분'을 가리킨다는 공통된 특징을 공유한다. 이것이 다의어가 갖는 의미적 연관성이다.

(4) 다의어

① [a]

어휘	의미
address	㉠ n. 주소(the location of a building or place) ㉡ v. 말하다, 연설하다(to speak to someone) ㉢ v. 해결하다(to resolve something)
air	㉠ n. 공기(the invisible gaseous substance surrounding the earth) ㉡ n. 태도(a manner or appearance)
arm	㉠ n. 팔, 사지(a limb of the human body) ㉡ n. 무기(weapons or ammunition)
article	㉠ n. 기사(a piece of writing in a newspaper or magazine) ㉡ n. 물건(an item or object)

② [b]

어휘	의미
band	㉠ n. 밴드(a group of musician) ㉡ n. 끈(a strip or loop of material)
bank	㉠ n. 은행(a financial institution where people deposit money) ㉡ n. 강둑(the side of a river)
bark	㉠ v. 짖다(the sound that animals make) ㉡ n. 나무껍질(the outer covering of a tree)
bat	㉠ n. 야구방망이(an implement used to hit the ball in baseball) ㉡ n. 타격(the action of hitting a ball with a bat)
bear	㉠ v. 지탱하다(to carry or support) ㉡ n. 곰(a large mammal)
bolt	㉠ n. 볼트(a metal pin or bar, in particular) ㉡ v. 뛰다(to move suddenly or nervously)
book	㉠ n. 책(a set of written or printed pages, usually bound with a protective cover) ㉡ v. 예약하다(to arrange for someone to have a seat on a plane, a room in a hotel)
bow	㉠ v. 절하다(to bend the upper part of the body forward) ㉡ n. 활(a weapon for shooting arrows)
break	㉠ v. 깨다(to separate into pieces) ㉡ n. 휴식(a pause or interruption)

③ [c]

어휘	의미
can	㉠ v. 할 수 있다(to be able to) ㉡ n. 캔, 깡통(a container for holding liquids)
capital	㉠ n. 수도(the city where a government is based) ㉡ n. 자본(wealth in the form of money or assets)
case	㉠ n. 사례(an instance of a particular situation) ㉡ n. 소송(a legal matter)

어휘	의미
chair	㉠ n. 의자(a piece of furniture for sitting) ㉡ n. 위원장(the head of a meeting or committee)
chest	㉠ n. 가슴(the front part of a person's body between the neck and the stomach) ㉡ n. 상자(a large strong box, made of wood and used for storage or transport)
crane	㉠ n. 기중기(a large, tall machine used for moving heavy objects) ㉡ n. 학(a type of large bird with long legs and neck)
club	㉠ n. 동호회(an association of people with a common interest or purpose) ㉡ n. 곤봉(a heavy stick that is used for hitting and swinging at something)
current	㉠ n. 흐름(a flow of water or air) ㉡ a. 현재의(happening or being used now)

④ [d]

어휘	의미
date	㉠ n. 날짜(a particular day of the month) ㉡ n. 데이트(a social or romantic appointment or engagement)
deck	㉠ n. 갑판(a floor of a ship) ㉡ n. 카드 덱(a pack of playing cards)
draw	㉠ v. 그리다(to produce a picture or diagram) ㉡ v. 끌다(to pull or attract)
duck	㉠ n. 오리(a waterbird with a broad blunt bill, short legs, and webbed feet) ㉡ v. 피하다(to lower the head or body to avoid a blow or so as not to be seen)

⑤ [e] ~ [f]

어휘	의미
engage	㉠ v. 참여하다(to participate or become involved in) ㉡ v. 약혼하다(to promise to marry)
even	㉠ a. 평평한(flat or smooth) ㉡ ad. 심지어(even though, despite)
fall	㉠ v. 떨어지다(to drop down) ㉡ n. 가을(the season between summer and winter)
fan	㉠ n. 선풍기(a device for creating a current of air) ㉡ n. 팬(an enthusiastic admirer or supporter)
fair	㉠ a. 공정한(just and unbiased) ㉡ n. 축제, 박람회(a gathering with rides and games, often held outdoors)
file	㉠ n. 줄(a tool used to smooth or shape) ㉡ n. 파일(a folder or box for holding loose papers)
foot	㉠ n. 발(the lower extremity of the leg) ㉡ n. [단위] 피트(an unit of measurement equal to 12 inches)

⑥ [g] ~ [k]

어휘	의미
glass	㉠ n. 유리(a hard, brittle substance, typically transparent or translucent) ㉡ n. 유리잔(a container made from this material, used for drinking)
grave	㉠ n. 무덤(a place for burial) ㉡ a. 중대한, 심각한, 엄숙한(serious, sober, solemn)
groom	㉠ n. 신랑(a person who is getting married) ㉡ v. 손질하다(brush and clean the coat of a horse, dog, or other animal)
ground	㉠ n. 땅(the solid surface of the earth) ㉡ n. 이유(a reason or basis for something)
head	㉠ n. 머리(the part of the body above the neck) ㉡ n. 책임자(a person in charge of a group or organization)
hide	㉠ v. 숨기다(to conceal something) ㉡ n. 가죽(the skin of an animal)
interest	㉠ n. 관심(a feeling of wanting to learn more about something) ㉡ n. 이자(money paid for the use of borrowed money)
jam	㉠ n. 잼(a sweet spread or conserve made from fruit and sugar) ㉡ v. 막히다(to become or make unable to move or work due to a blockage)
key	㉠ n. 열쇠(a small metal object used to open locks) ㉡ n. 중요한 요소(an important or decisive factor)

⑦ [l] ~ [o]

어휘	의미
leaves	㉠ n. 잎(parts of a plant) ㉡ v. 떠나다(departs or goes away)
light	㉠ n. 빛(the natural agent that makes things visible) ㉡ a. 가벼운(not heavy)
letter	㉠ n. 편지(a written or printed communication sent to someone) ㉡ n. 글자(a character representing one or more of the sounds used in speech)
log	㉠ n. 통나무(a large branch of a tree that has fallen or been cut off) ㉡ n. 일지(a record of events or day-to-day activities)
match	㉠ n. 경기(a contest or game) ㉡ n. 성냥(a thin piece of wood or cardboard that produces a flame when struck) ㉢ v. 어울리다(to be as good as someone or something else)
mouse	㉠ n. 쥐(a small rodent) ㉡ n. 마우스(a handheld device used to control a cursor on a computer screen)
nail	㉠ n. 못(a thin pointed piece of metal for hammering into wood) ㉡ n. 손톱(the hard covering at the end of a finger or toe)
orange	㉠ n. 오렌지(a type of fruit) ㉡ a. 주황색의(of a color between red and yellow)

order	㉠ n. 명령(an instruction or command)	
	㉡ n. 순서(the arrangement or disposition of people or things)	
organ	㉠ n. 장기(a part of the body with a specific function)	
	㉡ n. [악기] 오르간(a large musical instrument)	

⑧ [p] ~ [r]

어휘	의미
palm	㉠ n. 손바닥(the inner surface of the hand between the wrist and the fingers) ㉡ n. 야자나무(a type of tropical tree with large, fan-shaped leaves)
pen	㉠ n. 펜, 필기구(an instrument for writing or drawing with ink) ㉡ n. (동물의) 우리(a small enclosure in which farm animals are kept)
park	㉠ n. 공원(a large public green area in a town, used for recreation) ㉡ v. 주차하다(to bring a vehicle to a halt and leave it temporarily)
pitch	㉠ n. 음의 높이(the highness or lowness of a sound) ㉡ v. 던지다(to throw a ball)
play	㉠ v. 놀다(to engage in activity for enjoyment and recreation) ㉡ n. 연극(a dramatic work for the stage or to be broadcast)
point	㉠ n. 지점(a specific location or place) ㉡ n. 끝(the sharp end of something)
racket	㉠ n. 소란(a loud noise or commotion) ㉡ n. 라켓(an implement with a handle and a netted frame used in sports)
ring	㉠ n. 반지(a circular band worn as an ornament) ㉡ v. 울리다(to make a sound with a bell)
row	㉠ n. 줄(a linear arrangement of objects) ㉡ v. 노를 젓다(to propel a boat with oars)

⑨ [s] ~ [y]

어휘	의미
season	㉠ n. 계절(one of the four divisions of the year) ㉡ v. 양념하다(to add flavor to food)
seal	㉠ n. 물개(a sea mammal with flippers) ㉡ n. 봉인(an embossed emblem or word used as evidence of authenticity)
set	㉠ v. 놓다(to put something in a particular place) ㉡ n. 세트(a collection of things that belong together)
sink	㉠ v. 가라앉다(to go down below the surface of something) ㉡ n. 싱크대(a basin for washing, typically attached to a water supply)
spring	㉠ n. 봄(the season after winter and before summer) ㉡ n. 스프링(a device that returns to its original shape after being compressed)
tie	㉠ v. 묶다(to bind or fasten with a cord) ㉡ n. 동점(an equal score in a game)
trip	㉠ n. 여행(a journey or voyage) ㉡ v. 발을 헛디디다(to stumble or fall)

trunk	㉠ n. 나무줄기(the main stem of a tree) ㉡ n. 여행용 가방(a large box for storage) ㉢ n. 코끼리 코(the elongated nose of an elephant)
type	㉠ n. 유형(a category of people or things having common characteristics) ㉡ v. 타이핑하다(to write using a keyboard)
watch	㉠ v. 보다(to look at or observe attentively over a period of time) ㉡ n. 시계(a small timepiece worn typically on a strap on one's wrist)
wave	㉠ n. 파도(a long body of water curling into an arched form and breaking on the shore) ㉡ n. 손 흔들기(a gesture of the hand to say hello or goodbye)
yard	㉠ n. 마당(an area of land next to a building, usually covered with grass) ㉡ n. 야드(a unit of length equal to 3 feet)

제4절 중의 및 동음이의어 관계

1 중의성

(1) 어휘적 중의성

① 하나의 단어 또는 구나 문장 등이 두 개 이상의 의미를 갖는 것을 말한다.
② 얼핏 보면 어휘적 중의성은 다의어와 유사해 보이지만, 이 둘 사이에는 차이가 있다. 특정 어휘가 가질 수 있는 두 가지 의미 사이에 개념적 관련성이 없어 해당 어휘가 사용된 문맥을 통해 그 의미를 특정하는 경우 중의적이라 하고, 하나의 어휘가 서로 관련된 여러 의미를 가지고 의미 간의 개념적 연관성이 있는 경우 다의적이라 한다.

예
- They will go to the **bank** to withdraw money.
  → 그들은 돈을 출금하기 위해 은행에 갈 것이다.
- They will go to the **bank** to see the sunset.
  → 그들은 일몰을 보기 위해 강둑에 갈 것이다.
- He used to play with the **bat** on the playground.
  → 그는 운동장에서 야구방망이를 가지고 놀곤 했었다.
- He used to play with the **bat** on the cave.
  → 그는 동굴에서 박쥐와 함께 놀곤 했었다.

(2) 구조적 중의성

① 특정 문장의 구조적 차이로 인해 서로 다른 해석을 갖는 것을 말한다.
② 문장의 통사적 구조의 차이 또는 부정 표현(not, never 등)의 영향권 차이를 통해 특정 표현이 갖는 구조적 중의성을 이해할 수 있다.

예
- Korean car dealer
  → 첫 번째 해석 : 한국인 자동차 딜러
  → 두 번째 해석 : 한국 자동차의 딜러
- He didn't sleep for two days.
  → 첫 번째 해석 : 그는 이틀 동안 잠을 안 잤다.
  → 두 번째 해석 : 그는 잠을 자긴 했으나 이틀 동안 잔 것은 아니다.
- He saw the man with the telescope.
  → 첫 번째 해석 : 그는 망원경을 가지고 그 남자를 보았다.
  → 두 번째 해석 : 그는 망원경을 가지고 있는 그 남자를 보았다.
- He won't be in town until 4 o'clock.
  → 첫 번째 해석 : 그는 4시까지는 마을에 없을 것이다. (즉, 4시 이후에 마을에 올 것이다.)
  → 두 번째 해석 : 그는 4시까지는 마을에 없고 그 전에 마을을 떠날 것이다. (즉, 4시 이전에는 마을에 있을 것이다.)
- He took a shower and ate the cake.
  → 첫 번째 해석 : 그는 샤워하고 나서 케이크를 먹었다.
  → 두 번째 해석 : 그는 케이크를 먹고 나서 샤워했었다.

더 알아두기

중의성과 모호성

1. 중의성
   (1) 중의성은 말의 의미는 분명하지만 여러 가지로 해석될 수 있는 경우이다.
   (2) 중의성 예시 : 야구방망이 또는 박쥐라는 두 가지의 분명한 의미를 갖는 경우를 의미적 중의성이라 한다.
      예
      - It is the bat that I always play with.
        → 이것은 내가 경기할 때 항상 사용하는 배트(야구방망이)이다.
      - It is the bat that I saw on the cave.
        → 이것은 내가 동굴에서 보았던 박쥐이다.

2. 모호성
   (1) 모호성은 말의 의미가 무엇인지 정할 수 없는 경우이다.
   (2) 모호성 예시 : 다음 문장의 경우 at that time이 가리키는 시점이 언제인지 확실하지 않다. 즉, at that time은 맥락이 없다면 10분 전, 1년 전, 10년 전 등 어느 때라도 가리킬 수 있다. 이와 같이 확실하지 않은, 많은 의미가 있는 경우를 의미의 모호성이라 한다.
      예 He was at the library at that time.
         → 그는 **그때** 도서관에 있었다.

2 동음이의어

(1) 발음은 같고 철자는 같을 수도 다를 수도 있지만 다른 의미를 갖는 단어를 말한다.

(2) 가령 영어 to와 too, tail과 tale은 철자는 다르지만 발음이 같은 동음이의어이다.

(3) 동음이의어는 의미의 모호성을 유발할 수 있으며, 유머를 자아내기도 한다. "You take some flour."라는 말에 "Where do you pick flower?"라고 되물어 보는 경우를 생각해 볼 수 있다.

(4) 동음이의어
① 철자가 같은 동음이의어

- address(n. 주소) - address(v. 문제를 해결하다)
- agape(a. 어이없는) - agape(n. 무조건적인 사랑)
- affect(v. 영향을 주다) - affect(n. 감정, 감정적 반응)
- ally(n. 동맹) - ally(v. 제휴하다)
- alternate(v. 대체하다) - alternate(a. 번갈아 하는)
- bank(n. 은행) - bank(n. 비행기의 기울기)
- bark(v. 짖다) - bark(n. 나무껍질)
- bat(n. 야구방망이) - bat(n. 박쥐)
- bear(n. 곰) - bear(v. 참다)
- bow(v. 인사하다) - bow(n. 활, 나비매듭)
- capital(n. 수도) - capital(n. 자본, 대문자)
- cell(n. 세포) - cell(n. 독방)
- check(n. 수표) - check(v. 확인하다)
- clip(n. 클립) - clip(v. 자르다)
- club(n. 클럽, 동아리) - club(n. 곤봉)
- content(n. 내용) - content(a. 만족스러운)
- duck(n. 오리) - duck(v. 피하다)
- ear(n. 귀) - ear(n. (곡물 등의) 이삭)
- fair(a. 공정한) - fair(n. 박람회, 전시회)
- groom(n. 신랑) - groom(n. 마부)
- hang(v. 매달다) - hang(v. 교수형에 처하다)
- interest(n. 관심, 흥미) - interest(n. 이자)
- lead(v. 주도하다) - lead(n. 납)
- left(n. 왼쪽) - left(v. [동사 leave의 과거형] 떠났다)
- lie(v. 눕다) - lie(v. 거짓말하다)
- light(n. 빛) - light(a. 가벼운)
- match(n. 성냥) - match(n. 경기)

- nail(n. 손톱) - nail(n. 못)
- racket(n. 소음) - racket(n. [운동장비] 라켓)
- row(n. 줄) - row(n. 말다툼, v. 노를 젓다)
- saw(n. 톱) - saw(v. [동사 see의 과거형] 보았다)
- spring(n. 봄) - spring(v. 튀어 오르다)
- wave(n. 파도) - wave(v. 흔들다)
- wind(n. 바람) - wind(v. 감다)

② **철자가 다른 동음이의어**

- allowed(v. [동사 allow의 과거형] 허락했다) - aloud(ad. 큰 소리로)
- ate(v. [동사 eat의 과거형] 먹었다) - eight(n. 숫자 8)
- bare(a. 벌거벗은) - bear(n. 곰)
- be(v. ~이다) - bee(n. 벌)
- buy(v. 사다) - by(prep. ~에 의해, 곁에서)
- cell(n. 독방, 세포) - sell(v. 팔다)
- course(n. 과정) - coarse(a. 거친)
- flare(n. 섬광, 불꽃) - flair(n. 능력, 재간)
- flower(n. 꽃) - flour(n. 밀가루)
- hair(n. 머리카락) - hare(n. 산토끼)
- hour(n. 60분) - our(a. 우리의)
- knew(v. [동사 know의 과거형] 알았다) - new(a. 새로운)
- mail(n. 편지) - male(n. 남성)
- night(n. 밤) - knight(n. 기사)
- peace(n. 평화) - piece(n. 조각)
- principal(a. 주요한) - principle(n. 원리)
- right(a. 올바른) - write(v. 쓰다)
- sail(n. 돛, v. 항해하다) - sale(n. 판매)
- stare(v. 응시하다) - stair(n. 계단)
- see(v. 보다) - sea(n. 바다)
- tail(n. 꼬리) - tale(n. 이야기)
- their(a. [they의 소유격] 그들의) - there(ad. 거기, 저기)
- to(prep. ~로) - too(ad. 역시)
- two(n. 숫자 2) - too(ad. 역시)
- waste(v. 버리다) - waist(n. 허리)
- weak(a. 약한) - week(n. 한 주)

제5절 합성어 및 복합어

합성어와 복합어 모두 두 개 이상의 단어가 결합하여 새로운 의미의 단어를 형성한다는 점에서는 서로 유사하다. 그러나 합성어와 복합어는 단어를 만드는 과정과 그것의 기능 면에서 차이가 있다.

1 합성어(compound words)

(1) 합성어는 두 개 이상의 독립적인 단어를 결합하여 만든 새로운 단어를 말한다. 결합된 두 단어는 각 단어의 원래 의미를 유지하면서 새로운 의미를 만든다.

(2) 유형
① **닫힌 합성어(closed compounds)** : 띄어쓰기나 하이픈 없이 두 개의 단어를 결합하여 만든 합성어
   예) toothpaste(tooth + paste : 치약), basketball(basket + ball : 농구), bedroom(bed + room : 침실)
② **하이픈 합성어(hyphenated compounds)** : 하이픈을 사용하여 두 개의 단어를 결합하여 만든 합성어
   예) son-in-law(사위), well-being(행복), six-pack(6개들이 팩)
③ **열린 합성어(open compounds)** : 띄어쓰기하여 두 개의 단어를 결합하여 만든 합성어
   예) post office(우체국), high school(고등학교), ice cream(아이스크림)

(3) 닫힌 합성어
① [a] ~ [b]

- airport(n. 공항) : air + port
- backyard(n. 뒷마당) : back + yard
- bedroom(n. 침실) : bed + room
- bittersweet(a. 달콤 쌉싸래한) : bitter + sweet
- blueberry(n. 블루베리) : blue + berry
- bookstore(n. 서점) : book + store

② [c] ~ [d]

- carpool(n. 승용차 같이 타기) : car + pool
- cupcake(n. 컵케이크) : cup + cake
- daydream(n. 몽상, 상상) : day + dream
- dishwasher(n. 식기세척기) : dish + washer
- downtown(n. 도심, 시내, a. 도심의, ad. 도심에) : down + town

③ [e] ~ [f]

- earthquake(n. 지진) : earth + quake
- eyewitness(n. 목격자, 증인) : eye + witness
- farmhouse(n. 농가) : farm + house
- football(n. 미식축구) : foot + ball
- fullmoon(n. 보름달) : full + moon

④ [g] ~ [h]

- goldfish(n. 금붕어) : gold + fish
- grandmother(n. 할머니) : grand + mother
- grasshopper(n. 메뚜기) : grass + hopper
- handshake(n. 악수) : hand + shake
- headquarter(v. 본부를 두다, n. 본사) : head + quarter
- homework(n. 과제) : home + work

⑤ [i] ~ [k]

- inside(ad./prep. 안에) : in + side
- jellyfish(n. 해파리) : jelly + fish
- junkyard(n. 폐품 처리장) : junk + yard
- keyboard(n. 키보드) : key + board
- kneecap(n. 슬개골) : knee + cap

⑥ [l] ~ [n]

- laptop(n. 노트북) : lap + top
- lighthouse(n. 등대) : light + house
- moonlight(n. 달빛) : moon + light
- motorcycle(n. 오토바이) : motor + cycle
- newspaper(n. 신문) : news + paper

⑦ [p] ~ [s]

- pancake(n. 팬케이크) : pan + cake
- password(n. 비밀번호) : pass + word
- policeman(n. 경찰관) : police + man
- poorhouse (n. 공립 구빈원) : poor + house
- postcard(n. 엽서) : post + card

- railroad(n. 철로) : rail + road
- rainbow(n. 무지개) : rain + bow
- seashell(n. 조개) : sea + shell
- sleepwalk(v. 잠자는 중에 걸어 다니다) : sleep + walk
- spaceship(n. 우주선) : space + ship
- strawberry(n. 딸기) : straw + berry

⑧ [t] ~ [w]

- tablespoon(n. 큰 스푼) : table + spoon
- toothbrush(n. 칫솔) : tooth + brush
- underground (n. 지하, a. 지하의, ad. 지하에) : under + ground
- wallpaper(n. 벽지) : wall + paper
- waterfall(n. 폭포) : water + fall
- whitewash(n. 회반죽) : white + wash
- workshop(n. 토론회) : work + shop

(4) 하이픈 합성어

① [a] ~ [c]

- all-inclusive(포괄적인)
- brother-in-law(매부)
- build-up(쌓아 올리기, 만들기)
- check-in(체크인, 숙박 절차)
- close-up(근접 촬영)
- cold-hearted(냉담한, 무관심한)
- cost-effective(비용 효율적인)
- cut-off(마감, 종료)

② [e] ~ [k]

- e-mail(이메일)
- editor-in-chief(편집장)
- ex-president(전직 대통령)
- good-hearted(인정 많은)
- half-baked(준비가 부족한, 어설픈)
- high-tech(첨단 기술)
- in-depth(철저한, 상세한)
- in-law(인척 관계의)

- kick-off(시작되다)
- know-it-all(아는 체하는)

③ [l] ~ [p]

- long-term(장기간의)
- low-key(자제하는)
- make-up(화장, 단장)
- non-stop(직통의)
- part-time(시간제의)
- passer-by(행인)
- pre-owned(중고의)

④ [q] ~ [w]

- quick-witted(기민한, 눈치 빠른)
- run-down(흘러내리는)
- self-esteem(자존감)
- short-term(단기간의)
- six-pack(6개들이 팩/종이 상자)
- step-by-step(단계적인, 하나씩)
- T-shirt(티셔츠)
- time-consuming(시간 낭비의)
- well-known(잘 알려진, 유명한)

(5) 열린 합성어

① [a] ~ [d]

- air conditioner(에어컨)
- apple pie(사과 파이)
- band aid(반창고, 응급의)
- black belt(옥토 지대)
- car wash(세차)
- cell phone(휴대폰)
- check point(항목)
- coffee table(커피 탁자)
- data processing(데이터 처리)

② [e] ~ [h]

- early bird(아침형의, 일찍 일어나는)
- easy chair(안락의자)
- emergency room(응급실)
- fairy tale(동화)
- garage sale(중고품 판매)
- garden hose(정원용 호스)
- golden retriever(사냥개 일종인 골든 리트리버)
- high school(고등학교)
- hot dog(핫도그)

③ [i] ~ [o]

- income tax(소득세)
- junk food(패스트푸드)
- lawn mower(잔디 깎는 기계)
- mountain bike(산악자전거)
- new moon(초승달)
- office building(사무실용 건물)
- operating system(운영체제)
- outer space(우주 공간)

④ [p] ~ [w]

- parking lot(주차장)
- peanut butter(땅콩버터)
- post office(우체국)
- real estate(부동산)
- salad dressing(샐러드 드레싱)
- science fiction(과학소설)
- security guard(경호원)
- swimming pool(수영장)
- table tennis(탁구)
- vacuum cleaner(진공청소기)
- vice president(부통령)
- washing machine(세탁기)
- water bottle(물통)

2 복합어(complex words)

(1) 복합어는 접두사 또는 접미사, 즉 접사와 같은 의존 형태소와 어근(단어)을 결합하여 본래 단어 의미와 다른 의미를 갖는 단어를 말한다. 의존 형태소는 독립적으로는 사용할 수 없다.

(2) 유형

① **접두사 + 단어** : 단어 앞에 접두사를 연결하여 만든 복합어
예 unhappy(un + happy : 불행한), disagree(dis + agree : 일치하지 않다, 반대하다)

② **단어 + 접미사** : 단어 뒤에 접미사를 연결하여 만든 복합어
예 kindness(kind + ness : 친절), quickly(quick + ly : 빨리)

(3) 접두사 + 어근(단어)

① [a] ~ [d]

- absent(결석한) : ab + sent
- admire(존경하다) : ad + mire
- antisocial(반사회적인) : anti + social
- biannual(일 년에 두 번) : bi + annual
- coworker(동료) : co + worker
- counterattack(반격하다) : counter + attack
- conform(일치하다) : con + form
- disapprove(반대하다) : dis + approve
- disinfect(소독하다) : dis + infect
- disagree(일치하지 않다, 반대하다) : dis + agree

② [e] ~ [n]

- extraordinary(특별한) : extra + ordinary
- halfhearted(열정이 없는) : half + hearted
- hyperactive(과민한, 지나치게 활동적인) : hyper + active
- invisible(볼 수 없는): in + visible
- international(국제적인) : inter + national
- irresponsible(무책임한) : ir + responsible
- misunderstand(오해하다) : mis + understand
- multicultural(다문화의) : multi + cultural
- nonexistent(존재하지 않는) : non + existent

③ [o] ~ [r]

- overconfident(과신하는) : over + confident
- outperform(능가하다) : out + perform
- postgraduate(대학원생) : post + graduate
- prehistoric(선사시대의) : pre + historic
- proactive(앞서 대처하는) : pro + active
- rebuild(재건하다) : re + build

④ [s] ~ [w]

- semiconductor(반도체) : semi + conductor
- submarine(잠수함) : sub + marine
- supernatural(초자연적인) : super + natural
- transcontinental(대륙 횡단의) : trans + continental
- ultraviolet(자외선) : ultra + violet
- underestimate(과소평가하다) : under + estimate
- whippersnapper(잘난 체하는 사람) : whipper + snapper

(4) 어근(단어) + 접미사

① [a] ~ [d]

- acceptable(수용할 수 있는) : accept + able
- actionable(소송할 수 있는, 이용할 수 있는) : action + able
- adjustable(조정할 수 있는) : adjust + able
- adorable(숭배할 만한) : adore + able
- beautify(아름답게 하다) : beauty + ify
- believable(믿을 만한) : believe + able
- careless(부주의한) : care + less
- careful(조심스러운) : care + ful
- comfortable(편안한) : comfort + able
- dependable(의존할 만한) : depend + able
- drinkable(마실 만한) : drink + able

② [e] ~ [h]

- edible(먹을 수 있는) : eat + ible
- enjoyable(즐거운) : enjoy + able
- faithful(충실한) : faith + ful
- fearless(겁 없는) : fear + less
- flexible(유연한) : flex + ible
- forgetful(잘 잊는) : forget + ful
- forgivable(용서할 수 있는) : forgive + able
- grateful(감사하는) : grate + ful
- happiness(행복) : happy + ness
- helpful(도움이 되는) : help + ful
- hopeless(절망적인) : hope + less
- healthy(건강한) : health + y
- horrible(무서운) : horror + ible

③ [i] ~ [n]

- important(중요한) : import + ant
- justice(정의) : just + ice
- lovable(사랑스러운) : love + able
- logical(논리적인) : logic + al
- national(국가의) : nation + al
- notable(주목할 만한) : note + able

④ [o] ~ [y]

- openness(개방) : open + ness
- peaceful(평화로운) : peace + ful
- powerful(강력한) : power + ful
- profitable(이익이 되는) : profit + able
- questionable(미심쩍은) : question + able
- reliable(의지할 수 있는) : rely + able
- resentment(분노) : resent + ment
- simplify(단순화하다) : simple + ify
- successful(성공적인) : success + ful
- teachable(가르칠 수 있는) : teach + able
- useful(유용한) : use + ful
- wonderful(멋진) : wonder + ful
- youthful(젊은, 청년의) : youth + ful

제1장   추가 실전예상문제

01   단어의 관계가 나머지 셋과 <u>다른</u> 하나는?

① beverage – tea, coffee, juice
② emotion – happiness, anger, fear
③ feline – lion, tiger, lynx
④ appliance – device, gadget, tool

해설
①~③은 상의어와 하의어 관계의 어휘인 반면, ④는 동의어 관계의 어휘이다. device, gadget, tool 모두 '장치'를 의미하는 appliance와 동의어이다.
① 음료(beverage)는 상의어, 차(tea)·커피(coffee)·주스(juice)는 하의어이다.
② 감정(emotion)은 상의어, 행복(happiness)·화(anger)·두려움(fear)은 하의어이다.
③ 고양잇과 동물(feline)은 상의어, 사자(lion)·호랑이(tiger)·스라소니(lynx)는 하의어이다.

정답 ④

02   단어의 관계가 나머지 셋과 <u>다른</u> 하나는?

① humane – barbaric, savage, ruthless
② fish – trout, salmon, cod
③ seasoning – salt, pepper, sugar
④ metal – gold, silver, iron

해설
②~④는 상의어와 하의어 관계의 어휘인 반면, ①은 반의어 관계의 어휘이다. barbaric, savage, ruthless는 모두 '비인간적인 또는 잔인한'을 의미하며, '인정 있는'을 의미하는 humane과 반의어 관계에 있다.
② 물고기(fish)는 상의어, 송어(trout)·연어(salmon)·대구(cod)는 하의어이다.
③ 조미료(seasoning)는 상의어, 소금(salt)·후추(pepper)·설탕(sugar)은 하의어이다.
④ 금속(metal)은 상의어, 금(gold)·은(silver)·철(iron)은 하의어이다.

정답 ①

03 빈칸에 공통으로 들어갈 말로 가장 적절한 것은?

- What is your (　　) when you are in this city?
- They (　　) a few introductory remarks to their audience.

① air
② bear
③ address
④ book

해설

첫 번째 빈칸에는 '주소', 두 번째 빈칸에는 '연설하다, 말하다'라는 의미의 다의어 address가 들어가는 것이 적절하다. address는 명사형과 동사형이 동일한 어휘로서 명사로 사용될 때 '주소', 동사로 사용될 때 '연설하다, 말하다'의 의미를 갖는 다의어이다.

해석
- 당신이 이 도시에 있을 때, 주소는 무엇인가요?
- 그들은 청중들에게 몇 마디 소개말을 한다.

정답 ③

04 빈칸에 공통으로 들어갈 말로 가장 적절한 것은?

- He leaves his (　　) untouched in the bank and lives off the interest.
- It is also called the cultural (　　) of the country.

① possession
② asset
③ capital
④ center

해설

첫 번째 빈칸에는 '자본', 두 번째 빈칸에는 '수도, 중심지'라는 의미의 다의어 capital이 들어가는 것이 적절하다.
① 소유, 자산
② 자산
④ 중심지

해석
- 그는 은행에 사용하지 않는 자신의 자본을 예치하고, 이자로 생활한다.
- 그곳은 또한 그 나라의 문화적 수도라고 불린다.

정답 ③

05 빈칸에 공통으로 들어갈 말로 가장 적절한 것은?

- Everyone I know likes the smell of bacon – (   ) James does and he is a vegetarian.
- We resurfaced the floor because it wasn't (   ).

① still
② even
③ yet
④ odd

해설
첫 번째 빈칸에는 '심지어', 두 번째 빈칸에는 '평평한'이라는 의미의 다의어 even이 들어가는 것이 적절하다.
① 아직도, 여전히
③ 여전히, 그러나
④ 이상한, 홀수의

해석
- 내가 알고 있는 모든 사람은 베이컨 냄새를 좋아한다. – 심지어 James도 좋아한다. 그는 채식주의자이다.
- 우리는 바닥이 평평하지 않았기 때문에 그 바닥을 다시 포장했다.

정답 ②

06 빈칸에 공통으로 들어갈 말로 가장 적절한 것은?

- You ought to have your (   ) re-strung before the competition.
- They made such a (   ) outside that I couldn't get to sleep.

① tool
② clamor
③ utensil
④ racket

해설
첫 번째 빈칸에는 '라켓(예 테니스 라켓)', 두 번째 빈칸에는 '소란, 소음'이라는 의미의 다의어 racket이 들어가는 것이 적절하다.
① 도구
② 아우성, 소란
③ 도구, 식기(주방용)

해석
- 대회 전에는 당신의 라켓 줄을 갈아야 한다.
- 그들이 밖에서 너무 소란을 피워서 나는 잠을 잘 수가 없었다.

정답 ④

07 빈칸에 공통으로 들어갈 말로 가장 적절한 것은?

> • Leaves are shed at the end of the rainy or in the early dry season and (　) rehydrates.
> • Your baggage can be conveniently dropped in this (　).

① trunk
② suitcase
③ stalk
④ palm

해설
첫 번째 빈칸에는 '(나무)줄기', 두 번째 빈칸에는 '(여행용) 가방'이라는 의미의 다의어 trunk가 들어가는 것이 적절하다.
② 여행 가방
③ 줄기
④ 손바닥, 야자나무

해석
• 비가 끝날 무렵이나 건기 초기에 잎이 떨어지고 줄기는 다시 수분을 흡수한다.
• 당신의 수화물은 이 가방에 편리하게 들어갈 수 있다.

정답 ①

08 다음 문장은 두 가지 해석이 가능한 중의적 문장이다. 다음 중 가능한 두 가지 해석으로 가장 적절한 것은?

> He didn't sleep for two days.

> ㄱ. 그는 이틀 동안 잠을 잔 것은 아니다.
> ㄴ. 그는 이틀 동안 잠을 잘 수 없었다.
> ㄷ. 그는 이틀 동안 잠을 안 잤다.
> ㄹ. 그는 이틀 동안 안 잔 것은 아니다.

① ㄱ, ㄴ
② ㄱ, ㄷ
③ ㄴ, ㄷ
④ ㄷ, ㄹ

해설
제시된 문장은 통사적으로 중의적 해석이 가능하다. 첫째, 전치사구 for two days가 동사 sleep의 보문소(complement) 자리에 위치할 때 해석은 '이틀 동안 잤다.'가 된다. 이때 부정어 not은 동사구 sleep for two days에 영향을 주어 '이틀 동안 잔 것은 아니다.'의 해석이 된다. 둘째, 전치사구 for two days가 부가어(adjunct) 자리에 위치하는 구조로서 이 경우 부정어 not은 동사 sleep에만 영향을 주어 '잠을 안 잤다. 이틀 동안'이라는 또 다른 해석이 가능하다.

정답 ②

09 다음 문장은 두 가지 해석이 가능한 중의적 문장이다. 다음 중 가능한 두 가지 해석으로 가장 적절한 것은?

> He saw the man with the telescope.

> ㉠ 그는 남자와 망원경을 보았다.
> ㉡ 그는 망원경을 가지고 있는 남자를 보았다.
> ㉢ 그는 망원경으로 남자를 보았다.
> ㉣ 그는 남자를 보려고 망원경을 가지고 갔다.

① ㉠, ㉢
② ㉠, ㉣
③ ㉡, ㉢
④ ㉡, ㉣

해설
제시된 문장은 통사적으로 중의적 해석이 가능하다. 첫째, 전치사구 with the telescope이 명사구 the man의 보문소(complement) 자리에 위치할 때 해석은 '망원경을 가지고 있는 남자'가 된다. 이때 동사 saw는 명사구 the man with the telescope에 영향을 주어 '망원경을 가지고 있는 남자를 보았다.'의 해석이 가능하다. 둘째, 전치사구 with the telescope이 부가어(adjunct) 자리에 위치하는 구조로서 이 경우 명사구 the man은 동사 saw의 보문소 자리에 위치해 '남자를 보았다. 망원경으로'라는 또 다른 해석이 가능하다.

정답 ③

10 빈칸에 들어갈 말로 가장 적절한 것은?

> I wonder whether they will change (   ) plans immediately or not.

① they're
② there
③ they are
④ their

해설
빈칸에는 명사 plans를 수식할 수 있는 소유격 their가 들어가는 것이 적절하다. 소유격은 형용사 기능을 하므로 명사를 수식할 수 있다.

해석
나는 그들이 그들의 계획을 즉시 바꿀지 아닐지 궁금하다.

정답 ④

11 다음 문장에서 밑줄 친 단어의 문맥적 의미를 영어로 가장 적절하게 풀어놓은 것은?

> The contents of this bag spilled all over the floor.

① the amount of a particular substance contained in something
② the ideas that are contained in something
③ everything that is contained within something
④ information or images that are included as a part of something

해설
① 무언가에 포함된 특별한 물질의 양
② 무언가에 포함된 생각
③ 무언가 안에 있는 모든 것
④ 무언가의 일부로서 포함된 정보나 사진

해석
가방에 있는 모든 물건이 바닥에 쏟아졌다.

정답 ③

12 빈칸에 들어갈 가장 적절한 단어를 순서대로 나열한 것은?

> (㉠) are all different colors, but most (㉡) is pure white or light tan in color.

	㉠	㉡
①	Flowers	flour
②	Tails	tale
③	Hares	hair
④	Flours	flower

해설
flower(꽃)와 flour(밀가루)는 철자가 다른 동음이의어로서 flour는 불가산명사로서 복수형으로 사용할 수 없다.
② tail(꼬리)과 tale(이야기)도 철자는 다르지만 발음이 같은 동음이의어이다.
③ hare(산토끼)와 hair(머리카락)도 철자가 다른 동음이의어이다.

해석
꽃들은 모두 다른 색을 가지고 있지만, 대부분의 밀가루는 순수한 흰색이거나 연한 황갈색이다.

정답 ①

13 빈칸에 들어갈 말로 가장 적절한 것은?

> Since ( ) mappings require software, we explore the world where software lies between the gestures and the sounds.

① dependable
② questionable
③ adjustable
④ edible

해설
빈칸에는 명사 mappings을 수식하는 형용사가 와야 한다. 내용상 '조절 가능한'의 의미를 갖는 복합형용사 adjustable이 가장 적절하다. 선지 모두 '어근 + 접미사'로 결합된 복합형용사이다.
① depend + able : 의존할 만한
② question + able : 미심쩍은
③ adjust + able : 조정 가능한
④ eat + ible : 먹을 수 있는

해석
조절 가능한 맵핑은 소프트웨어를 요구하므로, 우리는 몸짓과 소리 사이에 소프트웨어가 놓인 세계를 탐구한다.

정답 ③

14 다음 중 합성어가 아닌 것은?

① grandmother
② waterfall
③ income tax
④ stagnation

해설
stagnation은 혼성어(blends)이다. 혼성어는 두 개의 단어 중 일부가 결합하여 만들어진 어휘이다. stagnation은 stag-와 inflation의 -flation이 결합된 경우이다.
①·② 닫힌 합성어의 예로서 띄어쓰기나 하이픈 없이 두 개의 단어를 결합하여 만든 합성어이다.
③ 열린 합성어의 예로서 띄어쓰기하여 두 개의 어근, 즉 income과 tax를 결합하여 만든 합성어이다.

정답 ④

15 빈칸에 들어갈 말로 가장 적절한 것은?

> These results suggest that both primary and secondary prevention are needed to mitigate the (　　) effects of childhood adversity on depression.

① quick-witted

② long-term

③ longterm

④ run-down

해설
빈칸에는 내용상 '장기적인'을 의미하는 표현이 들어가는 것이 적절하므로 하이픈 합성어인 long-term이 가장 적절한 표현이다.
①은 '눈치 빠른', ④는 '흘러내리는'의 의미를 갖는 하이픈 합성어이다.
③은 잘못된 표기이다.

해석
이러한 결과는 아동기의 역경이 우울증에 미치는 장기적인 영향을 완화하기 위해 1차 예방과 2차 예방이 모두 필요하다는 점을 시사한다.

정답 ②

16 다음 복합어 중 유형이 다른 하나는?

① acceptable

② invisible

③ absent

④ transcontinental

해설
acceptable은 'accept + able'과 같이 '어근 + 접미사'로 결합된 유형의 복합어이다.
②·③·④ 'in + visible', 'ab + sent', 'trans + continental'과 같이 '접두사 + 어근'으로 결합된 유형의 복합어이다.

정답 ①

추록 II | 제2편 문법 (1)

| 단원 개요 |

본 단원에서는 영어의 여덟 개 품사(8품사) 중 문법과 구조에 핵심적인 역할을 하는 다섯 가지 품사인 '명사, 대명사, 형용사, 부사, 전치사'의 기본 원리와 기능 그리고 각 품사의 핵심 내용을 자세하게 정리하였습니다.

| 출제 경향 및 수험 대책 |

문장에서 각 품사가 담당하는 기본 역할을 묻는 문제가 자주 출제되므로 다섯 가지 품사의 기본 원리를 정확하게 이해하고, 각 품사의 핵심 내용을 정리하면서 반복적으로 학습합니다.

제12장 핵심 내용어

제1절 명사

명사(Nouns)는 사람, 사물, 동물, 장소 등을 가리키는 이름을 말한다. 명사는 문장에서 주어, 목적어, 보어 역할을 하는 품사라는 점을 반드시 기억한다.

명사는 크게 보통명사(common nouns)와 고유명사(proper nouns)로 구분된다. 보통명사는 수를 셀 수 있는 가산명사(countable nouns)와 양 또는 추상적 대상 등을 가리키는 불가산명사(non-countable nouns)로 구분된다.

명사의 수는 명사를 형태적으로 표시해 주는 수단으로서, 명사의 수는 특히 수 일치(주어와 동사의 일치) 결정에 있어 매우 중요한 부분이다. 모든 가산명사는 단수와 복수 둘 중 하나이다.

1 보통명사 : 가산명사

(1) **생명력 있는 대상** : boy, girl, coach, doctor, athlete, member, producer, hand, foot, cat, bear, tiger, lion, dolphin, eagle, tree, flower

(2) **생명력 없는 사물** : car, book, cake, building, chair, desk, cup, bank

(3) **사건 또는 예를 나타내는 추상명사** : idea, suggestion, remark, answer, question, problem, reason, offer, finding, meeting, haircut, sacrifice, scholarship, risk, wish

[예]
- This is a typical **dolphin** fight(이것은 전형적인 돌고래 싸움이다).
- Antonio Conte becomes new Tottenham **coach**(안토니오 콘테가 토트넘의 새로운 감독이 되었다).

- **Cars** can be another source of pollution(자동차는 오염의 또 다른 원천일 수 있다).
- He refused a few good job **offers**(그는 몇 개의 좋은 취업 제안을 거절했다).
- Do you think I need a **haircut**?(내가 머리 자를 필요가 있다고 생각해?)
- Their **findings** may be the motivation of other studies(그들의 발견이 다른 연구의 동기가 될지도 모른다).

2 명사의 복수 형태 : 규칙 변화

(1) 일반명사 + -s : exams, computers, models, books, cards, sticks

(2) -s, -es, -ch, -sh, -x, -o로 끝나는 명사 + -es : buses, dresses, benches, dishes, foxes, heroes, potatoes, tomatoes

(3) y로 끝나는 명사 + -ies : countries, economies, theories, companies, parties

(4) f(e)로 끝나는 명사 + ves : knives, lives, leaves, halves, thieves, loaves
    ※ 예외 : surfs, chiefs, giraffes, cliffs

3 명사의 복수 형태 : 불규칙 변화(단수형 - 복수형)

(1) 어미형 변화 : ox(황소) - oxen, child(아이) - children

(2) 모음 변화 : man(남성) - men, woman(여성) - women, mouse(쥐) - mice, tooth(이빨) - teeth, goose(거위) - geese

(3) 외래어 명사 : criterion(기준) - criteria, analysis(분석) - analyses, basis(토대) - bases, phenomenon(현상) - phenomena, crisis(위기) - crises, bacterium(박테리아) - bacteria, datum(자료) - data, medium(매체) - media, hypothesis(가설) - hypotheses, thesis(이론) - theses

(4) 복합어 명사 : car dealer(차량 판매자) - car dealers, outbreak(폭발) - outbreaks, passer-by(행인) - passers-by, good-for-nothing(쓸모없는 사람) - good-for-nothings, son-in-law(사위) - sons-in-law

4 복수명사

(1) 수사 또는 한정사(many, those, most, a dozen of, a number of, several) + 복수명사

  [예]
  - **Those lectures** were interesting(그 강의들은 흥미로웠다).
  - **Many groups** go to watch the soccer game(많은 단체는 그 축구 경기를 보러 간다).
  - **A number of applicants** applied for this position(많은 지원자가 이 자리에 지원했다).
  - He was assisted by **several students**(그는 여러 학생들에 의해 도움을 받았다).

(2) 의미는 단수이지만 형태는 복수인 명사 : jeans, glasses

  [예]
  - I dropped my **glasses** and broke them(나는 안경을 떨어뜨려 깨뜨렸다).
  - She prefers wearing **jeans** to wearing a skirt(그녀는 치마보다 청바지를 입는 것을 선호한다).

5 불가산명사

양, 덩어리, 또는 추상적 대상이어서 분리할 수 없는 명사를 말한다. 따라서 불가산명사는 항상 대상의 전체를 가리키므로 복수형으로 만들 수 없다.

(1) 물질명사(mass nouns)

  ① **액체** : water, beer, milk, blood, soup, juice, coffee, tea, alcohol, oil
  ② **음식, 재료** : beef, cheese, fish, cake, butter, wood, cotton, wool, paper
  ③ **덩어리** : bread, meat, chalk, soap, glass, cream, rubber
  ④ **기체** : air, oxygen, smoke, wind, heat, steam, nitrogen
  ⑤ **작은 개체** : rice, flour, salt, sugar, hair, grass, wheat, sand
  ⑥ **군집** : furniture, mail, equipment, machinery, poetry, housing, clothing, shopping, baggage, luggage, package

  [예]
  - I had **milk** for my breakfast(나는 아침으로 우유를 마셨다).
  - I really like **meat**(나는 정말로 고기를 좋아한다).
  - This building is made of **wood**(이 건물은 나무로 만들어졌다).
  - There is some **grass** in my room(내 방에는 약간의 풀이 있다).
  - She has a hobby to collect some antique **furniture**(그녀는 골동품 가구를 수집하는 취미가 있다).
  - Check your **baggage** before leaving airport(공항을 떠나기 전 수화물을 확인해라).

※ 예외

낱개로 먹을 수 있는 음식은 가산명사 취급한다. meal 또는 snack은 음식이 아니라 식사를 나타내므로 가산명사 취급한다. food는 '음식'으로 사용되면 불가산명사이지만, '여러 종류의 음식'을 가리킬 때는 가산명사 취급한다.

[예]
- I would like to have **donuts** and **burgers** in Burger King(나는 버거킹에서 도넛과 버거를 먹고 싶다).
- I had an evening **meal** with my lover(나는 사랑하는 사람과 저녁 식사를 했다).
- There are lots of **foods** at this restaurant(이 식당에는 많은 음식이 있다).
- If you go to Korea, you must try five kinds of **foods**(만일 한국에 간다면 당신은 다섯 가지의 음식을 먹어봐야 할 것이다).

(2) 추상명사(abstract nouns) → 단수 취급

① **추상적 개념** : information, experience, truth, health, knowledge, wealth, management, education, luck, music, news, behavior, help, advice, work, trouble, progress
② **지적 산물** : history, law, medicine, research, software, hardware, electricity
③ **인간 감정 및 속성** : beauty, bravery, love, honesty, happiness, courage, pride, intelligence, fun, anger, delight, excitement
④ **자연 및 환경** : weather, nature, temperature, humidity, gravity, heat, sunshine, rain

[예]
- I need some **advice** for this problem(나는 이 문제를 위한 조언이 필요하다).
- Expecting something brings us **happiness**(무언가를 기대하는 것은 우리에게 행복을 가져다준다).
- Much **research** is necessary for finding critical aspects(많은 연구는 결정적 측면을 찾는 데 필수적이다).
- **Weather** affects our daily lives(날씨는 우리의 일상적 삶에 영향을 준다).

6 공용명사 : 가산명사와 불가산명사

특정 명사는 맥락에 따라 가산명사와 불가산명사로 모두 사용되기도 한다. 맥락에서 사용된 명사가 일반적이고 추상적인 의미로 사용된다면 불가산명사로, 구체적이고 특정한 의미로 사용된다면 가산명사로 간주한다.

(1) 물질명사의 가산명사 : a glass(한 잔), an iron(s)(다리미, 수갑), papers(논문), coppers(동전)

(2) 추상명사의 가산명사 : experience(경험) - experiences(체험담), fortune(운) - fortunes(운명, 재산), hope(희망) - hopes(가망성), language(언어) - languages(기호 언어), work(일) - works(작품), danger(위험) - dangers(위협), instruction(교훈, 가르침) - instructions(지시)

[예]
- This job requires a lot of **experience**(이 직업은 많은 경험을 요구한다).
- We heard about a lot of her **experiences** as a housewife(우리는 주부로서의 그녀의 많은 경험담을 들었다).
- I wonder how long his good **fortune** will last(나는 그의 행운이 얼마나 오래 지속될지 궁금하다).
- He made a **fortune** in the stock market(그는 주식 시장에서 돈을 벌었다).
- I have much **work** to do in vacation(나는 방학에 할 일이 많다).
- Many **works** are exhibited in this museum(많은 작품이 이 박물관에 전시되어 있다).
- His life was in **danger**(그의 삶이 위험에 처했었다).
- You must be aware of the **dangers** by the terrorists(당신은 테러범들의 위협을 알아차려야 한다).

(3) 가산명사의 추상명사화

일반명사의 의미가 추상적으로 변하여 불가산명사가 되는 경우가 있다.

[예]
- His father teaches **piano/guitar**(그의 아빠는 피아노/기타를 가르친다).
- Is there enough **room** in the fridge?(냉장고에는 충분한 공간이 있나요?)

7 집합명사

사람들이 모인 한 집단을 가리키는 명사로서 전체를 하나의 단위로 간주하여 단수명사로 취급한다. 단, 집단 내 개개인을 강조하는 경우 복수 취급을 하기도 하지만 이는 영국식 영어에서 사용되는 특징이다.

(1) family, staff, class, team, audience, committee, tribe, government, administration, community, association, club, council, jury, public, couple, crowd

[예]
- The **family** greets each other before every meal(그 가족은 매 식사 전 서로 인사한다).
- The **public** has not engaged on the issue(대중은 그 문제에 몰입하지 않고 있었다).
- Most of the **audience** is made of middle and high school students(관중 대부분은 중·고등학교 학생들로 구성된다).
- The **couple** who has no kids but makes money together is called DINK(아이는 없지만 함께 돈을 버는 부부를 DINK족이라 한다).

8 고유명사

사람, 장소, 사물 등의 고유한 이름을 표시하는 명사로서 대문자로 시작하며 한정사(a, an, the)와 함께 사용되지 않는다.

(1) **이름, 명칭** : Messi, Mbappe, Ronaldo, Kane, Yamal, Olmo, Morata, Lewandowski, Musiala, Rodri, Mr./Mrs./Ms. Smith, Doctor Han, General McArthur, Queen Elizabeth

(2) **지명** : Korea, Asia, Europe, America, England, Canada, China, Argentina, Seoul, Washington, San Francisco, New Jersey, New York, Boston, South Dakota, Texas

(3) **월, 요일, 공휴일** : February, Monday, Christmas, Easter, New Year's Day, Labor Day, Thanksgiving Day

(4) **언어** : Korean, English, Spanish, Chinese, French

(5) **산, 호수, 공항, 역 등** : Ilsan Lake Park, Dobong Mountain, Incheon International Airport, Gimpo International Airport, Logan International Airport, Hallasan National Park, Battery Park, Gyeongbokgung Palace, Buckingham Palace, Sydney Opera House

(6) **회사, 기관, 단체, 학교** : SK, Celltrion, LG Chemical, Alteozen, BMW, Tesla, Mercedes Benz, AMD, NVIDIA, UNESCO, OECD, National Pension Service, Korean Air, Inha University

(7) 예외(고유명사가 보통명사처럼 사용되는 경우)
　① 부정관사와 소유격
　　[예]
　　　• He is **an Einstein** at science(그는 과학에선 아인슈타인과 같은 사람이다).
　　　• He bought **a BMW** 530i this year(그는 올해 BMW 530i를 구매했다).
　　　• She cherishes her two **Picasso's**(그녀는 두 개의 피카소 작품을 소중히 여긴다).
　② 복수형
　　[예]
　　　• There are four **Toms** in his class(그의 반에는 4명의 같은 이름의 톰이 있다).
　　　• I will invite **the Marys** to my birthday party(나는 메리 가족을 생일잔치에 초대할 것이다).

9 특수명사

(1) 복수 형태의 단수명사
　① 학문 : economics, politics, mathematics, physics, statistics, acoustics, ethics, civics
　② 병명 : measles, rickets, shingles, rabies, diabetes
　③ 게임 : billiards, cards, dominoes, darts
　④ 국가 : Athens, Naples, the United States, the Netherlands
　[예]
- **Economics** requires us to understand stocks and markets(경제학은 우리가 주식과 시장을 이해하는 것을 요구한다).
- **Diabetes** is a disease that cannot produce insulin(당뇨는 인슐린을 만들 수 없는 질병이다).
- **The United States** has the power to control a world economy(미국은 세계 경제를 통제하는 힘을 가지고 있다).

(2) 단수 · 복수 형태가 같은 명사 : sheep, deer, fish, cod, salmon
　[예] We saw a lot of **sheep** on this field(우리는 이 들판에서 많은 양을 보았다).

(3) 단위명사 : 단위명사만 사용될 때 복수 취급하지만, 단위명사가 수량 표현의 수식을 받는 경우 단수 취급한다.
　[예]
- **Kilometers** are measures of distance(킬로미터는 거리의 단위이다).
- **Two kilometers** is too far for me to run(2킬로미터는 내가 뛰기에는 너무 멀다).

(4) -s로 끝나는 명사 : means(수단, 방법), series(종류), species(종)
　[예]
- A car is the main **means** of transport(자동차는 중요한 이동 수단이다).
- Pandas are an endangered **species**(판다는 멸종 위기에 처한 종이다).

10 복수로만 사용되는 명사

(1) 특히 cattle, people, offspring, poultry, police, clergy 등의 명사는 복수형 어미 -s 없이 복수로 해석된다. 제시된 명사들은 항상 복수로 사용된다.
　[예]
- **Cattle** are farmed for beef, dairy, and leather(소는 고기, 유제품, 그리고 가죽을 위해 사육된다).
- The **police** are after you(경찰이 당신을 쫓고 있다).

(2) 이중명사(binary nouns)

① 한 쌍으로 이루어진 명사로서 복수 취급한다.

② pants, trousers, jeans, shorts, tights, socks, shoes, slippers, glasses, scissors, pliers, scales

(3) 합계명사(aggregate nouns)

① 부분으로 구성된 개체를 가리키는 명사로서 복수 취급한다.

② savings, earnings, wages, means, valuables, goods, ashes, remains, droppings, thanks, congratulations, greetings, wishes, manners, stairs, cosmetics

예
- All **goods** are arranged on these shelves(모든 제품이 이 선반 위에 정리되어 있다).
- There are many **stairs** in my apartment(내 아파트에는 많은 계단이 있다).

11 단수형·복수형의 의미가 다른 명사

arm(팔) - arms(무기), cloth(옷감, 천) - clothes(옷), spirit(정신) - spirits(기분), custom(습관) - customs(관세), facility(기능) - facilities(시설), communication(소통) - communications(통신)

예
- If you get her **cloth**, she will make you a nice dress(그녀에게 옷감을 가져다주면, 당신에게 멋진 드레스를 만들어 줄 것이다).
- She went to home to change her **clothes**(그녀는 옷을 갈아입으려고 집으로 갔다).
- They want sincere **communication** with you(그들은 당신과 진정한 소통을 원한다).
- It is necessary to make better **communications** systems(더 나은 통신 체계를 만드는 일은 필수적이다).

12 단위명사(unit nouns)

불가산명사의 양을 표현할 때, 불가산명사는 단위명사와 함께 사용된다. 단위명사는 뒤에 나오는 불가산명사의 성격에 따라 정해진다.

(1) 모양 : a loaf(slice) of bread, a sheet(piece) of paper, a bar of soap

(2) 그릇 : two cups of coffee, a glass of milk, a bowl of rice, a spoonful of sugar

(3) 쌍을 나타내는 명사 : a pair of pants/pajamas, a pair of socks/gloves

(4) 기타 : a fit of anger, a stroke of bad luck

예
- I drink **three cups of coffee** every day(나는 매일 세 잔의 커피를 마신다).
- She gave **two loaves of bread** to her child(그녀는 빵 두 조각을 아이에게 주었다).
- I need **a new pair of pants**(나는 한 벌의 새로운 바지가 필요하다).

13 명사의 성(gender)

(1) 성 구분이 없는 명사 : cook, student, parent, friend, cousin, artist, colleague, teacher, doctor, teenager, partner, educator

(2) 성 구분이 있는 명사

① 남성 : man, father, uncle, boy, nephew, husband, king, cock, bull, ram, stallion
② 여성 : woman, mother, aunt, girl, niece, wife, queen, hen, cow, ewe, mare

(3) 어미가 첨가되는 명사

① 남성 : count, prince, duke, actor, god, tiger, hero, widower
② 여성 : countess, princess, duchess, actress, goddess, tigress, heroine, widow

예
- The **waiter** is very prompt, but the **waitress** is not(그 남성 종업원은 매우 신속하지만 그 여성 종업원은 그렇지 않다).
- The **tigress** is feeding her young(암컷 호랑이는 아기 호랑이를 키우는 중이다).

14 명사의 소유격 표현

(1) 대체로 사람 명사의 소유격 표현은 -'s로 한다.

예 the boy's legs, the student's book, children's toys, professor's advice, your boss's tip

(2) 전치사 of를 사용하여 사물 명사의 소유격을 표현할 수 있다.

예 the name of the street, the legs of the table, the front of the house, the legs of insects, the wings of bees, the leather of the sofa

(3) -'s 뒤에 식당, 상점, 교회, 병명 명사를 생략해도 그 대상이 명확한 경우 -'s 뒤에 오는 명사는 생략 가능하다.

예) McDonald's, Burger King's, Macy's, St. John's, Alzheimer's

제2절 　대명사

대명사는 선행하는 문장에서 나온 명사를 다시 언급할 때, 이를 반복하지 않고 대신하는 명사이다. 특히 대명사는 수(단수, 복수)와 격(주격, 소유격, 목적격)을 맞추어 사용해야 한다. 대명사에는 인칭·소유·부정·지시·상호·재귀·관계대명사 등이 있다.

1 인칭대명사

(1) 성(gender)

영어에서 인칭대명사는 남성, 여성, 중성을 구분한다. 국가, 배나 자동차, 애완동물은 일반적으로 여성으로 취급한다.

예)
- My friend has **a cat**. **She** is very cute(내 친구는 고양이가 있다. 그 고양이는 매우 귀엽다).
- **England** is proud of **her/its** poets(영국은 시인으로 유명하다).
- **Switzerland** has many mountains on **its** northern border(스위스는 북쪽 경계에 많은 산이 있다).
- The **ship** is 1,000 feet long. **She** has a top speed of 30 knots(그 배의 길이는 1,000피트이다. 그 배는 30노트의 최고 속도로 항해한다).

(2) 격(case)

인칭대명사에는 주격, 소유격, 목적격이 있다. 주격은 주어 역할을 하고, 소유격은 명사 앞에 위치하여 명사를 수식하며, 목적격은 목적어 역할을 한다. 소유대명사는 문장에서 주어, 목적어, 보어 역할을 할 수 있다.

① 주격(subjective case)

예)
- **I** like English(나는 영어를 좋아한다).
- **You** are my best friend(너는 나의 최고의 친구야).
- **It** is my new car(이것은 나의 새 차이다).

② **소유격(possessive case)**

예
- **My** books are on the desk(내 책들은 책상 위에 있다).
- He carries **his** bag to the station(그는 그의 가방을 역까지 옮겼다).
- Students must pay **their** share of costs(학생들은 비용 중 자신들의 몫을 지불해야 한다).

③ **목적격(objective case)**

예
- I like **you/him/her/them/it**(나는 너를/그를/그녀를/그들을/그것을 좋아한다).
- The teacher gave **us** homework(선생님은 우리에게 숙제를 주셨다).
- We will be there with **them**(우리는 그들과 함께 그곳에 있을 것이다).

※ 단, 대명사를 나란히 이어서 사용하는 건 적절한 표현은 아니다.

예 *I will buy **you them**.
→ I will buy **you some books**(내가 책 몇 권을 사줄게).

(3) 'it'의 활용

① **비인칭 주어**

시간, 날씨, 거리 등을 나타낼 때 사용한다.

예
- **It**'s our first day in this semester(이번 학기 첫날이다).
- **It**'s raining outside(밖에 비가 내리는 중이다).
- **It**'s far to Busan(부산까지는 멀다).

② **가주어, 가목적어**

예
- **It** is true that the earth is round(지구가 둥글다는 것은 진실이다).
- **It** seems that he does not like her(그가 그녀를 좋아하지 않는 것 같다).
- **It** takes time to learn how to do things on your own(스스로 일하는 법을 배우는 데 시간이 걸린다).
- They found **it** difficult to persuade their parents(그들은 부모님을 설득하는 일이 어렵다는 것을 알았다).

③ **분열문(It ~ that 강조용법)**

예
- **It** was Jane who told a lie to the teacher(그 선생님께 거짓말했던 사람은 바로 Jane이었다).
  → 본래 문장 : Jane told a lie to the teacher.
- **It** was at the airport that they met again(그들이 다시 만났던 장소는 바로 공항이었다).
  → 본래 문장 : They met again at the airport.

2 소유대명사(possessive pronouns)

(1) 소유를 나타내는 대명사로서 소유대명사는 1인칭 mine을 제외하고 소유격 표현에 -s를 붙여 만든다.
→ mine, yours, his, hers, theirs, ours

(2) 문장에서 주어, 목적어, 보어 역할을 할 수 있다.
   [예]
   - The car that I drive is **yours**(내가 운전하는 그 차는 너의 차이다).
   - The books are **theirs**(그 책들은 그들의 것이다).
   - What is **mine** is **yours**(나의 것은 너의 것이다).

(3) '소유격 + 한정사 + 명사' 표현은 적절하지 못하므로 이중소유격 표현을 사용한다.
   [예]
   - *your this bag
     → this bag of yours
   - *this Han's book
     → this book of Han's

3 부정대명사(indefinite pronouns)

불특정한 대상을 가리키는 대명사를 말한다.

(1) **단수** : one, each, someone/somebody, anyone/anybody, no one/nobody, something, anything, nothing, neither, every, all, none of 단수명사
   [예]
   - **Each** had a different opinion(각각은 다른 의견을 갖고 있었다).
   - **None** of oil is left(기름이 하나도 남지 않았다).

(2) **복수** : all, none of 복수명사, some
   [예]
   - **Some** must be at least 30 years old(몇몇은 적어도 30세임에 틀림없다).
   - **None** of the students are ready(학생 중 어느 누구도 준비하지 않았다).

(3) one(하나), the other(남은 것 하나), others(남은 것 모두), the others(남은 것들), another(세 개 이상에서 또 다른 하나), each other(둘 중에서 서로서로), one another(셋 이상에서 서로서로), one thing ~ another(~하는 것과 ~하는 것은 별개이다), the one ~ the other(전자는 ~ 후자는 ~)

예
- I don't have a pen. Can you lend me **one**?(펜이 없어. 내게 펜 하나 빌려줄 수 있어?)
- **One** is here, **the other** is missing(하나는 여기 있고, 나머지 하나는 사라졌다).
- There are many cars. **Some** are Hyundai, **others** are Kia, and **the others** are BMW(많은 차가 있다. 몇 대는 현대자동차이고, 나머지 몇 대는 기아자동차이며, 나머지는 BMW이다).
- **Some** like baseball, **others** like soccer(몇몇은 야구를 좋아하고, 다른 몇몇은 축구를 좋아한다).

(4) 상호대명사 : each other, one another
① each other : (둘 사이에서) 서로서로
② one another : (셋 이상에서) 서로서로

예
- They love **each other**(그들은 서로 사랑한다).
- We helped **one another**(우리는 서로서로 도왔다).

4 지시대명사(demonstrative pronouns)

지시대명사에는 화자를 기준으로 거리의 원근에 따라 this/these와 that/those가 있다.

(1) this/these

① 가까운 장소와 시간

예
- **This** is the watch I hope to buy(이것은 내가 사고 싶은 시계이다).
- **These** are the problems that we have always mentioned(이것들이 우리가 늘 언급해 오던 문제들이다).

② 사람을 소개하는 경우

예 A : **This** is my professor, Han(이분이 저의 한 교수님입니다).
　　B : Hello, I am John, and **this** is professor, Lee(안녕하세요, 저는 존이고 이분은 이 교수님입니다).

③ 뒤에 나오는 내용을 가리키는 경우

예 **This** is what I want to say(이것이 내가 말하고 싶은 거야).

(2) that/those

① 먼 장소와 시간

[예]
- I don't want **this**. Please, show me **that**(이것은 마음에 들지 않아요. 저것을 보여주세요).
- What are **those** over there?(저기 저것들은 무엇인가요?)

② 수식을 받는 대명사

[예] Costs are two times **those** of Korean cars(비용은 국산 차 그것의(비용의) 두 배이다).

③ 형용사 강조

[예] It is unbelievable for a baby to be **that** confident(아기가 그토록 자신감이 있다는 게 믿기지 않아).

5 재귀대명사(reflexive pronouns)

주어 자신을 나타내는 대명사이다. 따라서 재귀대명사는 문장의 주어와 수, 성을 반드시 일치시킨다.

(1) 재귀용법

[예]
- You must understand **yourself**(당신은 자신을 이해해야 한다).
- The children cut **themselves** on the broken window(아이들은 깨진 창문에 베였다).

(2) 강조용법

[예]
- He **himself** swears to finish this(그 자신은 이것을 끝낸다고 맹세한다).
- We went there **ourselves**(우리가 직접 거기에 갔었다).

(3) 관용적 표현(전치사 + 재귀대명사) : by oneself(혼자서, 홀로), for oneself(스스로, 자신을 위해), in itself(그 자체로), of itself/by itself(저절로), beside oneself(제정신이 아닌), pride oneself on(자랑스러워하다), present oneself at(참석하다), avail oneself of(이용하다), help yourself(마음껏 드세요)

[예]
- She made this doll's dress **by herself**(그녀는 혼자서 이 인형 드레스를 만들었다).
- He was **beside himself**(그는 제정신이 아니었다).
- **Help yourself**(마음껏 드세요)!

6 관계대명사(relative pronouns)

두 문장에서 반복되는 명사가 있을 때, 관계대명사는 접속사와 대명사의 역할을 동시에 하면서 두 문장을 연결한다.

예 She saw **the man**. **The man** was at the bus stop(그녀는 그 남자를 보았다. 그 남자는 버스 정류장에 있었다).
→ She saw the man **who** was at the bus stop(그녀는 버스 정류장에 있던 그 남자를 보았다).

즉, 두 문장에서 반복되는 명사구인 the man이 있으므로 두 번째 문장의 주어인 the man을 생략하는 대신, 생략한 the man 자리에 접속사와 대명사 역할을 동시에 하는 관계대명사 who를 사용하여 두 문장을 연결할 수 있다. 이와 같이 접속사를 사용하지 않고 두 개의 독립된 절을 연결할 수 있는 것이 바로 관계대명사라는 점을 반드시 기억한다.

(1) 관계사 종류

구분		관계사					
		관계대명사		관계부사			
격	선행사	사람	사물	시간	장소	이유	방법
주격		who/that	which/that	when/that	where/that	why/that	how/that
소유격		whose	whose				
목적격		who/whom/that/생략	which/that/생략				

① **관계대명사** : who(선행사가 사람), which(선행사가 사물), that(선행사가 사람 또는 사물), what(선행사를 포함하는 관계대명사, 즉 선행사가 없음)
② **관계부사** : when(시간), where(장소), why(이유), how(방법)

예
- Coco is a timid dog **that** lives with my lovely her(코코는 나의 사랑스러운 그녀와 함께 사는 겁 많은 강아지다).
- The man **who** owns that truck is in the library(그 트럭을 소유한 그 남자가 도서관에 있다).
- The man **whose** car was stolen is my father(차량을 도난당했던 그 남자는 나의 아버지다).
- I will tell you a secret **which** is about her(내가 그녀에 관한 비밀을 너에게 말해줄게).
- He should have said **what** he did(그가 했던 것을 말했어야 했다).

(2) 선행사가 -thing으로 끝나는 명사(everything, anything, something), all(+ 명사), 최상급, 서수 표현일 때, 관계대명사는 일반적으로 that을 사용한다.

예
- I have everything **that** I need(나는 내가 필요한 모든 것을 가지고 있다).

- Every person **that** you met has a story(당신이 만났던 모든 사람은 사연이 있다).
- It is the best film **that** I have ever seen(이것은 내가 지금껏 봤던 최고의 영화였다).

(3) 관계대명사 생략 : 목적격 관계대명사(단, '전치사 + 관계대명사' 형태일 때는 생략 불가)

[예]
- I saw a man **(who(m)/that/∅)** we had met at the party(우리가 그 파티에서 만났던 그 남자를 보았다).
- The coffee shop **(which/that/∅)** I like is close to my school(내가 좋아하는 커피숍은 나의 학교 근처에 있다).
- The professor **(who(m)/that/∅)** I met was very smart(내가 만났던 그 교수님은 매우 똑똑했다).
- This is the street **(which/that/∅)** we met for the first time(이곳이 우리가 처음 만났던 거리이다).

(4) 전치사 + 관계대명사 = 관계부사

[예]
- He was born in Korea. Korea is famous for education(그는 한국에서 태어났다. 한국은 교육으로 유명하다).
  - → 목적격 관계대명사 : Korea **(which/that/∅)** he was born in is famous for education(그가 태어난 한국은 교육으로 유명하다). (O)
  - → 전치사 + 관계대명사 : Korea **in which** he was born is famous for education. (O)
  - → Korea **where** he was born is famous for education. (O)
  - *Korea **in** ∅ he was born is famous for education. (X)
  - *Korea **in that** he was born is famous for education. (X)
- This is the boy. I played soccer with the boy(이 사람이 그 소년이다. 나는 그 소년과 함께 축구를 했다).
  - → 목적격 관계대명사 : This is the boy **(who(m)/that/∅)** I played soccer with(이 사람이 내가 함께 축구했던 소년이다). (O)
  - → 전치사 + 관계대명사 : This is the boy **with whom** I played soccer. (O)
  - *This is the boy **with** ∅ I played soccer. (X)
  - *This is the boy **with that** I played soccer. (X)

(5) 한정적 사용과 계속적 사용

① **한정적(제한적) 사용**
관계사가 선행사만을 수식하여 관계사 구문의 의미가 선행사로 그 범위가 한정 또는 제한되는 경우를 말한다.

[예]
- The materials **which** were used to build this building were imported(이 건물을 짓는 데 사용되었던 그 재료들은 수입되었다).
- We classify the books under the programs **that** are made by Google(우리는 구글에서 만든 프로그램으로 책을 분류한다).

② **계속적 사용**

관계사 앞에 콤마(,)가 사용되며, 선행하는 문장 전체를 관계사의 선행사로 간주하여 관계사 구문의 의미가 문장에 따라 '첨가, 이유, 역접, 양보' 등의 의미를 갖게 되는 경우를 말한다. 단, 관계사 that과 what은 계속적 용법으로 사용되지 않는다.

[예]
- He is cute in the movie, **which** is good for his image(그는 그 영화에서 귀여운데, 이것이 그의 이미지에 도움이 된다).
- They don't feed me, **which** I don't understand(그들은 제게 밥을 주지 않는데, 저는 그게 이해가 안 돼요).
- She loves that old man, **which** surprises me(그녀는 그 노인을 사랑하는데, 그게(그녀가 그 노인을 사랑한다는 것) 나를 놀라게 한다).

제3절 형용사

형용사는 영어의 8품사 중 하나로서 대상이 지닌 특성이나 모습, 종류, 상태 등을 묘사하고 문법적으로 명사를 수식하거나 문장에서 보어, 즉 서술의 기능을 한다. 형용사는 성상형용사, 수량형용사, 대명사적 형용사로 나눌 수 있다.

1 형용사 용법

(1) 한정적 용법

① 형용사가 명사를 수식하는 것을 말한다.

[예] the **main** point, the **outer** city, the **former** president, a **criminal** lawyer, the **chief** goal, **social** lives, **positive** aspects, **global** alliance, **democratic** government, **good** deal

② -en으로 끝나는 형용사는 한정적 용법으로만 사용된다. → drunken, golden, laden, wooden, silken

③ elder, mere, principal, sheer, sole, utmost, very 등은 한정적 용법으로만 사용된다.

(2) 서술적 용법

① 형용사가 문장에서 주어의 속성이나 특징을 설명하는 서술어, 즉 보어의 기능을 하는 것을 말한다.

주로 a-로 시작하는 형용사가 서술적 용법으로 사용된다. → afire, afloat, afraid, alike, alive, alone, aloud, ashamed, asleep, awake, aware, content, fond, ill, well

[예]
- These boys are alike(이 소년들은 비슷하다). (O)
  *These alike boys (X)
- A baby fell asleep(아기가 잠에 들었다). (O)
  *An asleep baby (X)
- This car was afire(이 자동차가 불에 탔다). (O)
  *This afire car (X)

② 예외
  ㉠ alert, aloof, amoral 등의 a-로 시작하는 형용사는 한정적 용법으로도 사용 가능하다.
  ㉡ 서술적 용법의 형용사가 다른 단어에 의해 수식을 받을 때 한정적 용법으로도 사용 가능하다.
  [예]
  - a baby is asleep(아기가 잠들어 있다).
    → a half-asleep baby (O)
    *an asleep baby (X)
  - the man is afraid(그 남자는 두려워한다).
    → the somewhat afraid man (O)
    *the afraid man (X)
  ㉢ 한정적 용법/서술적 용법에 따라 의미가 달라지는 경우
  [예]
  - concerned : 근심 있는/관련된
    - 한정적 용법 : The **concerned** Coco walked back and forth(**근심 있는** 코코는 이리저리 걸었다).
    - 서술적 용법 : He sent an email to people **concerned**(그는 **관련된** 사람들에게 이메일을 보냈다).
  - certain : 어떤/확실한
    - 한정적 용법 : A **certain** child opened the box(**어떤** 아이가 그 상자를 열었다).
    - 서술적 용법 : His election is quite **certain**(그의 당선이 꽤 **확실하다**).
  - late : 작고한/늦은
    - 한정적 용법 : The **late** actor was respected by many people(그 **작고한** 배우는 많은 사람들에게 존경을 받았다).
    - 서술적 용법 : She was **late** for the meeting(그녀는 그 회의에 **늦었다**).
  - old : 관계가 오래된/나이가 든
    - 한정적 용법 : She is my **old** friend(그녀는 나의 **오래된** 친구다).
    - 서술적 용법 : He is **old**(그는 **나이가 들었다**).

2 형용사 종류

(1) 성상형용사
사람, 사물, 개념, 제도, 관습 등의 성질이나 상태를 묘사하는 형용사로서 좁은 의미의 형용사를 말한다.
① **본래형용사** : old, beautiful, long, new 등
② **분사형용사** : taken, made, interesting, lost, sleeping, done 등
③ **고유명사에서 온 형용사** : Chinese, Italian, Korean, European, Iraqi 등
④ **물질명사에서 온 형용사** : copper, gold, silver, bronze 등

(2) 수량형용사
수나 양을 나타내는 말이 명사를 수식하는 형용사 역할을 하는 것을 말한다.
① **수사(기수와 서수 포함)** : one, two, three, four, first, second, third, fourth 등
② **양화사** : a few, few, a little, little, some, many, much, a lot of 등

(3) 대명사적 형용사
본래 대명사이지만 명사 앞에서 명사를 수식하는 형용사 역할을 하는 것을 말한다.
① **지시형용사** : this, that, these, those
   예 **this** building, **that** book, **these** pencils, **those** cards
② **의문형용사** : what, which
   예 **what** food, **what** season, **which** book, **what** day
③ **소유형용사** : my, your, his, her, their
   예 **my** car, **your** mind, **his** desk, **her** chair, **their** school

3 보어를 수반하는 형용사

영어에는 보어와 함께 사용되는 형용사가 있다. 형용사가 수반할 수 있는 보어의 형태는 전치사구, that절, to부정사구 등이 있다.

(1) 전치사구를 취하는 형용사(be + 형용사 + 전치사)
① **of를 취하는 형용사** : fond, ashamed, conscious, aware, afraid, convinced, sure, full, weary, proud
② **on을 취하는 형용사** : keen, based, dependent
③ **for를 취하는 형용사** : late, ready
④ **to를 취하는 형용사** : subject, indifferent, devoted, dedicated, accustomed, addicted

⑤ with를 취하는 형용사 : fed up, pleased, compatible, disappointed, satisfied
⑥ in을 취하는 형용사 : interested, successful, skillful
⑦ at을 취하는 형용사 : good, angry, annoyed, bad

(2) that절을 취하는 형용사

alarmed, annoyed, astonished, certain, confident, disappointed, pleased, proud, sad, shocked, sorry

[예]
- I **am proud of** Korea's victory(나는 한국의 우승이 자랑스럽다).
  → I **am proud that** Korea won the championship.
- He **feels annoyed at** her making farewell(그는 그녀의 작별 인사에 괴로워한다).
  → He **feels annoyed that** she makes farewell.

(3) to부정사구를 취하는 형용사

① 주어 + is + 형용사 + to부정사 = 주어 + 동사 + 부사 : slow, quick, prompt, willing

  [예]
  - She **was slow to answer** my question(그녀는 나의 질문에 느리게 답했다).
    → She answered my question slowly.
  - She **was willing to show** me her love(그녀는 내게 그녀의 사랑을 기꺼이 보여주었다).
    → She willingly showed me her love.

② 주어 + is + 형용사 + to부정사 = To부정사 + makes + 주어의 목적격 + 형용사 : amazed, annoyed, delighted, disappointed, pleased, sorry, surprised, worried

  [예] He **was pleased to hear** about her success(그는 그녀의 성공에 대해 듣고 기뻐했다).
    → To hear about her success made him pleased.

③ 주어 + is + 형용사 + to부정사 = It + is + 형용사 + to부정사 + 주어의 목적격 : hard, difficult, good, impossible, easy, convenient, enjoyable, pleasant, fun

  [예] She **is hard to please**(그녀를 기쁘게 하는 것은 어렵다).
    → It is hard to please her.

4 형용사의 순서와 활용

(1) 한 문장에서 여러 개의 형용사가 하나의 대상을 수식할 때, '지수대성신색기재' 순서로 형용사를 나열한다. (※ '지수대성신색기재' 기억할 것!)
① **지수대성신색기재** : 지시/수량/대소/성상/신구/색상/기원/재료 + 명사
② 지시(this, that, these, those 등)/수량(many, few, little, much, two, twenty, some 등)/대소(small, large, big, tiny 등)/성상(honest, happy, reliable, round, square, lovely 등)/신구(new, old 등)/색상(blue, red, white 등)/기원(Korean, American 등)/재료(wooden, cotton, plastic 등)

[예]
- some lovely old blue European wooden boxes(몇몇의 사랑스러운 오래된 파란 유럽식 나무로 된 상자들)
- two big round plastic chairs(두 개의 큰 둥근 플라스틱으로 된 의자들)

(2) 정도의 형용사 so, too, such
① so, too + 형용사 + 부정관사 + 명사 → '형아, 명'으로 기억하자!
② such, quite, rather + 부정관사 + 형용사 + 명사 → '아, 형명'으로 기억하자!

[예]
- This is **such a good choice**(이것은 너무 좋은 선택이다).
- She is **so lovely a woman**(그녀는 너무나도 사랑스러운 여자이다).

(3) 형용사가 명사 뒤에서 수식하는 경우
① -thing, -body, -one으로 끝나는 명사일 때, 형용사가 명사 뒤에서 수식한다.
② -able, -ible로 끝나는 형용사가 최상급이나 all, every 다음에 나온 명사를 수식할 때, 형용사가 명사 뒤에서 수식한다.

[예]
- everything interesting, anybody invited by the speech, someone nice
- every means possible, the best method conceivable

(4) 형용사의 활용
① the + 형용사 = 복수 보통명사
  [예] **The rich** have troubles as well as **the poor**(가난한 사람뿐 아니라 부유한 사람들도 걱정이 있다).
② the + 형용사 = 단수 보통명사
  [예] Everyone respected **the deceased**(모든 이들이 그 고인을 존경했다).
③ the + 형용사 = 추상명사
  [예] **The good**(= goodness) and **the beautiful**(= beauty) do not always go together(선과 미가 늘 함께하는 것은 아니다).

5 비교급과 최상급

(1) 형용사의 비교급이나 최상급은 형용사에 -er이나 -est 어미를 붙인다.

　예) big - bigger - biggest, high - higher - highest, fast - faster - fastest, slow - slower - slowest, thin - thinner - thinnest, slim - slimmer - slimmest, sad - sadder - saddest, rude - ruder - rudest, vague - vaguer - vaguest, busy - busier - busiest, lucky - luckier - luckiest, merry - merrier - merriest, pretty - prettier - prettiest

(2) 2음절 이상의 형용사의 경우 -er 또는 -est를 붙이거나 more, most를 앞에 사용하여 비교급과 최상급을 만든다.

　예)
- happy - happier - happiest, happy - more happy - most happy
- simple - simpler - simplest, simple - more simple - most simple

(3) more와 most만을 사용하는 형용사도 있다.

　예) lovable - more lovable - most lovable, pleasant - more pleasant - most pleasant, common - more common - most common, normal - more normal - most normal
　(단, 현대 구어체 표현에서 pleasant - pleasanter - pleasantest 또는 common - commoner - commonest가 사용되기도 함)

(4) 불규칙 변화를 하는 형용사도 있다.

　예) good - better - best, bad - worse - worst, little - less - least, much - more - most, far - farther/further - farthest/furthest

제4절 부사

부사는 영어의 8품사 중 하나로서 동사, 형용사, 다른 부사 또는 문장 전체를 수식한다.

1 수식어

(1) 동사 수식

문장에서 동사가 나타내는 행동, 사건, 상태 등의 성질 또는 장소, 시간, 정도 등을 묘사할 때 해당 의미의 부사가 동사를 수식한다.

① **부사 quickly가 동사 opened를 수식**

　예) She **quickly opened** the door(그녀가 갑자기 문을 열었다).

② 빈도부사 always가 동사 drive를 수식
　예 He **always drives** fast(그는 항상 빠르게 운전한다).

(2) 형용사 수식
① 부사 too가 형용사 many를 수식
　예 They think that there are **too many** problems on TV programs(그들은 TV 프로그램에 너무 많은 문제가 있다고 생각한다).
② 부사 very가 형용사 smart를 수식
　예 Her sister is a **very smart** girl(그녀의 여동생은 매우 똑똑한 소녀이다).
③ 부사 much가 비교급 형용사 younger를 수식
　예 He looks **much younger** for his age(그는 나이에 비해 훨씬 젊어 보인다).

(3) 다른 부사나 부사구(절) 수식
① 부사 pretty가 다른 부사 hard를 수식
　예 She said that she studied **pretty hard**(그녀는 꽤 열심히 공부했다고 말했다).
② 부사 exactly가 부사구 at ten o'clock을 수식
　예 The students arrived at the classroom **exactly at ten o'clock**(그 학생들은 정확하게 10시에 교실에 도착했다).
③ 부사 only가 부사절 after we lose our health를 수식
　예 We must not know the value of health **only after we lose our health**(우리가 건강을 잃고 나서야 건강의 가치를 알아서는 안 된다).

(4) 문장 전체 수식
① 부사 never가 문장 전체를 수식
　예 We have **never** got any of the educational information from this show(우리는 이 쇼에서 어떠한 교육적 정보도 얻지 못했다).
② 부사 perhaps가 문장 전체를 수식
　예 **Perhaps** it will rain tonight(아마도 오늘 밤 비가 내릴 것이다).
③ 의문부사 why가 문장 전체를 수식
　예 **Why** did you look so sad?(왜 그렇게 슬퍼 보였니?)

2 연결부사와 대용부사

(1) 연결(접속)부사
　특정 부사는 접속사나 관계사와 같이 문장 또는 구를 연결한다. 연결부사는 반드시 뒤에 콤마를 사용한다.

① 양보 : however, nevertheless, instead, nonetheless, in fact, on the other hand
② 결과 : accordingly, hence, consequently, therefore, as a result, so, thus
③ 첨가 : besides, furthermore, moreover, above all, in addition

[예]
- She loves him. **However**, she can't be his woman(그녀는 그를 사랑한다. 하지만 그녀는 그의 여자일 수 없다).
  → She loves him; **however**, she can't be his woman.
- You are only 16. **Therefore**, you are not eligible to get the driver's license(너는 단지 16세이다. 따라서 운전면허증을 가질 수 없다).
  → You are only 16; **therefore**, you can't get the driver's license.
- I really want to see this movie. **Besides**, I want to see that movie(나는 이 영화를 정말 보고 싶다. 또한 저 영화도 보고 싶다).
  → I really want to see this movie; **besides**, I want to see that movie.

(2) 대용부사 : so, too, either, neither, nor
부사 so는 앞 문장에 나온 내용을 대신 받는 대용어의 기능을 할 때도 있다.

[예]
- I don't like it and I told her **so**(나는 그것을 좋아하지 않고 그녀에게 그렇게 말했다).
- He worked hard and **so** did she(그는 열심히 일했고 그녀도 열심히 일했다).
- He likes spring and she likes, **too**(그는 봄을 좋아하고 그녀 역시 그렇다).
- I don't like golf and she doesn't like, **either**(나는 골프를 안 좋아하고 그녀 역시 그렇다).
- A : He didn't have any money(그는 돈이 없었다).
  B : **Neither(Nor)** did she(그녀 역시 그랬다).

3 중요부사

(1) 빈도부사 : never, hardly, scarcely, rarely, barely, seldom, sometimes, often, usually, frequently, always
사건이 일어난 횟수를 나타내는 부사로서 부사의 위치가 포인트이다. 위치는 'be/조 뒤, 일 앞'으로 기억하자! 'be'는 be동사, '조'는 조동사, '일'은 일반동사를 말한다.

[예]
- He **never** comes back(그는 결코 돌아오지 않는다).
- The students **hardly** pay attention to the class(그 학생들은 거의 그 수업에 집중하지 않는다).
- Coco **sometimes** eats her own dung(코코는 때때로 자신의 변을 먹곤 한다).

- She is **frequently** called a drama queen(그녀는 자주 드라마 퀸이라고 불린다).
- He should **always** take responsibility for his children(그는 항상 그의 아이들에 대한 책임을 다해야 한다).

(2) 관점부사(객관적 관점과 주관적 관점)

① 대상이나 현상에 대한 객관적 관점을 표현하는 부사로서 일반적으로 문장 전체를 수식한다. → economically, ethically, historically, internationally, nationally, legally, politically, scientifically
  [예] **Legally**, you must not ignore the matter(법적으로, 당신은 그 문제를 간과해서는 안 된다).

② 관점부사 표현은 'from + a(n) + 형용사 + point of view'로 바꿔 쓸 수 있다.
  [예] Korea will have to overcome the difficulties **economically**.
    → Korea will have to overcome the difficulties **from an economic point of view**(경제적 관점에서, 대한민국은 어려움을 극복해야 할 것이다).

③ 대상이나 현상에 대한 화자의 주관적 관점을 표현하는 부사로서 일반적으로 문장 전체를 수식한다.
  → actually, allegedly, apparently, arguably, certainly, definitely, honestly, obviously, undoubtedly
  [예]
  - **Honestly**, I can't trust her(솔직히 나는 그녀를 믿을 수 없다).
    → **To be honest**, I can't trust her.
  - Health is **undoubtedly** one of the most precious thing in our life(의심할 여지없이 건강은 우리 인생에서 가장 소중한 것 중 하나이다).
    → **There is no doubt that** health is one of the most precious thing in our life.

4 혼동하기 쉬운 부사류

(1) 형용사 - 부사 형태가 같은 경우

- early : 이른, 일찍
- near : 가까운, 근처에
- fast : 빠른, 빠르게
- pretty : 예쁜, 꽤/상당히
- last : 최후의, 마지막으로
- late : 늦은, 늦게
- high : 높은, 높게
- hard : 어려운, 열심히
- tight : 조이는, 단단하게
- wide : 넓은, 넓게
- well : 좋은, 잘/제대로

(2) 형태에 따라 의미가 다른 경우

- hard : 열심히 - hardly : 거의 ~하지 않게
- high : 높게 - highly : 매우
- near : 근처에 - nearly : 거의
- late : 늦게 - lately : 최근에
- pretty : 꽤, 상당히 - prettily : 적절하게

[예]
- The detective story is **highly** interesting(그 추리소설은 매우 흥미롭다).
- The birds fly **high**(그 새들은 높이 난다).
- We haven't met each other **lately**(우리는 최근에 서로 만나지 못했다).
- We were together **late** in the evening(우리는 밤늦게까지 함께했었다).

(3) 타동사 + 부사(이어동사)

① 일반명사나 명사구가 목적어인 경우
  ㉠ 타동사 + 부사 + 명사
  ㉡ 타동사 + 명사 + 부사
② 대명사가 목적어인 경우
  타동사 + 대명사 + 부사

[예]
- cut it down. (O)
  *cut down it. (X)
- pick it up. (O)
  *pick up it. (X)
- They **cut down the trees**(그들은 그 나무들을 잘랐다). (O)
  → They **cut the trees down**. (O)
  → They **cut them down**. (O)
  *They **cut down them**. (X)
- We **pick up the books**(우리는 그 책들을 집었다). (O)
  → We **pick the books up**. (O)
  → We **pick them up**. (O)
  *We **pick up them**. (X)

> **더 알아두기**
>
> '자동사 + 전치사' 유형
> ① '자동사 + 전치사 = 타동사'이므로 이 유형의 동사구는 목적어가 일반명사이든 대명사이든 이어 동사처럼 분리해서 사용할 수 없다.
> ② account for, adapt to, adhere to, care for, consent to, count on, look at, look for, look into, depend on, rely on, object to, respond to
> 예 He consents to her proposal(그는 그녀의 제안에 동의한다). (O)
>   *He consents her proposal to. (X)

5 관계부사(where, when, why, how)

(1) 관계절을 이끄는 부사로서 두 개의 문장이나 구를 연결하며, 문장에서 접속사와 부사의 역할을 하는 것을 말한다.

예
- This is the town. He was born in the town(여기가 그 마을이다. 그는 이 마을에서 태어났다).
  → The is the town **where** he was born(여기가 그가 태어난 그 마을이다).
- Monday is the day. We play soccer on the day(월요일이 그날이다. 우리는 그날에 축구한다).
  → Monday is the day **when** we play soccer(월요일은 우리가 축구하는 날이다).

(2) 관계부사는 '전치사 + 관계대명사 + 문장' 또는 '관계대명사 + 문장 + 전치사' 형태로 바꿔 쓸 수 있다.

예
- February 2 is the day. I was born on the day(2월 2일은 그날이다. 나는 그날에 태어났다).
  → 관계부사 : February 2 is the day **when** I was born(2월 2일은 내가 태어났던 날이다).
  → 전치사 + 관계대명사 : February 2 is the day **on which** I was born.
  → 관계대명사 : February 2 is the day **which(that)** I was born **on**.
- I can't understand the reason. She said the farewell for the reason(나는 그 이유를 이해할 수 없다. 그녀는 그 이유로 작별을 말했다).
  → 관계부사 : I can't understand the reason **why** she said the farewell(나는 그녀가 작별을 말했던 그 이유를 이해할 수 없다).
  → 전치사 + 관계대명사 : I can't understand the reason **for which** she said the farewell.
  → 관계대명사 : I can't understand the reason **which(that)** she said the farewell **for**.

제5절　전치사

전치사는 명사, 대명사, 동명사 또는 명사구(절)를 목적어로 취하면서 이들과 함께 전치사구를 만들어, 문장에서 주로 부사의 역할을 하고 때로는 형용사와 명사의 기능을 하기도 한다.

1 전치사의 목적어 유형

(1) 명사, 명사구, 명사절

[예]
- He gave her a desk and a chair **as a present**(그는 그녀에게 선물로 책상과 의자를 주었다).
- They are **from a big city**(그들은 대도시에서 왔다).
- His argument is proper **in that his experiment provides a lot of evidence**(그의 실험이 많은 근거를 제공한다는 점에서 그의 주장은 타당하다).

(2) 대명사

[예]
- I don't like to talk **with her**(나는 그녀와 이야기하는 것을 좋아하지 않는다).
- We should finish this task **regardless of it**(우리는 그것과는 상관없이 이 일을 끝내야 한다).

(3) 동명사

[예]
- I look forward **to meeting** them(나는 그들을 만나기를 학수고대한다).
- My son is good **at playing** soccer(나의 아들은 축구를 잘한다).

2 전치사의 유형

(1) 지점(point) 유형 전치사

① **지점으로 이동** : to

[예]
- We went **to** school(우리는 학교로 갔다).
- They went **to** the amusement park(그들은 놀이공원으로 갔다).

② **지점에 위치** : at

[예]
- I stayed **at** my office(나는 내 연구실에 머물렀다).
- He was **at** his room(그는 자신의 방에 있었다).

③ 지점에서 멀어짐 : from

예

- We came **from** the theater(우리는 극장에서 왔다).
- They are **from** Korea(그들은 한국 출신이다).

④ 목표물 : at

예

- The soldier shot his gun **at** the target(그 군인은 목표물을 겨냥해서 총을 쏘았다).
- My mother shouted **at** me(엄마는 (화가 나서) 내게 소리치셨다).
- My mother shouted **to** me(엄마는 (나를 향해서) 내게 소리치셨다).

(2) 선(line)이나 표면(surface) 유형 전치사 : on, off, across, along, through

① 선 개념

예

- He spoke to her **on** the phone(그는 전화로 그녀와 통화했다).
- Taiwan is an island **off** the coast of China(타이완은 중국 해안 밖에 있는 섬이다).
- We walked **across** the street(우리는 거리를 가로질러 걸었다).
- She was walking **along** the street with her dog, Coco(그녀는 자신의 강아지, 코코와 같이 길을 따라 걷는 중이었다).

② 표면 개념

예

- There are a few scratches **on** the car(그 차 위에 약간의 스크래치가 있다).
- He took the picture **off** the wall(그는 벽에서 사진을 떼었다).
- We ran **across** the field(우리는 들판을 가로질러 뛰었다).
- He looked **through** her(그는 그녀의 마음을 간파했다).

(3) 장소(space)나 시간(time) 유형 전치사

① 장소 개념 : in, into, out of, through, inside, outside

예

- He was lying **in** bed(그는 침대에 누워 있는 중이었다).
- She was sitting **in** an wheelchair(그녀는 휠체어에 앉아 있는 중이었다).
- Many fans crowded **into** the street(많은 팬들이 거리로 밀려들었다).
- Many birds flew **out of** the country(많은 새들이 그 나라에서 날아왔다).
- We rode the bikes **through** the park(우리는 공원을 가로질러 자전거를 탔다).

② **시간 개념** : in

[예]
- I was born **in** 2024(나는 2024년에 태어났다).
- The weather is hot and wet **in** July(7월 날씨는 덥고 습하다).
- I like to walk **in** the fall(나는 가을에 걷는 것을 좋아한다).
- He learned to write the paper **in** a week(그는 한 주 내에 논문 쓰는 것을 배웠다).

(4) 기타 전치사

① ~로, ~로부터 : of, from, in
  ㉠ be made of + 물리적 변화(겉만 변화)
  ㉡ be made from + 화학적 변화(겉과 속이 모두 변화)

[예]
- This chair **is made of metal**(이 의자는 금속으로 만들어진다).
- Wine **is made from grape**(와인은 포도로 만들어진다).
- The professor likes to check the answer sheets **in** blue ink(그 교수님은 파란색 잉크로 답안지를 확인하는 것을 좋아하신다).

② ~ 사이에 : between, among, amid
  ㉠ between + 둘 사이(단, 둘 이상이어도 숫자가 정해진 경우는 사용 가능)
  ㉡ among, amid + 셋 이상

[예]
- My BMW is **between** Benz and Porsche(내 BMW는 벤츠와 포르쉐 사이에 있다).
- Utah is located **between** Idaho, Arizona, Nevada, and Colorado(유타는 아이다호, 애리조나, 네바다, 그리고 콜로라도 사이에 위치한다).
- This school stands **among(amid)** trees(이 학교는 나무들 사이에 있다).

③ ~ 위로, ~을 넘어서 : over, on top of, above

[예]
- An airplane flew **over** the building(비행기가 그 건물 위로 날아갔다).
- I spread the clothes **over** the chair(나는 의자 위에 옷을 걸어 두었다).
- It takes **over** 20 minutes to finish it(그것을 끝내는 데 시간이 20분 이상 걸린다).
- There is a box **on top of** the roof(천장 위에 상자 하나가 있다).

④ ~ 아래로 : underneath, under, below

[예]
- The book was **under** the table(그 책은 탁자 아래에 있었다).
- They live on the floor **below** us(그들은 우리보다 아래층에 산다).
- The temperature was 10 **below**(기온이 영하 10도였다).

⑤ **시간 개념** : for, during, by, until, within, in
  ㉠ ~ 동안
    ⓐ for + 특정 시간(규정된 시간, 60분/1시간/1년 등)
    ⓑ during + 불특정 시간(사람마다 다르게 생각하는 시간, 방학/휴가/학기 등)
    [예]
    • He stayed in Korea **for ten days**(그는 한국에서 10일 동안 머물렀다).
    • This semester will be **for five months**(이번 학기는 5개월 동안 진행됩니다).
    • He went to Spain **during the summer vacation**(그는 여름방학 동안 스페인에 갔다).
    • She read a few books **during the holidays**(그녀는 휴일 동안 몇 권의 책을 읽었다).
  ㉡ ~까지
    ⓐ by + 시간(즉, 시간까지 지속적이진 않고 일회성인 행동)
    ⓑ until + 시간(즉, 시간까지 지속적인 행동)
    [예]
    • We have to leave **by 10**(우리는 10시까지 떠나야 한다).
      → 늦어도 10시까지는 떠남
    • We have to be here **until 10**(우리는 10시까지 여기에 있어야 한다).
      → 10시까지 계속 있음
    • We stay here **until Sunday**(우리는 일요일까지 여기에서 머무른다).
      → 일요일까지 계속 머무름
    • We will be there **by Sunday**(우리는 일요일까지 거기에 있을 것이다).
      → 늦어도 일요일에는 떠남
  ㉢ ~ 이내, ~ 기간이 지나서 : within, in
    [예]
    • You must pay the bill **within a week**(당신은 일주일 내로 비용을 지불해야 한다).
    • I will see you **in three days**(나는 삼일이 지나서 당신을 볼 것이다).

제12장   실전예상문제

※ 빈칸에 들어갈 말로 가장 적절한 것은? (01 ~ 03)

01

> The street is full of cars, trucks, and (㉠). In other words, it is full of (㉡).

	㉠	㉡
①	bus	traffic
②	buses	traffic
③	bus	traffics
④	buses	traffics

해설
등위접속사 and로 연결된 병렬 구조로, 복수 가산명사를 나열하고 있다. 따라서 첫 번째 빈칸에 들어갈 적절한 명사는 bus의 복수형인 buses이다. 두 번째 빈칸에는 집합명사 traffic이 들어가는 것이 적절하다. 집합명사는 단수형으로만 사용한다.

해석
거리는 자동차, 트럭, 그리고 버스로 가득 차 있다. 다시 말해, 교통이 혼잡하다.

정답 ②

02

> Because the family is very poor, the children have (㉠) toys. The parents have to work two jobs, so they have (㉡) time to spend with their children.

	㉠	㉡
①	few	little
②	a little	few
③	little	few
④	a few	little

해설
가산명사 toys를 수식하는 수량형용사는 a few(약간 있는) 혹은 few(거의 없는)이다. 내용상 '장난감이 거의 없다.'가 자연스럽기 때문에 첫 번째 빈칸에는 few가 들어가는 것이 적절하다. 불가산명사 time을 수식하는 수량형용사는 a little(약간 있는) 혹은 little(거의 없는)이다. '부모님이 바빠서 아이들과 함께 보낼 시간이 거의 없다.'라는 내용이므로 두 번째 빈칸에는 little이 들어가는 것이 적절하다.

해석
가족이 매우 가난해서 아이들은 장난감이 거의 없다. 부모님은 두 가지 일을 해야 하기 때문에 아이들과 함께 보낼 시간이 거의 없다.

정답 ①

03

- Each of the (㉠) gets a present.
- Every one of (㉡) comes into this class.

	㉠	㉡
①	child	child
②	children	child
③	child	children
④	children	children

해설
㉠ each of the 복수명사 + 단수동사
㉡ every one of the 복수명사 + 단수동사

해석
㉠ 아이들 각각 선물을 받는다.
㉡ 아이들 모두 이 교실에 들어온다.

정답 ④

04 다음 빈칸에 들어갈 수 없는 것은?

I don't have much ( ).

① information
② patience
③ hypotheses
④ literature

해설
hypotheses는 가산명사 hypothesis(단수형)의 복수형이다. 따라서 much가 아닌 many, a lot of, a number of와 같은 수량형용사의 수식을 받아야 한다.
①·②·④는 개념, 자질, 물질 등을 가리키는 불가산명사이다. 따라서 much와 같은 수량형용사의 수식을 받는다.

해석
나는 많은 (정보, 인내심, 문헌)이/가 없다.

정답 ③

05 다음 중 어법상 가장 적절하지 않은 것은?

① This book contains many kinds of stories and articles.
② I have a twelve-years old daughter and a seven-years old son.
③ Most of the people in my office are friendly.
④ Horses were the principal means of transportation.

해설
하이픈을 사용하여 복합형용사를 만들 때는 연결하는 수사의 수와는 무관하게 결합하는 명사는 단수형으로 써야 한다. 따라서 twelve-year와 seven-year가 적절한 표현이다.
① many kinds of가 가산명사 stories와 articles를 수식한다.
③ 'most of the 복수명사 + 복수동사' 구문이다.
④ 추상명사 means가 사용되었다.

해석
① 이 책은 많은 종류의 이야기와 기사를 담고 있다.
② 나는 12살 딸과 7살 아들이 있다.
③ 내 사무실 사람들 대부분은 친절하다.
④ 말은 주요한 교통수단이었다.

정답 ②

※ 빈칸에 들어갈 말로 가장 적절한 것은? (06~10)

06

The audience clapped enthusiastically. Obviously, ( ) had enjoyed the show.

① they
② we
③ it
④ he

해설
the audience는 집합명사로서 단수 취급한다. 따라서 빈칸에 들어갈 적절한 대명사 표현은 it이다.

해석
관중은 열정적으로 박수쳤다. 분명, 관중은 그 쇼를 재미있어했다.

정답 ③

07

> Yesterday, Tom's car ran out of gas. He had to walk a long way to a gas station. He is still angry at (　　) for forgetting to fill the tank.

① himself
② itself
③ them
④ themselves

해설
재귀대명사는 주어의 성과 수를 맞추어 사용해야 한다. 제시된 문장의 주어 he는 남성, 단수 대명사이므로 빈칸에 들어갈 수 있는 재귀대명사는 himself가 된다. 문장의 내용상 자신의 차에 기름을 넣지 않았던 것은 그 자신이 했던 일이므로 빈칸에 들어갈 가장 적절한 대명사는 재귀대명사 himself가 된다.

해석
어제 톰의 자동차에 기름이 없었다. 그는 주유소까지 한참을 걸어가야 했다. 그는 아직도 기름 채우는 것을 잊었던 것에 대해 자신에게 화가 난다.

정답 ①

08

> I have four books. One of them is English, (㉠) is science, and (㉡) are art.

	㉠	㉡
①	other	the others
②	the other	others
③	another	others
④	another	the others

해설
부정대명사는 전체의 개수가 중요하다. 4권의 책을 가지고 있으므로 그중 하나는 one으로, 또 다른 하나는 another로 표현한다. 그리고 나머지 두 개는 복수이면서 나머지 개수가 두 권의 책으로 정해져 있으므로 the others를 사용한다.

해석
나는 네 권의 책을 가지고 있다. 그중 한 권은 영어책이고, 또 다른 한 권은 과학책이고, 나머지 두 권은 미술책이다.

정답 ④

09

(㉠) people are tall; (㉡) are short. (㉢) people are fat; (㉣) are thin. (㉤) people are nearsighted; (㉥) people are farsighted.

	㉠	㉡	㉢	㉣	㉤	㉥
①	Some	the others	Some	the others	Some	the other
②	Some	others	Some	others	Some	other
③	Some	others	Some	others	Some	others
④	Some	the others	Some	the others	Some	the others

해설
불특정한 복수의 대상을 가리키는 부정대명사는 some, 전체 개수를 알지 못하는 상황에서 복수의 나머지를 가리키는 부정대명사는 others이다. 복수명사를 수식하는 부정형용사는 some과 other이다. 따라서 ㉠, ㉢, ㉤에는 부정형용사 some, ㉡과 ㉣에는 부정대명사 others, ㉥에는 부정형용사 other가 들어가는 것이 적절하다.

해석
몇몇 사람들은 키가 크다; 나머지는 작다. 몇몇 사람들은 뚱뚱하다; 나머지는 날씬하다. 몇몇 사람들은 근시이다; 다른 사람들은 원시이다.

정답 ②

10

- Mike and I write to (㉠) every week.
- We write to (㉡) every week.

	㉠	㉡
①	one another	each other
②	one another	one after the other
③	each other	one another
④	each other	one after the other

해설
'서로서로'의 표현으로서 둘 사이는 each other, 셋 이상은 one another로 쓴다. one after the other는 '차례로'의 표현이다.

해석
- Mike와 나는 매주 서로서로 편지한다.
- 우리는 매주 서로서로 편지한다.

정답 ③

11 다음 두 문장을 연결하여 다시 쓸 때, 빈칸에 들어갈 말로 가장 적절한 것끼리 짝지어진 것은?

- The woman gave me good advice.
- I spoke to the woman.
  → The woman (㉠) I spoke to gave me good advice.
  → The woman (㉡) I spoke gave me good advice.

	㉠	㉡
①	that	to whom
②	whom	to that
③	that	to that
④	whom	to which

해설

선행사가 사람이고 연결하는 문장에서 관계사가 목적어를 대신할 때, 목적격 관계대명사 whom, that을 쓰거나 생략할 수 있다. 또한 연결하는 문장에서 전치사가 있을 때, 전치사는 관계대명사 앞으로 올 수 있다. 다만 전치사가 관계사 앞에 올 때, 목적격 관계대명사는 선행사가 사람일 때는 whom만, 사물일 때는 which만 가능하다. 따라서 문법적으로 첫 번째 빈칸에는 whom(또는 that, 목적격 관계대명사 생략), 두 번째 빈칸에는 to whom이 들어가는 것이 적절하다.

해석

- 그 여자는 내게 좋은 조언을 해 주었다.
- 나는 그 여자와 이야기했다.
  → 내가 이야기했던 그 여자는 내게 좋은 조언을 해 주었다.

정답 ①

12 빈칸에 들어갈 말로 가장 적절한 것끼리 짝지어진 것은?

- The professor (㉠) course I am taking is excellent.
- One of the elephants, (㉡) we saw at the zoo, had only one tusk.

	㉠	㉡
①	who	that
②	what	which
③	whose	which
④	that	what

해설
첫 번째 빈칸에는 소유격 관계대명사가 들어가는 것이 적절한데, 소유격 관계대명사가 이끄는 문장은 주어 또는 목적어가 모두 있는 완벽한 문장이다. 따라서 가장 적절한 표현은 whose이다. 두 번째 문장은 계속적 용법이 사용된 문장이다. 계속적 용법에서 사용이 가능한 관계사는 who(m), which, whose이다. 두 번째 빈칸의 경우 선행사가 사물이고, 목적격 관계대명사 자리이므로 가장 적절한 표현은 which이다.

해석
- 내가 수강하고 있는 강의의 교수님은 훌륭하시다.
- 내가 동물원에서 보았던 코끼리 중 하나는 상아가 하나밖에 없다.

정답 ③

※ 빈칸에 들어갈 말로 가장 적절한 것은? (13 ~ 14)

13

A cat is fast, a tiger is (㉠), but a cheetah is the (㉡).

	㉠	㉡
①	faster	fastest
②	more fast	most fast
③	more faster	most fastest
④	fastter	fasttest

해설
형용사 fast의 비교급과 최상급의 알맞은 형태를 묻는 문제이다. 따라서 faster와 fastest가 정답이다.

해석
고양이는 빠르고, 호랑이는 더 빠르지만, 치타가 가장 빠르다.

정답 ①

14
- They were worried (㉠) the result.
- She was convinced (㉡) his sincerity.

	㉠	㉡
①	of	of
②	with	for
③	on	in
④	about	of

해설
전치사구를 보어로 취하는 형용사 worried, convinced는 각각 전치사 about, of와 함께 사용된다.

해석
- 그들은 그 결과에 대해 걱정했다.
- 그녀는 그의 진심을 확신했다.

정답 ④

15 주어진 우리말을 영어로 가장 적절하게 옮긴 것은?

그녀는 꽤 재미있는 신예 팝 가수이다.

① She is a quite interesting new pop singer.
② She is quite an interesting new pop singer.
③ She is an interesting quite new pop singer.
④ She is quite a new interesting pop singer.

해설
부사 quite와 형용사가 함께 사용될 때, 'quite + 부정관사(an) + 형용사(interesting) + 명사(구)(new pop singer)' 순서로 쓴다. 따라서 주어진 한국어 문장은 'She is quite an interesting new pop singer.'로 작성해야 문법적으로 올바른 문장이다.

정답 ②

16 다음 문장을 주어진 단어로 시작하는 문장으로 바꾸어 쓸 때, 빈칸에 들어갈 말로 가장 적절한 것은?

> He was delighted to know that she came back to him.
> → To know that she came back to him (㉠) him (㉡).

	㉠	㉡
①	makes	delight
②	seem	delight
③	made	delighted
④	appear	delighted

해설
'주어 + be동사 + 형용사 + to부정사' 표현은 'To부정사 + make(s) + 주어의 목적격 + 형용사'로 바꾸어 쓸 수 있다. 처음에 제시된 문장이 과거시제(was)라는 점에서 동사는 made가 들어가는 것이 적절하다.

해석
그는 그녀가 그에게로 돌아왔다는 것을 알고 기뻤다.

정답 ③

---

17 다음 중 어법상 가장 적절하지 <u>않은</u> 것은?

① He is such a brave man.
② She is the happiest girl.
③ The fish in this river is not alive.
④ That asleep baby is my daughter.

해설
asleep은 서술적 용법으로만 사용이 가능한 형용사이므로 ④의 문장은 'That baby (who is) asleep is my daughter.'로 바꾸어야 한다.
① such + 부정관사 + 형용사 + 명사
② the + 최상급(happiest)
③ 형용사 alive는 서술적 용법, 즉 보어로만 사용이 가능하다.

해석
① 그는 참 용감한 사람이다.
② 그녀는 가장 행복한 소녀이다.
③ 이 강에 있는 물고기는 살아 있지 않다.
④ 잠에 든 그 아기가 나의 딸이다.

정답 ④

※ 빈칸에 들어갈 말로 가장 적절한 것은? (18 ~ 21)

18
> I clearly remember the day when I was with you.
> → I clearly remember the day (㉠) (㉡) I was with you.

	㉠	㉡
①	on	which
②	at	that
③	in	when
④	for	which

해설
제시된 문장에는 관계부사 when이 사용되었다. 관계부사 when은 '전치사 + 관계대명사'로 바꾸어 쓸 수 있으므로, 빈칸에는 on which가 들어가는 것이 가장 적절하다. 제시된 문장을 관계사를 이용해 다시 써 보면 'I clearly remember the day which(that) I was with you on.'이 된다. 다만 전치사와 관계대명사 that은 함께 사용될 수 없으므로 정답은 on which이다.

해석
나는 너와 함께했던 그날을 분명하게 기억한다.

정답 ①

19
> Apple promises to (　　) manage the home computer's speed.

① precise
② precision
③ precisely
④ preciseness

해설
분리 부정사 표현으로, 부정사 to manage 사이에 수식어가 들어갈 수 있다. 다만 동사를 수식해야 하므로 부사 표현이 가장 적절하다.

해석
Apple은 가정용 컴퓨터의 속도를 정확하게 관리할 것을 약속한다.

정답 ③

20

> The passengers reached safely; (   ), they could not forget the accident.

① therefore
② but
③ although
④ however

해설
두 문장을 연결할 수 있는 적절한 연결(접속)부사에 대해 묻는 문제이다. 내용상 뒤 문장은 앞 문장과는 상반되는 내용이므로 빈칸에 들어갈 가장 적절한 연결부사는 however이다. ①은 내용상 적절하지 않으며, ②와 ③은 접속사이므로 빈칸에 위치할 수 없다. 접속사 뒤에는 콤마(,)를 사용하지 않는다.

해석
승객들은 안전하게 도착했다. 그러나, 그들은 그 사고를 잊을 수 없었다.

정답 ④

21

> Our immune systems are not functioning as (   ) as they are when we are well rested, and we get sick.

① effectively
② effective
③ affectively
④ efficient

해설
빈칸에는 원급 비교 문장의 동사구인 are not functioning을 수식할 수 있는 부사가 들어가야 한다. 내용상 '효과적으로'라는 의미의 부사가 가장 적절하므로 정답은 ①이다.
② 효과적인
③ 애정적으로
④ 효율적인

해석
우리의 면역체계는 우리가 잘 휴식할 때 기능하는 것만큼 효과적으로 기능하지 않아서 우리가 병에 걸리게 된다.

정답 ①

22 다음 빈칸에 공통으로 들어갈 말로 가장 적절한 것은?

- This dress is (　　) tight for me.
- I arrived there (　　) late.
- He wants to meet her again, and she wants to meet him, (　　).

① either　　② too
③ neither　　④ so

해설
부사 too의 활용을 묻는 문제로서, 첫 번째 문장에서 부사 too는 '매우' 또는 '너무'의 의미로 사용되며, 형용사 tight를 수식한다. 두 번째 문장에서는 부사 late를 수식하면서 역시 '너무'의 의미로 사용된다. 세 번째 문장의 경우, 부사 too가 긍정문의 동의 표현으로 사용되어 '역시', '또한' 정도의 의미로 사용되었다. 따라서 빈칸에 공통으로 들어갈 가장 적절한 표현은 부사 too이다.

해석
- 이 드레스는 나에겐 너무 작다.
- 나는 거기에 너무 늦게 도착했다.
- 그는 그녀를 다시 보고 싶어 하고, 그녀 역시 그를 만나고 싶어 한다.

정답 ②

※ 빈칸에 들어갈 말로 가장 적절한 것은? (23 ~ 25)

23

Many people who live in the countries are likely to be worried again with the beginning of the cold weather. (　　) its close location to these countries, however, Korea has remained free of the deadly diseases.

① Though　　② In addition to
③ Along　　④ Despite

해설
빈칸 뒤에는 its close location to these countries라는 명사구가 있다. 따라서 빈칸에는 명사구를 목적어로 취할 수 있는 전치사가 들어가야 한다. 내용상 가장 적절한 전치사는 '~에도 불구하고'의 의미를 갖는 despite가 가장 적절하다.
① though는 접속사이므로 뒤에는 절과 같이 주어와 동사 형태를 갖춘 완벽한 문장이 나온다.
② in addition to는 '뿐만 아니라'의 의미를 갖는 전치사구 표현이다. 문법적으로는 가능하지만, 의미적으로는 적절하지 않다.
③ along 역시 전치사이지만, 내용상 적절하지 않다.

해석
그 나라들에 살고 있는 많은 사람들은 추운 날씨가 시작되면서 다시 걱정을 할 것 같다. 그러나 이러한 나라들에 가까이 위치했음에도 불구하고, 한국은 그 치명적인 질병으로부터 자유로운 상태이다.

정답 ④

24

A doctor checks your weight, vision, hearing, and blood pressure (   ) a regular examination.

① in
② during
③ for
④ while

해설
빈칸 뒤에는 불특정한 시간 표현인 a regular examination이 있다. 불특정한 시간이란 주어진 시간 표현이 사람들 각자에게 다르게 인식되는 것을 말한다. 다시 말해, summer vacation이 모든 사람들에게 동일한 기간을 의미하지 않는 것과 같다. 불특정한 시간과 함께 주로 사용되는 전치사는 during이다.
① in은 내용상 적절하지 않다.
③ for에 대한 목적어로 기간 표현이 올 때, 주로 특정 시간이 위치하므로 적절하지 않다.
④ while은 접속사이므로 문법적으로 적절하지 않다.

해석
정기검진 동안 의사는 당신의 체중, 시력, 청력, 그리고 혈압을 검사한다.

정답 ②

25

This company was able to sell out its trip (   ) the season by reducing its prices.

① while
② with
③ through
④ along

해설
'시즌 내내'라는 의미의 전치사구 표현은 through the season이다.
① 접속사로서 문법적으로 적절하지 않다.
②·④ 전치사이지만 의미상 어울리지 않는 표현이다.

해석
이 회사는 상품 가격을 인하하여 시즌 내내 회사의 여행 상품을 완판할 수 있었다.

정답 ③

26 다음 빈칸에 공통으로 들어갈 말로 가장 적절한 것은?

- He heard the news and was sorry (　) them.
- I think that English is too difficult (　) me.
- I have been living in this house (　) more than 5 years.

① for
② to
③ in
④ over

해설
첫 번째 문장의 경우, 내용상 '~을 안쓰러워하다'의 의미를 갖는 be sorry for 표현이 적절하다. 두 번째 문장의 경우, '나에게는'이라는 의미가 자연스럽기 때문에 빈칸에는 전치사 for가 들어가는 것이 가장 적절하다. 세 번째 문장의 경우, 특정한 시간, 즉 모든 사람들에게 동일하게 인식되는 시간 표현인 more than 5 years가 빈칸의 목적어 자리에 있으므로 빈칸에는 전치사 for가 들어가는 것이 가장 적절하다.

해석
- 그는 그 소식을 듣고서 그들을 안쓰러워했다.
- 나는 영어가 내게 너무 어렵다고 생각한다.
- 나는 이 집에서 5년 넘게 사는 중이다.

정답 ①

27 다음 중 어법상 가장 적절하지 않은 것은?

① This suit looks nice. Can I try it on?
② I found much information in the Internet.
③ You should not look down on the poor.
④ Could you keep an eye on my seat for a while? I'll be back soon.

해설
해당 문장에서 '인터넷에서'라는 표현은 on the Internet으로 쓰는 것이 적절하다. 따라서 전치사 in을 on으로 바꿔써야 한다.
① try it on : 입어 보다
③ look down on : 무시하다, 경멸하다
④ keep an eye on : ~을 봐주다, 눈여겨보다

해석
① 이 정장은 멋져 보이네요. 제가 입어 봐도 될까요?
② 나는 인터넷에서 많은 정보를 찾았다.
③ 당신은 가난한 사람들을 무시해서는 안 된다.
④ 제 자리를 잠시 봐주실 수 있는지요? 곧 돌아올 겁니다.

정답 ②

추록 III | 제2편 문법 (2)

| 단원 개요 |
본 단원에서는 조동사를 일반조동사(부정문, 의문문, 도치, 강조, 진행형, 완료형, 수동태 등)와 양상조동사(말하는 사람의 판단이나 태도 표현)로 나누어 자세하게 살펴봅니다.

| 출제 경향 및 수험 대책 |
먼저 일반조동사와 양상조동사의 기본적인 문법 개념과 사용 원리를 정확하게 이해합니다. 특히 양상조동사의 부정 표현의 의미, had better 구문, 조동사 have pp 구문 등은 여러 시험에 자주 출제되는 내용이니 해당 부분의 개념은 반드시 반복 학습해서 잘 정리합니다.

제13장 조동사

조동사는 문장의 본동사를 도와 다음과 같이 다양한 문법적 기능을 한다.

> 첫째, 조동사는 본동사 앞에 사용되어 문장의 시제를 표시한다.
> 둘째, 조동사는 의문문과 부가의문문에 사용된다.
> 셋째, 양상조동사(can, may, should, must, ought to 등)는 주어-동사 수를 일치시키지 않는다.
> 넷째, 일반조동사(do, be, have 등)는 주어-동사 수를 일치시켜야 한다.

[예]
- I **didn't** drive my car yesterday(나는 어제 내 차를 운전하지 않았다).
- Tom cleaned his room, **didn't** he?(톰은 방을 청소했어요. 그렇지 않나요?)
- He **can** solve this problem(그는 이 문제를 해결할 수 있다).
- They **must** submit their assignments today(그들은 오늘까지 과제를 제출해야 한다).
- She **doesn't** like to talk with him(그녀는 그와 이야기하기를 좋아하지 않는다).
- We **don't** like to hate you(우리는 당신을 미워하고 싶지 않다).
- We **have** never been to Africa(우리는 아프리카에 가 본 적이 없다).
- He **has** studied English for 30 years(그는 30년 동안 영어를 공부해 왔다).
- I **am** reading this book(나는 이 책을 읽는 중이다).
- They **are** quarreling with each other(그들은 서로 다투는 중이다).

제1절 일반조동사

부정문, 의문문, 도치, 강조, 진행형, 완료형, 수동태 등에서 사용되는 조동사로서 do, be, have 등이 있다.

1 부정문

일반동사가 사용된 문장을 부정할 때, 현재시제일 경우 don't나 doesn't를, 과거시제일 경우 didn't를 본동사(일반동사) 앞에 사용한다.

[예]
- He **likes** to go with her.
  → 부정 : He **doesn't like** to go with her(그는 그녀와 함께 가기를 원하지 않는다).
- We **invented** this machine.
  → 부정 : We **didn't invent** this machine(우리는 이 기계를 발명하지 않았다).

2 의문문

일반동사가 사용된 평서문 문장을 의문문으로 바꿀 때, 현재시제일 경우 do나 does를, 과거시제일 경우 did를 사용하여 평서문을 의문문으로 바꾼다.

[예]
- She **ran** fast.
  → **Did** she run fast?(그녀는 빨리 달렸나요?)
- He **has left** for Seoul.
  → **Has** he left for Seoul?(그는 서울로 떠났나요?)

3 도치

문장에서 명사, 형용사, 부사 등을 강조하기 위해 문장의 주어 자리에 위치시키는 문장 형태로 도치할 때, 의문문 어순과 같이 주어와 동사의 위치를 바꾼다.

[예]
- They quickly went to the hospital.
  → Quickly **did** they go to the hospital(빠르게 그들은 병원으로 갔다).
- We were very satisfied with the outcome.
  → Very satisfied **were** we with the outcome(우리는 그 결과에 너무 만족했다).

4 강조

문장에서 사용된 일반동사의 의미를 강조할 때, 일반동사 do, does, did를 사용한다.

[예]
- He **did** promise to finish the project(그는 그 계획을 마치기로 꼭 약속했다).
- The candidate **did** say that he was not interested in the offer(그 후보자는 그 제안에는 관심이 없었다고 힘주어 말했다).

5 진행형

'be(am, is, are, was, were) + Ving' 형태로서 '~하는 중'이라고 해석된다. 이 구문에서 사용된 be동사는 조동사이다.

[예]
- We **were** driving on the bridge(우리는 다리 위를 운전하던 중이었다).
- I **was** not drawing trees and fields(나는 나무와 들판을 그리던 중이 아니었다).

6 완료형

'have(has, had) + V의 pp' 형태로서 과거분사(V의 pp) 앞에 사용된 have, has, had는 완료시제를 나타내는 조동사이다.

[예]
- The weather **has** been cold for a long time(날씨는 오랫동안 추웠다).
- They **have** known each other since last year(그들은 작년부터 서로를 알고 지냈다).
- He **had** left before his son got here(그는 아들이 여기에 오기 전에 떠났었다).

7 수동태

'be(am, is, are, was, were) + V의 pp' 또는 'have(has, had) + been + V의 pp' 형태로서 과거분사(V의 pp) 앞에 사용된 be동사나 have는 조동사이다.

[예]
- This rug **was** made by my aunt(이 깔개는 내 고모에 의해 만들어졌다).

- Rice **is** grown in many countries by people(쌀은 많은 나라에서 사람들에 의해 재배된다).
- The drawings **have** been finished by the children(그 그림은 아이들에 의해 마무리되었다).
- A fish **had** been caught by him(한 물고기가 그에 의해 잡혔다).

제2절 양상조동사(Modals)

일반조동사와 같이 본동사를 보조하면서 본동사가 기술하는 사건에 대한 화자의 판단, 태도, 의견 등을 표현하는 조동사이다.

1 당위성

> must, have to, have got to

(1) 긍정문

당위성을 전달할 때 사용한다.

예
- We **must** prepare a research paper on global warming(우리는 지구온난화에 대한 연구 논문을 준비해야 한다).
- They **have to** get a valid driver's license(그들은 유효한 운전면허증을 소지해야 한다).
- Look at the time. I **have got to** go(시간 봐. 나는 가야 해).

(2) 부정문

금지나 필요성의 부족을 나타낼 때 사용한다.

예
- You **must not** show any signs of fear(당신은 두려움의 어떠한 표시도 보여선 안 된다).
  - → Don't show any signs of fear.
  - → You can't show any signs of fear.
  - → You had better not show any signs of fear.
- You **don't have to** introduce me to Dr. Lee(당신은 나를 이 박사에게 소개할 필요가 없다).
  - → You need not introduce me to Dr. Lee.
  - → You don't need to introduce me to Dr. Lee.

2 충고나 권고

> had better, should, ought to

(1) 긍정문

had better는 should, ought to와 유사한 의미를 갖지만 had better가 두 표현보다는 당위성 관점에서 더욱 강하다. 즉, had better 역시 충고를 전달하지만 만일 이를 따르지 않았을 때 예견될 수 있는 문제에 대한 책임은 주체에게 있다는 점에서 충고와 동시에 경고를 전달한다. 따라서 had better는 should와 ought to보다 강한 충고의 의미를 전달하는 표현이라 할 수 있다.

[예]
- You **should** change them(당신은 그것들을 바꿔야 한다).
- You **ought to** obey the speed limit(당신은 제한속도를 준수해야 한다).
- You **had better** check the time(당신은 시간을 확인하는 편이 낫다).

(2) 부정문

강한 부정의 권고, 경고를 나타낼 때 사용한다.

[예]
- All students **should not** violate the regularities(학생 모두 규칙을 위반해선 안 된다).
  → 단, 해당 표현은 금지의 의미는 아니다.
- We **had better not** disturb others(우리는 다른 사람들을 방해하지 않는 게 낫다).
  → 단, 방해했을 때 예견되는 책임은 우리에게 있다는 '경고'의 의미를 전달한다.

3 능력, 가능성, 허가

> can

(1) 능력

can이 가진 일반적인 의미는 '~할 수 있다'의 능력이다. 이 경우 can은 be able to나 be capable of로 바꾸어 쓸 수 있다.

[예]
- She **can** speak Korean but she can't write it well(그녀는 한국어를 말할 수는 있지만 잘 쓸 수는 없다).
  → She **is able to speak(is capable of speaking)** Korean but she can't write it well.

- He **can** play the piano(그는 피아노를 칠 수 있다).
- You **can't** take that course(너는 그 강의를 들을 수 없다).

(2) 가능성

may(사실적 가능성)와는 다르게 can은 약한 가능성을 표현한다.

예

- The highway **can** be improved(그 고속도로는 (이론적으로는) 개선될 수 있다).
  - → **It is possible** for the highway to be improved.
- The highway **may** be improved(그 고속도로는 (실제로) 개선될 수 있다).
  - → **Perhaps** the highway will be improved.
- Anyone **can** make mistakes(누구나 실수할 수 있다).
- My friend **can** meet you at the library(내 친구는 도서관에서 너를 만날 수 있다).
- She **can't** be here at this time(그녀가 이번에는 여기에 있을 수 없다).
  - → **It is impossible** for her to be here at this time.

(3) 허가

비격식체 표현으로 '~해도 된다'의 의미로 사용이 가능하나, 격식체 표현으로는 may나 be permitted to를 사용하는 것이 적절하다.

예

- You **can** leave right now(당신은 지금 당장 떠나도 된다).
  - → You **are allowed to** leave right now.
- You **can** take pictures of my car(당신은 내 차를 찍어도 된다).
  - → You **are allowed to** take pictures of my car.

4 허가와 추측

may

(1) 허가

① may는 허가의 의미를 갖는 격식체 표현이다.

예

- You **may** use my mobile phone(당신은 내 휴대폰을 사용해도 된다).
- You **may** take my lecture(당신은 내 강의를 수강해도 된다).

② 허가의 부정형 may not은 금지의 표현으로서 must not과 바꿔 쓸 수 있다.
예 You **may not** use your smart phone(당신은 스마트폰을 사용하면 안 된다).
→ You **must not** use your smart phone.
→ You **are not permitted to** use your smart phone.

(2) 추측

① '~일지도 모른다'의 추측이나 사실적 가능성을 표현한다.
예
- He **may** be studying in his room(그는 방에서 공부하고 있을지도 모른다).
- He **may** be full(그는 배가 부를지도 모른다).

② 추측의 부정형 may not/might not은 언급한 사건이 일어나지 않을 가능성을 표현한다.
예
- He **may not** be studying in his room(그는 방에서 공부하고 있지 않을지도 모른다).
- He **may not** be full(그는 배가 부르지 않을지도 모른다).

5 의지, 예측, 명령

> will

(1) 의지

평서문에서 주어의 의지나 의도를 표현한다. 단, 의문문에서 will이 사용될 때 will은 공손한 요청의 기능이 있다.

예
- I **will** finish this task until this month(나는 이번 달까지 이 업무를 끝낼 것이다).
- They **will** help you if you want(당신이 원한다면 그들은 당신을 도울 것이다).
- **Will** you have another cup of coffee?(커피 한 잔 더 드시겠어요?)

(2) 예측

현재에 가능하거나 미래에 일어날 사건을 예측할 때 사용한다.

예
- My son **will** be absent from his school(아들은 학교에 결석할 것이다).
- If you love him, he **will** know your sincere mind(만일 당신이 그를 사랑한다면 그는 당신의 진심을 알 것이다).
- Oil **will** float on water(기름은 물 위에 뜰 것이다).

(3) 명령

맥락에 따라 반드시 해야 할 강력한 명령을 전달할 때 사용한다.

예

- You **will** do it exactly as I say(당신은 내가 말한 대로 정확하게 그것을 해야 할 것이다).
- You **will** be quiet in this room(당신은 이 방에서는 조용히 해야 할 것이다).
- Sit down, **will** you?(앉으세요, 알겠죠?)

6 예정과 의무

be supposed to

(1) 예정

'~할 예정이다'의 의미로, 앞으로 일어날 일을 표현한다.

예

- This game **is supposed to** begin at 12:00(이 경기는 12시에 시작될 예정이다).
- The committee **is supposed to** vote by secret ballot(위원회는 비밀투표로 투표할 예정이다).

(2) 의무

'~해야 한다'의 의미로, 의무나 당위성을 표현한다.

예

- I **am supposed to** go to the meeting because my boss told me that he wants me to attend(사장이 내가 참석하는 것을 원한다고 해서 나는 회의에 참석해야 한다).
- You **are supposed to** obey the rule(당신은 규칙을 지켜야 한다).

(3) 과거형

'~했어야 했는데 안 했다'의 의미로, 기대와는 다른 결과를 표현한다.

예

- She **was supposed to** call me yesterday(그녀는 어제 내게 연락했어야 했다).
- She **was supposed to** apologize to me(그녀는 내게 사과했어야 했다).

7 과거에 이루지 못한 의도

> was going to + V, was + Ving + to + V, had + V의 pp + to + V

'~하려고 했지만 안 했다'의 의미로, 과거에 이루지 못한 화자의 의도를 표현한다.

예
- He **was going to go** to her home yesterday(그는 어제 그녀의 집에 가려고 했지만 안 갔다).
- I **was planning to visit** her this weekend(나는 이번 주말에 그녀를 방문하려고 했으나 하지 않았다).
- He **had hoped to understand** her(그는 그녀를 이해하려고 했지만 그러지 않았다).

8 조동사 + have + V의 pp

> should (not) + have + V의 pp, could (not) + have + V의 pp

(1) 과거의 유감

① should + have + V의 pp : '~했어야 했는데 안 했다'
② should not + have + V의 pp : '~하지 말았어야 했는데 했다'

예
- You **should have apologized** to him(너는 그에게 사과했어야 했는데 안 했다).
- You **should not have said** this to him(너는 그에게 이것을 말하지 말았어야 했는데 했다).

(2) 과거의 가능성

① could + have + V의 pp : '~할 수 있었는데 안 했다'
② could not + have + V의 pp : '~할 수 없었을 텐데 했다'

예
- You **could have apologized** to him(너는 그에게 사과할 수 있었는데 안 했다).
- You **could not have said** this to him(너는 그에게 이것을 말할 수 없었을 텐데 했다).

제13장 실전예상문제

※ 빈칸에 들어갈 말로 가장 적절한 것은? (01 ~ 04)

01

Media has prompted the public to demand that trolls (　　) accountable for their behavior.

① are held
② were held
③ be held
④ held

해설
요구동사 demand(require, propose 등)가 that절을 목적어로 취하면 that절의 동사 앞에는 당위성을 전달하는 조동사 should를 사용한다. 동사 demand의 의미 자체가 앞으로 할 일을 요구한다는 점에서 that절 안의 내용은 앞으로 해야 할 내용을 언급한다. 따라서 that절 안에는 조동사가 필요하다. 이때 조동사 should는 생략 가능하지만 반드시 사용해야 한다는 점을 기억한다. 따라서 정답은 조동사 should가 생략된 ③이다.

해석
매체는 대중들에게 트롤들이 그들의 행동에 대한 책임을 져야 한다는 점을 요구하도록 촉구하고 있다.

정답 ③

02

- You are supposed to help parents with chores.
  = You (　㉠　) help parents with chores.
- He was supposed to file an income tax return.
  = He (　㉡　) an income tax return.

	㉠	㉡
①	will	should file
②	have to	should have filed
③	are going to	could have filed
④	must	would file

해설
첫 번째 문장에서 사용된 are supposed to 구문은 '~해야 한다'라는 의무로서의 해석이 자연스럽다는 점에서 주어진 문장을 조동사를 이용하여 바꾸어 쓸 때, must 또는 have to가 들어가는 것이 적절하다. 두 번째 문장에서 사용된 was supposed to 구문은 '~했어야 했는데 안 했다'라는 과거의 이루지 못한 의도의 의미를 전달하므로 should have V의 pp 형태로 바꾸어 쓸 수 있다.

해석
- 당신은 부모님을 도와 집안일을 해야 한다.
- 그는 세무 신고를 했어야 한다. (그러나 실제로는 세무 신고를 안 했다.)

정답 ②

03

A : Should I finish the work by tomorrow?
B : No, you (　　) it by tomorrow.
A : Then, can you give me more time?
B : Sure, you can finish it until this Friday.

① may not finish
② can not finish
③ should not finish
④ don't have to finish

해설
대화의 내용으로 보아 B는 A에게 과제 제출 기한을 연장해 주려고 한다. 이런 상황에서 B가 A에게 부담을 줄여주기 위해 '~할 필요가 없다'와 같은 표현으로 답하는 것이 가장 적절하다. 따라서 ④가 가장 적절한 답변이다.
①·③은 '하지 말아야 한다'의 금지 표현이므로 적절하지 않고, ②는 불가능성을 언급하고 있으므로 역시 적절하지 않다.

해석
A : 제가 내일까지 그 일을 마쳐야 하나요?
B : 아니요, 내일까지 마칠 필요는 없어요.
A : 그러면 저에게 시간을 조금 더 주실 수 있나요?
B : 물론이죠, 이번 주 금요일까지 마무리하세요.

정답 ④

04

A : I stayed up all night finishing this report for the presentation.
B : You (　　) really tired.

① must be
② might be
③ should be
④ had better be

해설
A는 보고서를 마무리하느라 밤을 꼬박 새웠다고 했다. 이런 A의 상황에 대해 B는 A가 정말 피곤할 거라고 확신에 찬 추측을 하는 것은 자연스럽다. 따라서 '~임에 틀림없다'라는 강한 추측의 표현인 must be가 가장 적절하다.
② 약한 추측인 '~일지도 모른다', ③ 의무인 '~해야 한다', ④ 권유의 '~하는 게 낫다'의 조동사 표현은 모두 빈칸에 어울리지 않는다.

해석
A : 발표 보고서 마무리하느라 밤을 꼬박 새웠어.
B : 정말 피곤하겠다. (너 피곤함에 틀림없다.)

정답 ①

05 주어진 맥락(context)과 사실(facts)을 토대로 생각할 때, 빈칸에 들어갈 가장 적절한 표현은?

- Context : Someone is knocking at the door. I wonder who it is.
- Facts : Alice is a neighbor who sometimes drops by in the middle of the day.
  → I suppose it (   ) Alice.

① must be

② is

③ might be

④ couldn't be

해설

문을 두드린 사람이 누구인지가 궁금한 상황에서 'Alice는 한낮에 가끔 들르는 이웃이다.'라는 사실이 제시되었다. 이러한 맥락과 사실을 토대로 생각해 볼 때, 문을 두드린 사람이 Alice일 가능성이 높지 않다는 점은 쉽게 짐작할 수 있다. 이러한 약한 가능성 또는 추측을 표현할 수 있는 가장 적절한 조동사는 might be로서 '아마 ~일지도 모른다'의 표현이다. 따라서 정답은 ③이다.
①은 강한 추측, ②는 사실, ④는 강한 확신에 찬 부정의 표현이므로 모두 빈칸에 적절하지 않다.

해석

- 맥락 : 누군가가 문을 두드리는 중이다. 나는 누구인지 궁금하다.
- 사실 : Alice는 한낮에 가끔 들르는 이웃이다.
  → 내가 추측하는 건 그 사람이 아마 Alice일지도 모른다는 거야.

정답 ③

추록 IV | 제3편 독해 (1)

| 단원 개요 |

본 단원은 주어진 글의 결론으로 적절한 내용을 추론하는 능력이 요구됩니다. 결론 유형의 문제는 글의 중심 내용을 이해해야 글의 결론부에 위치할 적절한 내용을 논리적으로 찾을 수 있다는 점에서 글의 중심 내용, 주제, 요지 등을 묻는 유형의 문제와 유사합니다. 그러나 글 또는 단락의 결론에서는 중심 내용과 주제를 다시 언급할 수도 있지만, 글의 중심 내용에 대한 글쓴이의 의견, 제안, 해결 방안 등 제언적 내용이 위치할 수도 있습니다.

| 출제 경향 및 수험 대책 |

다양한 글을 읽으면서 주어진 글의 중심 내용을 정확하게 정리하고 이와 가장 밀접하게 연관된 필자의 의견, 제안, 해결 방안 등을 논리적으로 추론하여 결론부에 위치할 적절한 내용을 찾아내는 연습을 반복적으로 해야 합니다.

제11장 내용이해 - 결론

1 단락의 구성

대부분의 단락 또는 문단은 관심 유도문(Hook sentence), 도입문, 주제문, 뒷받침 문장(예시, 연구 결과, 통계 수치, 과학적 근거, 기사 등), 결론으로 구성된다.

2 결론부 구성

결론부에서는 바꿔 쓰기를 통해 주제문을 다시 언급하고 주제문에 대한 필자의 의견, 제안, 대안, 예견 등을 언급한다.

3 결론 내용 찾기

결론부의 내용으로서 적절한 문장을 찾기 위해서는 ⅰ) 글의 중심 내용 또는 요지를 정확하게 이해하고, ⅱ) 찾아낸 중심 내용을 토대로 글쓴이의 의견, 제안, 예견 등을 추론한다. 그리고 추론의 결과물에 가장 근접한 내용을 선택지에서 찾는다.

제11장 실전예상문제

01 다음 글의 결론으로 가장 적절한 것은?

> What this neighborhood needs is an up-to-date, green structure that will provide much-needed housing and retail space. Our proposal will replace the BCH with a hotel, apartments(including 15% affordable housing), and space for stores, restaurants, and medical offices. Just as important, construction of these structures, and the businesses that will be located in them, will provide good jobs for people in the community. How much longer do we have to wait for our leaders to make the right decision for the future of our neighborhood?

① 공동체 구성원들의 생활을 보장해야 한다.
② BCH를 리모델링해서 공동체 경제를 살리자.
③ 환경 친화적인 건축물 건설에 공동체의 관심을 집중시키자.
④ BCH를 부수고 공동체에 필요한 건물을 세우자.

해설
글의 중심 내용은 '친환경 구조물, 공동체에 필요한 주택과 상업 공간을 제공할 수 있는 방안은 BCH 건물을 부수고 새로운 건물을 세우는 것이다.'이다. 이러한 중심 내용을 토대로 글의 결론을 추론해 볼 때, ④가 가장 적절하다.

해석
이 공동체에 필요한 것은 최신의 친환경 구조물로, 꼭 필요한 주택과 상업 공간을 제공하는 것이다. 우리의 제안은 BCH를 호텔, 아파트(15%는 저소득층을 위한 주택 포함) 및 상점, 레스토랑, 의료 사무실 공간으로 대체하는 것이다. 무엇보다 이러한 구조물의 건설과 그 안에 위치할 사업체들은 지역사회의 사람들에게 좋은 일자리를 제공할 것이다. 우리 공동체의 미래를 위해 우리 지도자들이 올바른 결정을 내릴 때까지 얼마나 더 기다려야 할까?

정답 ④

02 다음 글의 결론으로 가장 적절한 것은?

> Both Cerf and Satyanarayanan stress the importance of deliberate preservation. In the past, you could throw a bunch of photos into a box without having to decide what to save and what to throw away. With digital records, however, you need to make an active decision about what to keep. Satyanarayanan says it is likely that important records – government documents, big news stories, etc – will be transferred to new forms of storage technology as they emerge.

① 우리의 일상에 대한 기록이 디지털 암흑시대로 사라질지도 모른다.
② 디지털 기록을 영구적으로 보존할 방법에 대한 노력이 전무하다.
③ 아날로그와 디지털 기술의 차이는 기록물을 저장할 수 있는 기간에 있다.
④ 디지털 기술의 한계점을 이해하고 아날로그 기술의 장점을 극대화하자.

해설
글의 중심 내용은 '디지털 기술로 저장된 기록은 아날로그 방식의 기록물과는 달리 끊임없이 진보하는 디지털 기술의 변화 속에서 사라질 수 있는 위험성이 있다.'이다. 이러한 중심 내용을 토대로 급변하는 디지털 기술의 세상에서 디지털 기술로 저장했던 우리의 과거 기록들이 사라질지도 모르는 시대를 '디지털 암흑시대'와 같은 표현으로 대체할 수 있다. 이러한 내용을 토대로 글의 결론을 추론해 볼 때, ①이 가장 적절하다.

해석
Cerf와 Satyanarayanan은 신중한 보존의 중요성을 강조한다. 과거에는 사진 여러 장을 상자에 넣어 두기만 하면 무엇을 보존하고 무엇을 버릴지 결정할 필요가 없었다. 그러나 디지털 기록의 경우 무엇을 유지할지에 대해 적극적으로 결정해야 한다. Satyanarayanan은 중요한 기록들(정부 문서, 큰 뉴스 이야기 등)이 새로운 저장 기술이 등장할 때마다 새로운 형태의 저장 매체로 이전될 가능성이 높다고 말한다.

정답 ①

03 다음 글의 결론에 위치할 내용으로 가장 적절한 것은?

> Changes in technology can place limits on logo designs, but they can also offer new options. In particular, as more business and personal interactions take place in digital environments, more companies are creating logos that are animated and interactive. The foremost example of this is Google's new logo, which appeared in 2015. The new logo has the same four basic colors as the old logo, but it transforms into a number of different images, depending on the product. For example, at the start of a Google voice search, the logo transforms into four dots in the Google colors, then into four wiggling lines that look like sound waves. New logos can be expensive. The sunflower logo cost BP close to $200 million, and Tropicana lost $33 million on its new logo. Yet, for most companies, the process can interject new energy into a brand.

① 새로운 로고가 기업에 줄 수 있는 부정적 영향을 고려해 보아야 한다.
② 신기술을 이용한 기존 로고의 변화는 긍정적인 브랜드 이미지를 만든다.
③ 기존 로고를 새롭게 바꾸려는 노력은 기업에게 가치 있는 투자일 수 있다.
④ 로고를 새롭게 바꿀 때 필요한 비용을 사전에 철저하게 분석해야 한다.

해설

글의 중심 내용은 '기업의 기존 로고를 새롭게 바꾸려는 노력은 예상보다 많은 비용이 소요될 수 있을지라도 가치 있는 투자이다'이다. 이러한 중심 내용을 토대로 이어질 결론의 내용을 추론해 볼 때, 가장 적절한 내용은 ③이다.

해석

기술의 변화는 로고 디자인에 한계를 줄 수 있지만, 새로운 옵션을 제공하기도 한다. 특히, 비즈니스와 개인의 상호작용이 디지털 환경에서 더욱 많이 발생함에 따라, 더 많은 기업들이 역동적이고 상호적인 로고를 만들고 있다. 가장 대표적인 예는 2015년에 등장한 구글의 새로운 로고이다. 새로운 로고는 기존 로고와 동일한 네 가지 기본 색상을 가지고 있지만, 제품에 따라 다양한 이미지로 변환된다. 예를 들어, 구글 음성 검색을 시작할 때 로고는 구글 색상의 네 개의 점으로 변환되었다가, 소리 파형처럼 보이는 네 개의 흔들리는 선으로 변한다. 새로운 로고는 비용이 많이 들 수 있다. BP의 해바라기 로고는 약 2억 달러가 들었고, 트로피카나는 새로운 로고로 3천 3백만 달러를 잃기도 했다. 그러나 대부분의 기업에서 이 과정은 브랜드에 새로운 에너지를 불어넣을 수 있다.

정답 ③

04 다음 글의 결론에 위치할 내용으로 가장 적절한 것은?

> Experts offer advice that is familiar to anyone who has been the victim of cyber bullying: ignore it. In reference to cyber bullying, this advice is often phrased, "Don't feed the trolls." do not respond to the harassment. By responding to it, you give the trolls what they want – attention. Although this is generally considered to be good advice, unfortunately it often does not stop ongoing abuse. As we spend more and more time on the Internet, addressing offensive and threatening behavior online is becoming increasingly important. As Laura Hudson wrote in Wired magazine in 2014, "… the Internet is now where we socialize, where we work. It's where we meet our spouses, where we build our reputations. Online harassment isn't just inconvenient, nor is it something we can walk away from with ease."

① 사이버 폭력을 줄일 수 있는 근본적인 해결책은 트롤 자신에게 있다.
② 사이버 폭력은 경제적이고 실제적인 피해를 주는 혐오스러운 행위이다.
③ 인터넷 사용 시간을 제한하고 인터넷 실명제를 시행하면 사이버 폭력은 근절될 수 있다.
④ 건강한 온라인 환경을 만드는 데 인터넷 사용자들의 적극적인 협조가 필요하다.

해설

글의 중심 내용은 '우리의 일상 중 일부가 되어 버린 온라인, 사이버 공간에서의 폭력은 우리가 생각하는 것보다 심각한 수준이다.'이다. 이러한 중심 내용을 토대로 이어질 결론의 내용을 추론해 볼 때, 이 글의 결론에서는 사이버 폭력을 근절하기 위한 구체적인 대안을 언급하기보다는 사이버 폭력의 심각성을 강한 어조로 알리는 데 중점을 두고 있다. 이러한 점에서 결론에 위치할 가장 적절한 내용은 ②이다.

해석

전문가들은 온라인 피해자에게 익숙한 조언을 한다. 무시하라는 것이다. 온라인 피해에 관한 이 조언은 종종 "트롤에게 먹이를 주지 마라."라고 표현된다. 즉, 괴롭힘에 대응하지 말라는 것이다. 대응함으로써 트롤들에게 그들이 원하는 관심을 주기 때문이다. 비록 이것이 일반적으로는 좋은 조언으로 여겨지지만, 불행히도 이는 지속적인 학대를 멈추지는 못한다. 우리가 인터넷에서 더 많은 시간을 보내게 되면서 온라인에서의 공격적이고 위협적인 행동을 다루는 것이 점점 더 중요해지고 있다. 2014년 Wired 매거진에서 Laura Hudson이 다음과 같이 썼다. "… 인터넷은 이제 우리가 사회화하고, 일하고, 배우자를 만나고, 명성을 쌓는 곳이다. 온라인 괴롭힘은 단순히 불편한 것이 아니고, 쉽게 벗어날 수 있는 것도 아니다."

정답 ②

05 다음 글의 결론에 위치할 내용으로 가장 적절한 것은?

> They are so small that you need a microscope to see them, but so powerful that they kill an average of 37,000 people in the United States every year. They are superbugs – drug-resistant bacteria that have emerged since antibiotics revolutionized medicine in the early 20th century. Indeed, the rise of these superbugs and the use of antibiotics are closely intertwined. All organisms change over time; this is a basic principle of evolution. Smaller organisms, such as bacteria, are able to evolve more quickly, adapting as circumstances require. In the face of antibiotics, bacteria have adapted with deadly efficiency. When a patient takes antibiotics to fight off a bacterial infection, the goal is to kill the bacteria causing the infection. Often, however, although most of the bacteria are killed, a few of the strongest bacteria survive. Thus, only these drug-resistant bacteria are able to reproduce. This sets up a cycle in which increasingly powerful antibiotics are needed to counter bacterial infections.

① If the use of antibiotics is stopped, superbugs will disappear.
② The cycle between antibiotics and superbugs will come to an end someday.
③ This results in the development of superbugs able to resist even the most powerful drugs.
④ In fact, the close connection between the use of antibiotics and the emergence of superbugs has not been confirmed.

해설

글의 중심 내용은 '항생제를 사용하는 가장 중요한 이유는 감염을 유발하는 세균을 죽이는 것인데, 항생제 사용에도 살아남는 몇몇의 세균이 결국 항생제에 내성을 갖춘 슈퍼버그가 되고, 인간은 이러한 슈퍼버그를 없애기 위해 이전보다 더욱 강력한 항생제를 개발하고 복용해야 한다.'이다. 이러한 중심 내용을 토대로 이어질 결론의 내용을 추론해 볼 때, 가장 적절한 내용은 ③이다.

해석

그들은 현미경으로만 볼 수 있을 정도로 작지만, 미국에서 매년 평균 37,000명을 죽일 정도로 강력하다. 그들은 슈퍼박테리아이다. 20세기 초 항생제가 의학에 혁신을 일으킨 이후 등장한 약물 내성 박테리아이다. 실제로 슈퍼박테리아의 증가와 항생제의 사용은 밀접하게 얽혀 있다. 모든 생명체는 시간이 지남에 따라 변한다. 이것은 진화의 기본 원리이다. 박테리아와 같은 작은 생명체는 더 빠르게 진화하여 상황에 맞게 적응할 수 있다. 항생제에 직면했을 때 박테리아는 치명적인 효율성으로 적응했다. 환자가 세균 감염을 퇴치하기 위해 항생제를 복용할 때, 목표는 감염을 일으키는 세균을 죽이는 것이다. 그러나 대부분의 세균이 죽더라도 가장 강한 몇몇 세균은 살아남는 경우가 있다. 따라서 이러한 약물 내성 박테리아만이 번식할 수 있게 된다. 이는 세균 감염을 대처하기 위해 점점 더 강력한 항생제가 필요해지는 순환을 만들게 된다.

정답 ③

06 다음 글의 결론에 위치할 내용으로 가장 적절한 것은?

> The concept of sustainable development, as articulated in the report "Our Common Future"(also known as the Brundtland Report), is defined as development that meets the needs of the present without compromising the ability of future generations to meet their own needs. In essence, sustainable development seeks to improve the quality of life for all individuals while ensuring the preservation of natural resources for future use. It emphasizes two primary goals: enhancing the well-being of current generations and safeguarding resources to meet the needs of future generations indefinitely. Unlike green development, which prioritizes environmental sustainability over economic and cultural factors, sustainable development integrates social, economic, and environmental considerations. It recognizes the essential needs of the world's poor and acknowledges the limitations imposed by technology and social organizations on environmental sustainability. These objectives remain relevant today, emphasizing the urgency of proactive measures to address environmental degradation and social inequalities. Failing to prioritize sustainable development poses significant risks to current and future generations, highlighting the imperative for swift and decisive action.

① Economic and cultural factors are important.
② There is still much work to achieve sustainable development.
③ Sustainable growth for future generations will be challenging.
④ Addressing environmental destruction and social inequality is a priority.

해설
글의 중심 내용은 '사회적, 경제적, 환경적 요인을 고려하여 미래 세대가 자신의 욕구를 충족할 수 있는 능력을 훼손하지 않는 지속 가능한 개발을 실현하기 위해서는 우리가 해야 할 것들이 여전히 많이 있다.'이다. 이러한 중심 내용을 토대로 이어질 결론의 내용을 추론해 볼 때, 가장 적절한 내용은 ②이다.

해석
지속 가능한 개발의 개념은 보고서 "우리의 공동 미래"(브룬틀란 보고서)에서 명확히 설명되었으며, 현재의 욕구를 충족하면서도 미래 세대가 자신의 욕구를 충족할 수 있는 능력을 훼손하지 않는 개발로 정의된다. 본질적으로 지속 가능한 개발은 모든 개인의 삶의 질을 향상시키면서 자연 자원을 미래의 사용을 위해 보존하는 것을 목표로 한다. 이는 두 가지 주요 목표를 강조한다. 현재 세대의 복지를 증진하고 자원을 보존하여 미래 세대의 필요를 무한히 충족시키는 것이다. 환경적 지속 가능성을 경제적 및 문화적 요인보다 우선시하는 녹색 개발과는 다르게 지속 가능한 개발은 사회적, 경제적, 환경적 고려를 통합한다. 이는 세계 빈곤층의 필수적인 필요를 인식하고, 기술과 사회조직이 환경적 지속 가능성에 미치는 제약을 인정한다. 이러한 목표는 오늘날에도 여전히 중요하며, 환경 파괴와 사회적 불평등을 해결하기 위한 선제적 조치의 시급함을 강조한다. 지속 가능한 개발을 우선시하지 않는 것은 현재와 미래 세대에 중대한 위험을 초래하며, 신속하고 결정적인 조치가 필요함을 강조한다.

정답 ②

07 다음 빈칸에 들어갈 이 글의 결론으로 가장 적절한 것은?

> Pizza, a beloved dish enjoyed by millions worldwide, has a rich and fascinating history dating back to ancient times. Its origins can be traced to various cultures and regions, with each contributing to the evolution of this iconic culinary creation. The 1930s saw the emergence of Pizza Hut, a chain of pizza restaurants that would go on to become one of the largest and most recognizable pizza brands in the world. Over the decades, pizza has undergone numerous transformations and adaptations, resulting in a wide array of variations and styles enjoyed by people of all cultures and backgrounds. Today, pizza remains one of the most beloved and versatile dishes globally, with countless toppings, crust styles, and regional variations to suit every palate. Whether enjoyed as a quick and satisfying meal or savored as a gourmet delicacy, (   ).

① the history and origins of pizza inspire chefs
② the efforts to create new pizzas will continue
③ the price of pizza varies widely depending on the type of toppings
④ pizza continues to bring people together and delight taste buds around the world

해설
글의 중심 내용은 '흥미롭고 풍부한 역사적 배경을 가진 피자는 오랜 시간 동안 세계의 다양한 문화와 배경을 지닌 사람들이 즐겨 찾는 음식이다.'이다. 이러한 중심 내용을 토대로 이어질 결론의 내용을 추론해 볼 때, 빈칸에는 '피자의 맛, 용도, 목적과는 무관하게 피자는 다양한 사람들을 한자리에 모이게 하고 그들의 입맛을 즐겁게 할 수 있는 음식이다.'라는 내용이 오는 것이 가장 적절하다. 따라서 정답은 ④이다.

해석
피자는 전 세계 수백만 명이 즐기는 사랑 받는 요리로, 고대 시대로 거슬러 올라가는 풍부하고 흥미로운 역사를 가지고 있다. 그 기원은 다양한 문화와 지역에서 찾아볼 수 있으며, 각각이 이 상징적인 요리 창조의 발전에 기여했다. 1930년대에는 피자 레스토랑 체인인 피자헛이 등장했으며, 이는 세계에서 가장 크고 인지도가 높은 피자 브랜드 중 하나로 성장했다. 수십 년 동안 피자는 수많은 변형과 적응을 거쳐, 모든 문화와 배경의 사람들이 즐기는 다양한 변종과 스타일을 탄생시켰다. 오늘날 피자는 전 세계적으로 가장 사랑 받고 다재다능한 요리 중 하나로 남아 있으며, 수많은 토핑, 크러스트 스타일 및 지역별 변형이 각기 다른 입맛에 맞춰져 있다. 빠르고 만족스러운 식사로 즐기든, 고급 요리로 맛을 보든, 피자는 계속해서 사람들을 하나로 모으고 전 세계적으로 그들의 입맛을 즐겁게 한다.

정답 ④

08 다음 빈칸에 들어갈 이 글의 결론으로 가장 적절한 것은?

> The FIFA World Cup is an esteemed international association football competition, overseen by the Fédération Internationale de Football Association(FIFA). First inaugurated in 1930, this championship has been held every four years, marking a significant event in the global sporting calendar. However, the World Cup was not contested in 1942 and 1946 due to the disruptions caused by World War II. Since its inception, the tournament has evolved into one of the most anticipated and widely watched sporting events worldwide, (   ).

① capturing the attention of millions of fans across the globe
② having the most fans of any sport in the world
③ becoming the sport with the most games in a year among all sports
④ having significantly influenced the way other sports are managed

해설
글의 중심 내용은 '1930년에 처음 시작된 월드컵은 최근까지 전 세계적으로 가장 기다려지고 널리 시청되는 스포츠 행사가 되었다.'이다. 이러한 중심 내용을 토대로 이어질 결론의 내용을 추론해 볼 때, 빈칸에는 '전 세계 많은 팬과 관중의 관심을 사로잡고 있다.'라는 내용이 오는 것이 가장 적절하다. 따라서 정답은 ①이다.

해석
FIFA 월드컵은 국제축구연맹(FIFA)이 주관하는 권위 있는 국제축구대회이다. 1930년에 처음 시작된 이 챔피언십은 4년마다 개최되어 전 세계 스포츠 일정에서 중요한 행사가 되었다. 그러나 제2차 세계대전으로 인해 1942년과 1946년에는 월드컵이 열리지 않았다. 대회가 시작된 이래로 월드컵은 전 세계적으로 가장 기대되고 널리 시청되는 스포츠 이벤트 중 하나로 발전하여, 전 세계 수백만 명의 팬들의 관심을 사로잡고 있다.

정답 ①

추록 V | 제3편 독해 (2)

| 단원 개요 |
본 단원에서는 글의 문장 사이의 함의, 동치, 대조, 모순 관계를 유형별 실전예상문제를 통해 자세하게 살펴봅니다.

| 출제 경향 및 수험 대책 |
글에서 문장의 함의 관계는 특정 문장이 갖는 전제나 함축 또는 다른 문장과 논리적으로 어떠한 관계를 맺는지를 파악하는 게 중요합니다. 다른 문장과의 논리적 관계는 특정 문장과 주제문 간의 함의 관계를 통해 이해합니다. 이는 인과관계 연결어나 시간의 전후 관계 연결어를 통해 이해합니다. 동치나 대조 관계 역시 연결어와 관련된 유형으로, 글의 흐름에 적절한 접속사나 연결사를 정확하게 찾아내는 연습이 요구됩니다.

제12장 문장관계 - 함의, 동치, 대조, 모순

1 함의

글 속에서 특정 문장의 함의 관계를 이해할 때, 다음과 같은 세 가지 요소를 고려한다.

(1) 주제문과의 관계

특정 문장은 글의 주제문을 구체화하거나 뒷받침하는 함의 관계를 가질 수 있다. 대표적으로 인과관계 연결어, 시간의 전후 관계 연결어를 통해 특정 문장과 주제문 간의 함의 관계를 이해할 수 있다.

① 인과관계 연결어
 ㉠ 그러므로 : therefore, thus, hence, so
 ㉡ 따라서 : accordingly, consequently
 ㉢ 결과적으로 : as a result, as a consequence, in consequence, in conclusion
 ㉣ 이러한 이유로 : for this(these) reason(s)
 ㉤ 그것의 이유는 ~ 때문이다 : That is because
 ㉥ 그 결과 ~하다 : That is why
 ㉦ ~ 때문에 : because of, owing to, due to, on account of, because, since, as, now that
 ㉧ ~ 덕분에 : thanks to

② 시간의 전후 관계 연결어
 ㉠ 잠시 동안, 잠시 후에 : for a while, after a while
 ㉡ 나중에 : afterwards, after, next, then, subsequently
 ㉢ 이전에 : before, earlier, previously
 ㉣ 또한, 게다가 : in addition, additionally, also, too, as well, besides, furthermore, moreover

(2) 추론과 설명
글 속에서 특정 문장이 이전 문장들로부터 추론될 수 있는 내용을 설명하거나 추가 정보를 제공할 수 있다.

(3) 전제와 결과 관계
한 문장이 전제가 되고, 다른 문장이 그 전제로부터 도출된 결과일 때, 이 문장들 사이에는 함의 관계가 성립된다.

2 동치(대등) 관계 연결어

(1) **다시 말해서** : so to speak, in other words, to put it another way, that is (to say), namely

(2) **요약하자면** : in short, in brief, in summary, to sum up

(3) **간단히 말해서** : to put it simply

(4) **이와 유사하게** : likewise, similarly, in the same way

(5) **~와 마찬가지로** : it is the same with, it is similar to

(6) **마치 ~인 것처럼** : just as, just like (that)

3 대조(contrast)와 모순(contradiction)

(1) 대조와 모순은 여러 사물이나 현상 간의 의미상의 차이나 반대성을 보여주는 개념이다. 대조는 두 가지 이상의 사물 간의 서로 다른 점, 즉 차이점을 보여주는 관계이다. 대조 관계 역시 연결어와 관련된 유형으로, 글의 흐름에 적절한 접속사와 연결사를 찾는 연습이 필요하다.
   ① **대조 관계 연결어**
      ㉠ 그러나 : but, however
      ㉡ 그럼에도 불구하고 : though, although, even though, still, yet, despite, in spite of that, nevertheless, nonetheless
      ㉢ 대조적으로 : on the contrary, in contrast, by contrast

ⓔ 반면에 : on the other hand
ⓜ ~와는 반대로 : while, whereas
ⓗ 대신에, 그보다는 : instead, rather
ⓢ 오히려, 차라리 : rather
ⓞ 그렇지 않(았)다면 : otherwise

(2) 모순은 두 가지 진술이나 명제가 동시에 참일 수 없는 관계를 말한다.
① 다음 두 문장을 보자. 문장 A는 'The light is on.'이고, 문장 B는 'The light is off.'이다. 문장 A와 문장 B는 동시에 참일 수 없는 관계이다. 하나가 참이면 하나는 거짓이 된다. 즉, 모순은 양립할 수 없는 두 명제 사이의 관계에서 성립한다.
② 문장 간의 모순 관계는 일반적으로 반의어나 부정어 사용으로 나타난다. 이와 같이 두 문장 사이의 반의어나 부정어 사용 또는 진술의 번복 등으로 본래 참인 문장을 부정하게 되어 발생하는 두 문장 사이의 의미 관계를 모순 관계라 한다.
  예 A : The weather is sunny and bright today.
     B : It is raining heavily outside.
  → 문장 A가 참이면 문장 B는 거짓이 된다. 또한 문장 B가 참이면 문장 A는 거짓이 된다. 다시 말해, 오늘 해가 나고 화창하다고 한 말이 사실이라면 바깥에 비가 엄청 내리는 중이라고 한 말은 거짓이 된다. 이러한 두 문장 사이의 관계를 모순이라 한다.

제12장 실전예상문제

01 다음 글의 빈칸에 들어갈 가장 적절한 연결어는?

> Recently, Native Americans and other organizations have criticized the commemoration of an event that culminated in the colonization of the Americas, the start of the transatlantic slave trade, and the deaths of millions of people (　　) murder and illness.

① in spite of
② such as
③ due to
④ but for

해설
빈칸이 위치한 'the deaths of millions of people (　　) murder and illness'에서는 수백만 명의 사망이 사건의 결과이고, 이 사건의 원인이 살인과 질병이라는 인과관계가 성립한다. 따라서 원인 앞에 위치할 가장 적절한 연결 표현은 due to이다.

해석
최근, 원주민들과 기타 조직들은 아메리카 대륙의 식민지화, 대서양 노예무역의 시작, 그리고 살해와 질병으로 인한 수백만 명의 사망을 초래한 사건의 기념을 비판하고 있다.

정답 ③

02 다음 글의 빈칸에 들어갈 가장 적절한 연결어는?

> Beyond the culinary delights, Thanksgiving embraces various secular customs. Football takes center stage, with spirited matches uniting families in friendly competition. Parades add to the jubilant atmosphere, none more famous than the Macy's Thanksgiving Day Parade in New York City, captivating millions nationwide. (   ), Thanksgiving heralds the onset of the holiday season, ushering in "Black Friday" with its irresistible deals and discounts. For many, it also signals the time to deck the halls for Christmas, adding a festive touch to homes across the country.

① Moreover
② Therefore
③ However
④ For example

해설
빈칸 앞 단락에서는 추수감사절이 제공하는 다양한 세속적 관습을 언급한다. 빈칸 뒤 단락에서도 추수감사절이 제공하는 또 다른 의미를 언급하고 있다. 따라서 빈칸에 들어갈 가장 적절한 연결어는 Moreover이다.

해석
요리의 즐거움을 넘어서, 추수감사절은 다양한 세속적 관습을 포용한다. 축구가 중심 무대에 서며, 활기찬 경기가 가족들을 친근한 경쟁으로 결속시킨다. 퍼레이드는 기쁨의 분위기를 더하는데, 그중 가장 유명한 것은 뉴욕시의 메이시스 추수감사절 퍼레이드로, 전국의 수백만 명을 매혹시킨다. 더구나, 추수감사절은 연말 시즌의 시작을 알리며, 매력적인 거래와 할인으로 유명한 "블랙 프라이데이"를 맞이한다. 많은 이들에게 추수감사절은 크리스마스를 위한 장식의 시간도 의미하며, 전국 각지의 가정에 축제 분위기를 더한다.

정답 ①

03 다음 글의 빈칸에 들어갈 가장 적절한 연결어는?

> In response to this research, some parents are sending their children to low-tech schools. A low-tech school limits access to ed tech in the classroom, Instead, students use a lot of experiential learning. (   ), they learn by doing. One example is Brightworks School in San Francisco. It was founded by Gever Tulley, a former software engineer. Like traditional schools, Brightworks wants to prepare students for the future. Tulley, however, thinks that traditional schools aren't working for a lot of children.

① In contrast
② Consequently
③ Otherwise
④ In other words

해설
빈칸 앞에서는 학생들이 많은 체험학습을 하고 있다고 언급한다. 체험학습이란 무언가를 직접 해 보는 과정에서 배우게 되는 학습법을 말한다. 빈칸 뒤에 '학생들이 직접 해 보면서 배운다.'라는 내용이 있으므로 빈칸의 앞과 뒤 문장 사이에는 동치, 즉 대등 관계가 성립한다. 따라서 정답은 In other words이다.

해석
이 연구에 대응하여 일부 부모들은 자녀를 저기술 학교에 보내고 있다. 저기술 학교는 교실 내의 교육기술에 대한 접근을 제한하고, 대신 학생들이 많은 체험학습을 활용한다. 다시 말해, 학생들이 직접 해 보면서 배운다. 한 예로 샌프란시스코에 있는 브라이트웍스 학교가 있다. 이 학교는 전직 소프트웨어 엔지니어인 Gever Tulley가 설립했다. 전통적인 학교들처럼 브라이트웍스는 학생들을 미래에 대해 대비시키고자 한다. 하지만 Tulley는 전통적인 학교들이 많은 아이들에게 효과적이지 않다고 생각한다.

정답 ④

04 다음 글의 빈칸에 들어갈 가장 적절한 연결어는?

Some research suggests that we don't read as deeply when we read e-books. In fact, people who read e-books tend to skim. Studies that track eye movement show that readers tend to move their eyes around the page when they read screens. On the other hand, people read more linearly when they read a print book. Some people think e-books are distracting, too. (   ) it is easy to stop reading and open another app or click on a word or phrase you want to look up. Because of this, some studies show that readers of e-books remember less of what they read than readers of print books.

① Because
② That is because
③ Therefore
④ That is why

해설
빈칸 앞에서는 전자책의 단점인 산만함을 언급한다. 빈칸 뒤의 내용은 '전자책을 읽는 동안 다른 앱을 열거나 검색하고 싶은 단어나 구를 클릭하기가 쉽다.'이다. 두 내용을 살펴보면 빈칸 다음 내용이 빈칸 앞 내용의 이유에 해당한다. 두 내용 사이에는 인과관계가 성립한다. 따라서 빈칸에 들어갈 가장 적절한 연결어는 That is because이다.

해석
일부 연구에 따르면 우리는 전자책을 읽을 때 깊이 읽지 않는다고 한다. 실제로 전자책을 읽는 사람들은 훑어보는 경향이 있다. 눈의 움직임을 추적하는 연구에 따르면 화면을 읽을 때 독자들은 페이지 주위를 눈으로 돌아다니는 경향이 있다. 반면에 인쇄된 책을 읽을 때는 더 선형적으로 읽는다. 또한 일부 사람들은 전자책이 산만하다고 생각한다. 이는 독서를 멈추고, 다른 앱을 열거나 검색하고 싶은 단어나 구를 클릭하기가 쉽기 때문이다. 이로 인해, 일부 연구는 전자책을 읽는 독자들이 인쇄된 책을 읽는 독자들보다 읽은 내용을 덜 기억한다고 보여준다.

정답 ②

05 다음 글의 빈칸에 들어갈 가장 적절한 연결어는?

One way to improve your memory is sleeping. Experts suggest to go to bed right after you study because you remember new information better. Let's say you learn something new and then do something else, like watch TV. Your brain wants processing the information in the TV show. (   ), the information you studied is less likely to get into your long-term memory.

① Afterwards
② Furthermore
③ As a result
④ Likewise

해설
글에 따르면 우리의 뇌는 새로운 정보를 더 잘 기억할 수 있기 때문에, 공부한 후 학습과는 관련 없는 TV 시청과 같은 새로운 행동을 한다면, 이전의 행동인 공부한 정보는 장기 기억으로 들어갈 가능성이 낮아진다는 점을 알 수 있다. 빈칸 앞의 내용은 원인, 빈칸 뒤의 내용은 결과로 볼 수 있다. 따라서 빈칸에 들어갈 가장 적절한 표현은 As a result이다.

해석
기억력을 향상시키는 한 가지 방법은 잠을 자는 것이다. 전문가들은 공부를 마친 후 바로 잠자리에 드는 것을 권장한다. 이는 새로운 정보를 더 잘 기억할 수 있기 때문이다. 예를 들어 새로운 것을 배운 후에 TV를 보는 것과 같은 다른 일을 한다고 가정해 보자. 그러면 뇌는 TV 프로그램의 정보를 처리하려고 한다. 그 결과, 공부한 정보가 장기 기억에 들어갈 가능성이 낮아진다.

정답 ③

06 다음 글의 빈칸에 들어갈 가장 적절한 연결어는?

First, walk more. According to a recent study, walking can increase your creativity. Researchers used a test to measure creativity. The test asks people to think of new uses for a common object, such as a shoe. Some people thought of ideas while sitting and others while walking. (   ), the researchers counted the useful and original ideas that people wrote down. The walkers had more of these ideas than the sitters did. However, it can't be just any kind of walking. Walking fast with a fixed plan for your walk doesn't have a positive effect on creativity. Only walking at a comfortable speed without a fixed plan increases a person's creative thinking skills.

① Then
② Similarly
③ Hence
④ In short

> **해설**
>
> 빈칸 앞에서는 테스트의 구체적인 내용을 언급하고 있다. 빈칸 뒤에서는 테스트에 대한 피험자들의 응답을 토대로 유용하고 독창적인 아이디어를 세어 보았다. 즉, 테스트 실시 후 테스트 결과를 확인하는 사건을 시간적 순서대로 기술하고 있다. 따라서 빈칸에 들어갈 가장 적절한 표현은 Then이다.

> **해석**
>
> 첫째, 더 많이 걸어라. 최근 연구에 따르면 걷기는 창의성을 증가시킬 수 있다고 한다. 연구자들은 창의성을 측정하기 위해 테스트를 사용했다. 이 테스트는 사람들에게 신발 같은 일반적인 물건의 새로운 용도를 생각해 보라고 요청한다. 일부 사람들은 앉아 있는 동안 아이디어를 생각했고, 다른 사람들은 걸으면서 아이디어를 생각했다. 그런 다음, 연구자들은 사람들이 적어 낸 유용하고 독창적인 아이디어를 세어 보았다. 걷는 사람들이 앉아 있는 사람들보다 더 많은 아이디어를 냈다. 그러나 모든 걷기가 창의성에 긍정적인 영향을 미치는 것은 아니다. 계획에 맞춰 빠르게 걷는 것은 창의성에 긍정적인 영향을 주지 않는다. 편안한 속도로 계획 없이 걷는 것만이 사람의 창의적 사고 능력을 향상시킨다.

> **정답** ①

07 다음 글의 빈칸에 들어갈 가장 적절한 연결어는?

> Experiential travel allows travelers to get closer to local people and their culture. For example, experiential travelers might stay a few weeks with local hosts. They might take classes to learn a local craft. They might volunteer at local businesses, such as farms or restaurants. ( ), these travelers immerse themselves in a different culture. According to TripAdvisor, experiential trips have grown over 40% since 2015. The popularity of experiential travel shows no sign of slowing.

① For example
② On the other hand
③ Additionally
④ In other words

> **해설**
>
> 빈칸 앞에서는 체험 여행자들이 현지에서 체험하는 활동에 대한 예시를 들고 있다. 빈칸 뒤에서는 '다양한 현지 체험 활동에 참여하는 여행자들이 다른 문화에 몰입한다.'라는 내용이 언급된다. 즉, 빈칸 뒤 내용은 앞에서 언급된 내용과 동일한 내용을 압축하여 정리하고 있다. 따라서 빈칸에 들어갈 가장 적절한 표현은 In other words이다.

> **해석**
>
> 체험 여행은 여행자들이 현지 사람들과 그들의 문화에 더 가까이 다가갈 수 있게 한다. 예를 들어, 체험 여행자들은 현지 호스트와 함께 몇 주 동안 머물 수 있다. 그들은 현지 공예를 배우기 위해 수업을 들을 수도 있다. 또한 농장이나 식당과 같은 현지 사업체에서 자원봉사를 할 수도 있다. 다시 말해, 이러한 여행자들은 다른 문화에 몰입하게 된다. TripAdvisor에 따르면, 체험 여행은 2015년 이후로 40% 이상 증가했다. 체험 여행의 인기는 줄어들 기미가 보이지 않는다.

> **정답** ④

08 다음 글의 빈칸에 들어갈 가장 적절한 연결어는?

> Other online communities and sites have already taken steps in this direction. Twitter has had a "report abuse" button since 2013. Some gaming sites have systems that allow players to establish their reputations (   ) sellers on online market sites, such as eBay must do. They rate one another as "good player" or "avoid me."

① because of
② in the same way that
③ for this reason that
④ so that

해설
글의 앞부분에서는 사이버 폭력을 줄이기 위한 Twitter의 조치를 언급하고 있고, 빈칸 뒤에서는 다른 게임 사이트들이 eBay의 예방책과 같은 방식으로 사이버 폭력을 줄이려는 노력을 기울이고 있다고 언급한다. 따라서 빈칸에 들어갈 가장 적절한 표현은 in the same way that이다.

해석
다른 온라인 커뮤니티와 사이트들은 이미 이 방향으로 조치를 취하고 있다. 트위터는 2013년부터 "학대 신고" 버튼을 제공하고 있다. 일부 게임 사이트에는 eBay와 같은 온라인 마켓 사이트에서 판매자들이 평판을 쌓는 것과 같은 방식으로 플레이어들이 자신의 평판을 쌓을 수 있는 시스템이 있다. 이 시스템에서 플레이어들은 서로를 "좋은 플레이어" 또는 "피해야 할 사람"으로 평가한다.

정답 ②

09 다음 글의 빈칸에 들어갈 가장 적절한 연결어는?

The clandestine dissemination of coffee to distant lands began with a daring act of smuggling orchestrated by Sufi Baba Budan in 1670. Baba Budan, shrouded in legend, ingeniously concealed seven precious coffee seeds strapped to his chest, thus commencing the global dissemination of this cherished beverage. These seeds found their new home in the fertile soils of Mysore, Karnataka, India, heralding the birth of coffee cultivation in the subcontinent. From there, coffee's journey continued its inexorable march, spreading its aromatic allure to Italy, Europe, Indonesia, and eventually the vast expanses of the Americas. In the annals of North American history, the arrival of coffee during the Colonial period marked a pivotal moment, albeit one initially overshadowed by the enduring popularity of alcoholic beverages. (   ), the tides shifted dramatically during the Revolutionary War when coffee emerged as the beverage of choice, leading to a surge in demand that prompted dealers to hoard their dwindling supplies, thus precipitating a sharp increase in prices.

① Likewise
② However
③ Therefore
④ In conclusion

해설

빈칸 앞부분은 커피 보급의 역사적 배경에 관한 것이다. 커피의 매혹적인 향기에도 불구하고 북미에서는 커피 도입 초기에 알코올 음료의 인기를 압도하진 못했다. 빈칸 뒤에는 '혁명전쟁 동안 커피의 인기가 급상승하여 커피 가격이 상승하는 결과를 초래했다.'라는 내용이 온다. 두 부분은 커피를 중심으로 상반된 내용이라는 점에서 역접, 즉 대조 관계이다. 따라서 빈칸에 들어갈 가장 적절한 표현은 However이다.

해석

커피의 먼 나라로의 비밀스러운 전파는 1670년 수피 바바 부단이 주도한 대담한 밀수 행위로 시작되었다. 전설에 싸인 바바 부단은 그의 가슴에 소중한 커피 씨앗 일곱 개를 교묘히 숨겨 지니고 있었으며, 이로써 이 소중한 음료의 세계적인 전파가 시작되었다. 이 씨앗들은 인도 카르나타카주의 비옥한 땅인 마이소르에 새로운 보금자리를 찾게 되어 인도 대륙에서 커피 재배가 시작되었다. 그 이후로 커피의 여정은 계속되었고, 이탈리아, 유럽, 인도네시아, 그리고 마침내 아메리카 대륙에까지 그 매혹적인 향기를 퍼뜨렸다. 북미 역사에서 커피의 도래는 식민지 시대에 중요한 순간으로 기록되었으나, 초기에는 여전히 인기가 높았던 알코올 음료에 가려졌었다. 그러나 혁명전쟁 동안 커피가 선호 음료로 떠오르면서 상황은 극적으로 변화하였고, 이는 수요 급증을 초래하여 상인들이 줄어드는 공급을 비축하게 만들어 가격이 급등하는 결과를 초래하게 했다.

정답 ②

10 다음 글의 빈칸에 들어갈 가장 적절한 연결어는?

Efforts to mitigate the effects of drought span various domains, from agricultural practices to infrastructure development. Crop rotation and efficient irrigation techniques can enhance agricultural resilience to water scarcity. Cloud seeding and desalination offer potential solutions for augmenting water supplies, (   ) their efficacy remains a subject of debate. Additionally, recycling water and implementing water conservation measures are crucial for sustainable water management.

① although
② so that
③ as
④ when

해설
빈칸 부분은 '가뭄의 영향을 줄이기 위한 여러 노력과 방법이 실제 유용한지의 여부는 불확실하고 논쟁의 대상일지라도, 그러한 다양한 노력이 잠재적인 대안이라는 점은 부인할 수 없다.'라는 내용이다. 두 내용 사이에는 양보 관계가 성립한다. 따라서 빈칸에 들어갈 가장 적절한 표현은 although이다.

해석
가뭄의 영향을 완화하기 위한 노력은 농업 관행부터 인프라 개발까지 다양한 분야에 걸쳐 있다. 작물 순환과 효율적인 관개 기술은 물 부족에 대한 농업의 회복력을 향상시킬 수 있다. 그것의 효용성은 여전히 논쟁의 대상일지라도 구름 씨 뿌리기와 담수화는 물 공급을 증대할 수 있는 잠재적인 해결책을 제공한다. 또한 물을 재활용하고 물 절약 조치를 시행하는 것은 지속 가능한 물 관리에 필수적인 일이다.

정답 ①

11 다음 글의 빈칸에 들어갈 가장 적절한 연결어는?

Who is saying and doing all of these nasty things and why? The worst behavior is believed to come from so-called trolls, Internet users who disrupt Internet communication with negative and offensive actions and comments. These individuals take pleasure in insulting other users, causing them humiliation and pain. Studies suggest that some of these people have mental or emotional problems; however, experts believe that many people who engage in online abuse are (   ) unremarkable people. Harassing others simply brings them the attention and excitement that their lives in the offline world may lack. The cover of the Internet allows them, and perhaps even encourages them, to behave in ways that they never would in face-to-face situations.

① nevertheless
② rather
③ instead
④ otherwise

해설

빈칸에는 문맥상 선행하는 문장과 대조되는 내용인 '온라인 학대 행동에 참여하지 않았더라면'이 들어가야 적절하다. 따라서 빈칸에 들어갈 가장 적절한 표현은 조건절 전체를 대신하는 otherwise이다.

해석

이 모든 못된 말과 행동을 누가 하고 있으며 그 이유는 무엇일까? 가장 나쁜 행동은 이른바 '트롤'이라고 불리는 사람들로부터 비롯된다고 한다. 트롤은 부정적이고 공격적인 행동과 댓글로 인터넷 소통을 방해하는 인터넷 사용자들이다. 이들은 다른 사용자들을 모욕하고 굴욕감을 주는 데서 즐거움을 느낀다. 연구에 따르면 이들 중 일부는 정신적 또는 감정적 문제를 가지고 있을 가능성이 있다고 한다. 그러나 전문가들은 온라인 학대에 가담하는 많은 사람들이 그렇게 하지 않았다면 평소에는 주목받지 못하는 사람일 것이라고 믿는다. 다른 사람들을 괴롭히는 것은 오프라인 세계에서 결핍된 주목과 흥분을 그들에게 쉽게 제공해 준다. 인터넷의 익명성은 그들이 대면 상황에서는 절대 하지 않을 행동을 하도록 허용하고 어쩌면 장려하기까지 한다.

정답 ④

12 다음 글의 빈칸에 들어갈 가장 적절한 연결어는?

So what are the requirements for creativity? Psychologists contend that there are actually two levels of creative thinking which they refer to as "Big C" and "Small c". Big C creativity applies to breakthrough ideas, ones that may change the course of a field or even history. Small c creativity refers to everyday creative problem-solving, which psychologists subdivide further into convergent and divergent thinking. Convergent thinking involves examining all of the facts and arriving at a single solution. (   ), divergent thinking involves coming up with many possible solutions, for a brick or paper clip. What most people think of as creativity generally involves divergent thinking.

① As a result
② Nevertheless
③ In contrast
④ Therefore

해설

빈칸 앞에서는 수렴적 사고를 설명하며, 빈칸 뒤에서는 발산적 사고를 설명한다. 그런데 이 두 가지 창의적 사고는 서로 대조되는 유형의 창의적 사고방식이다. 수렴적 사고가 하나의 해결책을 찾아내는 사고의 과정인 반면, 발산적 사고는 여러 가능한 해결책을 찾아내는 사고의 과정이다. 따라서 빈칸에는 대조의 연결어인 In contrast가 들어가는 것이 가장 적절하다.

해석

그렇다면 창의성의 요건은 무엇일까? 심리학자들은 창의적 사고에는 두 가지 수준이 있다고 주장하며, 이를 "Big C"와 "Small c"라고 부른다. Big C 창의성은 한 분야나 심지어 역사의 흐름을 바꿀 수 있는 획기적인 아이디어에 적용된다. Small c 창의성은 일상적인 창의적 문제 해결을 의미하며, 심리학자들은 이를 수렴적 사고와 발산적 사고로 더 세분화한다. 수렴적 사고는 모든 사실을 검토하고 하나의 해결책을 도출하는 것을 말한다. 대조적으로, 발산적 사고는 벽돌이나 종이 클립과 같은 사물에 대해 여러 가능한 해결책을 생각해 내는 것을 의미한다. 대부분의 사람들이 생각하는 창의성은 일반적으로 발산적 사고와 관련이 있다.

정답 ③

13 다음 글의 빈칸에 들어갈 가장 적절한 연결어는?

> Why have we been unable to bridge this gap and prepare workers for the jobs of the future, or even the jobs of today? The answer lies in both the job market and our educational system. The job market is changing more quickly than ever before. Many of the jobs that companies need to fill today did not exist when current job applicants were in school, making it difficult for educational programs to keep up with the demands of the market. (   ), many business leaders argue that schools are not doing enough to provide the technical training that many jobs demand. For example, only a quarter of all schools in the United States teach computer science. Most schools and universities continue to offer the same type of education that they have provided in the past.

① Nevertheless
② On the other hand
③ Rather
④ However

해설
빈칸 앞에서는 오늘날 기업에서 요구하는 많은 일자리는 현재의 구직자들이 학교에 다닐 때 존재하지 않았기 때문에 교육 프로그램이 시장의 요구를 따라잡는 데 한계가 있다는 점을 언급한다. 즉, 이 문제에 대한 원인이 교육에만 있는 것은 아니라는 점을 말한다. 그런데 빈칸 뒤에서 기업이 요구하는 인재를 찾는 데 가지는 어려움은 기술 교육을 충분히 제공하지 않고 있는 학교에 그 원인이 있다고 언급한다. 다시 말해, 앞선 주장과는 대조되는 내용으로서 예상하지 못한 전개라고 할 수 있다. 이러한 관계를 양보의 관계라 한다. 따라서 빈칸에 들어갈 가장 적절한 표현은 Nevertheless이다.

해석
왜 우리는 이 격차를 해소하고 미래의 직업, 심지어 오늘날의 직업에 대해서도 노동자를 준비시키지 못했을까? 그 답은 직업 시장과 교육 시스템 모두에 있다. 직업 시장은 그 어느 때보다 빠르게 변화하고 있다. 오늘날 기업이 채워야 하는 많은 일자리는 현재의 구직자들이 학교에 다닐 때 존재하지 않았기 때문에 교육 프로그램이 시장의 요구를 따라잡기 어렵다. 그럼에도 불구하고, 많은 비즈니스 리더들은 학교가 많은 직업들이 요구하는 기술 교육을 충분히 제공하지 않고 있다고 주장한다. 예를 들어, 미국의 모든 학교 중 단 4분의 1만이 컴퓨터 과학을 가르치고 있다. 대부분의 학교와 대학은 과거에 제공하던 것과 동일한 유형의 교육을 계속 제공하고 있다.

정답 ①

14 다음 글의 빈칸에 들어갈 가장 적절한 연결어는?

> One of the major obstacles in getting psychology recognized as a branch of science was the abstract nature of the mind. In order to establish its scientific credentials, psychologists needed to adopt scientific methodology, including observation and experimentation. Because we only have direct access to our own minds, our observation of mental processes is introspective and necessarily subjective, but science demands an objective approach. To meet what it needs, a solution adopted by psychologists was not to attempt to examine the mind's workings. (   ), it was to observe how they manifest themselves in behavior. Not only can behavior of humans be watched, but the behavioral response of a human being to a specific situation can be examined under strict laboratory conditions. Thanks to this objective scientific approach, behaviorism and its theories of stimulus and response dominated experiential psychology until the mid-20th century.

① Nonetheless
② Instead
③ Subsequently
④ However

해설
심리학자들이 채택한 해결책은 마음의 작용을 살피려는 시도가 아니라, 행동으로 어떻게 명시화되는지를 관찰하려는 것이다. 따라서 빈칸에는 '대신에'의 의미를 갖는 Instead가 들어가는 것이 가장 적절하다.

해석
심리학이 과학의 한 분야로 인정받는 데 있어서 주요 장애물 중 하나는 마음의 추상적인 본질이었다. 심리학자들은 과학적 자격을 확립하기 위해 관찰과 실험을 포함한 과학적 방법론을 채택해야 했다. 우리는 오직 자신의 마음에만 직접 접근할 수 있기 때문에, 정신 과정을 관찰하는 것은 내성적이며 필연적으로 주관적이지만, 과학은 객관적인 접근 방식을 요구한다. 이러한 요구를 충족시키기 위해 심리학자들이 채택한 해결책은 마음의 작용을 직접적으로 검토하려는 것이 아니다. 대신에, 그것이 행동으로 어떻게 나타나는지를 관찰하는 것이었다. 인간의 행동을 관찰할 수 있을 뿐만 아니라 특정 상황에 대한 인간의 행동 반응을 엄격한 실험실 조건에서 조사할 수 있다. 이러한 객관적인 과학적 접근 덕분에 자극과 반응 이론을 중심으로 한 행동주의가 20세기 중반까지 경험적 심리학을 지배하게 되었다.

정답 ②

15 다음 글의 빈칸에 들어갈 가장 적절한 연결어는?

> Film has no grammar. There are, however, some vaguely defined rules of usage in cinematic language, and the syntax of film – its systematic arrangement – orders these rules and indicates relationships among them. As with written and spoken languages, it is important to remember that the syntax of film is a result of its usage, not a determinant of it. There is nothing preordinated about film syntax. (   ), it evolved naturally as certain devices were found in practice to be both workable and useful. Like the syntax of written and spoken language, the syntax of film is an organic development, descriptive rather than prescriptive, and it has changed considerably over the years.

① Nevertheless
② Otherwise
③ In other words
④ Rather

해설

빈칸의 앞과 뒤 내용은 '영화 통사론에는 선천적인 것이 없다.', '특정 장치들이 실제로 실용적이고 유용하다는 것이 입증되면서 자연스럽게 진화했다.'이다. 앞부분은 부정의 내용이, 이어지는 부분은 긍정의 내용이 연결되므로 가장 자연스러운 연결어는 Rather이다.

해석

영화에는 문법이 없다. 그러나 영화 언어에는 어렴풋하게 정의된 몇 가지 사용 규칙이 있으며 영화의 통사론, 즉 체계적인 배열은 이러한 규칙을 정리하고 그들 간의 관계를 나타낸다. 쓰거나 말하는 언어와 마찬가지로, 영화의 통사론은 사용의 결과이지 그것을 결정하는 요인이 아니라는 점을 기억하는 것이 중요하다. 영화 통사론에는 선천적인 것이 없다. <u>오히려</u>, 특정 장치들이 실제로 실용적이고 유용하다는 것이 입증되면서 자연스럽게 진화했다. 쓰거나 말하는 언어의 통사론과 마찬가지로, 영화의 통사론도 규범적이기보다는 기술적인 유기적 발전이며, 세월이 지나면서 상당히 변화해 왔다.

정답 ④

16 다음 글의 빈칸에 들어갈 가장 적절한 연결어는?

> Observing the back of an elephant provides further insight into their species. African elephants exhibit a distinctively sloping back, where the highest point is typically at the shoulders, gradually tapering towards the hindquarters. This sloping back is well-suited for supporting the massive weight of the elephant's body and facilitates efficient movement across varied terrain. (   ), Asian elephants possess a flatter back profile, with a less pronounced slope compared to their African counterparts. This structural difference reflects adaptations to their respective habitats and locomotion patterns.

① In sum
② Instead
③ On the other hand
④ Despite

해설
빈칸 앞에서는 아프리카 코끼리의 경사진 등의 특징을 언급하고 있다. 빈칸 뒤에서는 아시아 코끼리의 덜 경사진 등에 대해 언급한다. 코끼리 등의 모양에 대해 언급한다는 점은 동일하지만, 서로 다른 두 종의 코끼리 그리고 각 코끼리 등의 서로 다른 모습과 특징을 언급하는 것은 대조적이라고 볼 수 있다. 따라서 빈칸에 들어갈 가장 적절한 연결어는 On the other hand이다.

해석
코끼리의 등을 관찰하면 그 종에 대한 더 많은 통찰력을 얻을 수 있다. 아프리카 코끼리는 보통 어깨가 가장 높은 지점이며 엉덩이 쪽으로 점차 낮아지는, 독특하게 경사진 등을 가지고 있다. 이 경사진 등은 코끼리의 엄청난 체중을 지탱하기에 적합하며, 다양한 지형에서 효율적으로 움직일 수 있게 해 준다. 반면에 아시아 코끼리는 아프리카 코끼리보다 경사가 덜한 평평한 등의 특징을 가지고 있다. 이러한 구조적 차이는 각각의 서식지와 이동 패턴에 대한 적응을 반영한다.

정답 ③

17 다음 문장과 모순 관계에 있는 문장을 모두 고른 것은?

> He is an excellent swimmer.

> ㉠ He is not an excellent swimmer.
> ㉡ He is good at diving.
> ㉢ He has loved to swim in the ocean.
> ㉣ He has never learned how to swim.

① ㉠, ㉡ ② ㉠, ㉣
③ ㉡, ㉢ ④ ㉢, ㉣

해설
'그는 뛰어난 수영 선수이다.'가 참이면 이것의 부정형인 ㉠과 수영을 배운 적이 없는 사람이 뛰어난 수영 선수일 수는 없으므로 ㉣이 주어진 문장과 모순 관계에 있다.

해석
그는 뛰어난 수영 선수이다.
㉠ 그는 뛰어난 수영 선수가 아니다.
㉡ 그는 다이빙을 잘한다.
㉢ 그는 바다에서 수영하는 것을 좋아했다.
㉣ 그는 수영을 배운 적이 없다.

정답 ②

18 다음 문장과 모순 관계에 있는 문장을 모두 고른 것은?

> She loves eating vegetables.

> ㉠ She is a vegan.
> ㉡ She does not love eating vegetables.
> ㉢ She is a meat-eater.
> ㉣ She loves growing vegetables.

① ㉠, ㉢ ② ㉠, ㉣
③ ㉡, ㉢ ④ ㉡, ㉣

해설

'그녀는 채식을 좋아한다.'가 참이면 이것의 부정형인 ⓒ과 '그녀는 육식가이다.'라는 ⓒ이 주어진 문장과 모순 관계에 있다.

해석

그녀는 채식을 좋아한다.
㉠ 그녀는 비건 채식주의자이다.
㉡ 그녀는 채식을 좋아하지 않는다.
㉢ 그녀는 육식가이다.
㉣ 그녀는 채소 재배를 좋아한다.

정답 ③

19 다음 문장과 모순 관계에 있는 문장을 모두 고른 것은?

The car is in perfect working condition.

㉠ The car does not start.
㉡ The car is in imperfect working condition.
㉢ The car is being repaired.
㉣ The car can accelerate over 260km.

① ㉠, ㉡
② ㉡, ㉢
③ ㉡, ㉣
④ ㉢, ㉣

해설

'그 차는 완전한 운행 조건이다.'가 참이면 '그 차는 시동이 걸리지 않는다.'라는 ㉠과 반의어가 사용된 ㉡이 주어진 문장과 모순 관계에 있다.

해석

그 차는 완전한 운행 조건이다.
㉠ 그 차는 시동이 걸리지 않는다.
㉡ 그 차는 불완전한 운행 조건이다.
㉢ 그 차는 수리 중이다.
㉣ 그 차는 시속 260km 이상으로 가속할 수 있다.

정답 ①

20 다음 문장과 모순 관계에 있는 문장을 모두 고른 것은?

> The store is open 24 hours a day.

> ㉠ The store always opens.
> ㉡ The store opens at 5 AM every day.
> ㉢ The store closes at 10 PM every night.
> ㉣ We can always buy items in the store that opens 24 hours a day.

① ㉠, ㉡
② ㉠, ㉢
③ ㉡, ㉢
④ ㉡, ㉣

해설
'그 가게는 24시간 문을 연다.'가 참이면 '그 가게는 매일 아침 5시에 문을 연다.'라는 ㉡과 '그 가게는 매일 밤 10시에 문을 닫는다.'라는 ㉢이 거짓이 된다. 즉, 문장 ㉡과 동사구 is open과 반의어인 동사 close가 사용된 문장 ㉢은 '그 가게는 매일 문을 닫는다.'라는 내용을 함의하므로 주어진 문장과 모순 관계에 있다.

해석
그 가게는 24시간 문을 연다.
㉠ 그 가게는 항상 문을 연다.
㉡ 그 가게는 매일 아침 5시에 문을 연다.
㉢ 그 가게는 매일 밤 10시에 문을 닫는다.
㉣ 우리는 24시간 영업하는 그 가게에서 항상 물건을 살 수 있다.

정답 ③

부록

최종모의고사

최종모의고사 제1회
최종모의고사 제2회
정답 및 해설

교육은 우리 자신의 무지를 점차 발견해 가는 과정이다.

– 윌 듀란트 –

제1회 최종모의고사 | 중급영어

제한시간: 50분 | 시작 ___시 ___분 – 종료 ___시 ___분

정답 및 해설 568p

※ 다음 빈칸에 들어갈 적절한 표현을 고르시오. (01~10)

01

I ( ) him at eight last night, but he was not at home.

① call
② have called
③ had called
④ called

02

Most of ( ) in my class are from Asia.

① student
② students
③ the student
④ the students

03

The equator is the ( ) line between the Northern and Southern hemisphere.

① divide
② dividing
③ divided
④ division

04

It is almost impossible to find two persons (　) opinions are the same.

① who
② whom
③ whose
④ that

05

The travel agent advised us (　) until March but to make a reservation.

① to wait
② waiting
③ not to wait
④ not waiting

06

The apples on the tree are ripe. They need (　).

① to pick
② to have picked
③ being picked
④ picking

07

(　　　　　　　　　　), she would have gotten the job.

① She had been better prepared
② Had she been better prepared
③ She were better prepared
④ Were she better prepared

08
I don't know what you should do about that problem. Do (   ) seems best to you.

① whatever
② no matter what
③ anything
④ anything what

09
I'm terrified (   ) the possibility of a nuclear war starting by accident.

① of
② with
③ for
④ about

10
I have three dogs. One for them has white fur. (   ) have brown fur.

① another
② the others
③ others
④ the other

※ 다음 밑줄 친 부분 중 어법상 틀린 것을 고르시오. (11 ~ 15)

11

Approximately ① 70 percent of the earth ② are covered by water, but only one percent of the earth's water ③ is ④ drinkable.

12

I ① was late. The teacher ② had already given a quiz ③ when I ④ had got to class.

13

That company ① currently ② has five employees, ③ all of them ④ are computer experts.

14

When he ① went to shopping, he found a jacket ② that he really liked. After he had the sleeves ③ shortened, it fit him ④ perfectly.

15

① Having not ② received an answer, I ③ emailed her ④ again.

※ 주어진 문장을 올바르게 영작한 것을 고르시오. (16 ~ 18)

16

한편으론 과로, 또 한편으론 수면 부족으로 인해 아버지는 병에 걸리셨다.

① What of overwork and what with lack of sleep, father was ill.
② What with overwork and lack of sleep, father was taken ill.
③ What with overwork and that with lack of sleep, father was ill.
④ What of overwork and lack of sleep, father was taken ill.

17

나는 그가 유능한 선수가 될 거라고 확신한다.

① I am sure of his being a talented player.
② I am certain of him being a talented player.
③ I am sure for his being a talented player.
④ I am certain for him being a talented player.

18

그 방에선 아무도 볼 수 없었다.

① Nobody was to see in the room.
② Nobody was to have seen in the room.
③ Nobody was to be seen in the room.
④ Nobody was to have been seen in the room.

※ 다음 글의 빈칸에 들어갈 말로 가장 적절한 것을 고르시오. (19 ~ 20)

19

A : Kate, look at the time! We've been working for two hours straight.
B : Already? Wow, I didn't realize so much time had passed.
A : (   ). Maybe we should take a break.
B : Sure. Why don't we go out to get some fresh air?

① Neither did I
② So did I
③ Neither do I
④ So do I

20

A : Andy, it's hard to get together for our biology group project. All our group members seem busy.
B : I know. Why don't we make an online group chat room? Then, we can communicate easily without face-to-face meetings.
A : That's a wonderful idea. (   )
B : Sure. I'll open a chat room and invite everyone.

① Could I do it for us?
② Is there another idea?
③ Could you do it for us?
④ I'll check the all the chat room.

※ 밑줄 친 표현과 그 뜻이 가장 가까운 것은? (21 ~ 25)

21

I'm going to encourage him to apply for the new job at the radio station. I think it's the perfect job for him.

① convince
② advance
③ alleviate
④ collude

22

I want to take part in the meeting about the neighborhood school. I think it's going to be very interesting.

① hold off
② get in touch with
③ participate in
④ make ends meet

23

It's rude to interrupt someone when they are speaking. You should always let them finish.

① fortify
② hamper
③ evoke
④ embody

24

People can find reliable information on web sites from professional organizations.

① attentive
② imprudent
③ capricious
④ authentic

25

People treated him as if he was little better than a tiger.

① far from
② at odds with
③ almost the same as
④ as a rule

※ 밑줄 친 단어와 그 뜻이 반대되는 것은? (26 ~ 28)

26

Averting something unpleasant prompts you to prevent it from happening.

① Accepting
② Avoiding
③ Warding off
④ Precluding

27

The patient's condition has deteriorated rapidly.

① aggravated
② improved
③ exacerbated
④ worsened

28

> The children had experienced years of <u>abusive</u> physical and emotional treatment.

① hurtful
② benevolent
③ savage
④ brutal

※ 빈칸에 들어갈 단어로 가장 알맞은 것은? (29 ~ 30)

29

> He gave a (　) of the surgery he was about to perform.

① inscription
② prescription
③ transcription
④ description

30

> I (　) him to the roadway, and started slowly back toward the car.

① preceded
② proceeded
③ receded
④ exceeded

31 다음 글의 주제로 가장 적절한 것은?

Our eyes are very sensitive. Therefore, we must give them enough rest. Today, many people play computer games. Computer screens are very bright and causes stress to the eyes. Many experts suggest taking 10-minute breaks every hour to let the eyes rest. Doctors also suggest that children should not rub their eyes. Too much rubbing can lead to problems like astigmatism. It is also bad to work in weak light as is reading while inside a car.

*astigmatism 난시

① 눈을 보호해야 한다.
② 컴퓨터는 눈에 해롭다.
③ 눈을 비비는 것은 많은 질병의 원인일 수 있다.
④ 컴퓨터 게임은 인기 있는 취미이다.

32 다음 글의 목적으로 가장 적절한 것은?

Materialism is growing in many parts of the world. The interest in greater riches and seeing advertisements on television and the Internet seem to have made materialism popular with people around the world. This seems to be especially true for the younger population aged 16~29. Studies say that many young people see money as the most important factor of success. A survey done in the U.S. not long ago showed that many children today want too many materials things. They believe that advertising is big reason for this.

*materialism 물질주의

① 물질주의의 부정적 영향을 보여 주기 위해
② 사람들을 물질주의로부터 보호할 방안을 강구하기 위해
③ 세계에 널리 퍼져 있는 물질주의의 확산을 강조하기 위해
④ 모든 연령대에서 물질주의가 증가하는 것을 증명하기 위해

33 다음 글의 제목으로 가장 적절한 것은?

> People in Belgium were the first to slice potatoes in stripes and then fry them in oil. Frying was one of their habits because they were used to frying fish. When they couldn't catch fish in the frozen waters, they had to find other foods to eat. They found potatoes. So why is their invention called French fries today? Since French was the official language of Belgium at the time, they called the food French fries.
> *slice 얇게 썰다 / *strip 가느다란 조각 / *origin 기원

① The Origin of French Fries
② The Eating Habits of Belgians
③ The Official Language of Belgium
④ A Recipe for Making French Fries

34 Olive oil에 관한 다음 글의 내용과 일치하지 않는 것은?

> Many people agree that olive oil is the healthiest cooking oil. Extra virgin olive oil is called that because it does not undergo any process. No chemicals are added to it. It is natural because it comes straight from the olive fruit. Olive oil can prevent breast and skin cancer. It functions the same as fruits and vegetables in preventing illnesses in the body. It also lowers blood pressure and prevents the formation of gallstones. Some people believe that olive oil can be used on dry skin and weak hair.
> *undergo 겪다 / *gallstone 담석

① 올리브 오일은 고혈압에 도움이 된다.
② 올리브 오일은 건조한 피부에 좋다고 알려졌다.
③ 올리브 오일은 많은 공정을 통해 얻을 수 있다.
④ 올리브 오일은 과일, 야채와 같은 건강 효과가 있다.

35 다음 글에서 전체 흐름과 관계없는 문장은?

Where did spaghetti come from? ① It was originally thought that Marco Polo brought pasta back from his travels to China. He may have first seen noodles there, but in reality, pasta has existed in Europe for centuries! ② A tomb in Italy dating back to 400 B.C. has artwork showing natives carrying something that looks a lot like pasta. But what about tomato sauce? ③ It was in 1519 that the explorer Cortez brought tomatoes to Europe. They were thought to be poisonous and were grown as decorations. ④ It has been debated whether tomatoes are fruits or vegetables.
*explorer 탐험가 / *decoration 장식 / *debate 논의하다

36 글의 흐름으로 보아, 주어진 문장이 들어가기에 가장 적절한 곳은?

Is it an object or a property such as an old house?

English dictionaries define heritage as property or cherished things that have been passed down from earlier generations. (①) Heritage contains memories from long ago that give great value. What heritage did your ancestors pass on? (②) Or is it a family business or something written down such as your family history? Family traditions are a beautiful heritage. (③) Sadly, many good traditions get lost because they're not taught to the young generation. It is important to keep what you think is good in your heritage. (④) It can be a priceless gift to your children and grandchildren.
*property 재산 / *pass down 전해주다 / *pass on 전달하다 / *priceless 매우 소중한

37 주어진 글 다음에 이어질 글의 순서로 가장 적절한 것은?

George Mason agreed to participate in writing the Constitution of the United States.

(A) One of his concerns was a rule that permitted the importation of slaves. George Mason was one of the few southern state politicians who opposed slavery. He believed that all men are born equally free and independent and have inherent natural rights. Mason insisted that slaves should be educated and later let free.
(B) However, he disagreed with some parts of it and finally refused to sign the Constitution because of these concerns.
(C) The other concern was about individual freedom. He argued that the Constitution should include a Bill of Rights to protect individuals from possible interference by the federal government.

*constitution 헌법 / *importation 수입 / *independent 독립적인 / *inherent 고유한

① (B) - (A) - (C)
② (A) - (B) - (C)
③ (C) - (B) - (A)
④ (C) - (A) - (B)

38 다음 글의 빈칸에 들어갈 말로 가장 적절한 것은?

Many workers today have different opinions about how and where they work. Thanks to technology, some people can live far away from their offices and work from home. Computers and the Internet make it possible for individuals to telecommute - that is, to use the telephone and technology to get their work done without being in the office. In addition, since most computers now have microphones and video cameras, it is easy to have a meeting even when people are far away from each other. Now if someone gets a new job, they may not have to move to a new city. Maybe in the future, (   ).

*opinion 의견 / *telecommute 재택근무하다

① everyone will work in an office
② many workers will lose their jobs
③ no one will work in an office at all
④ interactions and team works will increasingly decrease

39 빈칸 (A)와 (B)에 들어갈 말로 가장 적절한 것끼리 짝지은 것은?

> People who like to wear white are very neat and organized in everything they do. (A), colors may have different meanings in different cultures. A color may represent good feelings in one culture but bad feelings in another. For example, in the United States, white represents goodness. (B), in India, China, and Japan, white can mean death! There are not many colors with universal meaning that are viewed exactly the same way in every country.
>
> *organize 조직하다 / *represent 나타내다, 대표하다, 표상하다

	(A)	(B)
①	Therefore	For instance
②	Of course	However
③	Nevertheless	In addition
④	In contrast	In contrast

40 다음 글의 빈칸에 들어갈 말로 가장 적절한 것은?

> In looking for an explanation for the different results for different sports, the researchers isolated one important factor – the extent to which a good performance by a team requires its members to coordinate their actions. This task (   ) differentiates baseball from basketball and soccer. In baseball, the performance of individual players is less dependent on teammates than in soccer and basketball.
>
> *differentiate 구별하다, 다르게 하다 / *teammate 팀 동료

① balance
② talent
③ independence
④ interdependence

제2회 최종모의고사 | 중급영어

제한시간: 50분 | 시작 ___시 ___분 – 종료 ___시 ___분

정답 및 해설 576p

01 다음 문장과 모순 관계에 있는 문장을 모두 고른 것은?

> The Paris Olympics started on July 26, 2024.

> ㄱ The Paris Olympics ended on July 26, 2024.
> ㄴ The Paris Olympics started on July 26, 2023.
> ㄷ The Paris Olympics have been ongoing since July 26, 2024.
> ㄹ The Paris Olympics will continue until August 11, 2024.

① ㄱ, ㄴ
② ㄱ, ㄹ
③ ㄴ, ㄷ
④ ㄷ, ㄹ

※ 다음 빈칸에 들어갈 적절한 표현을 고르시오. (02 ~ 08)

02

> (   ) able to understand his partner's love.

① Not years until afterwards he was
② Not years until afterwards was he
③ Not until years afterwards was he
④ Not until years afterwards he was

03

The door remained (　) for a long time.

① lock
② locking
③ to be locked
④ locked

04

They are satisfied with that they helped the poor.
→ They are satisfied with (　) the poor.

① helping
② having helped
③ being helped
④ having been helped

05

Only if it rains (　　　　　).

① the picnic is canceled
② is the picnic canceled
③ the picnic will be canceled
④ will the picnic be canceled

06

The man (　) her a present is from Korea.

① gives
② gave
③ giving
④ given

07

They demanded that the money ( ) used for purchasing library books.

① be
② is
③ was
④ had been

08

Arrange your documents on the desk.
→ ( ) on the desk.

① Your documents are arranged
② Be arranged your documents
③ Let your documents are arranged
④ Let your documents be arranged

※ 주어진 문장을 올바르게 영작한 것을 고르시오. (09 ~ 10)

09

그들은 그의 실수 때문에 도리어 그를 더 좋아한다.

① They like him more than for his mistakes.
② They like him all the better for his mistakes.
③ They like him all the better than for his mistakes.
④ They like him the most although he makes mistakes.

10
> 우리는 과학자라기보다는 발명가이다.

① We are no more scientists than inventors are.
② We are not so much scientists as inventors.
③ We are no more inventors than scientists are.
④ We are not so much inventors as scientists.

※ 다음 밑줄 친 부분 중 어법상 틀린 것을 고르시오. (11~15)

11
> I'm ① terrified by the possibility of ② a nuclear war ③ starting by accident. But he is ④ against disarmament.

12
> These same characteristics ① were ② probably extremely useful in the past and researchers suspect ③ it may also ④ contribute to creativity.

13
> Subscription programs restrict membership ① to special customers, ② giving those customers ③ the sense that they ④ belong an exclusive club.

14

I do not like ① being forced ② to leave the room to study ③ whenever my roommate feels like ④ to have a party.

15

Two days ago, he ① started to read the Old Man and the Sea, a novel by Ernest Hemingway. It is a long novel. He ② has not finished ③ reading it yet. He ④ had read it because his English teacher assigned it.

※ 다음 글의 빈칸에 들어갈 표현으로 가장 적절한 것을 고르시오. (16 ~ 17)

16

A : I really like this backpack. Do you have any more like this?
B : Sorry, there is no more left in that color. Is there something wrong with it?
A : Well, there is a tiny rip on the right shoulder strap.
B : Well, if you'll take this one in its current condition, (   ).

① I will call you later
② I can give you a special deal
③ I can patch the rip right now
④ I will let you know another store

17

A : Are these apples over here regular or organic?
B : They're organic. As a matter of fact, (   ). They're locally grown just a few kilometers away from here.
A : Oh, wow. They look really ripe and delicious. I'll take a box of them, please.
B : Sure. Also, we have recipe cards for apple pies at the front.

① I'm a back number
② That remains to be seen
③ these are quite special
④ there is no time to lose

※ 빈칸에 들어갈 말로 가장 알맞은 것은? (18 ~ 22)

18

All the houses look (   ), so it is difficult to tell them apart.

① identical
② diverse
③ manifold
④ circumspect

19

Sometimes my coworkers can be very (   ). He has trouble waiting for things, and he prefers to get projects done early, even if they are not perfect.

① scrupulous
② speculative
③ impatient
④ spurious

20

We can not work independently. We will need to (   ) our efforts if we want this project to be a success.

① sanction
② coordinate
③ isolate
④ split

21

Most people are (   ) of the stories about a monster that lives in the lake.

① wretched
② skeptical
③ intriguing
④ versatile

22

It is important to set goals that are (   ); otherwise, you will just get discouraged.

① supersede
② reconcile
③ obliterate
④ attainable

※ 밑줄 친 표현과 그 뜻이 가장 가까운 것은? (23 ~ 26)

23

The benefits of this medication <u>outweigh</u> its potential risks.

① outdo
② outlive
③ nurture
④ jeopardize

24

One of the players on the team was suspended for three games for hitting another player.

① abated
② agonized
③ aborted
④ decomposed

25

The journalist claims that he received the information from an anonymous source.

① antonymous
② pseudonymous
③ unanimous
④ synonymous

26

Your computer files are vulnerable if you don't protect them with a strong password.

① stringent
② transient
③ underlying
④ susceptible

※ 밑줄 친 단어와 그 뜻이 반대되는 것은? (27~30)

27

The initial report said that the business had made a 10% profit last year, but a subsequent report corrected the amount to 7%.

① subordinate
② volatile
③ antecedent
④ preclusive

28

The impact of the war on the economy eventually diminished, but it took a long time.

① subside
② aggregate
③ befall
④ augment

29

My sudden decision to buy these clothes was impulsive.

① absurd
② prudent
③ inevitable
④ bizarre

30

His job responsibilities have always been ambiguous. No one is really sure what he does.

① obscure
② apposite
③ palpable
④ whimsical

31 다음 글의 요지로 가장 적절한 것은?

In the past, many parents and teachers believed that children often fight with one another and that these fights were just rites of passage. Things are different today. Violence at schools is getting more serious, and the level of violence is increasing. School violence no longer ends up with just a couple of scratches and a Band-Aid. It leaves serious mental and physical damage. I strongly believe that schools now have to take strict measures to deal with school violence.

*rites of passage 통과의례 / *end up with 귀결되다 / *measures 방안, 조치

① Children often fight while growing up.
② Violent children grow up to be violent adults.
③ Schools should have a stronger position on school violence.
④ Schools need to take better care of the victims of school violence.

32 다음 글의 제목으로 가장 적절한 것은?

Stone Age people usually hunted, fished, and gathered wild plants to survive. Riverside areas, where there were plenty of water to drink, fish to catch, and animals to hunt, were especially great environments to live in. People started to gather by rivers, and some planted seeds and began to cultivate crops along the banks. Rivers kept the land green and fertile for growing crops. As more and more people gathered around rivers, villages formed. Several villages became bigger communities until about 4,000 years ago, when civilization was established for the first time. The world's first four ancient civilizations all started around rivers with fertile land and mild climates.

*riverside 강가 / *tribe 부족 / *era 시대

① The First Stone Age Tribe
② Early Civilizations of the World
③ Human Life in the Era of Hunters and Gatherers
④ The Influence of Rivers on the Rise of Civilization

33 다음 글에서 밑줄 친 them이 가리키는 대상이 나머지 셋과 <u>다른</u> 것은?

Passengers on Atlanta Airline flights from Paris to New York can turn on their cell phones in the air, send text messages, and make calls while they are flying over Europe. European passengers are accustomed to using ① them on airplanes once they have climbed past 10,000 feet. Most European airlines allow ② them to use their cell phones with the blessing of European governments. However, when Atlanta Airline passengers approach within 250 miles of the U.S. coast, they can't use ③ them anymore. Using ④ them in the air is prohibited in the United States because of safety concerns about cell phone signals interfering with planes' communication systems. In addition, U.S. airlines worry that passengers don't want to listen to calls by others on their flights.
*be accustomed to 익숙하다 / *interfere with 방해가 되다

34 다음 글의 주제로 가장 적절한 것은?

Many people know that wine tastes different depending on where the grapes were farmed. As such, coffee beans also taste different depending on where they were grown. For example, coffee beans which were grown in Kenya in Africa taste fruity and sour. Ethiopian coffee beans taste a little like sweet potatoes. Latin American-grown coffee beans have a hint of nuts and chocolate in their tastes. Asian-grown coffee beans have earthy tastes.
*depending on ~에 따라, 의지하여 / *earthy 흙 같은

① Different wine tastes depending on the place
② Some characteristics of African coffee beans
③ Various nations growing coffee beans in the world
④ Different tastes of coffee beans according to their origins

35 다음 글의 내용과 일치하지 않는 것은?

> Ramadan is the Islamic month of fasting. Muslims around the world are not permitted to eat or drink anything during daylight hours during the month of Ramadan. The purpose of fasting is to teach people about humility and patience. This ear, I participated in fasting for the first time. I wanted to see what it felt like, and my parents were very proud of me. When I told them about the fast, my non-Muslim friends wondered how I could keep fasting for an entire day. I explained to them that fasting lasts only when there is sunlight outside. Once the sun goes down, the fast can be broken.
>
> *fast 금식 / *humility 겸손 / *go down 지다

① 글쓴이는 올해 처음으로 금식에 참가했다.
② 이슬람교도들은 금식을 통해 겸손과 인내를 배운다.
③ 글쓴이의 친구는 금식을 24시간 동안 한다고 생각했다.
④ 이슬람교도들은 라마단 기간 동안 먹거나 마시지 않는다.

36 다음 글의 빈칸에 들어갈 말로 가장 적절한 것은?

> It is dark and raining. You are standing in front of a crosswalk to go to a convenience store. The signal lamp hasn't changed for a long time. You are getting tired of waiting and decide to cross the street at the red light. Suddenly, you hear the loud sound of sliding tires and see a car stopped an inch before you. The driver opens his window and shouts at you. However, you are too surprised and don't understand anything the driver says. This could happen when you jaywalk at night. In society, there are lots of things we have to do for our own safety. If you don't, the results could be horrible for you and your family. The rules we follow every day are designed (   ). Therefore, it is very important to obey them and to encourage others to do the same.
>
> *crosswalk 횡단보도 / *signal lamp 신호등 / *jaywalk 무단 횡단하다

① to control citizens
② to make the police's work easier
③ to reward those who obey the rules
④ to protect you and other members of this society

37 다음 글의 빈칸에 들어갈 말로 가장 적절한 것은?

The weakening of educational standards in the United States over the past 40 years has had many effects, including some that would have seemed most unlikely before that time. Many of the most skilled and articulate users of English, for example, are now located outside the United States and (　　　　　　). English speakers in India are widely considered much better than those in America while American visitors to eastern Asia may be startled to meet Asians whose command of English is better than their own. To meet an American student who can barely write in his or her own language is no longer a rare occurrence while ordinary Americans are few (perhaps one in 100) who could explain, when asked, the difference between a contraction and a conjunction.

*articulate 명확한 / *be startled 깜짝 놀라다 / *occurrence 발생 / *conjunction 접속사

① the other nations of North America
② foreign countries where English is taught
③ the rest of the so called English-speaking world
④ the other countries in the Northern Hemisphere

38 다음 글의 어조로 가장 적절한 것은?

Is society improving? This is a difficult question to answer. Today we have even more sophisticated technologies, longer life spans and better educations. People have higher salaries and more leisure and convenience. And yet the incidence of mental illness continues to increase. The gap between rich and poor widens and crime rates soar. The environment deteriorates further and wars are more frequent and vicious. It seems that every advance is accompanied by an even greater decline.

*sophisticated 정교한 / *widen 넓어지다 / *deteriorate 악화시키다, 악화되다

① cynical
② encouraging
③ praising
④ moving

39 주어진 글 다음에 이어질 글의 순서로 가장 적절한 것은?

> The mosaic is an art form in which the artist uses colored stones, glass, or any other materials to create an image.

(A) It was influenced by the Eastern culture in style and material. Eastern people used glass tesserae called smalti, which was manufactured in Italy. Mosaic art eventually made its way to many parts of the world by the 8th century.

(B) This kind of art dates back over 4,000 years or more. At first, people used terracotta cones to make mosaic arts.

(C) In the 4th century B.C., the Greeks introduced the pebble technique to the art form. By 200 B.C., specially made pieces called tesserae were used. They gave extra detail and color to the masterpieces. The Greeks normally made mosaics showing their gods. This art form arrived in Istanbul by the 5th century, where it developed a new characteristic.

*tessera(e) 모난 유리(복수) / *pebble 조약돌 / *masterpiece 작품, 걸작

① (A) - (B) - (C)
② (A) - (C) - (B)
③ (B) - (C) - (A)
④ (C) - (A) - (B)

40 글의 흐름으로 보아, 주어진 문장이 들어가기에 가장 적절한 곳은?

Tragedy struck in 1931 when she was involved in a plane crash.

Olympic Champion Betty Robinson's life is like a story written by a screenwriter. It has dramatic elements such as athletic glory, a life-threatening accident, and an amazing comeback. Robinson was a great athlete who won the 100 meter sprint at the Amsterdam Olympics in 1928. (①) She became the first female athlete to receive an Olympic gold medal. (②) When she was found, people thought she was dead. An undertaker found she was breathing and took her to the hospital. (③) After seven months of lying in the hospital, Robinson woke from the coma. She spent an additional six months in a wheelchair. (④) It took another two years for her to learn how to walk and run again. Miraculously, she found herself on the U.S. relay team in the 1936 Olympics. In the main event, Robinson was able to win her second Olympic medal.

*screenwriter 극작가 / *comeback 복귀 / *coma 혼수상태

제1회 정답 및 해설 | 중급영어

01	02	03	04	05	06	07	08	09	10
④	④	②	③	③	④	②	①	①	②
11	12	13	14	15	16	17	18	19	20
②	④	③	①	①	②	①	③	①	③
21	22	23	24	25	26	27	28	29	30
①	③	②	④	③	①	②	②	④	①
31	32	33	34	35	36	37	38	39	40
①	③	①	③	④	②	①	③	②	④

01 정답 ④
해설
과거 특정 시점을 나타내는 부사구 last night이 사용되었으므로, 빈칸에 적절한 시제는 단순과거 시제인 called이다.
해석
내가 어젯밤 8시에 그에게 연락했지만, 그는 집에 없었다.

02 정답 ④
해설
Most + of + the + 복수명사
해석
나의 교실에 있는 대부분의 학생들은 아시아에서 왔다.

03 정답 ②
해설
경계선은 dividing line으로 표현한다.
해석
적도는 북반구와 남반구 사이의 경계선이다.

04 정답 ③
해설
빈칸의 뒤 문장은 2형식 문장으로서 완전한 문장이다[주어(opinions) + 동사(are) + 보어(the same)]. 선행하는 절과 완벽한 후행 절을 연결할 때 사용하는 관계사는 소유격 관계사이다. 따라서 정답은 whose이다.
해석
의견이 같은 두 사람을 찾는 일은 거의 불가능하다.

05 정답 ③
해설
'동사 advise + 목적어 + to부정사 구문'과 'not A but B 상관접속사 구문'이 혼합되어 있다. 따라서 정답은 not to wait이다.
해석
여행사는 우리에게 3월까지 기다리지 말고 예약하라고 조언했다.

06 정답 ④
해설
'사물주어 + need + to be pp 또는 Ving'로 사용한다. 즉, 동명사의 형태는 능동이지만 의미는 수동이다.
해석
나무에 있는 사과들이 익었다. 사과를 딸 필요가 있다.

07 정답 ②
해설
조건절 접속사 if를 생략할 경우, 조건절의 주어와 동사는 도치돼야 한다. 즉, If she had been better prepared에서 접속사 if를 생략하면 Had she been better prepared로 주어와 동사의 위치를 바꾼다.
해석
만일 그녀가 조금 더 준비했었더라면, 그 직업을 가졌었을 것이다.

08 정답 ①
해설
동사 do의 목적어 자리에서 명사절을 이끄는 복합관계대명사, 'whatever 또는 anything that'이 적절하다.
해석
나는 당신이 그 문제에 대해 무엇을 해야 할지 모른다. 당신에게 가장 좋을 것 같은 것은 무엇이든 해라.

09 정답 ①
해설
be terrified of ~을 두려워하다
해석
나는 우연히 시작하는 핵전쟁의 가능성을 두려워한다.

10 정답 ②
해설
강아지 3마리 중 한 마리(one)는 하얀색 털, 그리고 나머지 두 마리(the others)는 갈색 털을 가졌다.
해석
나는 강아지 세 마리가 있다. 한 마리는 하얀색 털을 가졌고 나머지 두 마리는 갈색 털을 가졌다.

11 정답 ②
해설
② 부분사(percent) + of + 단수명사 + 단수동사, 즉 부분사 표현이 주어로 사용되면 of 뒤가 주어이다. 따라서 ②의 동사는 단수동사 is가 적절하다.
① 70 percent : 단수표현
③ is : 주어 the earth's water의 동사
④ drinkable : 동사 drink의 형용사로서 '마실 수 있는'의 의미를 가짐
해석
대략 지구의 70퍼센트는 물로 덮여있으나 지구의 물 중 단 1퍼센트만 마실 수 있다.

12 정답 ④
해설
④ when이 이끄는 부사절의 내용은 과거(got to)에 일어난 일이고 주절의 내용은 대과거(had already given)에 일어난 일이다. 따라서 ④는 got to로 바꿔 써야 한다.
① was : 단순과거시제
② had already given : 주절의 과거완료시제
③ when : 시간의 부사절 접속사
해석
나는 지각했다. 내가 교실에 도착했을 때, 선생님은 이미 퀴즈를 실시하셨다.

13 정답 ③
해설
③ 'That ~ employees'의 선행절과 'all ~ experts'의 후행절을 연결하기 위해서는 접속사 또는 관계사가 필요하다. 따라서 ③에서 지시대명사 them을 관계대명사 whom으로 바꿔 써야 한다.
① currently : 일반 동사 has를 수식하는 부사
② has : 단수 주어 that company의 동사
④ are : 복수 주어 employees의 동사
해석
그 회사는 현재 5명의 직원이 있고, 그들 모두는 컴퓨터 전문가이다.

14 정답 ①
해설
① ~하러 가다 : go + Ving
② that : 목적격 관계대명사
③ shortened : 사역동사 had의 목적보어로서 목적어가 사물이므로 pp표현
④ perfectly : 동사 fit을 수식하는 부사
해석
그가 쇼핑 갔을 때, 그가 정말 좋아했던 재킷을 찾았다. 그는 소매를 줄인 후, 수선한 옷은 그에게 꼭 맞았다.

15 정답 ①
해설
① 준동사 중 하나인 분사를 부정할 때, not은 분사 앞에 사용한다. 따라서 Having not은 Not having으로 바꿔 써야 한다.
② received : 과거동사
③ emailed : 단순과거시제
④ again : 부사
해석
답신을 받지 못했었기 때문에, 나는 다시 그녀에게 이메일을 보냈다.

16 정답 ②
해설
- 한편으론 A, 또 다른 한편으론 B로 해서 : what with A and (what with) B
- 병에 걸리다 : take ill

17 정답 ①
해설
- ~을 확신하다 : be sure of
- 동명사의 의미상의 주어 : 소유격 사용

18 정답 ③
해설
부정사의 'be + to 용법'은 '~할 수 있다'의 의미를 가질 수 있다. 따라서 'We could not see anybody in the room.'과 동일한 해석이 가능한 문장은 ③이다.

19 정답 ①
해설
두 시간 동안 일하느라 시간 가는 줄 몰랐다는 B의 생각에 A가 동의한다. 선행하는 문장은 부정문 그리고 과거시제이므로 동의 표현은 Neither did I가 적절하다.
해석
A : 케이트, 시간 봐! 두 시간 동안 일하고 있었어.
B : 벌써? 와우, 시간이 그렇게나 지난 줄 몰랐어.
A : 나 역시. 조금 쉬는 게 좋을 것 같아.
B : 그래. 바람 쐬러 다녀올까?

20 정답 ③

해설

A가 B에게 온라인 채팅방 개설을 요청하는 표현으로, Could you do it for us?가 적절하다.

해석

A : 앤디, 생물 그룹 프로젝트로 모이기가 너무 어렵다. 모두 바쁜 것 같아.
B : 알아. 온라인 그룹 채팅방을 만드는 건 어떨까? 그러면 만나지 않고도 쉽게 이야기 나눌 수 있잖아.
A : 좋은 생각이야. <u>우릴 위해 네가 도와줄 수 있니?</u>
B : 물론이지. 채팅방 개설해서 사람들 초대할게.

21 정답 ①

해설

밑줄 친 단어는 '격려하다, 설득하다'의 의미를 가지므로 가장 가까운 단어는 convince이다.
② 나아가다
③ 완화하다
④ 공모하다

해석

나는 그에게 라디오 방송국에서의 새로운 일자리에 지원해 보라고 설득할 예정이다. 나는 그가 그 일자리에 적임자라고 생각한다.

22 정답 ③

해설

밑줄 친 표현은 '참가하다'의 의미를 갖는 숙어 표현으로서 participate in으로 대체할 수 있다.
① 유보하다
② 연락하다
④ 수입과 지출을 맞추다

해석

나는 지역학교에 관한 모임에 참가하고 싶다. 매우 재미있을 것 같다.

23 정답 ②

해설

밑줄 친 단어는 '방해하다, 끼어들다'의 의미를 갖는 단어로서 hamper가 가장 적절하다.
① 요새화하다
③ 유발하다
④ 구체화하다

해석

그들이 말하고 있을 때 끼어드는 것은 무례한 일이다. 말이 끝나도록 놔둬야 한다.

24 정답 ④

해설

밑줄 친 단어는 '믿을 만한, 진짜의'의 의미를 갖는 단어로서 authentic이 가장 적절하다.
① 주의 깊은
② 경솔한
③ 변덕스러운

해석

사람들은 전문성 있는 조직의 웹 사이트에서 믿을 만한 정보를 찾을 수 있다.

25 정답 ③

해설

밑줄 친 표현은 '~나 다름없는, 거의 같은'의 의미를 갖는 표현으로서 almost the same as가 가장 적절하다.
① 결코 ~이 아닌
② ~와 불화관계인
④ 대체로

해석

사람들은 마치 그를 호랑이와 거의 같은 것처럼 대했다.

26 정답 ①
해설
밑줄 친 단어는 '피하다'의 의미를 갖는 단어이므로 이와 반대의 뜻을 가진 단어는 '받아들이는 다'의 ①이다.
②・③・④ 피하다

해석
불쾌한 무언가를 피하는 것은 당신이 그것이 발생하는 것을 예방하도록 한다.

27 정답 ②
해설
밑줄 친 단어는 '악화되다'의 의미를 갖는 단어이므로 이와 반대의 뜻을 가진 단어는 '개선되다'의 ②이다.
①・③・④ 악화되다

해석
그 환자의 상태가 급격하게 악화되어 갔다.

28 정답 ②
해설
밑줄 친 단어는 '가혹한, 학대하는'의 의미를 갖는 단어이므로 이와 반대의 뜻을 가진 단어는 '자비로운'의 ②이다.
①・③・④ 가혹한, 학대하는

해석
그 아이들은 오랜 시간의 신체적 그리고 정신적 학대를 경험해 오고 있다.

29 정답 ④
해설
빈칸에 들어갈 적절한 단어는 '설명'으로서 정답은 ④이다.
① 비문, 글귀
② 처방
③ 전사, 필기

해석
그가 막 시행했던 수술에 대한 설명을 했다.

30 정답 ①
해설
빈칸에 들어갈 적절한 단어는 '앞서다'로서 정답은 ①이다.
② 진행하다
③ 물러나다
④ 넘어서다

해석
나는 그를 앞서 도로로 나와 차가 있는 곳을 향해 천천히 걷기 시작했다.

31 정답 ①
해설
눈은 민감하므로 우리는 눈을 보호해야 한다는 내용이다.

해석
우리의 눈은 매우 민감하다. 따라서 눈을 충분히 쉬게 해야 한다. 오늘날 많은 사람이 컴퓨터 게임을 한다. 컴퓨터 화면은 매우 밝고 눈에 스트레스를 일으킨다. 많은 전문가들은 눈이 쉴 수 있도록 한 시간에 10분 동안 휴식을 취하라고 제안한다. 의사들은 아이들이 눈을 절대 비벼서는 안 된다고도 제안한다. 너무 심하게 눈을 비비면 난시와 같은 문제를 일으킬 수 있다. 차 안에서 책을 읽는 것과 같이 불빛이 약한 곳에서 일하는 것도 좋지 않다.

32 정답 ③

해설

물질주의의 부정적 효과와 해결책 및 모든 세대에 물질만능주의가 증가 추세인 점을 입증하기 위한 내용 등은 없다.

해석

세계 여러 곳에서 물질만능주의가 만연하고 있다. 큰 부에 대한 관심과 텔레비전에서 접하는 광고와 인터넷이 물질만능주의가 전 세계 사람들에게 인기를 끌도록 해 온 듯하다. 이것은 특히 16~29세의 어린 연령층 사이에서 사실인 것 같다. 많은 젊은이가 돈을 성공의 가장 중요한 요소라고 생각한다는 연구 결과가 있다. 얼마 전 미국에서 시행된 한 조사는 '오늘날 많은 어린이가 물질적인 것을 너무 많이 원한다.'라는 사실을 보여 주었다. 그들은 광고가 이런 현상의 큰 이유라고 생각한다.

33 정답 ①

해설

French fries가 발명된 방법, 이름의 유래가 무엇인지 설명하고 있다. 따라서 French Fries의 근원이 제목으로 가장 적절하다.

해석

처음으로 감자를 가늘고 긴 조각으로 자른 뒤 기름에 튀긴 이들은 벨기에 사람들이었다. 그들은 생선을 튀기는 것에 익숙했기 때문에 튀기는 것은 그들의 습관 중 하나였다. 얼어 버린 물에서 생선을 잡을 수 없을 때, 그들은 먹을 수 있는 다른 음식을 찾아야 했다. 그들은 감자를 찾아냈다. 그렇다면 이 발명품이 지금은 French Fries라고 불리는 이유는 무엇인가? 프랑스어가 그 당시에는 벨기에의 공식 언어였기 때문에 그 음식을 French Fries라고 불렀다.

34 정답 ③

해설

올리브유는 어떠한 인위적인 처리 과정도 거치지 않는다고 했으므로 ③은 글의 내용과 일치하지 않는다.

해석

올리브유가 건강에 가장 좋은 요리용 기름이라는 데 많은 사람이 동의한다. 엑스트라 버진 올리브유가 그렇게 불리는 것은 그것이 어떠한 처리 과정도 거치지 않기 때문이다. 이 올리브유에는 어떠한 화학 물질도 첨가되지 않는다. 이 올리브유는 올리브 열매에서 곧바로 추출되기 때문에 자연 성분 그대로를 담고 있다. 올리브유는 유방암과 피부암을 예방할 수 있다. 그것은 신체의 질병을 예방하는 과일, 채소와 같은 기능을 한다. 그것은 또한 혈압을 낮추고 담석의 형성을 막는다. 올리브유가 건조한 피부와 약해진 머리카락에 사용될 수 있다고 믿는 사람들도 있다.

35 정답 ④

해설

토마토소스의 유래를 언급하다 갑자기 토마토가 과일인지 채소인지를 놓고 논란이 있었다고 언급하는 내용은 글의 흐름을 방해한다.

해석

스파게티는 어디서 유래했을까? 처음에는 마르코 폴로가 중국 여행에서 돌아오며 가져온 것으로 알려져 있었다. 그가 그곳에서 면을 처음 봤을 수도 있지만 실제로 파스타는 수세기 동안 유럽에 존재해 왔었다! 기원전 400년에 만들어진 이탈리아의 한 무덤에는 원주민들이 파스타와 아주 유사해 보이는 무언가를 들고 있는 모습을 보여 주는 작품이 있다. 그렇다면 토마토소스는? 탐험가 코테즈가 토마토를 유럽에 가져온 것은 1519년이었다. 토마토는 독이 있다고 생각되었고 장식용으로 길러졌다. <u>토마토가 과일인지 채소인지는 논란이 되어 왔다.</u>

36 정답 ②

해설

제시문은 it의 의미를 물어보고 있다. 글의 주제는 유산의 의미와 소중함이므로 it이 유산을 말하는 것으로 추론할 수 있다. 문맥상 ①과 ②에 인접한 문장들이 문화유산의 의미를 질문하고 있기 때문에 제시문의 가장 적절한 위치는 ②이다.

해석

영어 사전은 유산이라는 단어를 선대에서 전해 내려오는 재산이나 소중한 물건이라고 정의한다. 유산은 대단히 가치 있는 먼 옛날의 기억들을 담고 있다. 당신의 선조들은 어떠한 유산을 전수했는가? 그것은 낡은 집 같은 재산이거나 물체인가? 그렇지 않으면 가업이나 가족사와 같은 문서인가? 가족의 전통은 아름다운 유산이다. 안타깝게도 많은 훌륭한 전통이 후세에 전수되지 못해서 사라진다. 당신이 훌륭하다고 생각하는 것을 당신의 유산으로 지키는 것은 중요하다. 그것은 당신의 자식과 손주에게 값을 매길 수 없는 선물이 될 수 있다.

37 정답 ①

해설

조지 메이슨이 헌법 작성에 참가했지만 서명하지 않은 이유를 언급하고 있다. 그가 서명을 거절한 이유의 순서를 찾는다.

해석

조지 메이슨은 미합중국 헌법을 작성하는 일에 참여하는 데 동의했다. (B) 하지만 그는 헌법 일부에 반대 견해를 보이고 있었는데, 이 우려 사항들 때문에 그는 결국 서명하지 않았다. (A) 그의 걱정거리 중 하나는 노예들의 수입을 허용하는 규정이었다. 조지 메이슨은 노예 제도에 반대하는 몇 안 되는 남부 출신의 정치인 중 하나였다. 그는 사람은 모두 평등하게 자유롭고 독립적으로 태어났으며 고유한 자연적인 권리를 가지고 있다고 믿었다. 그는 노예들은 교육받아서 나중에 자유의 몸이 되어야 한다고 주장했다. (C) 다른 우려 사항은 개인적인 자유에 관한 것이었다. 그는 헌법에 권리 장전을 포함해서 연방 정부의 가능한 간섭으로부터 개인을 보호해야 한다고 주장했다.

38 정답 ③

해설

기술의 발달로 재택근무가 가능해져 예전과는 달리 집에서도 업무나 회의 등을 정상적으로 수행할 수 있게 되었다는 것이다.

해석

오늘날 많은 노동자들은 일하는 방법과 장소에 대해 다양한 의견을 가지고 있다. 기술의 발달로 회사로부터 멀리 떨어진 곳에서 생활할 수 있고 집에서 업무를 수행할 수도 있다. 컴퓨터와 인터넷은 개인이 재택근무를 가능케 했다. 다시 말해, 사무실에 있지 않고서도 전화와 기술을 사용해 그들의 업무를 수행한다. 또한 대부분의 컴퓨터에는 마이크와 비디오 카메라가 장착되어 있으므로 멀리 떨어져 있을 때에도 쉽게 회의를 할 수 있다. 이제 만일 누군가가 새로운 직장을 갖는다면 그들은 아마도 새로운 도시로 이동하지 않을지도 모른다. 미래에는 아마도 사무실에서 근무하는 사람이 없을지도 모른다.

39 정답 ②

해설

빈칸 (A)의 뒤 문장에서는 문화마다 색이 갖는 의미라는 새로운 이야기를 언급한다. 따라서 Of course가 적절하다. 빈칸 (B)의 뒤 문장은 앞 문장의 내용과 상반되는 이야기를 언급하므로 However가 적절하다.

해석

흰색 옷을 입기 좋아하는 사람들은 매우 단정하고 그들이 하는 모든 일에서 잘 정돈되어 있다. 물론 색상은 여러 문화에서 다양한 의미를 가질지도 모른다. 한 문화에서 어떤 색상은 좋은 감정을 나타내지만 다른 문화에서는 나쁜 감정을 나타낼 수도 있다. 가령, 미국에서는 흰색은 신을 대표한다. 그러나 인도, 중국, 일본에서는 흰색은 죽음을 의미한다! 모든 나라에서 정확하게 같은 것으로 간주되는 보편적 의미를 갖는 색이란 많지 않다.

40 정답 ④

해설

팀 경기력 향상에 관한 팀원 간의 상호의존 정도의 중요성을 언급하는 글이다.

해석

서로 다른 경기의 다른 결과에 관한 설명을 찾을 때, 연구자들은 중요한 요인을 한 가지로 한정한다. 즉, 한 팀의 좋은 경기력이 팀 구성원들에게 그들의 행동을 조율하도록 요청하는 정도 말이다. 이 상호의존성이란 야구를 농구, 축구와 차별화시킨다. 야구에서는 선수 개인의 경기력이 축구와 농구에서보다 구성원들에게 덜 의존적이다.

제2회 정답 및 해설 | 중급영어

01	02	03	04	05	06	07	08	09	10
①	③	④	②	④	③	①	④	②	②
11	12	13	14	15	16	17	18	19	20
①	③	④	④	④	②	③	①	③	②
21	22	23	24	25	26	27	28	29	30
②	④	①	③	②	④	③	④	②	③
31	32	33	34	35	36	37	38	39	40
③	④	②	④	④	④	③	①	③	②

01 정답 ①
해설
'파리 올림픽은 2024년 7월 26일에 시작됐다.'가 참이면 반의어가 사용된 ㉠과 '파리 올림픽은 2023년 7월 26일에 시작됐다.'라는 주어진 문장보다 파리 올림픽이 과거에 시작됐다고 언급한 ㉡ 역시 주어진 문장과 모순 관계에 있다.

해석
파리 올림픽은 2024년 7월 26일에 시작됐다.
㉠ 파리 올림픽은 2024년 7월 26일에 끝났다.
㉡ 파리 올림픽은 2023년 7월 26일에 시작됐다.
㉢ 파리 올림픽은 2024년 7월 26일부터 진행 중이다.
㉣ 파리 올림픽은 2024년 8월 11일까지 계속될 것이다.

02 정답 ③
해설
부정 부사구 not until years afterwards가 문장 앞으로 온 도치 구문으로서 주어와 동사의 순서를 바꾸어 쓴다.

해석
수년 후에야 비로소 그는 연인의 사랑을 이해할 수 있었다.

03 정답 ④
해설
빈칸은 2형식 문장에서 보어 형태를 묻는 문제로서 무생물 주어인 the door가 상태 동사 remain과 함께 사용되었기 때문에 보어는 과거분사가 적절하다.

해석
그 문은 오랫동안 닫혀 있었다.

04 정답 ②
해설
복문에서 주절의 시제(현재)와 종속절의 시제(과거)가 다르므로 복문을 단문으로 바꿀 때, 종속절의 동사는 능동 완료동명사를 사용한다.

해석
그들은 가난한 이들을 도왔었던 것에 만족한다.

05 정답 ④
해설
only if라는 가정법의 의미를 갖는 부사 표현이 문두에 위치했으므로 주절의 주어와 동사는 도치가 발생한다. 따라서 will the picnic be canceled가 정답이다.

해석
비가 내리는 경우에만 소풍은 취소될 것이다.

06 정답 ③
해설
관계사절의 동사 형태를 묻는 문제로서 빈칸에는 '주격관계대명사 + be동사 + giving'이 위치한다. '주격관계대명사 + be동사'는 생략이 가능하므로 giving이 정답이다.
해석
그녀에게 선물을 주고 있는 그 남자는 한국 출신이다.

07 정답 ①
해설
요구 동사 demand의 목적어로 that절이 사용되었을 때, that절의 동사는 원형동사를 사용한다. 즉, 'that + 주어 + (should) + 동사원형'이다.
해석
그들은 그 돈이 도서관 서적을 구매하는 데 사용되어야 한다고 요구했다.

08 정답 ④
해설
명령문을 수동태 문장으로 바꿀 때, 'Let + 목적어 + be동사 + 동사pp'로 바꾼다.
해석
책상 위에 있는 서류들을 정리하세요.

09 정답 ②
해설
'주어 ~ all the 비교급 + for ~' : 주어는 ~ 때문에 도리어 더 비교급하다.

10 정답 ②
해설
'not so much + A + as + B' : A라기보다는 B

11 정답 ①
해설
① be terrified of : 두려워하다
② a nuclear war : 핵전쟁
③ starting : 관계사절 안에 있는 현재분사로서 '(which is) starting'에서 '주격 관계대명사 + be동사'는 생략이 가능하다.
④ against disarmament : 전치사 + 목적어
해석
나는 우연히 시작한 핵전쟁의 가능성에 대해 두려워했다. 그러나 그는 무장해제는 반대했다.

12 정답 ③
해설
③의 지시대명사가 가리키는 대상은 these same characteristics이므로 복수형의 지시대명사 they가 적절하다.
① 주어-동사의 수 일치
  : these same characteristics + were
② 부사구로 형용사 useful을 수식
④ 자동사 + 전치사
해석
이런 똑같은 특징들은 과거에는 아마도 매우 유용했고 연구자들은 그러한 특징들이 아마도 창조성에 기여할지도 모른다고 추측한다.

13 정답 ④
해설
④ '자동사 + 전치사'이므로, 'belong + to + 목적어'가 되어야 한다.
① 전치사 + 목적어
② 분사구문 : and they give those customers ~
  → giving those customers
③ 동격 접속사 that : 명사 + that절
해석
구독 프로그램은 회원 자격을 특별 고객에게로 한정하고 그들이 특별 클럽에 속해 있다는 소속감을 준다.

14 정답 ④

해설
④ '~하고 싶다'는 'feel like + Ving'로 나타내므로, having이 와야 한다.
①·② force의 수동태 구문 : being forced to + 동사원형
③ 복합관계부사 : whenever + 주어 + 동사

해석
나의 룸메이트가 파티를 하고 싶을 때마다 나는 공부하기 위해 어쩔 수 없이 방을 떠나고 싶지 않다.

15 정답 ④

해설
④ 이틀 전부터 읽고 있는 책을 아직 끝마치지 못하고 계속 읽고 있는 상황이므로 '현재완료 또는 현재완료진행시제'가 와야 한다. 따라서 has read 혹은 has been reading이 적절한 시제 표현이다.
① two days ago + 단순과거시제
② 현재완료시제(이틀 전부터 말하는 시점까지 읽고 있는 상황)
③ 동사 finish + Ving

해석
이틀 전 그는 어니스트 헤밍웨이의 소설 '노인과 바다'를 읽기 시작했다. 이 소설은 장편 소설이다. 그는 아직 읽는 것을 마치지 못했다. 그의 영어 선생님이 과제로 내주셨기 때문에 그는 이것을 계속 읽고 있다.

16 정답 ②

해설
어깨끈이 조금 찢어진 제품을 구매할 경우 제품 가격에서 특별 할인을 해주겠다는 내용이 적절하다.

해석
A : 이 배낭 정말 마음에 들어요. 비슷한 다른 제품이 더 있나요?
B : 죄송해요. 그 색상으로는 재고가 더 이상 없어요. 제품에 무슨 문제가 있나요?
A : 오른쪽 어깨끈이 조금 찢어져 있어서요.
B : 이것을 그대로 구매하시면 특별 할인을 해 드릴게요.

17 정답 ③

해설
유기농 사과의 특징을 빈칸 뒤에서 언급하고 있다.

해석
A : 여기 있는 사과들은 일반 사과인가요, 유기농 사과인가요?
B : 유기농 사과입니다. 사실, 이 사과는 특별합니다. 여기서 몇 킬로미터 떨어진 곳에서 손수 키웁니다.
A : 와우. 잘 익어서 맛있어 보이네요. 한 상자 가져갈게요.
B : 예. 프론트에 애플파이 요리법도 준비되어 있어요.

18 정답 ①

해설
빈칸에 들어갈 적절한 단어는 '동일한'으로서 정답은 ①이다.
②·③ 다양한
④ 신중한, 조심스러운

해석
모든 집들이 동일하게 보여 집들을 구분하기가 어렵다.

19 정답 ③

해설
빈칸에 적절한 단어는 '초조한'으로서 정답은 ③이다.
① 양심적인
② 이론적인, 불확실한
④ 가짜의

해석
내 동료들은 때때로 매우 초조하다. 그는 일을 기다리는 것을 어려워하고 일이 완벽하진 않을지라도 일찍 끝내는 것을 더욱 선호한다.

20 정답 ②

해설
빈칸에 들어갈 적절한 단어는 '조율하다'로서 정답은 ②이다.
① 승인하다
③ 고립시키다, 한정하다
④ 쪼개다, 분열하다

해석
우리는 혼자서 일을 할 순 없다. 만일 우리가 이 계획이 성공하길 원한다면 우리의 노력을 조율할 필요가 있을 것이다.

21 정답 ②

해설
빈칸에 들어갈 적절한 단어는 '회의적인'으로서 정답은 ②이다.
① 비참한, 불행한
③ 재미있는, 흥미로운
④ 다재다능한

해석
대부분의 사람들은 호수에 산다는 한 괴물에 관한 이야기에 회의적이다.

22 정답 ④

해설
빈칸에 들어갈 적절한 단어는 '성취할 수 있는, 달성할 수 있는'으로서 정답은 ④이다.
① 대체하다
② 화해하다
③ 삭제하다, 지우다

해석
달성할 수 있는 목표를 설정하는 일은 중요하다. 그렇지 않으면 당신은 실망하게 될 것이다.

23 정답 ①

해설
동사 outweigh는 '~보다 크다, 능가하다'의 의미이다. 따라서 정답은 ①이다.
② ~보다 오래 살다
③ 양육하다
④ 위태롭게 하다

해석
이 약물의 이점이 잠재적인 위험보다 더 크다.

24 정답 ③

해설
과거분사 suspended는 '정지당하다, 중단당하다, 유보되다'의 의미이다. 따라서 정답은 ③이다.
① 완화시키다
② 괴로워하다
④ 분해하다, 분석하다

해석
그 팀의 선수 중 한 명은 다른 선수를 폭행한 일로 3경기 동안 출전을 정지당했다.

25 정답 ②
해설
형용사 anonymous는 '익명의'의 의미이다. 따라서 정답은 ②이다.
① 반의어의
③ 만장일치의
④ 동의어의

해석
그 기자는 익명의 원천으로부터 그 정보를 입수했다고 주장한다.

26 정답 ④
해설
형용사 vulnerable은 '하기 쉬운, 취약한'의 의미이다. 따라서 정답은 ④이다.
① 엄격한
② 일시적인
③ 기본적인

해석
만일 당신이 강력한 비밀번호로 파일을 보호하지 않는다면 컴퓨터 파일은 취약하다.

27 정답 ③
해설
형용사 subsequent는 '잇따르는, 후행하는'의 의미이다. 따라서 정답은 '선행하는'의 의미를 가진 ③이다.
① 종속의
② 휘발성의, 불안정한
④ 방해하는

해석
첫 번째 보고서는 기업이 지난 해 10%의 이윤을 창출했다고 말했으나, 후속 보고서는 이러한 수익률을 7%로 수정했다.

28 정답 ④
해설
동사 diminish는 '줄이다, 완화시키다'의 의미이다. 따라서 정답은 '증가시키다'의 의미를 가진 ④이다.
① 줄이다
② 모으다
③ 일어나다, 생기다

해석
전쟁이 경제에 미치는 영향은 궁극적으로 줄어들지만 오랜 시간이 걸렸다.

29 정답 ②
해설
형용사 impulsive는 '충동적인'의 의미이다. 따라서 정답은 '신중한'의 의미를 가진 ②이다.
① 불합리한
③ 필연적인, 불가피한
④ 이상한

해석
이 옷들을 구매하기로 한 나의 갑작스러운 결심은 충동적이었다.

30 정답 ③
해설
형용사 ambiguous는 '모호한'의 의미이다. 따라서 정답은 '뚜렷한'의 의미를 가진 ③이다.
① 모호한
② 적합한
④ 변덕스러운

해석
그의 업무는 언제나 모호했었다. 아무도 그가 무엇을 하는지 확실하게 알지 못한다.

31 정답 ③

해설

글쓴이는 현재의 학교 폭력은 과거와 완전히 다른 양상이며 이를 막기 위해서는 학교가 강력한 조치를 취해야 한다고 믿고 있다.

해석

과거에는 많은 부모님과 선생님들이 아이들은 종종 싸우기 마련이고 그러한 싸움은 그저 통과의례라고 생각했다. 그러나 현재는 상황이 다르다. 학교 폭력은 점점 더 심각해지고 있고 폭력의 수준이 더욱 높아지고 있다. 학교 폭력의 피해는 더는 약간 긁히거나 일회용 반창고를 붙이는 수준에서 끝나지 않는다. 학교 폭력은 심각한 정신적, 육체적 피해를 남긴다. 나는 학교가 이제는 학교 폭력을 처리하려면 엄격한 조치를 취해야 한다고 생각한다.

32 정답 ④

해설

이 글은 인류의 최초 문명들이 모두 강 주변에서 형성되었다는 내용을 설명하고 있다.

해석

석기 시대 사람들은 생존하기 위해 주로 동물을 사냥하고, 물고기를 잡고, 야생 식물을 채취했다. 마실 수 있는 물이 충분하고 잡을 수 있는 물고기가 많고 사냥할 수 있는 동물이 많은 강 주변은 특히 살기가 아주 좋은 환경이었다. 사람들은 점차 강 근처에 모여들었고 일부 사람들은 강둑에 씨를 뿌리고 경작하기 시작했다. 강은 농작물을 기를 수 있도록 땅을 푸르고 비옥하게 유지했다. 점점 더 많은 사람이 강 주변으로 모여들면서 마을이 형성되었다. 여러 마을이 모여 더 큰 지역 사회가 만들어졌으며 마침내 4,000년 전쯤에는 처음으로 문명이 형성되었다. 세계 최초의 4대 고대 문명은 모두 기름진 토지와 온난한 기후를 가진 강 주변 지역에서 시작되었다.

33 정답 ②

해설

①, ③, ④는 모두 '휴대전화'를 가리키고 있으나 ②는 '승객들'을 가리킨다.

해석

애틀랜타 항공의 파리발 뉴욕행 항공편 탑승객들은 유럽 지역 상공에 있을 때는 비행 중에 휴대전화를 켜고 문자 메시지를 보내고 전화를 걸 수 있다. 유럽 승객들은 일단 항공기가 1만 피트 이상 올라가면 ① 휴대전화를 사용하는 데 익숙해져 있다. 대부분 유럽 항공사는 유럽 정부들의 승인을 받아 ② 승객들이 휴대전화를 사용하도록 허용하고 있다. 그러나 애틀랜타 항공의 승객들이 미국 해안의 250 마일 지점에 접근하면 더는 ③ 휴대전화를 사용할 수 없게 된다. 미국 내에서는 비행 중 ④ 휴대전화 사용이 금지되어 있는데 이는 휴대전화의 신호가 항공기의 통신 시스템을 방해할 수 있다는 안전상의 우려 때문이다. 그뿐만 아니라 미국 항공사들은 승객들이 비행 중 다른 사람들의 통화 내용을 듣는 것을 원하지 않는다는 점을 우려하고 있다.

34 정답 ④

해설

다양한 곳에서 재배된 커피콩은 재배지에 따라 맛 또한 다양하다는 것을 언급한 글이다. 따라서 정답은 ④이다.

해석

많은 사람들이 어디서 포도가 재배되었느냐에 따라 와인의 맛도 달라진다는 것을 알고 있다. 그것과 마찬가지로 커피콩의 재배지에 따라 커피콩도 맛이 달라진다. 가령, 아프리카의 케냐에서 자란 커피콩은 과일 향이 강하고 시큼하다. 에티오피아 커피콩은 약간 고구마와 같은 맛이 난다. 남미에서 자란 커피콩은 견과류와 초콜릿 맛이 살짝 난다. 아시아 커피콩은 흙 맛이 난다.

35 정답 ④

해설

라마단에는 금식해야 하지만, 해가 떨어지고 난 이후에는 금식할 필요가 없다. 따라서 전혀 먹거나 마시지 않는다는 것은 일치하지 않는 내용이다.

해석

라마단은 이슬람교에서 금식하는 달이다. 라마단이 있는 달에는 전 세계의 이슬람교도들은 낮에 먹거나 마시는 것이 허용되지 않는다. 금식의 목적은 사람들에게 겸손과 인내심을 가르쳐 주기 위한 것이다. 올해 처음으로 금식에 참가했다. 금식이 어떤 느낌인지 알아보고 싶었고 부모님은 나를 자랑스럽게 생각했다. 금식에 관해 이슬람교도가 아닌 친구들에게 말했을 때 그들은 온종일 어떻게 금식을 할 수 있는지 의아해했다. 나는 금식은 밖에 해가 있을 동안에만 지속한다고 그들에게 설명해 주었다. 해가 지고 나면 금식은 중단된다.

36 정답 ④

해설

규칙을 지키지 않을 경우 끔찍한 결과를 초래하고 이러한 결과를 예방하기 위해 규칙은 만들어졌다고 언급했으므로 '사회 구성원들을 보호하기 위해'라는 내용이 적절하다.

해석

어두운 밤에 비가 내리고 있다. 당신은 편의점에 가려고 횡단보도 앞에 서 있다. 신호등이 오랫동안 바뀌질 않고 있다. 기다리다 지친 당신은 빨간 불에 길을 건너기로 한다. 갑자기 타이어가 미끄러지는 소리가 들리면서 당신의 눈 앞에 선 자동차를 본다. 운전자가 창문을 내리고 당신에게 소리친다. 그러나 너무 놀란 당신은 무슨 말을 하는지 귀에 하나도 들어오지 않는다. 이러한 상황은 당신이 밤에 무단 횡단할 때, 발생할 수 있다. 사회에는 우리 스스로 안전을 위해 지켜야 하는 많은 것이 있다. 만일 그러한 것들을 당신이 지키지 않는다면 당신과 가족에게 끔찍한 일이 생길 수도 있다. 우리가 매일 지키는 규칙들은 당신과 다른 사회 구성원들을 지키기 위해 만들어졌다. 따라서 그것을 지키고 다른 사람들과 똑같이 하도록 하는 것은 아주 중요한 일이다.

37 정답 ③

해설

미국 내 교육 수준의 악화로 미국인들의 영어 구사력이 뒤처지고 있다는 점을 언급하고 있다. 이러한 맥락에서 빈칸이 포함된 문장에서는 영어를 유창하고 명확하게 사용하는 사람들이 미국과 영어권 국가들 바깥에 있다고 해야 적절하다.

해석

미국에서는 지난 40년간의 교육 수준의 악화가 이전에 예상하지 못했던 것을 포함해 다양한 결과를 만들었다. 가령, 현재 영어를 유창하고 명확하게 사용하는 사람들은 흔히 미국과 영어권 국가라고 불리는 나라 바깥에 있다. 인도에서 영어를 말하는 사람들이 미국인들보다 영어를 더 잘 구사한다고 알려져 있으며 동아시아를 방문하는 미국인들이 자신보다 영어 구사력이 뛰어난 아시아인들을 만나면 놀랄 수 있다. 자신의 언어를 간신히 쓸 수 있는 미국 학생을 만나는 것은 드문 예가 아니며 보통 미국인들에게 축약형과 접속사의 차이를 물어봤을 때, 이를 설명할 수 있는 사람은 거의 없다.

38 정답 ①

해설

글에 따르면, 기술의 발전으로 삶의 질은 개선되고 편의성은 늘어나고 있다. 그러나 이러한 긍정적 측면과 함께 빈부 격차, 환경오염 등의 부정적 결과가 이전과는 다르게 훨씬 강하게 오고 있다는 점을 강조하고 있다. 이 글은 기술 발전으로 인한 사회의 부정적 결과를 냉소적으로 꼬집고 있다.

[해석]

사회가 개선되고 있나? 대답하기 어려운 질문이다. 오늘날 우리는 훨씬 정교한 기술을 가지게 되어 수명이 연장되었고 양질의 교육을 받고 있다. 사람들은 더 높은 임금을 받고 더 많은 여가 활동과 생활의 편의를 누린다. 그러나 정신 질환의 사건은 계속 증가하고 있다. 빈부 격차는 늘어나고 있으며 범죄 비율은 급증하고 있다. 환경은 더욱 악화되고 있으며 전쟁은 더욱 빈번히 잔인하게 일어난다. 모든 진보는 훨씬 더 커다란 하락을 동반하는 것 같다.

39 [정답] ③

[해설]

(B) 모자이크의 기원을 언급한 후, (C) 어떻게 변화해 갔는지, (A) 그리고 언제 전 세계에 퍼지게 되었는지의 순서가 가장 적절하다.

[해석]

모자이크는 예술가들이 하나의 이미지를 만들기 위해 다양한 색의 돌 조각, 유리 또는 그 밖의 재료를 사용하는 예술의 한 형태이다. (B) 이러한 종류의 예술은 4,000년 혹은 그 전으로 거슬러 올라간다. 초기에 사람들은 모자이크 작품을 만들기 위해 테라코타 콘을 사용하였다. (C) 기원전 4세기에 그리스인들은 이 형태의 예술에 조약돌 기술을 적용하였다. 기원전 200년에 들어서는 테세라라는 특별히 제작된 유리 조각이 사용되었다. 그들은 작품에 정교함과 색채를 더했다. 그리스인들은 주로 자신의 신들을 그리는 모자이크를 만들었다. 이러한 예술 형태는 5세기에 들어서 이스탄불에 도달하였고, 여기에서 모자이크는 새로운 특징을 가지게 되었다. (A) 그것은 스타일과 재료 면에서 동양 문화의 영향을 받았다. 동양 사람들은 이탈리아에서 만들어진 스말토라는 유리 조각을 사용하였다. 모자이크 예술은 결국 8세기에 들어서 전 세계의 많은 지역으로 전파되었다.

40 [정답] ②

[해설]

제시문에는 시간 표현인 1931년, 그리고 비행기 추락 사고가 있다. 이 내용을 뒷받침하는 문장이 뒤에 위치해야 하므로 제시문이 위치할 곳은 ②이다.

[해석]

올림픽 챔피언인 베티 로빈슨의 삶은 극작가가 쓴 것 같다. 그것은 운동선수로서의 영광, 생명을 잃을 뻔한 사고, 그리고 놀라운 재기와 같은 극적인 요소들이 있기 때문이다. 로빈슨은 1928년 암스테르담 올림픽 100m 경주에서 우승한 위대한 운동 선수였다. 그녀는 여성 운동선수로서는 최초의 올림픽 금메달을 받았다. <u>1931년 비극이 찾아왔는데, 그녀는 비행기 추락 사고를 당했다.</u> 그녀가 발견되었을 때 사람들은 그녀가 죽었다고 생각했다. 장의사가 그녀에게 숨이 붙어 있다는 것을 발견하고 병원으로 데려갔다. 7개월간 병상에 누워 있은 후, 로빈슨은 혼수상태에서 깨어났다. 그녀는 이후 6개월 동안 휠체어 신세를 졌다. 그녀가 다시 걷고 뛰기까지는 2년이 더 걸렸다. 기적적으로 그녀는 1936년 올림픽에서 미국 계주팀에 소속되어 있었다. 결승전에서 로빈슨은 자신의 두 번째 올림픽 메달을 따냈다.

교육이란 사람이 학교에서 배운 것을 잊어버린 후에 남은 것을 말한다.

– 알버트 아인슈타인 –

독학학위제 2단계 전공기초과정인정시험 답안지(객관식)

컴퓨터용 사인펜만 사용

★ 수험생은 수험번호와 응시과목 코드번호를 표기(마킹)한 후 일치여부를 반드시 확인할 것.

답안지 작성시 유의사항

1. 답안지는 반드시 컴퓨터용 사인펜을 사용하여 다음 보기와 같이 표기할 것.
   보기) 잘 된 표기: ●   잘못된 표기: ⊙ ⊗ ◑ ◐ ○
2. 수험번호 (1)에는 아라비아 숫자로 쓰고, (2)에는 "●"와 같이 표기할 것.
3. 과목코드는 뒷면 "과목코드번호"를 보고 해당과목의 코드번호를 찾아 표기하고, 응시과목란에는 응시과목명을 한글로 기재할 것.
4. 교시코드는 문제지 전면 의 교시를 해당란에 "●"와 같이 표기할 것.
5. 한번 표기한 답은 긁거나 수정액 및 스티커 등 어떠한 방법으로도 고쳐서는 아니되고, 고친 문항은 "0"점 처리함.

[이 답안지는 마킹연습용 모의답안지입니다.]

독학학위제 2단계 전공기초과정인정시험 답안지(객관식)

답안지 작성시 유의사항

1. 답안지는 반드시 컴퓨터용 사인펜을 사용하여 다음 보기와 같이 표기할 것.
   보기 잘 된 표기: ● 잘못된 표기: ⊗ ⊙ ⊙ ◐ ○
2. 수험번호 (1)에는 아라비아 숫자로 쓰고, (2)에는 "●"과 같이 표기할 것.
3. 과목코드는 "응시과목"란에 해당과목의 코드번호를 찾아 표기하고, 응시과목란에는 응시과목명을 한글로 기재할 것.
4. 교시코드는 문제지 전면의 교시를 해당란에 "●"과 같이 표기할 것.
5. 한번 표기한 답은 긁거나 수정액 및 스티커 등 어떠한 방법으로도 고쳐서는 아니되고, 고친 문항은 "0"점 처리됨.

[이 답안지는 마킹연습용 모의답안지입니다.]

참고문헌

- 송성문, 『성문 핵심영어』, 성문출판사, 2004.
- 송성문, 『성문 영문 독해 TEST』, 2005.
- 이동국, 이성범, 『ENGLISH grammar』, KNOU PRESS, 2009.
- Betty S. Azar & Stacy A. Hagen, 『UNDERSTANDING AND USING English Grammar(Fourth Edition)』, 2009.
- Debra Daise & Charl Norloff, 『Q: Skills for Success 4』, OXFORD UNIVERSITY PRESS, 2015.
- Jessica Williams, 『PRISM READING 4』, CAMBRIDGE UNIVERSITY PRESS, 2018.
- John Eastwood, 『Oxford Practice Grammar』, OXFORD UNIVERSITY PRESS, 2013.

우리 인생의 가장 큰 영광은 결코 넘어지지 않는 데 있는 것이 아니라
넘어질 때마다 일어서는 데 있다.

– 넬슨 만델라 –

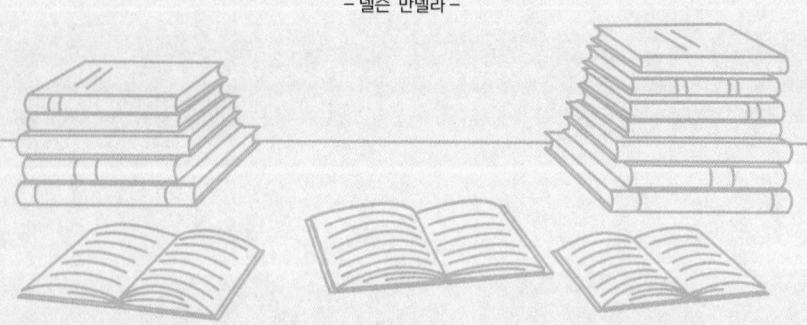

시대에듀 독학사 영어영문학과 2단계 중급영어

개정1판1쇄 발행	2025년 01월 08일(인쇄 2024년 10월 21일)
초 판 발 행	2022년 08월 05일(인쇄 2022년 06월 02일)
발 행 인	박영일
책 임 편 집	이해욱
편 저	한승훈
편 집 진 행	송영진 · 양희정
표지디자인	박종우
편집디자인	김기화 · 고현준
발 행 처	(주)시대고시기획
출 판 등 록	제10-1521호
주 소	서울시 마포구 큰우물로 75 [도화동 538 성지 B/D] 9F
전 화	1600-3600
팩 스	02-701-8823
홈 페 이 지	www.sdedu.co.kr
I S B N	979-11-383-7357-9 (13740)
정 가	27,000원

※ 이 책은 저작권법의 보호를 받는 저작물이므로 동영상 제작 및 무단전재와 배포를 금합니다.
※ 잘못된 책은 구입하신 서점에서 바꾸어 드립니다.

시대에듀 독학사
영어영문학과
why

왜? 독학사 영어영문학과인가?

4년제 영어영문학과 학위를 최소 시간과 비용으로 **단 1년 만에 초고속 취득 가능!**

1. 현대인에게 필수 외국어라 할 수 있는 영어의 체계적인 학습에 적합
2. 토익, 토플, 텝스, 지텔프, 플렉스 등 공무원/군무원 시험 대체검정능력시험 준비에 유리
3. 일반 기업 및 외국계 기업, 교육계, 언론계, 출판계, 번역·통역, 관광·항공 등 다양한 분야로 취업 가능

영어영문학과 과정별 시험과목(2~4과정)

1~2과정 교양 및 전공기초과정은 객관식 40문제 구성
3~4과정 전공심화 및 학위취득과정은 객관식 24문제 + 주관식 4문제 구성

2과정(전공기초)	3과정(전공심화)	4과정(학위취득)
영어학개론	영어발달사	영어학개론 (2과정 겸용)
영문법	고급영문법 (근간)	고급영어 (3과정 겸용)
영어음성학	고급영어 (근간)	영미문학개관 (2+3과정 겸용)
중급영어	영어통사론 (근간)	영미소설 (2+3과정 겸용)
영국문학개관 (근간)	20세기 영미소설 (근간)	
19세기 영미소설 (근간)	미국문학개관 (근간)	

시대에듀 영어영문학과 학습 커리큘럼

기본이론부터 실전문제풀이 훈련까지!
시대에듀가 제시하는 각 과정별 최적화된 커리큘럼에 따라 학습해 보세요.

STEP 01 기본이론 — 핵심이론 분석으로 확실한 개념 이해
STEP 02 문제풀이 — 실전예상문제를 통해 문제 유형 파악
STEP 03 모의고사 — 최종모의고사로 실전 감각 키우기

| 1과정 교양과정 | 심리학과 | 경영학과 | 컴퓨터공학과 | 국어국문학과 | **영어영문학과** | 간호학과 | 4과정 교양공통 |

독학사 영어영문학과 2~4과정 교재 시리즈

독학학위제 공식 평가영역을 100% 반영한 이론과 문제로 구성된 완벽한 최신 기본서 라인업!

START

2과정

  전공 기본서 [전 6종]
- 영어학개론
- 영문법
- 영어음성학
- 중급영어
- 영국문학개관 (근간)
- 19세기 영미소설 (근간)

3과정

  전공 기본서 [전 6종]
- 영어발달사
- 고급영문법 (근간)
- 고급영어 (근간)
- 영어통사론 (근간)
- 20세기 영미소설 (근간)
- 미국문학개관 (근간)

4과정

  전공 기본서
- 영어학개론 (2과정 겸용)
- 고급영어 (3과정 겸용)
- 영미문학개관 (2+3과정 겸용)
- 영미소설 (2+3과정 겸용)

GOAL

※ 표지 이미지 및 구성은 변경될 수 있습니다.

➕ 독학사 전문컨설턴트가 개인별 맞춤형 학습플랜을 제공해 드립니다.

시대에듀 홈페이지 **www.sdedu.co.kr** 상담문의 **1600-3600** 평일 9-18시 · 토요일 · 공휴일 휴무

시대에듀 동영상 강의 | www.sdedu.co.kr